U0487474

广视角·全方位·多品种

权威·前沿·原创

皮书系列为
"十二五"国家重点图书出版规划项目

湖南蓝皮书

BLUE BOOK OF HUNAN

2014年
湖南县域经济社会发展报告

ANNUAL REPORT ON THE COUNTY ECONOMIC AND SOCIAL DEVELOPMENT OF HUNAN (2014)

县域推进全面建成小康社会研究

湖南省人民政府经济研究信息中心
主　编／梁志峰
副主编／唐宇文

社会科学文献出版社
SOCIAL SCIENCES ACADEMIC PRESS (CHINA)

图书在版编目（CIP）数据

2014年湖南县域经济社会发展报告：县域推进全面建成小康社会研究/梁志峰主编．—北京：社会科学文献出版社，2014.4
（湖南蓝皮书）
ISBN 978－7－5097－5821－2

Ⅰ.①2… Ⅱ.①梁… Ⅲ.①县级经济－小康建设－研究报告－湖南省－2014 Ⅳ.①F127.64

中国版本图书馆 CIP 数据核字（2014）第 058683 号

湖南蓝皮书

2014年湖南县域经济社会发展报告
—— 县域推进全面建成小康社会研究

主　　编／梁志峰
副 主 编／唐宇文

出 版 人／谢寿光
出 版 者／社会科学文献出版社
地　　址／北京市西城区北三环中路甲29号院3号楼华龙大厦
邮政编码／100029

责任部门／皮书出版分社（010）59367127　　责任编辑／陈晴钰　王 颉
电子信箱／pishubu@ssap.cn　　　　　　　　责任校对／甄　飞　曹俊红
项目统筹／邓泳红　桂　芳　　　　　　　　责任印制／岳　阳
经　　销／社会科学文献出版社市场营销中心（010）59367081　59367089
读者服务／读者服务中心（010）59367028

印　　装／北京季蜂印刷有限公司
开　　本／787mm×1092mm　1/16　　　　印　张／30
版　　次／2014年4月第1版　　　　　　　字　数／486千字
印　　次／2014年4月第1次印刷
书　　号／ISBN 978－7－5097－5821－2
定　　价／128.00元

本书如有破损、缺页、装订错误，请与本社读者服务中心联系更换
▲ 版权所有　翻印必究

湖南省人民政府经济研究信息中心
湖南蓝皮书编辑委员会

主　　任　梁志峰

副 主 任　杨志新　唐宇文　康锦贵　唐雪琴　李建国
　　　　　　李绍清

编　　委　彭蔓玲　蔡建河　唐文玉　谢坚持　禹向群
　　　　　　陈国兴　王佳林　丁桃凤　赵迦南　曾晓阳
　　　　　　柳　松　王力共　罗小阳　彭谷前　温长远
　　　　　　武晓兰

主　　编　梁志峰

副 主 编　唐宇文

《湖南蓝皮书·2014年湖南县域经济社会发展报告》

执行编辑　蔡建河　屈莉萍　曾万涛　徐　涛　龙花兰
　　　　　　莫伟弘　刘海涛　胡跃平

主要编撰者简介

梁志峰 湖南省人民政府经济研究信息中心主任,管理学博士。历任中共湖南省委办公厅秘书处秘书,中共湖南省委高校工委组织部部长,湘潭县委副书记,湘潭市雨湖区委书记,湘潭市委常委、秘书长、组织部部长。主要研究领域为资本市场和区域经济学,先后主持多项省部级研究课题,发表CSSCI论文20多篇,著有《资产证券化的风险管理》《网络经济的理论与实践》《古云村 古城村调查》等。

唐宇文 湖南省人民政府经济研究信息中心副主任,研究员。1984年毕业于武汉大学数学系,获理学学士学位,1987年毕业于武汉大学经济管理系,获经济学硕士学位。2001~2002年在美国加州州立大学学习,2010年在中共中央党校一年制中青班学习。主要研究领域为区域发展战略与产业经济。先后主持国家社科基金项目及省部级课题多项,近年出版著作有《打造经济强省》《区域经济互动发展论》等。

摘　要

"郡县治，天下安。"县域作为国民经济的基础单元，是沟通上下、连接工农、统筹城乡的重要纽带。湖南是传统农业大省，县域经济在全省占有极其重要的地位。没有县域的发展繁荣，就没有全省的发展繁荣；没有县域的全面小康，就没有全省的全面小康。我们必须更加全面系统地把握县域发展规律，坚定不移地加快县域经济发展，为全省经济社会又好又快的发展提供有力的支撑。

党的十八大确立了2020年全面建成小康社会的奋斗目标。湖南省第十次党代会提出了加快建设全面小康、努力在中部地区率先实现全面小康目标的宏伟蓝图。本书为湖南县域推进全面建成小康社会主题研究，包括主题报告1篇、总报告1篇、专题报告9篇、县域报告34篇、附录1篇。主题报告高屋建瓴地分析了湖南县域经济发展中若干重要关系，对县域经济发展与推进全面建成小康社会工作具有重大指导意义。总报告系统研究了湖南县域推进全面建成小康社会的进展、问题，科学探讨了下一步思路与对策。专题报告汇集省内部门领导、知名专家的研究成果、调查报告，从不同视角深入研究了湖南县域发展和小康社会建设的相关问题。县域报告包括全省34个有代表性的县（市、区）领导关于推进全面建成小康社会的研究报告，是湖南县域小康社会建设全景的立体展示。附录简要记录了2013年湖南县域经济发展中的大事要事。

目 录

BⅠ 主题报告

B.1 正确处理县域经济发展中的若干重要关系 ………… 孙金龙 / 001

BⅡ 总报告

B.2 湖南县域推进全面建成小康社会综合研究报告
………………………… 湖南省人民政府经济研究信息中心课题组 / 009

BⅢ 县域篇

B.3 芙蓉区全面建设小康社会进展、问题与对策研究 ……… 罗玉环 / 035
B.4 坚持转型创新发展　加快全面建成小康社会 ……………… 黎春秋 / 044
B.5 浏阳市全面建设小康社会进展、问题与对策研究 ……… 曹立军 / 055
B.6 攸县全面建设小康社会进展、问题和对策研究 ………… 胡湘之 / 066
B.7 湘潭县加快推进全面建成小康社会的若干思考 ………… 谢振华 / 074
B.8 韶山市全面建成小康社会进展、问题与对策研究 ……… 向　敏 / 081
B.9 华容县全面建设小康社会进展、问题与对策研究 ……… 汪　涛 / 093
B.10 推进二次创业　建设滨湖强县
——汉寿县全面建设小康社会进展、问题与
对策研究 ………………………………………………… 胡果雄 / 104

B.11 桃源县全面建设小康社会进展、问题和对策研究 ……… 龚德汉 / 116
B.12 明晰主攻方向　决胜全面小康
　　　——津市市全面建成小康社会情况监测报告 ……… 王学武 / 125
B.13 补齐农村短板　建成小康苏仙
　　　——苏仙区全面建成小康社会进展、问题与
　　　对策研究 …………………………………………… 徐平辉 / 134
B.14 宜章县全面建成小康社会进展、问题与对策研究 ……… 欧阳锋 / 143
B.15 永兴县全面建设小康社会进展、问题与对策研究 ……… 谭建上 / 152
B.16 桂东县全面建成小康社会进展、问题与对策研究 ……… 黄　仲 / 162
B.17 加快转型升级　谋求跨越发展 ………… 资兴市委　资兴市政府 / 168
B.18 祁阳县全面小康社会建设的对策研究 …………………… 李天明 / 172
B.19 统筹城乡发展　建设小康蓝山 …………………………… 冯德校 / 182
B.20 以新型城镇化助推小康新田建设 ………………………… 唐　军 / 192
B.21 双清区全面建成小康社会进展、问题与对策研究 ……… 郑再堂 / 202
B.22 大祥区全面建成小康社会进展、问题与对策研究 ……… 张能峰 / 210
B.23 北塔区全面建成小康社会进展、问题与对策研究 ……… 肖拥军 / 221
B.24 邵东县全面建成小康社会进展、问题与对策研究 ……… 黎仁寅 / 229
B.25 新邵县全面建成小康社会进展、问题与对策研究
　　　………………………………………………… 新邵县委办公室 / 239
B.26 邵阳县全面建成小康社会进展、问题与对策研究 ……… 蒋　伟 / 249
B.27 隆回县全面建成小康社会进展、问题与对策研究 …… 隆回县委 / 259
B.28 洞口县全面建成小康社会进展、问题与对策研究 ……… 艾方毅 / 269
B.29 绥宁县全面建成小康社会进展、问题与对策研究 ……… 唐　渊 / 282
B.30 新宁县全面建成小康社会进展、问题与对策研究 ……… 秦立军 / 292
B.31 城步苗族自治县全面建成小康社会进展、问题与
　　　对策研究 …………………………………………… 罗建南 / 300
B.32 武冈市全面建成小康社会进展、问题与对策研究
　　　………………………………………………… 武冈市委办公室 / 312
B.33 鹤城区全面建成小康社会进展、问题与对策研究 ……… 罗国宇 / 324

B.34 凝心聚力　攻坚克难　真抓实干　加快推进全面建成
　　　小康社会进程 ………………………………………… 胡忠威 / 336

B.35 纵深推进"一转三化"战略　加快率先全面建设
　　　小康社会进程 ………………………………………… 刘小龙 / 344

B.36 加快推进古丈县全面小康建设的思考 …………………… 杨彦芳 / 355

BⅣ 专题篇

B.37 加快全面建成小康社会的"宁乡现象"
　　　——宁乡县好中求快的发展局面是怎样形成的
　　　…………………………… 省委政研室　长沙市委政研室课题组 / 364

B.38 大力发展县域经济　加快全面建成小康社会 …… 张伟达 / 375

B.39 湖南省第一轮特色县域经济强县工程实施情况调查 …… 欧阳煌 / 386

B.40 创新扶贫开发机制　加快贫困地区县域经济发展 …… 黄绍红 / 393

B.41 湘南县域承接产业转移与生态保护的对策建议
　　　………………………………………………… 陈　弘　李清泉 / 398

B.42 以农业产业化为重点推进湖南县域小康社会建设 ……… 唐　瑾 / 407

B.43 湖南武陵山区农民收入的时空演变
　　　——基于县域数据的分析 ………………………… 冷志明　李　峰 / 418

B.44 湖南县域经济"三量齐升"评估研究报告 ……………… 张友良 / 432

B.45 促进湖南城乡一体化对策研究 …………………… 管　冲　刘晓烨 / 447

BⅤ 附录

B.46 2013年湖南县域经济发展大事记 ………………………………… / 456

CONTENTS

B I Keynote Report

B.1 Key Issues on the County-level Economic Development of Hunan
　　　　　　　　　　　　　　　　　　　　　　　　　　Sun Jinlong / 001

B II General Report

B.2 The General Study Report on Advancing Counties in Hunan into
　　　a Comprehensively Prosperous society in a Well-rounded Way
　　　　　　　　　　　　　　　　　　　Project Team of ERIC of Hunan / 009

B III Reports on County-level Issues

B.3 Research on Progress, Problems and Solutions to Building a
　　　Comprehensively Prosperous Society in Furong District　　*Luo Yuhuan* / 035

B.4 Accelerating the Construction of a Comprehensive Well-off
　　　Society by Adhering to Innovative and Transformative
　　　Development Policy　　　　　　　　　　　　　　　　*Li Chunqiu* / 044

B.5 Research on Progress , Problems and Solutions to Building a
　　　Comprehensively Prosperous Society in Liuyang City　　　*Cao Lijun* / 055

B.6 Research on Progress, Problems and Solutions to Building a
　　　Comprehensively Prosperous Society in Youxian County　　*Hu Xiangzhi* / 066

CONTENTS

B.7 Issues and Study on Accelerating the Construction of a Comprehensivele Well-off Society in Xiangtan County *Xie Zhenhua* / 074

B.8 Research on Progress, Problems and Solutions to Building a Comprehensively Prosperous Society in Shaoshan City *Xiang Min* / 081

B.9 Research on Progress, Problems and Solutions to Building a Comprehensively Prosperous Society in Huarong County *Wang Tao* / 093

B.10 Promote the Secondary Entrepreneurship and Building a Lakeside Prosperous Country-Research on Progress, Problems and Solutions to Building a Comprehensively Prosperous Society in Hanshou County *Hu Guoxiong* / 104

B.11 Research on Progress, Problems and Solutions to Building a Comprehensively Prosperous Society in Taoyuan County *Gong Dehan* / 116

B.12 Survey on Construction of a Comprehensively Prosperous Society in Jinshi City *Wang Xuewu* / 125

B.13 Research on Progress, Problems and Solutions to Building a Comprehensively Prosperous Society in Suxian District *Xu Pinghui* / 134

B.14 Research on Progress, Problems and Solutions to Building a Comprehensively Prosperous Society in Yizhang County *Ouyang Feng* / 143

B.15 Research on Progress, Problems and Solutions to Building a Comprehensively Prosperous Society in Yongxing County *Tan Jianshang* / 152

B.16 Research on Progress, Problems and Solutions to Building a Comprehensively Prosperous Society in Guidong County *Huang Zhong* / 162

B.17 Study on Industrial Transformation and Economic Development Acceleration of Zixing City *The People's Government of Zixing* / 168

B.18 Policy Suggestion on Construction of a Comprehensively Prosperous Society in Qiyang County *Li Tianming* / 172

B.19 Study on the Urban-rural Integrated Development and Construction of a Comprehensively Prosperous Society in Lanshan County *Feng Dexiao* / 182

B.20　Building a Comprehensively Prosperous Society in Xintian
　　　　County by Promoting New-type Urbanization　　　　*Tang Jun* / 192

B.21　Research on Progress, Problems and Solutions to Building
　　　　a Comprehensively Prosperous Society in Shuangqing
　　　　District　　　　*Zheng Zaitang* / 202

B.22　Research on Progress, Problems and Solutions to Building a
　　　　Comprehensively Prosperous Society in Daxiang
　　　　District　　　　*Zhang Nengfeng* / 210

B.23　Research on Progress, Problems and Solutions to Building a
　　　　Comprehensively Prosperous Society in Beita District　　*Xiao Yongjun* / 221

B.24　Research on Progress, Problems and Solutions to Building a
　　　　Comprehensively Prosperous Society in Shaodong County　　*Li Renyin* / 229

B.25　Research on Progress, Problems and Solutions to Building a
　　　　Comprehensively Prosperous Society in Xinshao County
　　　　　　The Office of the Party Committee of Xinshao County / 239

B.26　Research on Progress, Problems and Solutions to Building a
　　　　Comprehensively Prosperous Society in Shaoyang County　　*Jiang Wei* / 249

B.27　Research on Progress, Problems and Solutions to Building a
　　　　Comprehensively Prosperous Society in Longhui County
　　　　　　The Party Committee of Longhui County / 259

B.28　Research on Progress, Problems and Solutions to Building a
　　　　Comprehensively Prosperous Society in Dongkou County　　*Ai Fangyi* / 269

B.29　Research on Progress, Problems and Solutions to Building a
　　　　Comprehensively Prosperous Society in Suining County　　*Tang Yuan* / 282

B.30　Research on Progress in Building a Comprehensively Prosperous
　　　　Society in Xinning County　　*Qin Lijun* / 292

B.31　Research on Progress, Problems and Solutions to Building a
　　　　Comprehensively Prosperous Society in Chengbu Miao
　　　　Nationality Autonomous County　　*Luo Jiannan* / 300

B.32 Research on Progress, Problems and Solutions to Building a
Comprehensively Prosperous Society in Wugang City
The Municipal Party Committee Office of Wugang / 312

B.33 Research on Progress, Problems and Solutions to Building a
Comprehensively Prosperous Society in Hecheng District   *Luo Guoyu* / 324

B.34 Advancing Breakthroughs in Accelerating the Construction of a
Comprehensively Prosperous Society   *Hu Zhongwei* / 336

B.35 Accelerating the Construction of a Comprehensively Prosperous
Society in Lengshuijiang by Advancing Industial Transfomation
and Promoting Scale Industrial Production, Ecological Urban
Develoment and Rural-urban Integrated Development
Policies   *Liu Xiaolong* / 344

B.36 Study on Accelerating the Construction of a Comprehensively
Prosperous Society in Guzhang County   *Yang Yanfang* / 355

B IV Specific Reports

B.37 The Success Story of Ningxiang County in Taking Leadership
Roles in Building the County-level Comprehensive Prosperity
in a Well-rounded Way
Project Team of the Policy Research Office of the Party Committee of Hunan Province and Changsha City / 364

B.38 Building the Well-off Society in a All-round Way by Accelerating the
County-level Economic Development   *Zhang Weida* / 375

B.39 Implementation Survey on the Pilot Project of Leading County
Economic Development in Hunan   *Ouyang Huang* / 386

B.40 Accelerating the Economic Development of Under-developed
Counties in Poor Area by Innovativing Mechanisms for Poverty
Alleviation and Development   *Huang Shaohong* / 393

B.41 Research on Solutions to Collaborative Development of
Undertaking Industrial Transferring and Construction
of Ecological Civilization in Southern Hunan Counties
Cheng Hong, Li Qingquan / 398

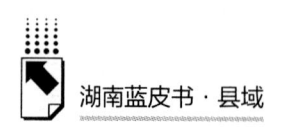

B.42 To Promote the Building of a Comprehensive Well-off Society in Hunan at Contry Level by Focusing on the Industrialization of Agriculture *Tang jin* / 407

B.43 Study on the Spatial-temporal Changes in Peasants' Income in the Wuling Mountain Area of Hunan *Leng Zhiming, Li Feng* / 418

B.44 Evaluation Report on the Aggregate, Per Capita Level and Performance Quality of Cuonty Development in Hunan Province *Zhang Youliang* / 432

B.45 Policy Study on Accelerating Urban-rural Integrated Development in Hunan *Guan Chong, Liu Xiaoye* / 447

B V Appendix

B.46 Memorabilia of Hunan County Economic Development (2013) / 456

主题报告

Keynote Report

B.1
正确处理县域经济发展中的若干重要关系

孙金龙*

"郡县治，天下安"，"县域富，全省强"。根据各地经济社会发展特点和全面建成小康进程，湖南省做出了分类指导加快推进全面建成小康的总体部署，并明确县级为实施主体。全省小康与县域小康是森林与树木的关系，只有树木长好了，才能形成茂密的森林。因此，全省小康不小康，关键看县域小康不小康，而县域小康不小康，关键看县域经济强不强。加快县域经济发展，既要有科学的思路和蓝图，也要有坚定的决心和信心，更要有正确的谋略和方法。其中，尤应注意正确处理好县域经济发展实践中的若干重要关系。

---

* 孙金龙，中共湖南省委副书记。

一 必须正确处理扩大总量与提高质量的关系，坚持同步提升，推动县域经济又好又快发展

近年来，我省县域经济虽然得到了长足发展，但经济总量不大、发展水平不高的局面仍没得到根本改变。尤其是与发达地区比、与全面建成小康社会的要求比，差距明显。2013年，全国百强县湖南只有1个（长沙县），而江苏、山东、浙江分别有22个、23个、27个；全省小康实现程度总体在75%以下的还有48个县，占全省县市区总数的39.3%、国土面积的53.1%、人口的33.4%，仅实现全省经济总量的16.8%。同时还应清醒地看到，我省县域发展仍处于打基础阶段，生产要素的集聚、整体效应的发挥、综合实力的增强都还需要一个过程，特别是转方式调结构的任务仍然较重，县域经济面临发展不足与发展不优的双重挑战。

加快县域经济又好又快发展，规模是基础，质量是关键，必须努力促进县域经济总量、发展质量同步提升。一方面，要千方百计做大县域经济总量。始终坚持以经济建设为中心不动摇，着力突出项目建设，以项目带投资促发展，强化招商引资和承接产业转移，保持县域经济合理的增长率，确保年年都有新进步，为全省如期进入全面小康打下坚实基础。另一方面，要大力提升县域经济发展质量。这是县域经济行稳致远、做优做强的必然要求。要在保持合理增速、做大经济总量的同时，把提升发展质量摆在更加突出的位置，加快县域经济提质增效升级。要深入实施创新驱动发展战略，加快转方式调结构，着力打造县域经济"升级版"。

二 必须正确处理发展工业与发展农业的关系，坚持双轮驱动，着力打牢县域经济发展的根基

早在20世纪60年代初，毛主席就说："两个拳头，一个屁股。农业是一个拳头，国防是一个拳头。要使拳头有劲，屁股就要坐稳。屁股就是基础工业。"这形象地揭示了发展农业与发展工业的辩证关系。在县域产业中，农业

是基础，工业是龙头和支撑。中外工业化的经验表明，工业化是区域经济发展不可逾越的阶段。无论是欧美发达国家，还是我国发达地区，无不是靠工业化实现经济腾飞的，无不是靠工业化带动城镇化和农业现代化飞跃的。从我省县域工业发展现状来看，总体上仍处于工业化初级阶段，县域企业大多以资源初级加工为主，资源精深加工度和附加值不高。由于工业化不足、工业带动力不强，农业仍然传统、低端、粗放，整体上大而不强；第三产业、城镇化也因工业供给不足难以被带动起来。工业化发展不足，是我省县域经济综合实力不强和发展后劲不足的核心因素。

加快县域经济发展，必须始终坚持农业基础地位不动摇，切实保障国家粮食安全和重要农产品有效供给；同时更要树立工业经济是"纲"的理念，只有工业经济发展了，其他经济才能纲举目张。要把加速推进新型工业化作为加快县域经济发展的第一推动力，大力发展县域工业经济。只要是把工业向园区集中，不再搞"村村点火、户户冒烟"，全省各县域都可以办工业。要坚持以农支工，通过农业为工业提供积累；更要推动以工补农、以工促农、以工带农，用现代工业改造提升农业，推动新型工业化与农业现代化协调发展。特别要把大力发展农产品加工业作为工农互惠联动的重中之重，围绕提高农产品附加值和延长增值链条，推进农产品精深加工，努力提升农产品加工产值与农业产值之比。农产品加工业上去了，农业发展水平就上去了，农民收入和地方财政收入也就上去了。

三 必须正确处理城镇建设与乡村建设的关系，坚持一体化发展，着力构建县域经济发展新格局

党的十八大提出，解决好农业农村农民问题是全党工作重中之重，城乡发展一体化是解决"三农"问题的根本途径。而县域经济作为国民经济的基本单元，是连接工农、统筹城乡的重要纽带，是贯彻党和国家方针政策、落实各项决策部署的最终环节。由此可见县域经济是统筹城乡发展的最佳结合点。当前，我省城乡分割还很严重，城乡基础设施、基本公共服务以及居民收入水平等仍存在较大差距，特别是农业农村已到了不深化改革就难以持续发展的阶

段。城乡分割的病根，在于城乡二元结构体制。必须加大统筹城乡发展力度，着力破解制约城乡一体化发展的体制机制，逐步缩小城乡差别，促进城乡共同繁荣。

促进城乡统筹发展，必须把新型城镇化与新农村建设结合起来，着力构建城乡一体化发展新格局。要以县城和中心镇为着力点，加快新型城镇化步伐。城镇化要坚持以人为本，突出产业支撑和社会建设配套，避免出现"拉美现象"，避免出现"空城""鬼城"。要按照"强富美"的要求，加快推进新农村建设，大力开展村庄人居环境整治，全面改善农村生产生活条件，让农村成为安居乐业的美丽家园。要坚持工业反哺农业、城市支持农村和多予少取放活方针，加大强农惠农富农政策力度，让广大农民平等参与现代化进程、共同分享现代化成果。要加快完善城乡一体化发展体制机制，建立城乡统一的就业、户籍、社会保障等制度，推进城乡规划、基础设施、公共服务等方面的一体化，促进城乡要素平等交换和公共资源均衡配置，努力形成以城带乡、城乡一体的新型城乡关系。

四 必须正确处理经济发展与环境保护的关系，坚持"两型"要求，推动县域经济可持续健康发展

习近平总书记强调，经济发展不应是对资源和生态环境的竭泽而渔，生态环境保护也不应是舍弃经济发展的缘木求鱼，深刻揭示了经济发展与环境保护的辩证关系。从我省目前县域经济发展情况看，发展不充分、不可持续的问题既并存又叠加；同时因多年经济快速发展及部分领域和区域的盲目开发、无序开发、过度开发，面临着资源约束趋紧、环境污染严重、生态系统恶化等生态环境问题。对此，发展问题再也不能用以牺牲生态环境为代价的方式解决，生态问题也不能用停止发展的办法解决。必须正确处理保护与发展的关系，坚持在发展中保护生态环境，用良好的生态环境保证可持续发展。

在加快县域经济发展中，必须牢固树立"生态环境也是生产力"的理念，坚持在保护中开发，在开发中保护，既要"金山银山，更要绿水青山；若毁绿水青山，宁弃金山银山"。要坚持以最小的环境代价实现最大的经济社会效

益，宁可牺牲一点发展速度也要守护好生态环境，决不走"先污染后治理"的老路，努力走出一条生产发展、生活富裕、生态良好的"两型"发展路子。要推进集约发展，引导各类要素向园区集聚，提高园区投资强度和财税贡献率，同时推进农业适度规模经营，促进土地集约和资源节约。要推进绿色发展，始终守住环境保护底线，坚决关停高污染、高排放、高耗能的"五小"企业，新上项目要严格把好环保关，决不能把产业搞上去了，却让环境掉下来了。

五　必须正确处理整体推进与分类指导的关系，坚持统筹兼顾，推动县域经济全面协调发展

我省各县域在地理人口、资源禀赋、发展基础等方面情况不同，特别是经济社会发展不平衡。从全省四大区域板块来看：长株潭区域的区位、交通、产业、市场、科技、人才等综合优势突出，经济发展水平遥遥领先；湘南区域对接沿海发达地区，承接产业转移优势凸显，项目多、投资大、发展好；洞庭湖区域传统农业特征依然明显，大的工业项目较少，财税增长相对乏力；大湘西区域受制于地理、区域、交通等自然条件不利的影响，人流、物流、资金流、信息流不畅不多，成为制约县域经济发展的瓶颈。2013 年，长株潭地区、湘南地区、洞庭湖地区、大湘西地区实现生产总值分别为 10539.19 亿元、5016.71 亿元、6246.08 亿元、3141.24 亿元，生产力发展水平呈现的差异化、多层次特征由此可见一斑。加快各地县域经济发展，必须坚持因地制宜、分类指导、统筹协调、整体推进。

从全省来看，既要对县域经济发展进行全局谋划、顶层设计、整体推进，确保全省一盘棋；也必须注重因地制宜、分区布局、分类指导，不搞一刀切。整体部署要体现一致性和协调性，坚持一张好的蓝图干到底，认真贯彻落实省委、省政府出台的分类指导加快推进全面建成小康社会和进一步加快县域经济发展的政策措施。尤其要统筹区域协调发展，突出对贫困地区的支持力度，坚决打好扶贫攻坚战，促进贫困地区早日实现全面小康。分类指导要体现特色、激发活力，把各方面的积极性主动性都发挥出来。要着力在健全支持政策、整

合资金资源、开展考评推动等方面下功夫。要大力实施特色县域经济重点县工程，扬长避短发展特色产业，从特色中提升规模和效益，以点带面推动区域经济发展。

六 必须正确处理发展经济与改善民生的关系，坚持强县富民，汇聚县域经济发展的强大正能量

发展经济是改善民生的前提和基础，改善民生是发展经济的出发点和落脚点。近年来，随着县域经济快速发展，城乡居民生活水平得到了很大提高，但县域经济发展的水平和保障民生改善的力度，与人民群众日益增长的物质文化需要相比，还远远不够。如2012年，全省98个县市面积、人口分别占全省的96.9%、88.2%，但创造的GDP和财政收入只占全省的66.6%、34.6%；县域财政收入占GDP的比重仅为6.9%，低于全省6.3个百分点，低于全国15.6个百分点。实践证明，县域经济发展好的地方，无论是民生事业，还是干部群众精神面貌，都会发生深刻变化，全面建成小康社会的步子也会迈得更快更大。

发展县域经济，必须坚持发展为了人民、发展依靠人民、发展成果由人民共享。要牢牢抓住经济建设这个中心，推动县域经济持续快速发展，进一步把"蛋糕"做大，为改善民生奠定更加坚实的物质基础。在这个过程中，必须充分发挥人民群众的主体作用，始终做到正确对待群众、坚决相信群众、紧紧依靠群众，充分调动人民群众投身经济建设的积极性、主动性、创造性。"小康不小康，关键看老乡"。在做大"蛋糕"的同时，还必须把"蛋糕"分好，突出解决改善民生制度"碎片化"问题，努力增进人民福祉，让发展成果更多、更公平地惠及全体人民，使推动经济发展的过程成为人民群众广泛参与、普遍受益的过程。

七 必须正确处理深化改革与扩大开放的关系，坚持互促共进，不断增强县域经济发展的动力和活力

改革与开放相辅相成，不可分割，改革为开放创造体制基础和内在条件，

开放为改革提供经验借鉴和活力源泉。改革开放是发展县域经济的强大动力。当前，我省县域发展已处于转型期和换挡期，面临的矛盾问题更加突出、利益关系更加复杂、改革任务更加繁重，尤其是体制机制障碍对经济社会发展的瓶颈制约问题日益显现，这是难啃的"硬骨头"。只有通过全面深化改革开放，才能破解束缚县域经济发展的体制机制藩篱，不断增强县域经济发展的内生动力和活力。

一方面，要全面深化改革，为加快县域经济发展创造"改革红利"。要坚持分类指导、分类施策，积极稳妥地推进扩权强县等各项改革，着力破解制约县域经济发展的体制机制障碍。要因地制宜、循序渐进，不搞"一刀切"，不追求一步到位，允许采取差异性、过渡性的制度和政策安排。要做到"蹄疾而步稳"，各地不能自行其是、抢跑越线，要既积极又慎重，胆子要大，步子要稳。另一方面，要全面扩大开放，为加快县域经济发展创造"开放红利"。要深入落实"开放崛起"战略，加快"引进来""走出去"步伐，努力实现借船出海、借梯上楼、借智发展。尤其是区位交通、资源禀赋优势不明显的地方，可学习借鉴义乌、昆山、宿迁、贵州大龙经济开发区等地发展开放型经济的有益经验，坚持"事在人为、境由心造"，谋划和培育县域产业发展。

八 必须正确处理市场决定与政府推动的关系，坚持"两手"并举，着力优化县域经济发展环境

当前，县域经济发展中不可持续的突出矛盾，如经济结构和发展方式不合理、产能过剩和效益下降、地方债务风险累积、生态环境恶化等，无不与政府对经济干预过多和干预不当、妨碍市场功能发挥有密切关系。例如，政府干预市场机制作用，以低地价供地、税收减免、财政补贴等方式招商引资，导致要素价格扭曲，最终误导了资源配置。发展县域经济归根到底是市场经济行为，必须遵循市场经济规律，由市场决定资源配置。但同时也要看到，由于市场机制作用具有一定的自发性和盲目性，市场不是万能的，不能把一切交给市场。市场在资源配置中起决定性作用，并不是起全部作用，必须通过必要的政府干预来弥补市场失灵。如政府通过加强和优化公共服务，推进基本公共服务均等

化,就能解决好市场机制不能解决的公共产品供给和收入分配公平问题。

促进县域经济发展,必须坚持市场"无形的手"与政府"有形的手"各司其职、各负其责、协调配合,让"两只手"形成合力。一方面,使市场在资源配置中起决定性作用,关键在于解开套在这只"无形的手"上的种种不当束缚,着力清除市场壁垒,加快完善现代市场体系,充分激发市场主体创业创新活力。要学习借鉴"长三角"、"珠三角"实行市场化改革,为县域经济快速发展提供体制机制优势的成功经验,着力解决体制机制中妨碍各类市场主体发挥创业创新积极性的突出问题。另一方面,更好发挥政府作用,关键在于让政府这只"有形的手"在公共服务领域看得见用得好,为县域经济发展保驾护航。各级政府要加强宏观调控、积极作为,着力做好加强组织保障、强化政策措施、优化发展环境等工作。特别要突出营造亲商、安商、利商的"软环境",着力打造投资"洼地",让外地资本之水源源不断地汇进来,形成投资兴业的壮阔波澜。

总 报 告

General Report

B.2 湖南县域推进全面建成小康社会综合研究报告

湖南省人民政府经济研究信息中心课题组*

党的十八大确立了2020年全面建成小康社会的奋斗目标。县域发展是国民经济和社会发展的基础。习近平总书记强调，没有农村的小康，特别是没有贫困地区的小康，就没有全面建成小康社会。近年来，湖南贯彻中央精神，大力加强县域全面小康社会建设，取得了显著成绩，但县域推进全面建成小康社会依然任重道远。未来要进一步抓住机遇，奋发有为，确保圆满完成小康社会建设目标。

一 湖南县域推进全面小康社会建设历程概述

湖南是传统农业大省。全省122个县级行政区，35个属中心城市城区，

---

* 课题组组长：梁志峰；课题组成员：蔡建河、曾万涛、屈莉萍、刘海涛、龙花兰。

87个属县域范畴。近年来，湖南全面建设小康社会的战略部署逐步完善，县域小康社会建设基础工作不断加强。

（一）推进全面建成小康社会的总体部署

"小康社会"是邓小平最早提出的发展目标。1979年12月，他在会见日本首相时说："翻两番，国民生产总值人均达到800美元，就是在本世纪末在中国建立一个小康社会"。1987年党的十三大提出，到20世纪末使国民生产总值再增长一倍，人民生活达到小康水平。2002年党的十六大指出，我国人民生活总体上已达小康水平，提出全面建设小康社会、开创中国特色社会主义事业新局面的宏伟蓝图。2012年党的十八大提出"两个100年奋斗目标"，目标之一是确保2020年全面建成小康社会。

湖南积极贯彻中央全面建设小康社会的发展蓝图。2003年省委八届三次全体会议提出全省全面建设小康社会的总体目标，研究部署全面建设小康社会的相关问题。2011年第十次党代会提出"四化两型""两个加快""两个率先"的发展战略。"两个加快"即加快建设全面小康，加快建设两型社会；"两个率先"即努力在中部地区率先实现全面小康目标，在全国率先走出一条两型社会建设的路子。按照这一要求，要努力实现"六个更加"，即经济发展更加科学、民主法治更加健全、社会更加和谐、文化更加繁荣、环境更加优美、人民更加幸福。

2013年7月，湖南省委十届七次全体会议通过《中共湖南省委湖南省人民政府关于分类指导加快推进全面建成小康社会的意见》，对贯彻落实第十届党代会关于全面建设小康社会的精神做出具体部署。2013年8月，全省高规格的全面建成小康社会推进工作领导小组成立。领导小组第一次全体会议审议通过湖南省分类指导加快推进全面建成小康社会考评办法、四大区域分类指导加快推进全面建成小康社会工作规则等政策文件，擂响了湖南推进全面建成小康社会的战鼓。

（二）推进县域经济发展的重大政策

"十五"以来，湖南出台了一系列促进县域经济社会发展的政策措施。

一是促进县域经济加快发展。2004年9月，省委、省政府出台《关于加快县域经济发展若干问题的意见》，2012年10月再次出台《关于进一步加快县域经济发展的决定》。全省建立了县域经济发展领导机构，2004年12月成立湖南省县域经济工作领导小组；2013年3月领导小组下增设省发展特色县域经济强县工作办公室。为推动各级政府对县域发展的重视，2005年4月省委、省政府出台《关于对经济强县及县域经济考核的实施办法》。全省还陆续出台多项重大政策扶持县域经济发展，如2010年11月发布《湖南省人民政府办公厅关于金融支持县域经济发展的意见》；2013年1月发布《湖南省人民政府关于发展特色县域经济强县的意见》。

二是高度重视三农工作。推出一系列"一号文件"支持三农发展。如2006年2月出台《关于推进社会主义新农村建设的意见》（湘发〔2006〕1号）；2008年2月出台《关于切实加强农业基础建设进一步促进农业发展农民增收的实施意见》（湘发〔2008〕1号）；2013年3月提出《关于进一步夯实农业基础增强农村发展活力的意见》（湘发〔2013〕1号）等。

三是逐步推进县域改革。主要是赋予县域更大的自主权。2005年9月省委、省政府发布《关于扩大县（市）经济管理权限的通知》，扩大88个县（市）22项经济管理权限。2013年10月，省政府向长沙市下放45项省级经济社会管理权限。2014年2月长沙市发布《关于下放部分市级经济社会管理权限的决定》，向区县（市）下放99项市级经济社会管理权限。财政方面稳步推进"省直管县"。2010年1月，发布《关于完善财政体制推行"省直管县"改革的通知》，从2010年起调整省以下财政体制，对79个县（市）推行财政"省直管县"改革。

（三）推进县域全面建成小康社会的主要抓手

2013年以来，湖南省委、省政府把全面建成小康社会作为全省发展重中之重，把分类指导加快推进全面建成小康社会作为总的抓手。

推进小康建设的组织机构趋向健全，以考评促建设的工作思路更加完善。湖南省全面建成小康社会推进工作领导小组成立之后，相继设立长株潭地区、洞庭湖地区、湘南地区、大湘西地区四大区域指导小组，指导各区域的小康建设。着眼于客观现实的差异性、公正可比的科学性，全省县域小康建设分成三大类。第一类是中心城市城区加长株潭经济强县，以城镇人口占75%以上的城市功能区为主，小康实现程度总体在80%以上，基本对接长株潭片区和重点开发区，共有27个县（市区）；第二类是城乡复合型县（市区），以城乡统筹为主，小康实现程度为75%~80%，基本对接洞庭湖地区、湘南地区和限制开发区，共有47个县（市区）；第三类是国家和省扶贫开发工作重点县，以老少边穷地区为主，小康实现程度在75%以下，基本对接大湘西地区和重点生态功能区，共有48个县（市区）。县域小康设定经济发展、人民生活、社会发展、民主法治、生态文明五大类指标，各项指标都设定到2020年的目标值。县域小康实行年度考评并奖惩。对完成年度建设任务的县市区，在政策、资金和项目等方面给予倾斜。严格执行分级负责制和责任追究制，对未完成目标任务的予以通报批评。对122个县市区以外参照县级管理的区，由各市州进行考评。

二 湖南县域全面建设小康社会进展与问题分析

全面建设小康社会是一项系统工程，经济建设是中心，社会、文化、生态、政治等各项建设需要协同推进，各方面发展相辅相成，必须统筹兼顾。近年来，湖南以科学发展观为指导，大力加快县域全面小康社会建设，取得显著成效。

（一）经济建设稳步推进

近年湖南县域经济保持持续快速发展势头，人民群众生活水平不断提高，为全面小康社会建设提供了强大基础。

1. 县域经济发展总体情况

从整体发展水平看，县域经济发展水平稳步提高，一批经济强县脱颖而出，但各地发展不平衡。各县市中，2013年人均GDP超过全省平均水平的11个县市，分别为长沙县、宁乡县、浏阳市、攸县、醴陵市、韶山市、汨罗市、津市市、永兴县、资兴市、冷水江市。11个县市中，6个在长株潭地区，其中长沙县、宁乡县、浏阳市进入全国百强县。但仍有部分县市发展水平不高，如人均GDP相对靠后的邵阳县、隆回县、新宁县、城步县、桂东县、永顺县、龙山县等县，2013年人均GDP不及全省平均水平的1/3，不及领先的长沙、宁乡、浏阳等县域的1/5（见表1）。这些情况表明，全省县域经济综合实力不断提高的同时，发展两极化现象也比较明显；多数县域发展水平低于全省平均水平，说明县域经济与中心城市仍有较大差距，城乡二元经济结构特征凸显。

从发展速度看，近年各县市均保持较快发展，但增长幅度差异明显。2013年全省现价GDP是2005年的3.76倍。属于县域的87个县市中，增长幅度超过全省平均水平的有29个县市，其中长株潭、环洞庭湖各有8个县市，湘南地区、大湘西地区分别有4个、9个县市；增长幅度排前5位的分别为汨罗市、宁乡县、浏阳市、长沙县、临湘市，2013年现价GDP分别为2005年的6.01、5.81、5.25、5.12、5.05倍，长沙市经济整体进入高速发展阶段。GDP增长幅度排名居后30位的县市中，长株潭地区有2个、环洞庭湖有4个、湘南地区有14个、大湘西地区有10个县市。总体来看，长株潭板块经济增长最快，湘南、大湘西地区整体增幅相对较低；但各大板块内部增长速度并不平衡，既有增速领先的也有比较靠后的县市。

从产业结构看，2013年全省三次产业结构比为12.65：47.01：40.34，仍处于工业化中期阶段。各县域差异明显，第一产业在地区生产总值中所占比重仍高于20%的县市有43个，体现出湖南传统农业大省的特征；其中高于30%的县有武冈市（36.6%）、洞口县（36.3%）、双峰县（32.2%）、城步县（30.1%）等。第二产业在地区生产总值中比重高于50%的有25个县市，其中高于60%的有长沙县（71.3%）、宁乡县（69.2%）、浏阳市（71.8%）、醴陵市（66.5%）、汨罗市（62.6%）、永兴县（64.1%）、资兴市（69.8%）、沅陵县（67.7%）、冷水江市（69.8%）、花垣县（64.3%），这些县市在各大板块中发展水平相对较高。第三产业在地区生产总值中超过40%的有28个县市，其中高于45%的有12个县市，分别为隆回县（45.1%）、安乡县（52%）、慈利县（47.3%）、桑植县（62.9%）、桂东县（51.7%）、道县（45%）、会同县（54.5%）、吉首市（61.7%）、凤凰县（68.4%）、古丈县（50%）、永顺县（45.4%）、龙山县（49.5%）。在这些服务业比重相对较高的县市中，多数对特色旅游业依赖较大，服务业比重高并不意味着产业结构整体水平高。

从居民收入看，总体上均保持较快增长，呈现人均可支配收入农民低于城镇居民，但近年增长快于城镇的基本格局。2013年全省农民人均可支配收入8372元，是2008年的1.86倍；城镇居民人均可支配收入23414元，为2008年的1.69倍。全省各县域中，农民人均可支配收入共有41个县市高于全省平均水平，有72个县市增长幅度高于全省。城镇居民人均可支配收入有9个县市高于全省平均水平，分别为长沙县（30548元）、宁乡县（28528元）、浏阳市（31024元）、攸县（25861元）、醴陵市（26176元）、湘潭县（23519元）、湘乡市（23531元）、韶山市（26925元）、冷水江市（23489元），有大量县市人均收入在15000元左右，县域城镇居民增长幅度高于全省平均水平的有47个县市。上述态势表明，县域城乡之间、县域城镇与中心城市之间居民收入水平存在较大差距，不同县域之间农民收入水平差距更加显著；近年来农民收入增长快于城镇居民，县域城镇居民收入增长则快于全省平均水平。这应是比较合理的趋势，有利于逐步减少收入两极分化程度。

表1　2013年湖南县域经济发展指标

市　县	GDP（亿元）	人均GDP（元）	三次产业结构	2013年与2005年GDP之比	农民人均可支配收入（元）	城镇居民人均可支配收入（元）
长沙县	975.99	97736	6.7∶71.3∶22	5.12	20786	30548
宁乡县	835.05	70379	10.9∶69.2∶19.9	5.81	17894	28528
浏阳市	924.29	71901	8.5∶71.8∶19.7	5.25	21035	31024
株洲县	89.56	30925	18.7∶53.5∶27.8	2.43	12094	22581
攸县	282.22	40683	14.6∶55.8∶29.5	3.77	16926	25861
茶陵县	129.2	22337	21.8∶41.7∶36.6	3.23	5984	22226
炎陵县	48.91	24189	14.6∶52.7∶32.7	3.99	5525	19271
醴陵市	441.35	46070	9.2∶66.5∶24.3	4.01	17169	26176
湘潭县	258.37	30569	18.9∶52.1∶29	3.44	11979	23519
湘乡市	263.28	33420	16.8∶53.1∶30.1	3.92	11851	23531
韶山市	57.41	62199	9∶58.5∶32.5	4.39	16576	26925
衡阳县	238.95	21496	24.5∶41.4∶34.1	3.16	10934	21729
衡南县	229.86	23909	24.2∶49.7∶26.1	2.96	13265	21435
衡山县	107.31	27729	22.2∶34.6∶43.2	3.60	13358	21747
衡东县	193.24	30436	18∶41.2∶40.8	3.88	12829	21712
祁东县	196.52	19923	26.2∶39.2∶34.6	2.88	9481	17587
耒阳市	321.4	27702	16.6∶42.2∶41.2	3.20	13255	22817
常宁市	221.68	27157	18.2∶44.9∶36.8	3.56	10454	21167
邵东县	254.27	27877	16.7∶48.9∶34.4	3.56	11952	20424
新邵县	94.94	12676	25.7∶39.5∶34.8	3.33	6505	17392
邵阳县	99.45	10554	27.5∶37.4∶35.1	3.29	6316	17442
隆回县	112.17	10214	24.8∶30.1∶45.1	3.12	5637	16727
洞口县	113.32	14511	36.3∶34.8∶28.9	2.84	6178	17974
绥宁县	62.27	17645	24.4∶47.4∶28.2	2.73	5722	16499

续表

市　县	GDP（亿元）	人均GDP（元）	三次产业结构	2013年与2005年GDP之比	农民人均可支配收入（元）	城镇居民人均可支配收入（元）
新宁县	67.21	11860	29.5∶27.1∶43.4	3.23	4140	15544
城步县	27.26	10619	30.1∶36.8∶33.1	2.00	6722	17337
武冈市	95.42	12684	36.6∶21.3∶42.1	2.90	5860	16029
岳阳县	211.72	29336	19.1∶51.2∶29.7	3.76	10138	18574
华容县	239.19	33495	20.8∶50.6∶28.6	3.79	12132	19007
湘阴县	259.54	37784	16.1∶55.9∶28	4.11	11482	20286
平江县	182.6	19070	19.2∶47.6∶33.3	3.53	6744	15774
汨罗市	327.99	47057	12.2∶62.6∶25.3	6.01	11490	20587
临湘市	178.44	35525	13.3∶57∶29.8	5.05	10005	18377
安乡县	128.32	24289	23.2∶24.9∶52	2.70	9843	18090
汉寿县	180.76	22466	23.5∶33.9∶42.6	3.58	10262	20441
澧县	226.2	27171	21.6∶39.9∶38.5	3.47	9542	19546
临澧县	116.26	28405	20.4∶39.7∶40.9	2.99	10789	21444
桃源县	225.53	26313	28.9∶36.6∶34.5	3.16	9192	19816
石门县	180.87	30120	18.6∶43.2∶38.2	3.26	7259	16766
津市市	96.94	38499	17.9∶48.1∶34	3.66	9214	22096
慈利县	123.95	20306	16.8∶35.9∶47.3	3.53	6245	15969
桑植县	60.56	15709	12.9∶24.2∶62.9	3.46	4226	10689
南县	172.38	23523	30.4∶32.1∶37.5	4.46	10313	18503
桃江县	168.41	21599	18.9∶47.9∶33.1	4.04	9675	19433
安化县	146.48	16083	22.6∶41.8∶35.6	3.80	5722	11965
沅江市	195.13	29016	22.9∶41.2∶35.9	3.40	11771	22050
桂阳县	256.46	36424	13.8∶52.7∶33.5	4.01	12711	22879
宜章县	147.19	24994	11.4∶46.2∶42.4	3.12	5867	20292
永兴县	237.7	42250	9.2∶64.1∶26.8	4.40	11664	21383
嘉禾县	106.94	35493	13.1∶51.5∶35.4	3.57	11072	18817
临武县	90.39	26368	11.7∶49.6∶38.7	2.64	7211	18435
汝城县	41.93	12584	22.2∶38.2∶39.6	1.47	6163	14412
桂东县	21.88	9439	17.4∶30.9∶51.7	2.83	5773	13445
安仁县	60.23	15495	24.8∶39.9∶35.2	2.04	6723	16368
资兴市	247.37	72713	7.4∶69.8∶22.8	4.21	12970	22585
祁阳县	194.28	22572	19.2∶38.8∶41.9	3.05	8927	20221
东安县	125.4	22750	21.9∶40.7∶37.4	3.26	9151	19069
双牌县	40.55	23291	28.4∶45.4∶26.2	3.18	5482	16564
道县	121.79	19848	26∶29∶45	3.37	9976	17634
江永县	43.42	18532	37.3∶30∶32.6	2.91	6252	15873
宁远县	99.02	13943	24.5∶36.2∶39.4	3.38	8579	16940
蓝山县	73.04	22073	17.8∶40.3∶41.9	3.33	8909	18392
新田县	52.13	15697	27.8∶28.3∶43.9	3.04	5693	15939
江华县	72.64	17432	26.4∶30∶43.6	3.65	6234	15743

续表

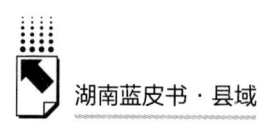

市　县	GDP（亿元）	人均GDP（元）	三次产业结构	2013年与2005年GDP之比	农民人均可支配收入（元）	城镇居民人均可支配收入（元）
中方县	81.85	34347	12.8∶59.8∶27.4	4.95	6830	18337
沅陵县	155.78	26561	10.6∶67.7∶21.6	3.65	5681	15034
辰溪县	86.82	19010	15.7∶45.1∶39.2	3.99	6038	15055
溆浦县	114.44	15343	22.7∶36.4∶40.9	3.31	6943	15398
会同县	51.55	16064	20.9∶24.7∶54.5	3.35	6124	14428
麻阳县	53.37	15443	25∶35.2∶39.8	3.81	4794	15475
新晃县	42.38	17228	14.3∶51.6∶34.1	4.21	4874	13315
芷江县	78.78	23062	23.2∶43.3∶33.5	4.11	5217	15533
靖州县	56.21	22785	20.7∶37.1∶42.2	3.63	5490	14562
通道县	29.5	14176	21.1∶35.8∶43	3.83	4274	13715
洪江市	82.39	19815	19.7∶36.8∶43.5	3.70	7193	15986
双峰县	170.69	19862	32.2∶41.2∶26.6	3.47	7228	14221
新化县	168.71	15108	27.6∶33.8∶38.6	4.16	5197	13921
冷水江市	236.41	71079	3.6∶69.8∶26.7	3.68	15407	23489
涟源市	206.81	20650	20.4∶48∶31.6	3.48	5962	14570
吉首市	104.25	34002	5.3∶33∶61.7	3.03	6269	20038
泸溪县	47.45	16928	13.7∶55.1∶31.2	4.75	4707	15444
凤凰县	54.46	15502	13.5∶18.1∶68.4	4.17	5733	16156
花垣县	58.04	19938	9.1∶64.3∶26.6	3.36	4903	16138
保靖县	35.97	12787	19.5∶42.1∶38.4	2.91	5482	14479
古丈县	17.16	13302	20.2∶29.8∶50	3.47	4127	14175
永顺县	46.44	10718	28∶26.7∶45.4	3.19	4361	14419
龙山县	55.19	10858	26.1∶24.4∶49.5	3.29	5466	14324
全省	24501.67	36848	12.65∶47.01∶40.34	3.76	8372	23414

资料来源：《湖南省国民经济和社会发展统计手册（2014）》、《湖南统计年鉴》。

2. 县域经济支撑全面小康建设能力综合比较

经济发展是全面小康社会的基础，全面小康水平很大程度上取决于经济支撑能力。因此，从小康建设角度评价县域经济发展水平，有助于更好地把握小康建设的核心和关键。为此，本研究在考虑科学性、可行性的基础上，选取县域人均GDP、城镇化率、非农产业比重、人均粮食产量、人均社会消费品零售总额、人均公共财政预算收入、人均公共财政预算支出、农民人均纯收入、城镇居民人均可支配收入等指标，构建县域经济发展水平综合评价体系，对各县市经济对全面小康的支撑力进行比较粗略的评价。根据这一体系，运用2012年统计数据，各县市经济对全面小康支撑能力综合评分见表2。

表2 2012年县域经济小康支撑能力综合评分

县 域	得 分	县 域	得 分
长沙县	93.31	祁阳县	51.94
宁乡县	78.58	东安县	51.15
浏阳市	79.58	双牌县	46.73
株洲县	59.34	道　县	47.80
攸　县	69.15	江永县	41.14
茶陵县	50.69	宁远县	42.21
炎陵县	52.74	蓝山县	50.78
醴陵市	72.81	新田县	40.79
湘潭县	61.25	江华县	42.38
湘乡市	60.85	邵东县	55.02
韶山市	81.11	新邵县	37.23
岳阳县	56.38	邵阳县	36.84
华容县	57.81	隆回县	33.04
湘阴县	58.91	洞口县	38.33
平江县	41.95	绥宁县	40.66
汨罗市	66.76	新宁县	37.34
临湘市	59.17	城步县	35.12
安乡县	49.43	武冈市	39.74
汉寿县	49.24	慈利县	46.68
澧　县	52.07	桑植县	42.84
临澧县	55.91	中方县	51.57
桃源县	51.14	沅陵县	47.29
石门县	52.05	辰溪县	44.43
津市市	66.62	溆浦县	42.22
南　县	49.73	会同县	40.29
桃江县	48.77	麻阳县	39.74
安化县	37.30	新晃县	40.51
沅江市	56.99	芷江县	45.52
衡阳县	47.25	靖州县	48.60
衡南县	50.77	通道县	39.35
衡山县	51.70	洪江市	47.63
衡东县	55.05	双峰县	41.40
祁东县	46.41	新化县	37.69
耒阳市	56.10	冷水江市	84.49
常宁市	54.66	涟源市	44.69
桂阳县	60.81	吉首市	66.46
宜章县	48.83	泸溪县	43.71
永兴县	62.86	凤凰县	44.16
嘉禾县	55.51	花垣县	47.27
临武县	51.07	保靖县	41.98
汝城县	40.33	古丈县	41.61
桂东县	36.84	永顺县	39.38
安仁县	44.04	龙山县	37.87
资兴市	85.78		

资料来源：根据《湖南统计年鉴》（2013）数据计算。

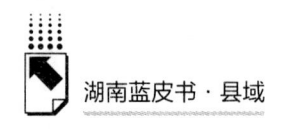

根据上表数据，按得分将全部县域分为三组，三组县域经济对全面小康支撑能力不同。可比较粗略地得出以下基本结论。

能力领先组（60分以上），这可算全省县域发展水平领先的"第一集团"。包括15个县市，分别为长沙县、宁乡县、浏阳市、攸县、醴陵市、湘潭县、湘乡市、韶山市、汨罗市、津市市、桂阳县、永兴县、资兴市、冷水江市、吉首市。总体来看，长株潭地区居于前列，尤其长沙优势明显，表明长沙城市辐射能力强大，带动全市域进入城乡互动、快速发展的良性循环轨道。

能力中间组（45～60分），县域经济发展水平居中的"第二集团"，共有39个县市。环洞庭湖地区、湘南地区多数县市，均处于这一集团。这与两大板块发展水平整体居全省中游是相符的。此外，长株潭部分县、大湘西小部分县也处于这一区间。

能力较弱组（低于45分），县域经济发展水平相对滞后的"第三集团"，共有33个县。很明显的一个特征是，除环洞庭湖板块与大湘南板块的个别县外，大湘西地区的绝大多数县市，均属于这一集团，表明这一地区县域经济发展存在系统性的差距，是全省县域经济发展与小康建设的薄弱环节，需要尽快夯实基础、找准方向，以进入良性循环发展轨道。

（二）社会发展水平逐步提升

以全面建设小康社会为目标，湖南统筹推进县域社会、文化、生态、政治建设，大力改善民生，努力建设文明进步、幸福和谐、生态良好的社会，各项事业呈良好发展势头，为小康社会建设提供了强大动力。

1. 教育事业不断发展

着力加快教育强省建设，县域教育条件不断改善。一是教育经费支出快速增加。全省教育经费保障的重点向县域和农村倾斜，2013年全省投入农村义务教育经费达到60.11亿元，其中安排义务教育阶段学校公用经费36.01亿元；对农村中小学校舍维修改造共投入中央和省级补助资金8.1亿元；中央和省级财政共投入7.2亿余元，为全省628.12万农村（含县镇）中小学生及城市特困家庭学生，免费发放国家、地方课程教科书和部分辅助学习资料。二是合格学校建设加快。中小学校舍安全工程、初中校舍改造工程等项目建设进展顺利，农村薄弱学校办学条件不断改善。三是推动教育资源均衡分布，持续促进教育公平。2012年全省启动义务教育教师均衡配置试点，2013年长沙县等首批16个县市区教育均衡配置全部顺利通过"国检"。中央和省级财政投入近3亿元，实现了全省教学点数字教育资源全覆盖。四是加强中小学教师尤其是农村教师培养与培训。完成任务农村小学、幼儿园教师公费定向培养和"特岗"教师招聘工作，为农村培养、补充一大批本专科层次教师。

2. 社会保障水平稳步提高

一是医疗保障水平提高。大力支持扶持县域医疗卫生发展，参加新农合人数持续增加。全省新农合2003年开始试点，2012年参合人数为4671.16万人（不含长沙地区等交由社保部门管理的地区），参合率达到98.22%。新农合补助标准逐步提高，2012年财政补助标准提高到每人每年240元，农民个人缴费标准提高到50元，当年度人均筹资水平提高到290元。农村居民因病返贫、因病致贫现象得以有效缓解。全省医疗卫生条件改善。2012年全省医疗卫生机构58694个，其中县市医疗卫生机构（含农村卫生室）48501个。县级公立医院综合改革试点工作逐步推进。以全科医生为重点的基层卫生队伍建设规划、"万名医师支援农村卫生工程"、乡村医生本土化人才培养计划等措施的强力推进，增强了农村基层医疗机构的诊疗水平，农民"小病不出村，大病不出县"逐步成为现实。二是城乡居民社会养老保险制度提前实现全覆盖。2009年省政府制定下发《湖南省人民政府关于开展新型农村社会养老保险试点的实施意见》，2010年全省新型农村社会养老保险试点县达到46个，覆盖农业人口超过1000万，全省有235万60周岁及以上农村老人领取55元/月基本养老金。2012年新型农村养老保险参保人数进一步上升到3414万人。享受新农保待遇人员816万人，全年共发放养老金50.04亿元；农村低保对象月人均补助103.4元，发放农村居民最低生活保障经费33.4亿元。2013年9月，在中央专项公益金资助下，全省启动1900多个农村幸福院建设。为预防和减少家庭赡养纠纷，全省还开展了《家庭赡养协议书》的签订，目前全省有80%以上的农村老年人家庭签订了该协议书。

3. 县域文化建设有效加强

全省高度重视县域文化发展，着力提高人民群众文化生活水平。一是县域各类文化活动丰富多彩。通过在县域城市开展广场文化，在农村开展墟场文化，办好"三湘读书月""三下乡""四进社区""公共大戏台"等文化活动，为县乡居民提供了多元化的业余文化生活。2013年"欢乐潇湘"系列群众文化活动展开，全省共有12700多个文艺团队参加演出，参演节目13多万个，观演群众达1670万人次。各地文化节庆具有特色，如2013年3月长沙县在金井镇召开首届乡村茶文化节暨旅游新产品推介会；8月临武县举办首届紫薇节，将书法、诗歌、篮球等文体活动与临武通天玉等名优特产展览紧密结合。二是对县域优秀传统文化保护力度加大。精心保护建设长沙铜官窑、澧县城头山、汉长沙国王陵、宁乡炭河里等国家考古遗址公园，保护开发一批古镇古村古民居和少数民族特色村寨。注重保护开发长沙湘绣、醴陵釉下五彩瓷、浏阳烟花炮竹和菊花石雕、湘西腊染扎染、滩头木版年画等民间工艺；保护传承民族民间民俗文化，扶持湘剧、花鼓戏、湘昆、常德丝弦等地方戏曲及桑植民歌、澧水船工号子、江永女书习俗等国家和省级非物质文化遗产的发展；开展了中国映山红民间戏剧节、中国百诗百联大赛、端午文化节（汨罗）等一系列主题活动。三是打造各具风格的区域文化和民族民俗文化，推动永州、韶山、南岳、炎陵、凤凰、武冈、洪江等建设特色文化城市，开辟特色文化消费市场。积极发展文化旅游，发挥旅游对文化消费的带动作用。四是省直机关积极参与县域文化建设。2013年省农办组织捐赠了400万码洋的图书资料。各级民政部门积极组织向市民发书、向社区图书馆捐书。省文化厅、省总工会举办了"情系农民工、文化送春风"系列活动。五是不断完善城乡阅读基础设施。截至2013年底，全省累计建成农家书屋43800多个，每个书屋配置1600多种出版物，覆盖每个行政村。

4. 生态文明建设逐步推进

全省生态环境保护与治理得到加强。湘江流域保护与治理被列为省政府"一号重点工程"，从2013年起开始实施湘江治理"三个三年行动计划"。截至2013年9月，已投入湘江流域150多亿元，启动重金属治理项目371个，其中150个已完工。全省共淘汰关闭涉重金属企业1018家，其中湘江流域有893家。生态补偿逐步推行，东江湖被纳入国家重点流域和水资源生态补偿试点，位于东江湖库区的资兴市，其生态公益林可获20元/亩补偿金。东江湖内的养殖网箱上岸后，每平方米网箱可获40~80元不等的补偿。植树造林稳步推进，全省各级林业部门积极实施退耕还林、路边城边水边"三边"造林、湿地保护与恢复、石漠化综合治理等林业工程，世界银行贷款湖南森林恢复和发展项目也在醴陵市启动。2013年，全省完成造林1347万亩，全省森林覆盖率达到57.52%；农村环境综合整治成效显著，攸县在此方面创造了典型经验。该县率先在农村推行垃圾分类处置无害化与资源化，走在了全国前列。"攸县模式"正在全省得到进一步推广。

5. 农村社会管理不断进步

全省持续加强和创新农村社会管理。2010年10月出台《关于加强和创新社会管理的意见》，要求各地切实提高社会管理的科学化水平。2011年1月，资兴市、韶山市、常德市鼎城区和凤凰县被确定为湖南省社会管理创新综合试点县市区，全面启动社会管理创新试点工作。总体来看，湖南农村社会管理启动较快，注重综合治理，整体推进，取得了明显进展和良好成效，涌现出一批先进典型。以攸县为例，2011年全县调整村级区划，将529个村和社区（居委会）精减为304个，并在村级党组织中开展"创先争优"活动，实施工作目标公开承诺制度，将村支两委的三年任期目标、年度工作目标和当月重点工作公开承诺，主动接受群众的监督。积极推行村级定期联合办公制度。这些制度的实行，有力促进了县域社会管理的科学化、制度化、规范化，为全面建设小康社会提供了有力保障。全省还有很多县域也结合自身特色推动社会治理创新，确保了农村社会的稳定与和谐。

（三）县域全面小康建设存在的主要问题

尽管近年湖南县域小康社会建设成效显著，但面临的问题仍然不少。县域经济仍是全省经济发展的薄弱环节，全面小康社会建设依然任务艰巨。

县域经济整体发展水平仍然偏低。全省经济强县不够多、贫困县数量比较多。在第12届全国县域经济与县域基本竞争力百强县中，湖南有长沙县、宁乡县、浏阳市、醴陵市4个县市入围，分别位列第15、60、61、94位；与沿海省份相比，百强县数量较少，且排名靠后。如江苏有29个县市进入百强县，且囊括前5名；山东有26个县市进入百强县，其中有19个县市排在前50名以内；浙江有24个县市进入全国百强。另外，湖南贫困县数量较多。根据2011年出台的国家扶贫新标准，2012年湖南的贫困县（市区）由38个增加到48个，贫困县域国土面积占全省的53.0%。除去永定区和武陵源区外，贫困县（市）达46个。

全省县域经济发展不平衡。这体现在不同县域之间，也存在于县域内城乡之间，还表现在县域不同居民之间。人均GDP方面，全省87个县市中长沙县、冷水江市、攸县等17个县（市）人均GDP在30000元以上，桂东县、永顺县等6县（市）人均GDP不足万元。农民人均纯收入方面，长沙县、湘潭县、醴陵市等19个县（市）农民人均纯收入超10000元，新田县、永顺等39个县农民人均纯收入在5000元以下；最高的长沙县为17070元，最低的新田县仅2895元，前者为后者5.9倍。县域城乡之间居民收入差距明显，各县域人均可支配收入，城镇居民为农村居民的1.47~3.55倍。

县域发展质量依然不优。首先，县域产业结构层次不高。县域经济中农业比重偏高，工业增长模式比较粗放，服务业水平整体偏低，经济发展方式亟待转变。许多县域在发展中拼资源、拼环境、低技术、低效益特征明显，不仅影响经济增长可持续性，有些甚至酿成严重的社会问题。例如，各地多次发生重金属超标污染事件，2013年5月广东检出重金属超标的31批次大米中有14批次来自湖南。其次，县域发展成果的普惠性有待提高。尽管县域教育、医疗、文化等事业快速发展，但总体水平仍然不高，惠及的面有待扩大。

部分人口生存发展仍面临较多困难。我国二元户籍管理与经济发展模式，造成大量经济社会问题，比较典型的问题如农村"空心化"、"空巢家庭"、留守儿童、贫困人口等。这些问题主要体现在农民大量外出打工的县域，而湖南作为劳务输出大省，问题尤显突出。据有关资料，湖南65岁以上的老龄人口占总人数近9.5%，老年家庭"空巢"率近43%，这些空巢家庭大量存在于农村。很多老年人养老、健康、物质、精神生活条件不佳，但仍缺乏有效的社会化帮扶体系。据湖南第六次人口普查数据推算，全省留守儿童的人数超过50万人。近年来各地虽然采取了一些措施，但还有大量留守儿童得不到社会的充分关爱，不仅影响其当下的成长，更给社会未来造成巨额的"人口素质负债"。同时，由于健康问题、因没有劳动力而缺乏收入来源或其他种种原因，农村还有为数众多的贫困人口，一些甚至处于赤贫状态。

县域发展体制机制仍不健全。现行的行政管理体制一定程度上制约着县域经济发展。城乡二元户籍制度最为典型，县域劳动力在外打工创造的"剩余价值"留在务工城市，但大量负担却留在县域。农村土地管理制度改革滞后。农民的土地承包权缺乏规范运作、有效管理的流转机制，使现代农业经营方式发展受到制约；农村土地出让中农村集体和农民权益缺乏公平保障机制。依然存在的"市管县"体制，一定程度上削弱了县域经济自主发展的内在活力和动力。各级政府财税管理体制仍未理顺，县级政府财权、事权不对称，财力保障机制不健全但承担的责任过大，使很多县域经济社会发展未能进入良性循环轨道。金融体制对县域服务能力不足，县域资金大量外流，贷款难问题突出。

三 进一步推进湖南县域全面小康社会建设的总体思路

（一）县域全面小康社会建设机遇分析

当前，为实现2020年全面建设小康社会的宏伟目标，党中央领导全国人民继续以经济建设为中心，全面推进经济、社会、文化、政治、生态文明建设。我国改革开放全面深化，经济社会继续保持较好发展势头。湖南县域经济发展和全面小康建设，面临多重交汇的重大机遇。主要包括以下方面。

改革创新机遇。十八届三中全会对全面深化改革做出全面部署，改革将为县域经济社会发展提供更加有利的社会环境。2014年国务院一号文件《关于全面深化农村改革加快推进农业现代化的若干意见》，进一步明确提出近期农村改革的方向，要求农业农村工作按照稳定政策、改革创新、持续发展的总要求，力争在体制机制创新上取得新突破，在现代农业发展上取得新成就，在社会主义新农村建设上取得新进展，保持经济社会持续健康发展。中央政策为农村深化改革、优化发展指明了方向。湖南作为农村大省，县域发展将能直接受惠。

区域经济开放合作机遇。我国对外开放继续保持良好态势，上海自由贸易区率先探索对外开放新途径。我国区域经济发展格局进一步优化，沿海地区继续发挥引领作用，中西部地区保持持续快速发展，新丝绸之路经济带起航；对中部尤为有利的是，国家将加快长江经济带升级再造，长江经济带有望成为继沿海经济带之后最有活力的经济带。这些使湖南发展面临更加有利的外部条件，继续拥有承接国际与沿海产业转移的机遇，具有与中西部地区加强合作的新动力，更直接受益于长江经济带的再造。习总书记视察湖南的讲话中强调，湖南要发挥作为东部沿海地区和中西部地区过渡带、长江开放经济带和沿海开放经济带结合部的区位优势，抓住产业梯度转移和国家支持中西部地区发展的重大机遇，提高经济整体素质和竞争力，加快形成结构合理、方式优化、区域协调、城乡一体的发展新格局。

国家推进扶贫开发机遇。十八大后，新的中央领导集体对扶贫工作特别重视和务实。2014年，国家发布《关于创新机制扎实推进农村扶贫开发工作的意见》，明确了当前和今后一个时期扶贫开发的6个工作机制和10项重点工作。扶贫开发工作要更加广泛、更为有效地动员社会力量，构建政府、市场、社会协同推进的大扶贫开发格局，形成扶贫开发合力。扶贫工作事关湖南全面建成小康社会目标能否如期实现。湘西37个县（市、区）已进入武陵山连片扶贫地区，各地还有一些相对落后的贫困地区。国家扶贫工作力度的加大，将为湖南贫困地区加快脱贫奔小康增加强大动力。

全面小康建设宏观环境相对有利。我国仍处于可以大有作为的重要战略机遇期，新型工业化、城镇化持续推进，今后一个时期保持经济中高速增长具有良好基础。湖南经济正加速崛起，全省仍处工业化中期，经济发展潜力巨大。"十二五"和今后一个时期，湖南将着力推进"四化两型"，按照"三量齐升"发展总要求，全力推进经济现代化进程。这些将为县域经济发展创造良好环境。全面建成小康社会是湖南经济社会发展的核心任务，湖南把县域全面小康社会建设作为重中之重。可以预见，县域全面建设小康社会的动力将不断增强，建设进程将呈现持续快速推进态势。

（二）湖南县域进一步推进全面小康社会建设总体思路

1. 指导思想

深入贯彻党中央关于全面建设小康社会的战略方针，根据湖南"四化两型""四个湖南"建设总战略,围绕"两个加快、两个率先"的总任务,以改革创新为动力,落实"三量齐升"总要求,统筹推进"五大建设",着力保持县域经济持续健康发展,促进社会和谐进步,全力推进湖南县域全面小康社会建设进程,确保在2020年全面建成小康社会,在中部地区全面小康社会建设中走在前列,努力谱写中国梦的湖南篇章。

2. 基本原则

以人为本原则。始终围绕促进人的全面发展这一核心,从经济、社会、文化、政治、生态等方面全方位推进小康社会建设,使县域群众有更好的教育、更优质的就业岗位、更可靠的社会保障、更高水平的公共服务、更优美的环境、更幸福的生活。正确处理政府引导作用与人民主体作用的关系,政府主要担负创造环境、维护公平竞争、提供基本公共服务等工作,让人民群众成为经济发展、社会建设的主体。小康建设的最终评判权要交给人民,防范小康建设中侵害群众利益的行为。

全面协调原则。推动经济、社会、文化、政治、生态建设协调发展,不可片面以 GDP 为中心而忽视其他领域的共同进步。更加注重发展本身的协同性,使经济总量、发展质量和人均均量同步提升,促进转型发展、创新发展、统筹发展、可持续发展、和谐安全发展。进一步优化小康建设的政策措施,提高政策科学性和有效性。促进城乡一体化发展,推动城乡基本公共服务均等化,引导资源在城乡之间高效配置。引导全省上下协同参与全面小康建设,鼓励县域之间、群众之间加强经济协作和互帮互助。

因地制宜原则。湖南县域情况千差万别,各地发展条件、发展水平差异大。全面建设小康社会,要尊重不同区域发展特色,落实主体功能区发展要求,实行因地制宜的发展战略,根据不同情况实事求是制定发展目标,进行分类指导,给予不同的扶持政策。各县市区要把握自身特点,突破重点难点。鼓励先进县市区率先建成小康社会、支持中等县市区尽快建成小康社会、帮助困难县市区如期建成小康社会。

可持续发展原则。加快转变经济发展方式,鼓励各县域走出一条符合自身特点、发展质量高、人力资源得到充分利用、人民真正得到实惠的路子。大力建设生态文明,加快建设两型社会,保护良好生态环境。推进科技进步,建立健全县域科技创新与服务体系，提升科技在县域发展中的贡献率。提高人口素质，促进社会文明进步，以人的全面发展引领经济社会可持续发展。

改革创新原则。全面贯彻落实十八届三中全会精神，把改革作为推进全面小康社会建设的主动力。积极推进经济体制改革，激发县域经济活力；有序深化行政体制改革，理顺县域经济发展与社会管理机制；大力促进城乡一体化改革，建立与市场经济资源优化配置相适应的户籍管理制度；加快土地制度改革，保障农民的土地权益，促进现代农业经营体系建设；推动金融与其他要素市场改革，为"三农"发展提供强大支撑。

3. 总体目标

推进湖南县域全面建成小康社会的总体目标应是：根据党中央全面建成小康社会的总体要求，按照省委、省政府推动率先建成小康社会的战略部署，确保全省县域2020年实现全面建成小康社会目标，并力争走在中部地区前列。

具体来看，在今后的几年，要牢牢把握机遇，致力真抓实干，加快推进县域经济社会发展，全面完成小康建设各项任务。到2020年，使全省县域经济更加繁荣，经济结构进一步优化，经济发展质量进一步提高，发展方式实现根本性转变，经济社会进入可持续发展轨道；全省县域区域差距相对缩小，城乡二元结构逐步改善，收入分配进一步合理化；社会秩序文明有序，道德水准显著提高，民主更加健全，社会安全依法保障，风清气正的社会风气逐步形成；文化更加繁荣，群众文化生活水平进一步提高；生态文明不断进步，城乡大气污染、水污染、固体废弃物污染等得到有效控制，人民能呼吸健康的空气、饮用卫生的水、食用安全的食品。

省委、省政府提出了全省四大板块小康建设的奋斗目标。各大板块县域要根据自身实际制定切实可行的发展方略，发挥各自优势，圆满完成省委、省政府目标要求。长株潭地区，要突出两型社会建设，提高城乡一体化水平，2017年率先实现全面小康，2020年率先向基本现代化迈进，率先建成全国两型社会建设示范区。洞庭湖地区，要突出生态经济区建设，大力推进现代农业建设和湖区生态建设，加快融入长江经济走廊，2017年全面建成小康社会，2020年建成全国农业现代化和生态文明建设示范区。湘南地区，突出承接产业转移，2017年全面小康实现程度90%以上，2020年实现全面小康。大湘西地区，突出扶贫开发，2017年全面小康实现程度85%以上，2020年基本消除绝对贫困现象，基本实现全面小康。

四 加快推进湖南县域全面小康社会建设的对策建议

（一）贯彻以人为本要求，形成推进全面建成小康社会的合力

全面建设小康社会归根到底是人民的事业。要将人民主体作用与政府引导作用有机结合，发挥人民群众主动性、积极性和创造性，使县域小康社会建设持续健康推进。

大力培育充满活力的市场主体。发挥市场的决定性作用，对县域而言，关键是要有一大批竞争力强的市场主体。必须充分提高人民实干奔小康的积极性，让群众成为小康建设的主体。努力促进人的全面发展和投身小康建设的能力，培养造就新型的农民队伍，打造训练有素的产业工人队伍，推动形成充满活力的企业家队伍。千方百计支持群众的各种创业活动，形成县域创业的合力，进一步发展"能人经济""公司+农户"等创业模式。大力发展农村经济合作组织，提高生产组织化与产业集群化水平，使县域劳动力资源优势得到充分利用。

逐步转变县域劳务经济发展思路。传统的农民工外出打工模式，由于城乡二元户籍管理制度，外出农民工难以在务工地享受平等的基本公共服务，相反把家庭照顾、孩子教育等后顾之忧留在户籍所在地，有违全面建设小康社会创造幸福生活的初衷。在城乡统一的户籍管理制度未有根本性突破的条件下，县域农民工"候鸟式的打工经济"模式应有所转变，要千方百计在本土及省内解决农民工就业问题。一是积极发展本土农工商优势产业，使更多农民工就业于本地；二是加快省内各级城镇户籍制度改革，使进城农民工享受市民平等权利，使更多农民工安心于省内就业，缓解省内企业劳动力不足之忧；三是为出省农民工提供充分的信息服务，根据各省市在农民工权益保障、户籍改革方面的具体情况，引导农民工选择更有可能安居乐业的地区务工，尽量避免去务工环境差、身份歧视依然存在的地区。

使人民更深度地参与全社会小康建设进程。人民既要通过辛勤劳动创造个人与家庭幸福生活，也要更充分地参与社会、文化、政治、生态文明建设。小康建设很多问题并非可由市场决定，需要全体人民的奉献和团结协作。尤其在社会建设、文化建设、生态建设等方面，群众的积极参与可使难题的解决事半功倍。例如，环境污染治理与循环经济的发展，只要每个家庭认真做好垃圾分类、废品回收，城乡生活污染治理成本将大幅下降；企业偷排污水、食品安全等问题，只要群众参与监督，将不再成为社会难题；社会治安更离不开群众支持，"枫桥经验"就是群防群治的典型范例。我们要掌握群众路线的精髓，通过积极动员群众、依靠群众推进各项事业发展。

政府在全面建成小康社会建设中应进一步找准定位。发挥市场的决定性作用，减少政府对经济活动的直接干预，将工作着重点放在为小康建设创造良好环境。要着力抓好打基础、利长远的工作，进一步完善基础设施，全面落实中央关于县域经济发展、县域改革的各项政策措施。加强农村基层党组织建设，发展和完善村级民主自治机制，使小康建设在民主法治的轨道上顺利推进。要尊重群众的意愿，在经济发展和城乡建设中不越俎代庖、拔苗助长，不做侵犯群众利益、违背群众意愿的事。

（二）巩固农业基础地位，加快推进农业现代化

农业是国民经济基础产业。推进县域小康建设，任何时候都要把农业作为优先发展的战略产业，这是重大社会责任。要使现代化的农业，为全面建设小康社会提供稳固基础。

始终抓好粮食生产。粮食安全是国家安全之基，县域必须服从国家的这个大局，把粮食生产放在首要位置。要按照中央和湖南省要求，落实最严格的耕地保护制度，继续加强水利等农业基础设施建设，妥善处置被污染土地的结构调整，强化粮食生产科技支撑，充分调动农民种粮和地方政府抓粮积极性，保持粮食的稳产高产能力。

大力推进农业结构调整。优化农业区域布局，建立农产品优势产业带，围绕粮食、生猪、鸡、烟草、油茶、饲料等农产品加工产业链建设，发展壮大农业产业化龙头企业，形成一批农产品加工示范企业和农产品加工出口基地。提

高农业生产方式现代化水平，发展绿色生态农业，推广农业耕作先进技术。着力抓好农产品质量和食品安全，建立健全覆盖整个产业链的农产品质量安全监管制度。对适宜规模化生产的区域和品种，推广标准化生产技术，创造优质名牌产品，提高产品质量和食品安全水平。

加大政府对农业发展支持力度。积极争取各级财政支持，建立健全政府的农业扶持体系；建立和完善农业科技创新体系，大力支持具有安全性、有效性、公益性的农业科技创新，推广使用现代农业新技术。防范唯利是图、安全缺乏可靠保障的"新技术"应用和扩散，以免对农业造成重大危害，如类似瘦肉精、蛋白精的新技术及转基因等安全前景不明的新技术。着力扶持一批重点县域和农业生产主体，实施好全省两个"百千万工程"：即"百企、千社、万户"工程，扶持发展100家龙头企业、1000个现代农机合作社、10000户家庭农场；"百片、千园、万名"工程，建设100个农业结构调整示范片、创建1000个现代农业产业园、选派10000名农业科技人员下乡。深化农业经营体制创新，扶持现代农机合作社，支持家庭农场、种植大户、合作社等新型农业经营主体的发展，推进多种形式规模经营和社会化服务。支持农业产业化龙头企业加快技术改造、建设原料基地，扶持现代农业产业园和特色专业园区发展。

（三）大力发展优势特色非农产业，为强县富民提供强大支撑

从全局看，发展壮大现代工业和服务业，是县域实现经济腾飞的必由之路。县域要根据比较优势，把握发展战略方向，打造优势产业体系与现代产业基地，为区域发展、劳动力就业、居民增收提供强大支撑。

坚定不移地实施工业强县战略。具备区位交通、人力资源、科技及自然资源等优势的县域，要努力走科技含量高、经济效益好、资源消耗低、环境污染少、人力资源优势得到充分发挥的新型工业化路子。根据资源禀赋和发展基础，培植优势主导产业和产业集群，做大做强骨干企业，打造县域产业发展龙头。着力建设政策环境好、产业结构优的县域工业园区，提升聚集项目、资金、技术、人才等现代生产要素的能力，打造强大的经济增长点。针对当前县域园区发展特色，进一步高起点、高标准制定园区发展战略规划，创造投资环

境综合优势。改革低地价甚至零地价的招商引资模式，对供地设立包括单位面积投资强度、产出强度、节能环保等方面的准入标准，对投资项目优中选优，促进土地的集约节约利用。强制淘汰落后产能，利用级差地租引导产业合理布局。

积极发展县域现代服务业。因地制宜发展适应县域市场需求的生活服务业和生产服务业。促进中心城市服务业向县域扩张，提升县域服务业整体水平。突出服务业发展特色，当前重点可抓好以下领域：一是文化旅游业。有文化旅游资源优势的县域，要按照"总体规划，分步实施"的思路，有序推进旅游资源开发建设，发展地方性文化品牌，完善旅游服务基础设施，加大旅游市场开发力度，打造特色鲜明、服务优质的县域旅游精品。二是商贸物流业。具有区位交通优势的县域，可根据潜在的市场辐射能力，发展综合性或专业性流通市场，发展商贸流通业，培育做强物流业，打造县域经济新的增长点。三是面向本土产业的生产性服务业。根据县域农业、工业经济结构调整升级要求，扶持发展相应的技术、营销、环保、金融、商务等服务业，形成农业、制造业与服务业良性循环的发展格局。

着力壮大县域民营经济。进一步创造公平竞争环境，形成各方共同推进民营经济发展的合力。大力提升民营经济综合素质，调整和优化产业结构，加快县域优势产业改造提升步伐。加强优秀的企业家队伍和创新人才、技术工人队伍建设，引导民营企业提高科学管理水平。提高民营企业科技含量，鼓励民营企业从技术模仿向技术自主创新转变。

（四）协同推进县域新型城镇化与新农村建设，创造人民安居乐业的幸福家园

县域社会形态是农业社会与城镇社会形态的结合体。县域全面小康社会，应是城乡协调发展的社会，既有宜居活力的城镇，也有基础地位稳固的农村。这就要求城镇化与新农村建设协同推进，不可偏废。

稳步推进新型城镇化进程。县域城镇化应随经济发展水到渠成、顺势而为，必须坚持以产业为支撑、以人为本、人与自然相协调，注重城镇化质量，坚持统筹兼顾和可持续发展。要推动产城结合，将城镇化与区域工商业发展、

产业园区建设、区域性中心市场、基础设施建设有机结合，实现良性互动。把县城作为县域城镇化重中之重，科学规划发展蓝图，高质量推进基础设施建设，创造良好发展环境，不断增强综合实力和以城带乡能力。进一步发展布局合理、基础厚实的小城镇，切实转变小城镇发展模式，务实定位，突出特色，防止低水平同质竞争。把"宜居宜业"放在城镇建设的突出位置，增强城镇产业承载和人口集聚功能。统筹推进户籍制度、土地制度、城镇住房保障制度、财政金融体制、市政体制等各方面改革，破解城镇发展难题，稳步推进县域农业转移人口市民化。

积极推进新农村建设，打造生产发展、生态环保、社会文明的新家园。改善农村生产和人居环境。依托农村的山水植被优势，优化农村村庄布局，美化乡村民居，不断完善农村水利、电力、交通、环卫管理等基础设施，缩小农村在基础设施上与城市的差别，最大限度地方便农村居民，使农村和城市一样成为宜居之所、创业之地。以生产发展为根本，建设富裕新农村，大力拓宽农民增收渠道。不断完善公共服务体系，提升农村公共服务水平，让农村居民逐步享有与城市同样优质的公共服务。要加快创造城乡公共服务均等化的条件和基础，因地制宜，在试点示范的基础上稳中求进，力争2020年全省县域取得突破性进展。

无论新型城镇化还是新农村建设，都要实行生态优先的发展战略。保护生态资源，加强污染治理；淘汰落后产能，发展低碳产业；招商注重选资，严禁污染项目。全面修复水环境、大气环境、土壤环境，为三湘人民留下永续生存发展的美好家园。

（五）完善县域公共服务体系，为全面建成小康社会夯实基础

各县域要通过形成学有所教、劳有所得、病有所医、老有所养、住有所居的保障体系和发展模式，给人民以安全感和幸福感，使小康真正成为每个人都能享有的生活方式。

进一步发展县域教育事业。促进基础教育资源均等化，继续加大对县域基础教育的扶持力度，全面改善贫困地区办学条件，为学生提供良好的学习与生活环境；完善贫困地区人才吸纳机制，吸引更多优秀师资献身当地教育。推进

教育扶贫，建立政府、社会相结合的贫困学生、留守儿童关爱救助制度，使其能安心学习、健康成长，不使任何一个适龄少年儿童因贫困不能接受正规学校教育，不使任何一个孩子的未来因为贫困蒙上阴影。大力发展低收费、高质量的职业教育，面向社会就业需求与县域产业特色，培养高素质技能人才和产业工人。

积极发展县域医疗卫生事业。以公益性医院为主体，构建以社区医院、乡镇医院、县级医院等协同发展、结构合理的医疗体系，着力改善医疗条件，全面提高医疗质量。进一步理顺医疗卫生体制，形成科学合理的医疗与药品价格体系，加强和改善对医疗卫生事业的管理，使医疗真正成为服务人民的良心事业。加大政府对卫生事业的支持力度，以投入促改革，真正让群众得到实惠；着力保障和改善医务人员待遇，使卫生事业步入良性循环的轨道。

全面建立健全县域社会保障体系。转变政府职能，使社会保障体系的健全和维护成为政府重要的中心工作，下大力气抓实抓好。稳步扩大社会保障体系覆盖面，不断提高保障水平，构建包括养老保险、医疗保险、生育保险、城镇职工失业保险、最低生活保障制度等在内的社会安全网。各县域要根据自身条件，推进城乡养老保险制度的统一，彻底解决县域广大城乡居民老有所养的问题。加快健全县域最低生活保障制度，将所有应保人口纳入保障范围，确保贫困人口基本的生存权和发展权，守住"社会道德的底线"。各级财政要加大社会保障投入，使财政资金公平用到全体人民的身上。要推动社会投入，发展慈善事业，共促全社会保障水平的提高。

（六）进一步完善县域扶贫机制，切实推动共同富裕

当前县域扶贫工作进入新阶段，主要任务从以解决温饱问题为主转化为巩固温饱成果、加快脱贫致富、改善生态环境、提高发展能力、缩小发展差距。2014年中央发布《关于创新机制扎实推进农村扶贫开发工作的意见》，对进一步推进农村扶贫开发作出战略部署。湖南要落实中央精神，力争扶贫进入更加高效有序的轨道，确保2020年所有县域实现小康目标。

进一步完善扶贫机制。在扶贫对象上，形成动态的识别机制，精准把握扶贫重点，由注重面向找准点转变，以有效提高扶贫资金使用的精确度，保障扶

贫的公正公平。在扶贫项目选择上，建立有效的选择机制，不仅注重数量要求，更注意质量和扶贫成果的巩固。在扶贫资金使用上，形成突出重点的投入机制，对投入的资金进行有效的监督。形成多元化投入机制，在保证财政资金投入稳定增长的同时拓宽民间投资领域和范围，积极支持民间资本进入资源开发、基础设施、公用事业和金融服务等领域。在扶贫管理工作上，建立有效的分工合作机制，充分发挥各级政府以及管理者的积极性。形成信息对称、及时有效的监督评价机制，对扶贫效果进行公平评估和考核。

进一步加大财税政策支持。对贫困地区提高转移支付系数，增加转移支付额度。适当减免企业税收，鼓励金融机构在贫困县域设立分支机构，搭建融资平台，多方面拓宽融资渠道。提高对贫困县域固定资产中央和省级财政投资比例，保证投资增长幅度高于全省平均水平，重点加大对农业产业、扶贫开发、民生工程、基础设施和生态环境等投入力度。实施差别化产业扶持政策，突出支持特色农业、特色制造业、文化旅游业和生态环保产业等发展。建立生态补偿机制，对生态功能县、江河源头县和禁止开发区，加大生态补偿力度，禁止发展重化工业，大力开展植树造林、退耕还林，确保整个区域的生态安全和用水安全。进一步优化贫困地区投资环境，用足用活用好国家已经出台的相关政策，积极推进依法治县，提高贫困地区开放发展意识，增强贫困地区投资吸纳能力。

（七）有序推进体制机制创新，为县域发展提供制度保障

深化行政制度改革。进一步加大"省直管县"改革力度，增加扩权县市数量，完善配套政策和监督机制，使各级政府管理实现责权统一、运转协调。大力改革行政审批制度，进一步扩大行政审批权限下放范围，把可以下放的审批权限下放给县域。进一步加大县域财税改革力度，完善省对县域的转移支付制度，理顺省与市、省与县、市与县的财政关系，实现财政体制与行政管理体制协调配套，使事权与财权相统一，在制度和机制设计上做到激励相容。

深化户籍制度改革，加快建立与现代市场经济相适应的户籍管理制度。积极放开省内县城与中小城镇户籍制度，使居民户口能够随就业地自由迁徙，使居民能在就业地享受应有的社会公共服务。省内中心城市可采取渐进方式逐步

改革户籍制度，使城市社会公共服务保障能力与城市规模扩张的速度相一致，有序吸纳县域人口的转移。中心城市可借鉴广东"积分制"入户等方式，使农民工逐步转化为市民。

深化农村土地制度改革，激活土地这一生产要素。坚持农村土地集体所有，探索农村土地集体所有制的有效实现形式，在落实集体所有权、稳定农户承包权、放活土地经营权方面稳步改革，构建以农户家庭经营为基础、合作和联合为纽带、社会化服务为支撑的立体式复合型现代农业经营体系。推进土地承包经营权的合理流转，鼓励农民采取多种方式把土地适当集中，开展规模化经营。加强土地经营权流转管理和服务，逐步形成农村土地流转市场，建立土地流转服务中心，形成县、乡、村三级土地承包经营权流转服务和纠纷调解仲裁体系，推动土地经营权等农村产权流转交易公开、公正、规范运行。

推进县域金融体制改革创新。完善农村金融服务体系，建立和发展竞争性农村金融市场，形成以市场机制为基础，金融主体多元化、金融产品多样性、金融服务多层次，商业性、政策性、合作性金融组织相协调，正规金融组织与非正规金融组织相补充的多元化农村金融服务格局。各金融机构要根据农村中小企业的特点，开发适合县域经济的信贷产品，加大县域有效信贷投入。加强县域金融发展政策扶持力度，通过建立健全信贷激励机制、增加政策性贷款投入、探索实行城乡差别利率政策等途径，引导各类资金支持县域实体经济发展。

县 域 篇

Reports on County-level Issues

B.3
芙蓉区全面建设小康社会进展、问题与对策研究

罗玉环[*]

从"人民生活达到小康"到"全面建设小康社会",再到"全面建成小康社会",表明了中国共产党执政理念不断深化,国家的经济实力和综合国力不断增强。党的十八大和十八届三中全会以后,小康社会各项目标逐渐清晰,评价体系逐渐完善,芙蓉区作为省会城市的中心城区,无疑站在了新的历史高点上,如何抓住机遇,砥砺奋进,迎新一轮改革东风,完成全面建设小康社会的发展任务,就成了现实而迫切的中心课题。

一 芙蓉区全面建设小康社会现状分析

当前,国家、省、市相继出台一系列推进小康社会建设的举措,芙蓉区全

---

[*] 罗玉环,长沙市芙蓉区区委常委、常务副区长。

面小康社会建设面临着前所未有的发展机遇。我们按照"四化两型"的目标，紧紧围绕"六个走在前列"、率先建成"三市"、强力实施"三倍"总体要求，推进经济转型升级，提高群众民生福祉，努力建设"湖湘之心、中部标杆、全国一流"的"财富中心、魅力之都、幸福芙蓉"，各项工作取得了较大的成绩，建设全面小康社会的基础不断得到巩固。

从湖南省县市区全面建成小康社会考评体系（一类）的监测情况来看，芙蓉区经济发展、人民生活、社会发展、民主法治和生态文明五个方面的指标，总体进度良好，32项考评指标有21项已圆满达标，其中18项指标超额完成。

（一）经济实力提升，夯实了全面小康的基础

2013年芙蓉区地区生产总值868.1亿元，增长11.8%；财政总收入90.9亿元，增长17%，其中公共财政预算收入37.4亿元，增长24.2%；全社会固定资产投资305.7亿元，增长23.8%；社会消费品零售总额568.7亿元，增长13.2%。根据建设全面小康社会的目标值来看，实现人均地区生产总值115410元（已实现2020年全面小康社会的指标数80000元），人均财政总收入17085元（已实现2020年全面小康社会的指标数12000元）。目前芙蓉区经济产业结构呈多元化模式，发展前景可观，特别是楼宇经济蓬勃兴旺，区域金融中心地位更加稳固，新增规模以上工业企业、注册资本亿元以上企业逐年增加。中国城戴斯酒店、苏宁超级店等大型消费机构相继开业，广东商会经济产业园、特格尔药业健康产业园等项目成功签约，隆平新区建设理念和发展思路得到社会广泛认同，成功举办首届隆平国际论坛和招商推介会，阿里巴巴长沙产业带、中宏保险等一批优质项目和企业相继落户，区域招商引资吸引力不断增强。

（二）人民生活改善，抓住了全面小康的关键

"小康不小康，关键看老乡"，人民群众的幸福感受是小康社会最直观、最重要的衡量数据。在经济飞速发展和人民群众生活水平日益提高的大环境下，目前芙蓉区居民人均可支配收入达35484元，人均储蓄存款达到79978

元，零就业家庭百分之百实现动态就业援助，新增各类社会保险，参保实现了应保尽保。全区积极调动社会资源，撬动民间资本，加大棚改拆迁力度，完成棚改面积4.2万平方米。人民东路完成提质改造直通机场，营盘路东延线与双杨路实现互通，京港澳高速西辅道、红旗路跨浏阳河大桥启动建设。廉租房二期269套启动建设，新增公租房120套，向936户发放经济适用房和廉租房补贴。

（三）社会事业发展，巩固了全面小康的成果

芙蓉区科教文卫工作坚持以人为本、民生优先，"为民办实事"各项承诺全面落实，公共服务质量不断提升，成功积极创建国家公共文化服务体系示范区。持续推进义务教育均衡发展，高分通过国家义务教育基本均衡区督导评估。科技创新和科普并举，被评为全国科技进步先进区。参加市八运会，金牌总数和团体总分居全市第一，被评为全国群众体育工作先进单位。推行家庭医疗契约式服务，2013年全区基本公共卫生服务考核荣获全市第一，以全省第一的成绩创建省级慢性病综合防控示范区。加强流动人口计划生育区域协作，计生优质服务水平不断提升。

（四）民主法治加强，筑牢了全面小康的保障

全面推行行政决策法律审查，完善政府合同审查机制，积极防范各种法律风险；主动接受区人大、政协的监督，积极听取民主党派、工商联和无党派人士意见，积极认真答复市长信箱、区长信箱信件，开通"12345"市民服务热线，接受社会各界的批评建议和舆论监督，畅通民意渠道；政民互动渠道进一步拓展，46项行政审批事项全面实现在线办理和全流程公开，审批时限总体压缩39%，简政放权工作取得较大成效，政府工作的服务效能进一步提升。加强安全生产打非治违和企业安全生产标准化创建工作，被评为全省安全生产先进区，加大食品安全专项整治力度，在全市率先试行食品安全快检制度，未发生食品安全责任事故。加强信访维稳工作，社会治安防控得力，社会大局和谐稳定。

（五）环境治理有效，突破了全面小康的进程难点

当前，随着经济的发展，环境问题越来越突出，生态文明程度如何关系到小康社会实现的可能。芙蓉区按照净化、序化、美化的要求，加强城市精细化管理。推进城郊接合部综合整治，大力控违拆违，实现违法建筑零新增。加强对流动摊担、占道经营、户外广告等问题的治理，市场秩序更加规范。开展清扫保洁区域承包试点，推行人工清扫与机械作业有机结合，完成城区主干道路、管网修缮和交通微循环疏导工程，道路通行能力进一步提升，市政设施管理更加高效。新建大量社区公园、绿地，完成杨家山社区环境综合提质改造，实施都正街片区改造一期工程，老旧社区居住环境显著改善。严厉打击非法营运等交通乱源，取缔了一批黑车站点，查扣部分非法营运车辆。全方位推动大气污染防治，推行清洁能源改烧，对渣土、扬尘、尾气的整治力度不断增强。深化浏阳河水污染治理，全面铺开浏阳河截污工程，大力清理水上餐饮，加强污水处理厂出水水质监测，地表水质达标率达100%。

二 芙蓉区全面建设小康社会遇到的主要困难

随着改革开放的深入推进、经济社会的加快转轨，芙蓉区全面建设小康社会、提升小康质量的任务还比较繁重，机遇与挑战相互交织。从国际环境来看，金融危机的影响仍未根除，在未来较长一段时期内，国际经济仍将延续低速增长态势。同时，国际政治格局日益复杂，不安定因素日益增多，局部战争和冲突持续发生，对经济增长的负面作用不容小视。从国内来看，"银根"、"地根"仍然偏紧，尤其是政府融资平台受到严格管控，政府投资项目资金来源明显不足，社会投资更趋理性，投资信心处于缓慢复苏过程之中。从本地情况来看，面临的挑战更为具体。

（一）经济下行压力较大

"十二五"前两年芙蓉区GDP年均增速为13.25%，虽较规划目标13%高出0.25个百分点，但较"十一五"时期年均增速下降了2.55个百分点。近两年来，主要经济指标回落态势明显，地区生产总值、规模以上工业增加值、固定资产投资、社会消费品零售总额等增幅都有所回落。当前随着城市的扩张，区域竞争日趋激烈，芙蓉区固有优势正被逐步挤压，经济增长、财税增收的压力日益突出。

（二）技术和资金瓶颈凸显

一方面，经济结构调整困难多，转型升级任务艰巨。目前按照全面小康的要求，芙蓉区单位GDP能耗按照全面小康的要求，以吨标煤/万元计算，要小于0.7，目前芙蓉区这项指标是0.78，尚未达标，园区规模工业增加值占工业规模增加值比重不足，高新技术产业增加值占GDP比重明显滞后，目标值要大于30%，目前我们才9.3%。芙蓉区传统产业面临着要素制约、成本攀升、质效不高的多重考验，转型升级的任务依然艰巨，走全面、协调、可持续发展之路还是一个较长的过程。另一方面，资金资源瓶颈突出，政府财政支出压力较大。由于区级财力有限，一批基础设施项目无法按计划实施，部分社会投资项目因国家宏观调控和稳健货币政策的影响，资金筹措渠道受阻，导致项目搁置。辖区内可供后续开发的土地不多，土地资源严重匮乏导致发展空间受到制约。

（三）民生工程任务艰巨

全区农村居民人均纯收入达到了全面小康社会的要求，但是城镇居民人均可支配收入实现程度还只有71%，特别是在劳动就业、社会保障、征地拆迁、安全生产等关系群众切身利益方面的工作还很艰巨，群众抱怨不少。上学难、看病难、住房难的问题还明显存在，如隆平新区的教育资源不足，发展不平衡；基础设施建设、保障房项目和拆迁安置工作资金缺口较大。老百姓生活成本攀升，衣食住行的日常生活支出较大，娱乐性和享受性支出较少，经济的内需拉动不足，比如居民文教娱乐服务消费支出占总消费支出的比重、人均拥有公共文化体育设施的面积这两项全面小康的实现程度还不到80%，说明基尼系数还偏高，消费能力还不够，幸福指数还有待提升。

（四）安全维稳形势复杂

随着城市的发展，征地拆迁、企业改制、就业安置、食品安全、综合治

理、环境污染、应急冲突等方面的压力仍然较大，群体上访、越级上访事件仍然较多，一批缠访的历史问题尚未得到根本解决，一些新的问题又在酝酿。按照社会安全指数的要求，芙蓉区目前的实现程度才85%。

三 进一步推进芙蓉区全面小康社会建设的对策

辩证分析，芙蓉区的发展机遇大于挑战，为圆满完成全面建设小康社会的战略任务，全区目前正在构建"跨河东进、西提东拓"的总体格局，继续大力推进"聚焦高端，提质增效，产城一体，双核驱动"的发展措施。

（一）加快转型创新发展，建设经济强区

坚持以结构调整促转型、以改革创新促发展，做好"腾笼换鸟""空间换地""电商换市"文章，推动区域经济持续稳健发展。

1. 推进第三产业优化升级

加快发展第三产业，着力在薄弱环节上求突破，在发展方式上求创新，在规模总量上求扩张，巩固提升全省金融中心、商务中心、消费中心地位。重点引进国际知名银行，确保全国性大型金融机构省级总部达到60家，其中全国性和地方性商业银行省级分行达到20家，金融业对地区生产总值的贡献率达到20%。充分发挥金融产业聚集优势，完善金融产业链条，大力引进省级金融机构和规范发展民间金融，打造"金融聚集街区"。强化商务楼宇一站式服务，主动引导新建商务楼宇二次招商，积极推进老旧楼宇改造提质，盘活存量楼宇资源，培育总税收过亿元的楼宇20栋，总税收过5000万元的楼宇40栋。抢抓地铁开通、三网融合、移动4G等机遇，积极研究新形势下的商贸业发展。引进和培育电子商务、文化创意、互联网金融等新型业态，建立互联网产业发展基金，抢占互联网经济制高点。针对消费网络化趋势，鼓励引导传统商贸企业主动转型。依托区域内丰富的文化资源，大力发展文化创意产业。推进马王堆蔬菜市场外迁和三湘南湖市场改造，加快浏阳河产业带建设，培育新的消费聚集区，进一步挖掘大众消费潜力。

2. 倾力打造"种业硅谷"

按照"种业硅谷"总体要求，建好水稻博物馆、分子育种中心、种业交易中心等"一馆三中心"，加快核心功能建设，壮大核心产业实力，构建种业研发、交易等基本功能体系。大力引进国际国内种业龙头企业，扶持本土种业企业做大做强。精心打造浏阳河产业轴和滨水娱乐带，科学规划隆平新区3500亩商业和居住用地，加快商务、商业体系和绿化住宅项目建设，进一步强化区域次中心地位。

3. 集约提升都市工业

坚持楼宇工业、总部工业和精品园区发展道路，开展"项目攻坚年"活动，推进苏宁云商现代产业园、隆平高科总部基地、豪丹创业平台二期等项目建设。大力引进行业龙头企业和总部型企业。强化创新驱动，加大科技研发投入，加快科技成果孵化，实现高新技术产值跃升。促进生产要素向园区聚集，坚持资源节约、环境友好的发展道路，推进节能减排，淘汰落后产能，促进单位地区生产总值综合能耗逐年下降。

（二）坚持"两型"理念引领，建设精美城区

围绕全国文明城市总测评工作目标，一手抓综合整治，一手抓常态管理，不断改善城市环境品质，提升人民群众居住体验，保持城市管理全市领先地位。

1. 深化综合整治

推进"畅通城市"建设，加强火车站、汽车东站、地铁站口等交通枢纽管理，对社会停车场实施信息化调度管理。配合万家丽路快速化改造、地铁施工等重点工程，做好交通组织和堵点疏导，维护良好的交通秩序。实施"清霾"行动、"碧水"行动和"静音"行动，对各类污染物排放实行更加严格的管治措施。

2. 加强常态管理

创新城市管理运行机制，强化网格化管理责任制，进一步提升城管作业质量和效率，确保城区干净整洁。加快排水综合管理系统建设，通过信息化手段提升市政设施管理水平。加强绿色生态资源的保护和利用，推进社区公园、社

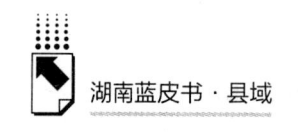

区小游园建设和精细化管理，实施道路添绿补绿工程，提升绿化品位和覆盖率。

3. 建设宜居社区

推进都正街历史文化街区等特色街区改造工程，探索保护和开发相结合的旧城改造新模式。着眼于营造更加舒适的居住环境，加强对开放式社区尤其是农民安置小区的基础设施改造，完善供水、供电、供气等基本功能，疏通老化堵塞的排水排污管道，实施小区亮化、美化、规范化工程，增设文化休闲和体育锻炼场所，增配安防监控设施设备，打通消防通道，利用空坪隙地开辟更多的绿化点和公共停车位，完善宜居宜业的城区功能。

（三）突出民生事业保障，建设和谐名区

启动民生提质计划，确保将每年新增财力的70%以上投向民生领域，着力改善民生和促进社会和谐稳定，让人民群众享受到更有品质、更加贴心的公共服务。

1. 拓展社会服务

加大教育项目建设投入，推进十六中、大同小学、大同三小、河山小学、长城幼儿园等项目建设。统筹义务教育资源均衡配置，推进学前教育、继续教育、社区教育共同发展，促进教育公平，率先在全省基本实现教育现代化，建成高水平教育强区，促使教育整体水平跻身全国先进行列。推动公共文化"设施网络化、供给多元化、服务普惠化、活动品牌化"建设，大力发展文化体育事业，加快建设、均衡布局公共文化体育场馆，确保人均公共文体设施面积在3平方米以上，居民文教娱乐服务消费支出占消费总支出的18%以上。加强公共卫生服务能力建设，探索社区参与基本公共卫生服务工作模式。稳步扩大基本医疗保障覆盖面，努力提高基本医疗保障水平。建立流动人口计生工作网格化管理机制，通过"以房管人"推进流动人口计生服务均等化。加强社区服务品牌创建，争创全国和谐社区建设示范区。

2. 完善社会保障

坚持"广覆盖、保基本、多层次、可持续"原则，加大公共财政投入，加强社会保险、社会救助、社会福利和慈善事业的衔接和协调，逐步建立城乡

一体、全民覆盖的社会保障体系。坚持把稳定就业作为民生工作的优先目标，突出抓好失地农民、高校毕业生、征地拆迁农民等重点群体的就业，深入开展"充分就业街道（社区）"创建活动，不断新增就业岗位，激发社会活力。完善慈善组织网络，启动区社会福利中心建设，打造集养老、医疗、救助等多元社会保障功能于一体的社会福利机构。进一步完善廉租房水、电、气、路等配套功能，加大公租房采购和筹集力度，解决困难群众住房难的问题。

3. 创新社会管理

深化各领域的安全监管，加强立体化治安防控，严厉打击各类违法犯罪行为。拓宽信访渠道，加大历史遗留问题化解力度，健全完善"三调联动"工作机制，有效调处各类社会矛盾。切实维护人民群众合法权益，加快法律服务进社区工作进程，建立覆盖全区的法律援助工作网络。推进劳动争议调解仲裁实体化建设，建立街道劳动争议调解仲裁工作站。加大安全生产监督管理力度，进一步推动企业安全生产标准化建设，推行高危行业安全风险经营承诺制度，深入开展公共安全隐患排查整治，争创省级安全生产示范城区。加强食品药品安全日常巡查监管，有效开展专项整治行动，基本建成肉菜流通追溯体系，切实保障人民群众食品药品安全。深入开展"平安芙蓉"创建活动，确保社会和谐稳定，不断提高社会安全指数。

B.4
坚持转型创新发展
加快全面建成小康社会

黎春秋*

近年来，宁乡紧紧围绕"打造省会次中心、构建幸福新宁乡"目标，坚定实施兴工强县、融城兴县、第三产业活县、农业稳县四大战略，突出双轮驱动、深化改革两大抓手，大力开展"四比四抓争先锋"活动，全力推动县域经济社会协调发展，实现由传统农业大县向现代经济强县加速转变。按照湖南省委十届七次全会精神，宁乡被确定为全面小康建成考核监测的一类县，目标是2017年全面建成小康社会。对照省一类县监测指标体系，宁乡县2013年小康实现程度为78.64%，32项监测指标中，15项已经达到或超过目标值，全面建成小康社会拥有坚实基础和强劲潜力。

一 宁乡经济社会发展成效

宁乡深入贯彻党的十八大和十八届三中全会精神，坚决以加快全面建成小康作为一切工作的总抓手，紧扣湖南省委关于分类指导、加快建成全面小康社会和长沙市委提出率先全面建成小康社会的战略部署，以"转型创新，提升质量"作为发展基调，把信心树立在对内外形势的正确判断上，把动力激发在转型升级的加快推进上，把路径明晰在"以新型工业化推动新型城镇化、以新型城镇化支撑城乡一体化"的发展实践上，实现经济总量、发展质量和人均均量同步提升，保持了好中求快的发展态势。2013年，实现县域生产总值840亿元，地方财政收入48.38亿元，县域经济基本竞争力位居全国百强县第56位、中部第3位。

---

* 黎春秋，宁乡经济技术开发区工委书记、中共宁乡县委书记。

（一）转型升级攻坚突破

以产业结构调整和转型升级为先导和关键，打造加快发展的核心驱动，进一步将经济做大做强，形成全面建设小康社会的硬支撑。一是坚持以新型工业、规模工业为首要支撑。坚持兴工强县首选战略，制定政策倾斜工业、聚集要素投向工业、配置资源优先工业。2013年，完成工业总产值1720亿元，其中规模工业产值1450亿元，工业规模居全省县级第二，工业经济对县域经济增长贡献率达到76.7%。先进装备制造、食品、新材料三大主导产业占规模工业比重达69.4%。全县产值过亿元企业达350家，上市企业15家。成功引进华润集团、三一重工、东洋铝业等世界500强企业和格力电器、中联重科、洋河酒业、美国新视野科技、基伍手机等一大批国内外知名企业，引进培育世界名牌1个，中国名牌、中国驰名商标、国家免检产品等"国字号"企业品牌15个、省级高新企业51家、市级以上企业技术中心27个，成功创评全国科技进步先进县和省级可持续发展实验区。二是坚持以都市农业、现代农业为总体发展定位。以成功获批湖南省首轮特色县域经济重点县为契机，加快培育壮大青龙寨花猪养殖文化园、喻家坳现代烟草示范基地、回龙铺万亩优质稻基地、赤龙岛水果庄园等一批农业产业化基地，为农民就业增收带来更多真金白银。引进和培育加加集团、皇室食品、洽洽食品、乐福来、青岛啤酒等农产品加工企业1617家，其中国家级农业龙头企业2家，省级龙头企业9家，市级龙头企业59家。发展各类农民专业合作组织约1100家，入社农户5.3万户。带动粮食、生猪、烟叶、茶叶、水果、蔬菜等主导产业规模扩张，质效双增。粮食生产实现八连增，连续五年获全国粮食生产先进县。生猪产量全省县级第一，连续八年成为全国生猪调出大县。烟叶产量居全省县级第二。2013年，实现农产品加工总产值310亿元，利润25.2亿元，税收3.3亿元，带动农户62万户，从业人员达2.8万人，劳动者报酬达6.55亿元。三是坚持以第三产业、现代服务为突破方向。按照调结构、转方式的要求，突出提升第三产业占GDP比重。确立"商通天下"定位，引进大润发、人人乐、天祺百潮汇等一批商贸龙头，建成香港豪德、湘中南钢材物流园等一批专业性商贸集散区，区域商贸中心初具雏形。坚持"文旅结合"，大力打造"五养之乡·中国宁乡"

旅游品牌，引进雅居乐地产、碧桂园、银河集团等一批旅游地产战略投资者，沩山成功创建"国家风景名胜区"，花明楼、关山分别荣膺国家5A景区和4A景区，炭河里获批国家考古遗址公园，跻身全国首批17个"旅游强县"之一，接待游客数、旅游收入稳居全市第一。打造"宜居宁乡"房产品牌，加快高档楼盘开发和保障性住房建设，销售商品房同比增长13.8%，县外购房户比例达20.06%。四是坚持以重点平台、重大项目为有效载体。宁乡经开区获批国家再制造示范基地。金洲新区战略性新兴产业加速发展，产业创新升级步伐加快。沩东新城、金玉乡镇工业集中区、长沙国家级现代农业示范区三大发展新平台规划设计不断完善，项目招商有序推进，宁梅大道完成规划设计并启动建设，长沙第二机场启动前期论证工作，金朱公路竣工通车，溜子洲大桥通车在即。

（二）城乡品质大步提升

推进城乡统筹发展，缓解城乡二元结构影响，将农村小康建设作为推进城乡一体化的主体内容，致力形成以工促农、产城融合、城乡互动的发展格局。一是新型城镇发展提速。坚持新型城镇化与新型工业化、农业现代化相互协调，统筹城乡、区域、产业和经济社会同步发展。构筑以县城为龙头、中心镇村为重点、交通干线为主轴的"一主两轴四中心多特色"的新型城镇格局。近3年来，累计完成城镇基础设施建设投入123亿元，4个乡镇成为长沙市城乡一体化示范点，成功打造一批工业、旅游、商贸重镇，安置农村富余劳动力3万人，带动9000多人自主创业，全县城镇化率由35.6%提高到46.2%，列为全省重点支持的城区人口过50万的五个县级城市之一。二是农村基础设施建设先行。以持续大力度的农村基础投入强农业之基、求长远之效，强化资源整合、示范带动，力求投入一片、见效一片。2007年以来，累计投入水利建设资金25.5亿元，完成70%的水库处险加固和渠道护砌，解决45万人安全饮水问题。投入交通建设资金20亿元，新建改造县乡公路920千米、村道近5000千米，县到乡镇公路和行政村主干道全部硬化改造。投入农网升级改造资金5.5亿元，完成90.6%行政村、15.2万户农村电网升级改造。农业机械总动力达到145万千瓦，水稻耕种收综合机械化率由50%增至69%，农机装备水平居全省前列，农业农村的发展保障持续夯实。三是城乡生态文明提升。围绕美丽宁乡建设，启动全民植树、全民护水、全民清整三个"三年行动计划"，实施全国文明县城、国家卫生县城、国家园林县城"三城同创"，有序推进绿色村庄、绿色居民小组、绿色农家庭院创建，形成和推广农村环境综合整治的"关山经验""保安经验""竹田经验"，成功创建国家级生态镇村14个、省市级文明卫生单位17家。新增造林5.13万亩，森林覆盖率达47.5%，空气质量优良率达95.2%，获评"全国绿化先进县"，成为全省"两型"建设试点县，为全面小康建设营造了天蓝水净的生态环境。

（三）和谐局面更加巩固

正确处理保障民生与民生保障的关系，将民生需求作为倒逼发展的最大动力，让每一位群众共享发展的阳光雨露。一是全覆盖强化城乡社会保障。按照标准趋同、水平均衡原则，统一城乡就业保障、公共服务、社会保障体系。近五年民生支出占一般预算支出的比重由54.5%增至71%，教育强县建设加快推进，基层医疗卫生体制改革率先全省启动，城乡居民养老保险成为全国试点，保障性住房建成面积居全省县级城市之首，"零就业"家庭实现动态清零。基层卫生医疗机构标准化建设、田间水利扩容提质工程、农村危房改造、农村学校提质改造、城镇背街小巷提质改造等重大民生工程加快建设，各项社会事业加快发展，民生服务质量不断提升。二是大力度推动居民收入倍增。紧扣城乡居民人均收入年均增长15%的目标，实施居民收入倍增计划，调整收入分配格局，实行"全民创业工程"，拓宽创业创收渠道。下大力气培养造就有文化、懂技术、会经营的新型农民，把农村人力资源转化为人力资本，把农业发展转到依靠科技进步和劳动者素质提高的轨道上来，推动城乡居民人均收入指标尽快达到全面小康指标。三是网格化创新城乡社会治理。探索建立"网格化、无缝化、台账化"治理新模式，重点推进社会治理的治安、治差、治堵、治难。认真践行安全发展理念，突出十大安全监管体系建设，严格实行安全隐患"挂号""销号"，坚决遏制重特大安全事故的发生。强化维稳第一责任，加强信访维稳源头处置，注重化解初信初访，有力维护了社会公平正义和秩序稳定。

（四）党的建设不断强化

以构建学习型、服务型、创新型基层组织为着力点，理顺乡镇党委、政府、村级党组织的运行机制，为全面建成小康提供坚实的组织和制度保障。一是狠抓干部能力提升。推进"忠诚履职"主题教育活动，干部职责意识和党员宗旨意识不断强化。实施"5127"人才引进工程，共引进博士等高素质人才934名，形成以外才激活内才的"鲶鱼效应"。启动干部素质提升"四五工程"，计划用5年时间，投入5000万元，实施五项计划，培训干部5万人次。深入开展"双先、双育、双建"工程，夯实了党在基层的执政基础。面向基层党组织书记开设党校培训、观摩考察、远程教育"三大课堂"，在全省率先采取组织推荐和竞争性选拔相结合的方式遴选中青年后备干部，着力打造适应加快全面建成小康社会新要求的干部人才队伍。二是狠抓基层民主政治。认真落实"三会一课""四议两公开""一定三有"等制度，健全村干部任期目标承诺、年度目标"一考三评"等机制，贯彻落实干部选拔任用工作四项监督制度，强化基层党组织书记管党治党责任，实现了村级事务的民主管理、民主决策、民主监督。三是狠抓群众工作创新。探索建立以"大沟通"为基础，以"大调解"为主体，以"大整治"为"塔尖"的"宝塔式"群众工作体系。组建县委群工办，在各乡镇成立群众工作部、政务便民服务中心、矛盾纠纷调处中心、援助中心的"一部三中心"，群工站建设覆盖所有村和社区。以"十百千万"工程为载体，全员性、常态化、联动式推进群众工作，做到干部"人人都是群工队员、个个都是公仆形象"，实现群众满意度提升、上访批量减少、上访诉求变化、上访情绪缓和，为县域发展提供了坚实保障。

二 宁乡经济社会发展的基本体会

近年来宁乡的发展实践，呈现出经济指标、综合实力、幸福指数快速提高的上升轨迹，成为国务院发展研究中心、省委政研室调研推介的县域发展样本，更为全面建设小康社会提供了重要启示。

（一）始终坚持"三增原则"，狠抓发展要务

作为中部内生型县域，只有把加快发展作为第一要务，以激活增长极、培育增长点、确保增长率"三增原则"统筹发展全局，更加注重系统谋划，尊重经济规律，提升发展质量，加快转型升级，筑牢优势平台，抓实企业帮扶，才能始终保持发展加速度，形成发展新势能。

（二）始终激活"两个动力"，提升发展引擎

投入拉动和创新驱动始终是加快宁乡县发展的原动力，深化改革始终是加快发展的驱动力。既要坚持招商引资和项目建设"两个唯一"战略，更要大胆突破传统思维定式和发展模式，勇于在重点领域和关键环节先行先试，不断改善经济增长的动力结构，推动全县经济社会加速驶入创新驱动、内生增长的发展轨道。

（三）始终践行"一化带两化"，明晰发展路径

只有坚持以新型工业化推动新型城镇化、以新型城镇化支撑城乡一体化，大力开拓以工促农、产城融合、城乡互动的发展新局面，才能不断创造新的比较优势和洼地效应，筑牢全面建设小康社会的硬支撑和硬实力。

（四）始终保有"水无沙"情怀，凝聚发展能量

保持好中求快的发展势头和争先进位的发展惯性，必须坚持以至清的环境打造活力宁乡，以至美的生态打造美丽宁乡，以至善的理念打造幸福宁乡，提升"功成不必在我"的胸襟和修养，大力锤炼狮子型、黄牛型、荷花型党员干部队伍，推动幸福与经济共同增长，乡村与城市共同繁荣，生态保护与建设共同发展，凝聚全面建成小康社会的强大合力。

三 宁乡经济社会发展面临的瓶颈和问题

宁乡在全面建设小康社会的进程中，奋力开创了增速与质量双高、规模与

效益共增、当前与长远兼顾、强县与富民共进的发展新局面，但我们也清醒地认识到，县域人口基数大、经济均量不足、县域发展内驱动力不强仍是当前最大的发展县情，同时全面小康建设客观上存在一些自身难以破解的难点。

（一）产业结构尚需调整优化

近年来，我们矢志不渝地抓产业、抓平台、抓项目，始终将投入拉动和创新驱动作为发展的原动力，将深化改革作为发展的驱动力，推进了产业结构、城乡结构、区域结构的调整，加速了经济转型升级。但是，经济发展内生动力依然不够强劲，R&D经费支出（研究与试验发展活动经费）占GDP比重实现程度为目标值的80%，企业科研水平和产品科技含量有待提高。第三产业增加值占GDP比重为19.9%，实现程度为目标值的39.8%，第三产业规模化、市场化格局尚未形成。作为无特殊优势资源、无特殊政策支持、无特殊港口优势的典型内陆县域，宁乡面临更大更重的产业转型升级压力。

（二）农民增收基础相对薄弱

"小康不小康，关键看农村"。增加农民收入仍是全面建成小康社会的第一要务。2004~2013年，宁乡县城镇居民人均可支配收入由8656元增至26900元，农民人均纯收入由3845元增至15965元。但农民增收的长效机制还未形成，城乡之间自由流动、合理配置的机制还未完全建立，阻碍农业农村发展的体制性障碍依然存在，农民稳定增收还存在许多不确定因素。尤其是优质农村劳动力大量外出后，农村建设面临"空心化"局面，实现农民大幅增收面临困难，农民生活品质提升遭受阻力，居民文教娱乐服务支出占家庭消费支出比重为10.5%，实现程度为65.6%，与小康目标要求仍有较大差距。

（三）城镇配套资金需求巨大

推进城镇化战略是全面建成小康社会的重要途径，也是全面建成小康社会的重要目标任务。宁乡明确了将发展路径明晰在新型城镇化的强力推动上，特别是规划到2030年，建设40平方千米的沩东新城，打造产城融合的全新平台。按照"人的城镇化"要求，必须解决就业、教育、医疗、住房、养老等问题，需要大量公共投入。据测算，每增加一个城镇人口，需配套市政基础设施和公共服务设施等相关投资12万元。按每年提高2~2.5个百分点计算，未来10年宁乡县城镇化率将接近70%，全县将新增30万左右的城镇人口，需配套360亿元以上的投资。如此巨额的基础建设和公共服务投入，县域自身难以解决。

（四）发展用地制约日益突出

加速全面建成小康社会，不可避免地对建设用地需求量增大。当前，宁乡进入大开发、大建设的发展黄金期，我们狠抓耕地保护开发，严保项目用地需求，推进土地综合整治，着力在用地方面稳增量、盘存量、限散量，千方百计保建设发展之需。但在严格的土地管理政策下，保护土地资源与满足经济发展需要之间的矛盾突出。主要表现为建设用地剩余发展空间不足，耕地占补平衡指标捉襟见肘，用地审批程序门槛较高，征地拆迁难度不减，对加快发展形成较大制约。

四 宁乡后段的工作思路和对策措施

我们将以全面建成小康社会总揽全局，按照省委"三量齐升""四化两型"的总要求，围绕市委率先建成"三市"，强力实施"三倍"的总部署，以改革创新为主题，着力践行"五民五感"，即以民富为先，让群众在物质上更有富足感；以民享为纲，让群众在生活上更有舒适感；以民安为基，让群众在心理上更有安全感；以民权为要，让群众在政治上更有尊严感；以民心为重，让群众在精神上更有归属感，聚力攻坚，乘势奋进，努力在全市"六个走在前列"大竞赛中争当先行者、勇做排头兵，致力打造活力宁乡、美丽宁乡和幸福宁乡，确保2017年如期建成全面小康社会。

（一）实施产业倍增，提升经济增长内生动力

全面小康需要经济实力来支撑，关键是始终坚持经济建设中心，核心是推动产业发展提速提质，重点是以项目建设作为生命线，强力实施"产业倍增"

工程，着力解决宁乡县全面建成小康社会进程中人均GDP、人均财政总收入、R&D经费支出及第三产业增加值占GDP比重"四低"的问题，提升发展硬实力。一是加快转型升级。坚持以信息化带动工业化，以服务业提升制造业，推动产业向高端化、高新化转型。巩固先进装备制造、食品、新材料新能源等主导产业，打造文化旅游、电子信息、家电生产等新的"增长极"，大力提升珠宝、服饰鞋业等传统产业，致力构建以战略性新兴产业为引领、以先进装备制造业为支撑、以现代服务业为重要补充的两型产业体系。进一步做大做强宁乡经开区和金洲新区两个主体园区，以强有力的政策支持创新体制机制，把产业平台做实做强。加快规划和启动中部区域性商贸物流集散中心、长沙第二机场、湖南职教城、湖南影视会展新中心、金洲新区中国新材料产业化发展基地等重大战略项目建设，为县域好中求快发展提供强力支撑。二是加强自主创新。扎实推进"新型工业化三年行动计划"，充分发挥财政资金和政府引导的撬动效应，切实提升产业创新的现实和长远效益。充分整合各类创新平台和资源，依托企业技术中心、产业技术联盟等平台，形成多元化的研发投入机制，引进一批高科技人才，攻克一批核心关键技术，让更多的企业成为新产品的源头，成为标准的制定者。三是优化发展环境。矢志不移抓好政府效能提升，持续推进"三集中三到位"政务服务，大力实施并联审批、模拟审批的新模式，率先走出一条提升审批效能的宁乡路径。矢志不移营造灵活宽松的政策环境，实现抢先服务、创新服务的"全存在"，体制障碍、门槛设置的"零存在"，让一切人才和要素在宁乡充分汇聚和涌流。矢志不移维护严明规范的法制环境，对破坏环境的行为"伤筋动骨"，让一切企业和项目在"安宁之乡"心无旁骛发展、和谐共处发展。四是扩大对外开放。坚持"走出去"和"引进来"相结合，在更大范围、更宽领域、更高层次上扩大开放，更好地参与区域分工合作，促进外资、外贸、外经、外包联动，不断提升宁乡经济外向度。坚持"四化并举"发展，同步推进新型工业化、新型城镇化、农业现代化和信息化。力争到2017年，第二、第三产业增加值分别倍增至1040亿元和380亿元，增长12.2%和12.8%，第三产业比重确保达到35%，力争达到38%左右；新增1个以上500亿产业集群和5个以上百亿企业。通过产业倍增，地区生产总值由840亿元增加到1530亿元，年均增长12%。

（二）推进统筹发展，提高城乡协调发展水平

通过统筹推进城乡协调发展，重点解决宁乡县全面建成小康社会进程中城镇化率、居民人均可支配收入等方面的差距。一是切实增强城镇化的带动力。抓好县城、中心镇、特色镇、中心村建设，加强城镇规划管理，强化城镇产业支撑，增强城镇综合承载能力，创新城镇治理和服务，传承发展好区域文化。着力破解人、钱、地等难题，提升城镇化发展质量，确保2017年城镇化率达到65%。二是切实提升农业现代化水平。落实好强农惠农富农政策，严格保护耕地，加强科技服务，提供农业综合生产能力。构建新型农业经营体系，发展农民专业合作组织。加快农业结构调整，培育优势特色产业，加快发展农产品加工业，提高农业产业化水平，切实增加农民收入。推进农村土地规模流转，促进集约化生产、规模化经营。三是切实推动城乡一体化发展。统筹推进城乡规划、产业发展、基础建设、公共服务、生态环境和治理体制"六个城乡一体化"，促进生产要素在城乡之间自由流动和均衡配置，形成以工补农、以城带乡、工农互惠、城乡一体的发展格局。确保到2017年，城镇居民可支配收入、农村人均纯收入分别年均增长15%、16%，达到小康标准。

（三）改善生活质量，提升人民群众幸福指数

把惠民生、促和谐作为社会建设的落脚点，高度重视民生事业，努力做到把好事办好、实事办实，重点解决宁乡县全面建设小康社会进程中人民生活质量等方面的差距。一是提升社会规范治理效能。加强系统创新，完善顶层设计，形成党委领导、政府负责、社会协同、公众参与的社会治理格局。完善人民调解、行政调解、司法调解联动的工作体系，畅通群众诉求表达、利益协调、权益保障渠道。加强流动人口管理、特殊人群管控、虚拟社会治理、社会组织管理，提高社会治理科学化水平。加强人文关怀和心理疏导，培育自尊自信、理性平和、积极向上的社会心态。一是提升民生事业发展质量。将促进就业作为民生之本、学有所教作为民生之基、设施建设作为民生之便、社会稳定作为民生之盾。持续推进"全民创业工程"，通过鼓励自主创业、支持企业做大、加强技能培训等途径，最大限度地满足社会就业需求。推进教育强县建

设，加快实施义务教育薄弱学校提质改造三年行动计划，促进学前教育普及发展、义务教育均衡发展、职业教育加快发展、高等教育和终身教育创新发展，确保2017年全县人均受教育年限达到11.5年以上。深化医药卫生制度改革，加快基层医疗机构标准化建设，保障人民群众"病有所医"。以文化强县建设为依托，推进文化惠民，完善公共文化设施，确保每个乡镇、每个村（社区）享有便利的文化服务，推进居民文教娱乐服务支出占家庭消费支出的比重达到12%以上。三是提升公共安全保障水平。加强社会治安综合治理，推进视频监控网、社区防控网、街面巡逻网、内部单位防控网"四位一体"，壮大群防群治队伍，提高社会面整体防控能力。完善公共安全体系，提高应急治理水平，铁腕整治，常态监管，有效预防和坚决遏制生产、交通、校园、消防、食品药品等安全事故发生，确保社会安全指数达到100%。

（四）坚持分类指导，因地制宜平抑区域差异

正视全县33个乡镇、两大主体园区的资源禀赋和发展现实差异，坚持分类指导，因地制宜，重点解决全面建成小康社会进程中地域经济发展的差异。秉持"不同的土栽不同的菜、施不同的肥"的理念，尊重客观规律，尊重发展实际，尊重群众意愿，不搞发展模式的"一刀切"，不搞工作进度的"齐步走"，不搞政策支持的"平均化"，不搞考核评价的"一杆秤"，一切从实际出发，加强分类指导，实施差异考核，推动各载体单位有侧重、有目的地发挥优势、做强主业、形成品牌，最大限度地实现项目的科学布局和资源的集约利用，推动形成竞相发力、奋勇争先的生动局面。

B.5
浏阳市全面建设小康社会进展、问题与对策研究

曹立军*

浏阳地处湘东，毗邻江西，面积5007平方千米，人口143万，辖37个乡镇（街道），是全省人口第一、面积第二大县，素有"烟花之乡""花木之乡"的美誉。2013年预计实现地区生产总值940亿元，增长14.5%；完成财政收入64.2亿元，增长37.2%，其中公共财政预算收入36.7亿元，增长48.5%。县域经济综合实力排名全省第2位，县域经济与县域基本竞争力跃居全国百强第47位。

一 浏阳市全面建设小康社会的进展分析

（一）进展情况

参照《湖南县（市区）全面建成小康社会监测评价指标体系（一类）》，根据对浏阳市经济发展、人民生活、社会发展、民主法治、生态文明等5个方面、22项指标的统计摸底和估算，2013年浏阳全面建设小康社会综合实现程度为80.5%，比上年度提高了5.9个百分点，总体进展情况较好。在22项评价指标中，全市有20项指标实现程度过半，其中实现程度在80%以上的有13项，实现程度为50%~80%的有7项，实现程度低于50%的只有人均财政总收入和森林资源蓄积量增长率2项（见表1）。

---

* 曹立军，长沙市人民政府副市长、浏阳市委书记。

表1 浏阳市2013年全面建设小康社会进展情况表

指标名称		单位	目标值	权重(%)	2013年	实现程度(%)
一、经济发展		—	—	45	—	70.7
1. 人均地区生产总值（按2000年不变价）		元	≥80000	5	44133	55.2
2. 人均财政总收入		元	≥12000	7	4974	41.5
3. 税收占财政总收入的比重		%	≥85	7	76.6	90.2
4. 经济结构指数	第二、第三产业增加值占GDP比重	%	≥96	12	91.5	95.4
	高新技术产业增加值占GDP比重	%	≥30		19.6	65.3
	文化产业增加值占GDP比重	%	≥8		16.2	100
5. 城镇化率		%	≥65	4	52.2	80.4
6. 园区规模工业增加值占规模工业增加值比重		%	≥90	5	51.2	56.9
7. 金融机构各项贷款增长率		%	≥100	5	66.3	66.3
二、人民生活		—	—	19	—	77.1
8. 居民收入水平	城镇居民人均可支配收入	元	≥50000	7	31024	62
	农村居民人均纯收入	元	≥25000		21035	84.1
9. 人均住房使用面积		平方米	≥32	2	42.3	100
10. 人均储蓄存款		元	≥32000	3	19183	59.9
11. 居民文教娱乐服务消费支出占消费总支出比重		%	≥18	3	13.9	77.3
12. 农村居民安全饮水比率		%	100	2	74.6	74.6
13. 行政村客运班线通达率		%	≥98	2	94.3	96.2
三、社会发展		—	—	15	—	97
14. 社会保障发展水平	基本医疗保险覆盖率	%	≥90	4	100	100
	基本养老服务补贴覆盖率	%	≥50		50.1	100
15. 教育发展水平	高中阶段毛入学率	%	≥95	4	95.4	100
	平均受教育年限	年	≥11.5		8.9	77.6
16. 医疗卫生水平	每千人拥有床位数	张	≥4	4	5.2	100
	5岁以下儿童死亡率	‰	≤12		6.86	100
17. 文化发展水平	人均拥有公共文化体育设施面积	平方米	≥3	3	3.13	100
四、民主法治		—	—	11	—	94.7

续表

指标名称		单位	目标值	权重(%)	2013年	实现程度(%)
18. 城乡居民依法自治	城镇居委会依法自治达标率	%	≥90	4	100	100
	农村村委会依法自治达标率	%	≥90		100	100
19. 社会安全指数		%	100	7	91.7	91.7
五、生态文明		—	—	10		90.5
20. 单位GDP能耗		吨标煤/万元	≤0.7	3	0.81	86
21. 环境质量指数	城镇污水处理率	%	≥75	5	95	100
	空气质量达标率	%	≥95		98.9	100
	地表水质达标率	%	100		100	100
22. 绿化水平	森林资源蓄积量增长率	%	≥3	2	1.4	47.5
	城镇建成区绿化覆盖率	%	≥26		36.2	100
全面建成小康社会综合实现程度		—	—	100	—	80.5

数据来源：2013年《湖南省统计年鉴》。

1. 经济发展方面

2013年全市经济发展方面实现程度为70.7%，比上年度提高7.4个百分点。其中，全市2011年、2012年、2013年地区生产总值增幅分别为14.3%、14.4%、14.5%，近三年来年均增长14.4%，其间按年均人口自然增长率6‰计算，近三年来人均GDP年均增长13.8%，保持了较快的增长速度。尽管2013年非税收入增加导致税收收入占财政总收入比重下降到76.6%，但浏阳2011、2012年该指标分别为87.26%、85.41%，均高于目标值。第二、第三产业增加值占GDP比重为91.5%，较上年度提高0.3个百分点。高新技术产业增加值占GDP比重目标实现程度已过半，文化产业增加值占GDP比重超过目标值的两倍，提前超额完成目标任务。城镇化率达52.2%，实现程度为80.4%。

2. 人民生活方面

2013年全市人民生活方面实现程度为77.1%，比上年度提高了12.2个百分点。其中，2013年城镇居民人均可支配收入为31024元，农民居民人均纯收入为21035元，实现程度分别为62%和84.1%。2013年居民文教娱乐消费支出占消费总支出的比重为11.34%，同比增加2.6个百分点，实现程度为

77.3%。居民人均住房面积42.3平方米，实现程度为100%。人均储蓄存款19183元，实现程度为59.9%，较上年度提升了7.8个百分点。农村居民安全饮水比率为74.6%，较上年大幅提升了29.4个百分点。行政村客运班线通达率为94.3%，实现程度为96.2%。

3. 社会发展方面

2013年全市社会发展方面实现程度为97%。社会保障发展水平指标中，基本医疗保险覆盖率2012年就已经提前完成目标，2013年城乡居民基本养老保险和基本医疗保险实际缴费率分别达97%和99.1%。教育发展水平指标中，高中阶段毛入学率指标2012年已提前达标，平均受教育年限2013年为8.9年，实现程度为77.6%。医疗卫生水平指标中，2013年全市每千人拥有床位数为5.2张，超出目标值，5岁以下儿童死亡率为6.86‰，优于12‰的目标。文化发展水平指标中，目前浏阳市公共文化体育设施已达372.4万平方米，人均面积为3.13平方米，实现目标。随着文化体育事业的加快发展，2013～2015年公共文化体育设施面积预计将增加60万～80万平方米，到2015年总面积将达到432万平方米以上，人均拥有面积将更高。

4. 民主法治方面

2013年全市民主法治方面实现程度为94.7%。目前全市村（社区）一级均已实现依法自治，城乡居民依法自治指标涉及的两个分项指标（即城镇居委会依法自治率目标值大于或等于92%，农村村委会依法自治率目标值大于或等于97%）均已提前完成。2013年社会安全指数为91.7，社会管理综合治理工作连续两年被评为全省先进。

5. 生态文明方面

2013年全市生态文明方面实现程度为90.5%。2013年万元GDP能耗为0.81吨标煤/万元，较去年降低了0.05个单位，实现程度上升到86%。环境质量指数指标中，城镇污水处理率和空气质量达标率在2012年已经实现目标，地表水质达标率为100%。绿化水平指标中，森林资源蓄积量增长率为1.4%，较去年下降0.3个百分点，实现程度为47.5%，这个指标微幅走低，跟浏阳森林资源存量高有较大关系。城镇建成区绿化覆盖率2012年就已达到33.61%，高于目标值。

（二）基本经验

总体上看，当前浏阳市全面建设小康社会取得了重要的阶段性成果，为2017年率先实现全面小康目标奠定了坚实基础。在浏阳推进全面建成小康社会的进程中，主要有以下几条基本经验值得总结。

1. 坚持抓思路提升，努力拓展发展空间

浏阳推进全面小康社会建设能够取得较好成效，其中最根本的经验就是，坚持以党的十八大、十八届三中全会精神为指引，注重把省市要求与浏阳实际紧密结合起来，不断提升发展思路、抢抓发展机遇、拓展发展空间、加快发展步伐。浏阳按照省市率先全面建成小康社会的要求，在认真把握浏阳发展阶段性特征的基础上，提出了到2017年"挺进三十强、再创新辉煌"的奋斗目标，明确了突出交通融城、产业繁荣、园镇建设、人才选用、机制创新、作风转变等六项重点工作，努力打造浏阳经济升级版。这些思路和举措有效地激发了全市上下推进全面小康社会建设的工作热情，在实践中取得了较好的成效。

2. 坚持抓行政提效，切实优化发展环境

率先实现全面小康目标，关键靠干部，根本在作风。近年来，浏阳坚持把转变作风、优化环境作为激活要素，加快发展的战略抓手，坚决贯彻落实中央、省、市改进工作作风、密切联系群众系列规定，努力打造务实进取、勤廉为民的干部队伍。大力践行"一线工作法"，做到干部在一线工作、领导在一线指挥、问题在一线解决、能力在一线提升、绩效在一线考核、奖惩在一线兑现。全面落实"三个一律"，致力打造"阳光政务"，努力推动办事提速、服务提质和工作提效。扎实推进重点工作季度讲评、重点项目半年观摩等活动，切实树立"有为才会有位、实干才有实效、创新才能争先、坚持才能圆梦"的工作导向，不断浓厚全市上下干事创业、争先进位的发展氛围。

3. 坚持抓改革提速，全面激发发展活力

浏阳坚持把改革创新作为加快推进全面小康社会建设的重要法宝，努力在民营经济发展、项目建设、园镇管理等重点领域和关键环节创新思维、深化改革，有效盘活了发展要素、激活了发展潜能。研究出台了《关于鼓励和支持民营经济发展的若干意见》，各职能部门分别制定实施细则，明确具体支持措施,有效激发了市场主体创富活力。着力创新项目招商模式和项目推进机制,2013年全市引进优质项目156个,其中亿元以上项目35个、十亿元以上项目10个,实现到位资金112.3亿元;共铺排重点项目100个,总投资193.1亿元。研究出台了新的市乡财政分成办法,探索推行大围山生态旅游示范区"一园带四镇"和文家市镇与秋收起义纪念馆"镇馆合一"的发展模式,充分调动了乡镇和园区加快发展的积极性。

(三)存在的问题

1. 人均指标差距较大

一是人均地区生产总值(按2000年不变价格)目标值为大于或等于80000元,浏阳如果要在2017年实现这一目标,2013~2017年GDP年均增长速度必须达到19.6%以上,而浏阳GDP增长速度2011年为14.3%,2012年为14.4%,2013年为14.5%,今后几年GDP增速要达到19.6%非常困难,因此在2017年实现这一目标的难度很大。二是人均财政总收入目标值为大于或等于12000元,根据近五年(2008~2012年)人均财政收入实际平均增速20.92%来测算,要在2017年实现人均财政总收入12000元这一目标值,从2014年起财政总收入年均增长速度不能低于29.27%,比近五年平均增速至少要高出8.35个百分点,按照浏阳发展实际,实现29.27%的年均财政总收入增长速度非常困难,难以在2017年达到这一目标值。此外,金融机构各项贷款增长率指标的实现程度仅为66.3%,随着利率市场化改革推进,政府债务平台管控增强,浏阳要实现100%的增长率有较大难度。

2. 产业结构有待优化

经济结构指数共有三个分项指标,一是第二、第三产业增加值占GDP比重目标值大于或等于96%(可在2017年实现),二是高新技术产业增加值占GDP比重目标值大于或等于30%(预计要到2020年实现),三是文化产业增加值占GDP比重目标值大于或等于8%(现已实现)。"十二五"期间,浏阳市处于工业化快速发展提升期,工业经济占绝对主导,尽管第三产业保持较快增长,但比重却因工业更快地蹿升而略微下降。根据统计,2011年三次产业结构比为9.2∶70.4∶20.4,2012年为8.8∶70.9∶20.3,2013年为8.5∶71.7∶19.8,

从中可以看出，浏阳第三产业比重仍然过低，产业结构有待进一步优化。

3. 城乡发展不够平衡

一是缩小城乡居民收入的任务仍很艰巨。2011年城乡居民收入比为1.84，虽然该比值在2012年、2013年下降为1.74和1.47，但依然较高，城乡居民收入的差距依然较大。二是农村发展基础还比较薄弱，农业抗自然灾害的能力还比较脆弱，交通、水利等基础设施建设有待进一步完善，医疗、教育、文化等公共服务有待进一步加强。

4. 城镇化建设任务艰巨

随着浏阳新型城镇化的加速推进，城镇化率以每年1.5~1.8个百分点递增，2011年全市城镇化率为47.2%，2012年为50.01%，2013年为52.2%。但对照目标要求，城镇化率要在2017年达到65%，按此测算，浏阳城镇化率需要每年增长3.2个百分点，这不太符合浏阳地域广、人口多、底子薄、传统农业大县的实际。若按每年2个百分点的可预期的速度增长，要到2020年才能实现城镇化率65%的目标值。

二 进一步推进全面建成小康社会的目标思路

未来几年是浏阳跨越赶超发展的机遇期，也是全面建成小康社会的关键期。今后一个时期，浏阳全面建设小康社会的总体思路是：深入贯彻党的十八大、十八届三中全会精神，认真落实省、市决策部署，紧紧围绕"挺进三十强、再创新辉煌"目标，深入实施"交通融城、产业兴城、人才活城、生态美城"发展战略，突出交通建设、产业繁荣、城镇提质、人才选用、改革创新、作风转变六个重点，真抓实干，赶超奋进，推动经济总量、人均均量、发展质量三量齐升，为率先全面建成小康社会而努力奋斗。

目标任务是：到2017年全面建成小康社会实现程度达到97%以上，年均提升4.4个百分点，率先全面建成小康社会。具体而言（见表2），一是经济实力稳步增强。经济发展大类指标在2013年实现程度70.7%的基础上，年均提升6.3个百分点，2014年达到79.2%，到2017年达到95%以上。力争地区生产总值达到1686亿元，财政总收入达到120亿元，县域经济与县域基本竞争力挺进全国三十强。二是人民生活持续改善。人民生活大类指标在2013年实现程度77.1%的基础上，年均提升5.7个百分点，2014年达到85.1%，到2017年达到100%。其中城乡居民收入分别达到50000元以上和26500元以上。三是社会事业全面发展。社会发展大类指标在2013年实现程度97%的基础上，到2017年达到100%。四是民主法治不断进步。民主法治大类指标在2013年实现94.7%的基础上，年均提升1.3个百分点，2014年达到94.9%，到2017年达到100%。五是生态文明加快推进。生态文明大类指标在2013年实现90.5%的基础上，年均提升2.4个百分点，2014年达到91.8%，到2017年达到100%。

表2 浏阳市全面建成小康社会目标进度表

单位：%

指标名称	实现程度			
	2013年	2014年	2017年	2020年
经济发展	70.7	79.2	95.8	100
人民生活	77.1	85.1	100	100
社会发展	97.0	97.1	100	100
民主法治	94.7	94.9	100	100
生态文明	90.5	91.8	100	100
全面小康	80.5	86.0	97.9	100

数据来源：2013年《湖南省统计年鉴》。

三 进一步推进全面小康社会建设的对策措施

（一）突出交通建设，加快融城借力步伐

按照"对外大开放"的思路，一方面加快推进金阳大道、南横线二期工程建设，实现从浏北、浏西两个方向全面融入大长沙，接受省城的辐射带动发展；另一方面提质改造浏阳对周边县市特别是省际边区的出口通道，充分发挥湘赣边交通枢纽作用，努力为县域经济发展汇集和整合各类要素拓展更大空

间，努力将浏阳打造成为湘赣边区域性中心城市。按照"对内大循环"的构想，全力推进西北环线建设，着力打通城区断头路，抓紧改造城区主次干道，大幅改善主城区交通路网。全力推进大围山干线公路、浏中文公路、园永公路建设，提质改造浏跃公路、荷石公路，拉通张小公路，尽快形成"四通八达、内外成环"的县域交通路网。

（二）突出产业繁荣，壮大县域经济实力

重点打造国家级浏阳经济技术开发区、制造产业基地、两型产业示范园、浏阳河文化产业园、花炮产业集中区、浏阳河生态经济示范区、大围山国家级生态旅游示范区等七大板块园区，努力构筑"板块驱动、多极支撑"的经济格局。围绕电子信息、生物医药、机械制造、鞭炮烟花、健康食品、生态旅游、现代服务、文化创意等产业，加快引进建设一批具有强大带动功能的产业项目，促推各主导产业升级发展。重点发挥蓝思科技、介面光电、基伍通信等领军企业对电子信息产业的整合作用，吸引相关配套企业进驻浏阳，致力打造世界一流的移动智能终端产业集群。强力实施花炮产业整合提升工程，推进花炮产业走"集约化、专业化、机械化、信息化"和"安全型、环保型"的"四化两型"发展之路，打造全球花炮总部经济。充分发挥大围山国家级生态旅游示范区的龙头带动作用，打响"旅游新方向、中国大围山"品牌。注重以旅游发展带动商贸繁荣，努力建设湘赣边商贸物流中心。大力发展现代农业，做大做强花木、蔬菜、油茶、烤烟、水果、畜禽养殖等特色产业。

（三）突出城镇提质，构筑新型城镇体系

高起点规划设计全市的城镇化建设，着力构建"一轴三带"的城镇发展格局。全面提质改造"一轴三带"各城镇之间的连接通道，不断推动"轴"的壮大和"带"的延伸，努力形成覆盖全市城乡、协调互动发展的新型城镇网络。高品位推进大瑶、永安、镇头、沿溪、大围山等重点城镇建设，加快打造一批工业重镇、旅游新镇、文化名镇、边贸强镇。坚持新城拓展和老城改造并举，大力推进长兴湖片区开发建设，进一步拉开城市骨架，拓展城市发展空间。着力完善城市污水处理、防洪排涝、水电路气等重点基础设施，不断提升

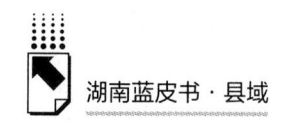

城市综合承载功能。积极创新城市管理模式，推动城市管理网格化、精细化、长效化。

（四）突出人才选用，激发科学跨越动力

扎实推进"5358"工程，用5年时间引进3000名教育卫生和机关事业单位人才、5000名企业中高层管理人才、80000名企业专业技能人才，年内重点加大基层党政人才、部门紧缺型人才、企业高级技能人才等的引进力度。高度重视人才培养，努力为人才成长营造环境、搭建平台，最大限度激发各类人才服务浏阳的积极性、主动性和创造性。进一步深化干部人事制度改革，加大优秀年轻干部培养力度，加大竞争性选拔力度，形成能上能下、充满活力的选人用人机制。注重在推进重要改革、完成重点工作、应对重大事件中考察和识别干部，大胆起用政治品行过硬、能够驾驭全局、敢抓敢管敢担当、干事成事不出事的干部，切实将干部选准、用顺。

（五）突出改革创新，抢抓赶超奋进先机

大力推进行政审批制度改革，用好用足用活上级下放的管理权限，同时全面清理市本级管理事项，下放一批管理权限，赋予园区和乡镇更多的发展自主权。优化行政审批程序，提高审批效率，推动政务服务中心真正实现"一站办结"。推进商事登记制度改革，变"先证后照"为"先照后证"。大力推进行政管理制度改革，建立政府购买服务清单，严格执行招投标程序，健全评审机制。深入推进财税体制改革，加大整合专项资金力度，提高资金使用效益。严格债务风险控制和税收管理，全面推行财政资金使用和审计结果公开公示。大力推进投融资体制改革，创新国有平台公司运营体制，逐步建立现代企业制度。建立和落实社会资本进入金融行业的具体规则，在全省率先探索成立一批民营银行、社区银行。研究出台促进民间投资发展的实施细则，引导社会资本参与市政设施、公共服务等项目建设，全面激发民营经济活力。

（六）突出作风转变，强化发展环境保障

继续推行重点工作季度讲评和重点项目半年观摩活动，浓厚全市上下创先

争优、真抓实干的发展氛围。全面践行"一线工作法",推动广大干部以认真较真的态度解决当前发展中的突出问题和人民群众的实际困难。着力推行"阳光政务"和"三个一律",将项目安排、资金拨付、土地招拍挂、工程招投标等敏感工作置于全社会的监督之下,加快推进行政管理的规范化建设。扎实开展清"乱"、治"慢"、扫"黑"、整"歪"行动,加大对"不作为、慢作为、乱作为"的暗访和查处力度,不断优化经济发展环境。深入开展群众路线教育实践活动,从解决具体问题抓起改起,真正做到为民务实清廉。

B.6
攸县全面建设小康社会
进展、问题和对策研究

胡湘之*

党的十八大明确要求到2020年全面建成小康社会；省委、省政府提出，将分类指导、协调推进全面建成小康社会作为总抓手，统揽和推动全省经济社会持续健康、又好又快发展；株洲市委、市政府结合实际，要求提前三年全面建成小康社会。作为连续8年的全省十强县，全国卫生县城、国家平安畅通县、中国宜居宜业典范县、农业标准化生产示范县、农村电气化试点县、农村社区建设试验县和全省首批小康县、全省文明县城，攸县有基础、有条件、有责任、也有义务在省、市率先全面建成小康社会。根据湘发〔2013〕6号文件《关于分类指导加快推进全面建成小康社会的意见》（以下简称《意见》），本文全面分析攸县全面建设小康社会进展情况，总结经验教训，并结合攸县实施的"小康攸县三年冲刺计划"，提出下一步的推进思路和对策措施。

一 攸县建设小康社会进展情况

2012年，依照国家标准，全省小康社会建设平均实现程度为85.9%，株洲地区平均实现程度为90.3%，攸县约为90%。2013年以来，根据省"分类指导、协调推进"的相关精神，攸县被列入省全面建成小康社会考评体系二类县（市、区）。对照《意见》中5大类23项考核内容，攸县2013年小康社会实现程度约为80%。33项具体考核指标中：

---

* 胡湘之，中共攸县县委书记。

（一）已经实现的指标有17项

分别是人均地区生产总值、人均财政总收入、农村居民人均纯收入、人均住房使用面积、行政村客运班线通达率、基本医疗保险覆盖率、基本养老保险服务补贴覆盖率、高中阶段毛入学率、5岁以下儿童死亡率、城镇居委会依法自治达标率、农村村委会依法自治达标率、城镇污水处理率、空气质量达标率、地表水质达标率、农村垃圾集中处理率、森林资源蓄积量增长率、城镇建成区绿化覆盖率。

（二）三年内能实现的指标有11项

分别是第二、第三产业增加值占GDP比重、城镇化率、平均受教育年限、每千人拥有床位数、社会安全指数、税收占财政收入的比重、规模以上企业农产品加工产值与农业产值比、城镇居民人均可支配收入、人均储蓄存款、居民文教娱乐服务支出占家庭消费支出比重、单位GDP能耗。

（三）需努力争取才能较快实现的有5项

分别是高新技术产业增加值占GDP比值、园区规模工业增加值占规模工业增加值比重、金融机构各项贷款增长率、农村居民安全饮水比率、人均拥有公共文化体育设施面积。

综合来看，攸县人民生活、社会发展、民主法治、生态文明四类考核内容的实现程度较高，分别达到85%、84%、90%和87%，考核指标大部分已达到甚至超出相应要求；经济发展速度相对滞后，目前实现程度约为73%，且各项指标进度不一，部分指标差距较大，经济发展仍是攸县加快推进全面小康的短板和攻坚重点。通过比对分析和综合测算，攸县要确保3年全面建成小康社会的目标，经济年增长率需要保持在10%以上。客观分析攸县发展态势，经过多年的发展沉淀，攸县的资源优势、区位优势更加明显，能源、交通、城建、园区等一批重点项目效益初显，在2013年国家经济趋紧、资源产业受阻的状况下，攸县的各项主要经济指标依然保持了两位数以上增长。眼下国际经济温和复苏，宏观环境日趋向好，预计在今后较长的时间内，攸县仍会保持稳中有进的经济增长态势，很有希望率先全面建成小康社会。

二 攸县加快建设小康社会的工作成效和经验

2013年，攸县把全面建设小康社会作为贯彻落实十八大精神、推进"四化两型"建设的重要举措，作为县委、县政府的工作目标，大力实施"小康攸县三年冲刺计划"，围绕五个方面重点攻坚，各项工作成效显著。

（一）经济发展方面

围绕推进县域经济快速发展，突出抓产业、抓项目、抓园区、抓环境。在宏观环境偏紧多变、经济下行压力巨大、各种复杂因素交织的情况下，财政总收入实现3年翻番，在省"三量齐升"评估中综合排名第7位，在全国县域经济排名中提升至152位，上升20位。预计全年人均地区生产总值、人均财政总收入可分别达到36226元、3347元，提前达到全面小康考核要求；三次产业比由3年前的19.3∶48.6∶32.1优化至15.5∶52.2∶32.3；城市核心区面积达到28平方千米，城镇化率达52%。

（二）人民生活方面

通过抓安全、抓稳定、抓增收来促进人民幸福感、归属感和满意度的提升。近年来在民生领域的财政投入始终保持在70%以上，2013年财政民生支出比例更是高达80%；城乡居民人均可支配收入达到21062元，比上年增长15%；农村居民人均纯收入达到17506元，行政村客运班线百分之百通达，均提前达标；人均住房使用面积达到73.2平方米，为考核指标的2.44倍。

（三）社会发展方面

高度重视社会事业发展，坚持抓典型、树品牌、保底线，2013年基本医疗保险覆盖率达到98%，新农保参保率达到100%；首创的"十元钱看病、十分钟就医"的"双十模式"得到中央省市领导和群众的肯定；投资2亿元的城区公立初中交付使用，高考万人上线率连续8年居全市第一，高中阶段毛入学率近98%；慈善募捐物资逾1000万元，近乎上年的2倍。

（四）民主法治方面

通过健全"五基规则"，推行结对共建、联合办公、村务公开等机制制度，攸县城镇居委会依法自治达标率、农村村委会依法自治达标率均达到100%；社会大局和谐稳定，连续8年未出现较大及以上安全事故，90%以上的基层矛盾在一线解决，2012年和2013年的全省综合民意调查分别居第3位和第6位。

（五）生态文明方面

探索推行城乡同治形成的"攸县模式"享誉全国，2013年起坚持对200万亩山林全面封育20年，对"两江四岸"加大区域保护与生态开发，空气质量达标率、地表水质达标率、农村垃圾集中处理率、城镇污水处理率、城镇建成区绿化覆盖率均全面达标，成功创建"国家卫生县城"。

总体而言，攸县在加快推进全面小康建设方面取得了较大进展。结合攸县工作实际分析，这主要得益于四个方面：一是思想观念的不断解放。敢于打破"守"的观念，旧的体制，敢于用市场的钱办政府的事，用别人的钱办自己的事，用明天的钱办今天的事。二是机制制度的逐步健全。坚持完善和落实预安销号、定期述职和绩酬挂钩制度，探索推行乡镇"4+4"和县级领导"4联"考核模式，着力推动工作落实到项目、落实到企业、落实到工地、落实到村组。三是行政效能的加快提升。围绕效能提升、解绑放权、激发活力，攸县提出了以政府行政审批改革为突破，尽最大的诚意和努力做到能省则省、能减则减、能并则并、能快则快。四是各级班子的精诚团结。班子团结是干事创业的基础，攸县始终坚持全局一盘棋、工作一起谋、班子一个调，始终注重维护攸县的整体利益和核心利益。

三 建设小康社会过程中的难点和问题

近年来，攸县经济社会快速发展，全面小康的推进步伐明显加快，但与全面建设小康社会的要求仍有不小的差距，主要存在以下一些难点和问题。

（一）发展方式较为粗放，产品科技含量不高

2013年攸县的高新技术增加值仅占GDP的5.3%，低于目标值14.7个百分点；单位GDP能耗约为1.12吨标煤/万元，高于目标值0.32吨标煤/万元。

（二）经济结构不尽合理，资源产业比重较大

长期以来，攸县都是以典型的资源型经济为主，煤炭产业是全县支柱产业。长期依赖煤炭产业，导致全县地面工业尤其是农产品加工业发展较慢，这一点在规模以上企业农产品加工产值这一考评指标中反映最直接，实现程度仅为66%；与此同时，由于煤炭产业全部分散在东部和西部矿区，园区规模工业增加值占比严重偏低，低于目标值近51个百分点。

（三）文化产业总量偏小，文教娱乐投入不够

目前人均拥有公共文化体育设施面积约为0.77平方米，与目标值相差1.33平方米，面积总量偏少也使得居民文教娱乐消费比重增长缓慢。

（四）城镇居民收入偏低，居民增收还需加强

攸县是劳务输出大县，常年在外务工人员近20万人，其中又以农村居民为主，因此农村居民人均可支配收入达到17506元，超过目标值1506元。而城镇居民人均可支配收入约为25632元，低于目标值9368元，并间接影响了人均储蓄存款额，人均存款低于目标值7151元。

四 实现全面小康社会的思路和措施

今明两年，是贯彻落实党的十八届三中全会精神、全面深化改革的首要之年，是完成"十二五"目标、加快发展升级的攻坚之年，也是推动"小康攸县三年冲刺计划"的关键两年。结合攸县小康"短腿"、分析当前发展形势，攸县要率先全面建成小康社会，必须紧扣"新创业、新攸县，奋力打造发展升级版"的工作主题，集中精力抓好六个方面。

（一）突出抓产业转型

小康的关键在发展，发展的重点在转型。攸县要进一步强化土地、电力、资金、环评、人才"五大要素"保障，加快转型升级步伐，着力构建增长迅速、协调推进的产业联动格局。一是主攻新型工业。把握攸县煤炭精洗难题突破、煤电一体化加快推进、直供电得到省市重视、资源企业集团组建破题、一批重点企业建成投产等契机，重点发展煤炭能源、建材陶瓷、烟花鞭炮等本土特色产业，大力引进精深加工、高新技术产业，着力打造湘东南煤电能源基地、煤电百亿产业集群、新型建筑材料等新的百亿支柱产业。二是培育特色农业。围绕粮食、油茶、麻鸭、生猪、苗木五大传统优势，对接省市特色县域经济专项扶持政策，推进农业区域化布局、合作化生产、规模化经营，积极发展大户种植、大片基地、大企业入驻，着力增加规模以上企业农产品加工产值。三是提升三产比重。以湘东大市场、家居城、汽贸城和城市综合体等为龙头，培育大市场，搞活大流通；以酒埠江风景区为重点，以国家森林公园为依托，加快旅游核心区规划和开发，加速旅游名镇、旅游名村品牌创建，全力打造湘东南商贸物流和旅游休闲基地。

（二）突出抓项目推进

现阶段，投资仍然是推动发展的核心动力，而项目则是投资的最终落脚点。攸县要坚持以项目论英雄、促发展，把项目作为全面建设小康社会的总抓手，全面掀起项目建设新热潮。一是策划一批大项目。围绕核心产业打造、传统产业升级、新型产业发展，重点策划一批有针对性、有操作性、有吸引力的大型产业项目；围绕新型城镇、新型村庄、民生服务，重点策划一批能争取、有扶持、广受益的大型基础项目。二是招引一批大项目。在"一区两园"继续实施"5115"工程，着力培育5个10亿、10个5亿龙头企业；针对城镇、农村、民生，积极向上争取一批基础项目和实事项目。三是建设一批大项目。集中优势资源，加快推动汽配产业园、环保产业园、低速电动汽车、童美烟花、油茶产业、长株攸干线公路、长输管道燃气、阳升观水库等一批产业、城建、农村基础和民生重大项目建设。四是见效一批大项目。坚持县级领导联系

重点产业、重点工作、重点项目、重点企业制度，加快煤电一体化、旭日陶瓷第二批生产线、云田花卉、星都物流二期、城南防洪堤等重大项目建设进度，以大项目带动大投入，以大投入促进大发展。

（三）突出抓环境优化

全面小康应当是绿色的小康、人文的小康、和谐的小康。基于这一理念，攸县要继续狠抓环境优化，着力打造宜居、宜业、宜商、宜游的新县域。一方面要深化城乡同治，让硬环境更硬。抓环境治理，以美丽攸县三年行动计划为总揽，重点落实封山育林、再生资源产业园等工作，严格控制GDP能耗，提升城乡环境的舒适度；抓城市创建，全面冲刺全国文明县城、省级园林县城和省级生态县城创建，着力提升城市首位度；抓规划管理，进一步完善县、乡、村三级规划，建立健全城乡同治系列精细管理机制，不断提升攸县标识度。另一方面要坚持改革创新，让软环境更软。扎实开展大走访、大学习、大宣讲，丰富群众文化生活，倡导文明、绿色的生活理念，打造让人倾心的人文环境；继续探索推进行政管理、经济管理和民生管理领域改革，充分释放发展红利，打造让人动心的发展环境；按照群众路线教育活动的总要求，进一步改进干部工作作风，打造让人舒心的服务环境。

（四）突出抓民生保障

小康不小康，关键看老乡。小康建设的最终目标还是要落到提高人民生活水平，提升群众幸福感上来。攸县要坚持把人民增收、民生保障作为全面小康的重要内容，集中力量重点突破。一是加快人民增收。完善就业政策，优化就业服务，鼓励全民创业，发展壮大村级经济，增加一批公益性岗位，不断丰富老百姓的"钱袋子"，尤其是要解决城镇居民就业增收的问题。二是健全基本保障。启动实施"民生100工程"，落实一批惠民政策，提质一批中小学校，建造一批保障性住房，扎实推进就学、就医等各项民生事业，不断解决群众的后顾之忧。三是维护社会安定。针对社会安全指数仍不足90%的现状，加大对煤矿、烟花、交通、食品药品等重点领域的监管，坚决杜绝重特大安全事故的发生；加强社会治理，严厉打击犯罪，着力打造法制攸县、平安攸县、无毒攸县；高度重视信访工作，及时解决群众合理诉求，有效化解信访突出问题。真正为群众创造可以预期、可以依赖的环境。

（五）突出抓城乡建设

城乡建设是统筹城乡发展的"内燃机"，也是建成全面小康的"火车头"。一是新区重在开发。有序启动、统筹抓好东城新区、城南片区和火车南站片区的高标准开发，加快建成一批公共文化体育设施，积极打造以商贸物流、行政办公、高档住宅、文化休闲为主的文化商住板块。二是"两江"重在保护。加大对洣水、攸河两岸综合整治力度，加快"两江四岸"绿化、亮化、美化和生态修复，构建以城市湿地公园、沿江景观带为基础的生态休闲板块。三是老城重在提质。加快城中村、棚户区改造和国有资产处置，拉通一批断头路，建成一批精品楼，推进公共停车场、城市绿地、数字城管等城市基础建设，构建以湘东大市场、家居城、汽贸城、城市综合体、商业步行街为主体的商贸物流板块。四是乡镇重在搞活。按照"五个一"，即盘活一块土地，治理一条街道，建设一个示范小区，启动一个市场运作城建项目，打造一个以上特色村庄的要求，构建一批以旅游名镇、商贸重镇、工业强镇为主的特色小城镇板块。

（六）突出抓管理创新

建设全面小康是一项系统工程，涉及面广，任务艰巨，必须以机制为保障，以创新为手段，才能确保率先完成。一是坚持系统推进。完善预安销号、定期述职、绩酬挂钩等工作制度和财税、城市、市场、安全、信访等管理机制，通过建设系统、科学、合理的机制制度来促落实、促增长、促效能、促平安。二是强化考核激励。严格乡镇"4+4"和县级领导"4联"考核机制，做到所有干部、所有工作、所有区域全部纳入考核。三是创新干部管理。探索建立股所级干部管理机制，完善健全选人用人和干部培养机制，让做人有良心、干事有激情、工作有实绩的干部都能受到尊重、受到理解，都有公平的出彩机会。

B.7
湘潭县加快推进全面建成小康社会的若干思考

谢振华[*]

党的十八大吹响了全面建成小康社会的进军号角，省委十届七次全会对分类指导加快推进全面建成小康社会进行了全面部署，全省122个县市区进入了新一轮冲刺全面小康的总决赛。在新一轮的区域竞争中，怎样对照科学发展的要求，结合县域实际，凝聚各方力量，把全面小康的步子迈得更稳一点、更大一点、更快一点？对此，湘潭县有以下三个层面的思考。

一 关于全面建成小康社会的现状分析

审时度势，方能把握主动；谋定后动，才能赢得先机。坚持一切从实际出发，科学研判目前的发展实际、周边的竞争态势及未来的发展趋势，在全面小康建设中把握利好，抢抓机遇，科学施策，加快实现进位争先。

（一）实现程度分析

"木桶原理"告诉我们短板决定容量，决定了湘潭县全面建成小康社会水平的往往就是那些短板。从整体实现程度上看，2012年湘潭县全面小康实现程度达到72.64%，其中，经济发展实现程度为61.93%，人民生活实现程度为73.55%，社会发展实现程度为86.88%，民主法治实现程度为95.05%，生态文明实现程度为73.09%，从指标上可以看出湘潭县提前实现建成全面小康具备了较为坚实的基础。从具体单项指标上看，比照五大类23个33项指标，

---

[*] 谢振华，中共湘潭县委书记。

2012年湘潭县有7项指标提前实现。按近三年指标平均增长速度测算，在略有提升的基础上，2017年，湘潭县有18项指标按正常进度推进基本可如期实现；人均GDP、高新技术产业增加值占GDP比重2项指标经努力可实现或接近实现；但城镇化率，第二、第三产业增加值占GDP比重，单位GDP能耗，税收收入占财政收入比重，城镇污水处理率5项指标实现有一定的难度。这5项指标就是湘潭县全面建成小康社会的短板所在。

（二）竞争态势分析

根据省委分类考核要求，湘潭县被列入全省第二方阵，与46个城乡复合型县市区站在同一条起跑线上。面对新的区域竞争，既有不小的压力，也有强劲的动力。从压力来看，人均GDP，人均财政收入，城乡居民收入，第二、第三产业增加值占GDP比重，城镇化率等5项指标综合排队，湘潭县位居第二方阵中上游，与方阵内排名靠前的县市区差距很大，与综合排名紧贴其后的县市区优势不明显，甚至一些单项指标还落后。总体来说，与前面标兵的差距越来越远，后有追兵脚步越来越近。从动力来看，每一次危机和挑战，都是一次区域发展竞争的重新洗牌。越是在困难的时候，越是"破旧"的好时机，放在全省角度上审视，全面小康建设是一种相对更加科学公平的利好政策，是湘潭县实现快转型、真转型的好时机，新的考核导向将倒逼湘潭县更加科学合理地定位，更加主动地在"危"中寻"机"，全方位推动经济发展转型升级，努力掌控新一轮发展主动权。

（三）自身优势分析

主要体现在三个方面：一是发展态势较好。主要经济指标增长迅速，县域综合实力保持省经济强县地位，县域经济经过多年增长集聚的能量不断释放，发展态势稳步向好。二是发展后劲充足。固定资产投资连续多年保持30%以上的增速，项目建设风生水起，争资争项、招商引资年年上新台阶，特色县域经济重点县支持集中发酵，文化、旅游、商贸等第三产业强势发力，都将为县域加速崛起赢得主动。三是发展氛围浓厚。湘潭县是伟人故里、湖湘文化发源地、两型社会建设示范区，具有得天独厚的人文政策优势；地处长株潭核心

区，长株潭外环高速将在县内设四个出口，交通区位优势更加突出，各种人流、物流聚集，招商引资的洼地效应逐渐显现；全县谋发展氛围浓厚，奔小康愿望强烈，天时地利人和，共同汇聚成了加快推进全面建成小康社会的强大合力。

二 关于加快推进全面建成小康社会的总体思路

湘潭县提前建成全面小康社会，既是省委赋予长株潭地区的光荣使命，也是全县百万人民的热切期盼。按照省委《决定》的总体要求和分类指导的工作方针，在充分调研论证、顺应群众期待的基础上，县委制定出台了《湘潭县加快推进全面建成小康社会的决定》，对全县率先实现全面建成小康建设进行了全面部署。这既是湘潭县近几年经济社会发展的主要任务，也是全县加快推进全面小康建设的行动纲领。

（一）分阶段谋划目标定位

在客观评估湘潭县全面小康实现程度及其与二类县市区优劣对比的基础上，站在"长株潭板块"和省定二类县市区的定位上，以2020年、2017年、2014年为时间节点，分阶段明确全面建成小康社会目标定位。一是着力开好局，确保从2014年起，每年度考评实现程度或提升幅度均进入全省第二方阵先进行列。二是着手四年争率先，确保到2017年末，各项统计监测指标全部达到或超过省制定的2020年创建标准，率先实现全面建成小康社会。三是着眼长远谋跨越，确保到2020年末，实现建成全国"两型社会"示范区、率先向基本现代化迈进的远景定位。

（二）分区域划定发展类型

根据省、市分类指导原则，综合考虑各乡镇经济社会发展水平、自然条件、发展潜力等因素，将全县分为四个区域，分层次、分梯度地推进全面小康建设。一是先导区，即湘潭天易示范区，以两型建设为引领，构建现代产业体系，建成"千亿园区"和"国家级经开区"。二是先行区，即易俗河、梅林桥等服务园区乡镇,全力支持示范区建设,统筹城乡发展,加快城乡一体化进程。到 2017 年率先实现全面小康,到 2020 年率先向基本现代化迈进。三是发展区,即云湖桥、中路铺等 9 个工业和综合发展乡镇,以园区为载体,扩大工业规模,培育壮大特色优势产业,推动新型城镇化,提高工业化水平。到 2017 年全面建成小康社会。四是攻坚区,即茶恩寺、射埠等 8 个农业生态乡镇,发展现代农业和旅游业,推进生态建设,促进整体发展。到 2017 年全面小康实现程度达到 90% 以上,到 2020 年实现全面小康目标。

(三)分层次建立考评体系

以全面小康指标任务为核心,制定衡量更加科学合理的绩效"指挥棒"。在原有分类绩效考核的基础上,根据省考评标准设定的指标权重,制定完善对县直相关部门及乡镇的全面小康考评指标体系。其中,根据目前湘潭县全面建成小康社会的实现程度和 2017 年的目标值,研究设定 23 项指标分年度的目标值,最大限度地量化全面小康的"路线图"和"时间表"。制定差异化的支持政策和工作举措,建设责任到人的奖惩机制,推动形成因地制宜、你追我赶的生动局面。

三 关于加快推进全面建成小康社会的重点举措

率先全面建成小康社会,根本靠发展,关键靠实干。围绕加快推进全面建成小康社会的总体目标,必须在三个方面下功夫。

(一)以"全面小康"为总抓手,统揽县域经济社会发展全局

始终以加快推进全面小康为总抓手,统揽全县经济、社会、生态、文明、政治"五位一体"建设,把小康的理念和要求融入全县各领域、各战线工作中。结合县域实际,针对先导、先行、发展、攻坚四个区的不同特点,从区域规划、产业布局、项目安排、目标预期等层面,建立完善分层指导、分类考核、梯度推进等各项机制,按 2017 年指标定位,咬准各个时间节点,全面启动"小康莲乡建设计划",倒推年度任务表,逐年推进小康任务分解落实。在

科学系统评估和摸清全面小康实现程度的基础上，突出问题导向，着重在财税、工业、城镇化率等"短板"上下功夫，不断提升弱势指标，攻克难度指标，巩固优势指标，用全面发展的实际成效推动全面小康水平的实质提升。

（二）以"三量齐升"为目标，提升发展质效，夯实小康基础

发展不足、发展不优是湘潭县加快推进全面小康社会建设的根本问题，对此，必须牢牢抓住发展第一要务，以产业升级为主导方向，以天易示范区为核心龙头，以乡镇经济为有力支撑，推动县域经济"三量齐升"，为全面建成小康社会提供坚实的经济基础。

一是全力推动三次产业提质升级。产业不发展，家底不殷实，全面小康只能是无源之水、无本之木。在新型工业方面，实施"强工壮县"系列政策措施，支持先进装备制造业、食品加工业进军百亿产业，加快发展生物医药、新材料等战略性新兴产业，推动洗煤、化工等传统企业关停并转、提质改造。结合高新技术产值这个薄弱指标对症下药，引进和培育一批高新技术企业，以高新技术产业增长支撑县域产业转型升级。在现代农业方面，用好用活用足"特色县域经济重点县"的支持政策，在精深加工、项目选择、品牌培育、产业链延伸方面重点发力，促进湘莲、油茶、竹木等农产品加工企业做强做优，确保经济效益、社会效益相得益彰。在第三产业方面，坚持生产性服务业、生活性服务业"两条腿"走路，在抓好文化、旅游、休闲、餐饮等生活性服务业的基础上，积极培育现代物流、金融保险、高端房产、科技信息等先导产业，争取政策和项目支持，开拓和整合县乡两级市场，推进第三产业提质提速。

二是全力推动天易园区提档升级。突出天易示范区核心增长极地位，打造湘潭县全面小康建设的强力引擎。全面启动国家级经济技术开发区创建工作，力争通过三年左右的时间，将天易示范区成功创建为"国家级经开区"。以"项目攻坚年"活动为主抓手，用重大项目的强势推进，拉动投资增长，确保天易示范区主要经济指标增速"保三增四"（30%~40%）。依托宏信创业基地、农产品精深加工园等新的产业平台，着力引进一批符合产业政策、符合两型要求的重大项目和优质企业，推动示范区经济实力、产业能力实现新的更大

突破。发挥"两型"试验区政策优势，完善内部管理、外部协调、招商引资、项目服务、人才引进等工作机制，把天易示范区打造成为长株潭地区改革创新的排头兵。

三是全力推动乡镇经济提速升级。乡镇经济既是实现全面小康的难点和短板，也是推进全面小康的潜力和空间所在。实行"一区带多园"发展模式，拟定杨河工业组团、青山桥皮鞋工业基地、茶恩寺竹木产业园3个乡镇产业基地作为试点，借助和放大天易示范区政策和品牌优势，帮助乡镇经济增强底气、扩大影响、提速升级。遵循"宜工则工、宜农则农、宜商则商"的发展原则，根据19个乡镇各自产业基础和资源优势，从新型工业、特色农业、新型城镇、人文旅游等不同角度选准切入点，因地制宜走特色化、差异化发展之路。坚持县级领导联乡镇、联产业、联企业制度，分乡镇分园区成立乡镇工业发展协调领导小组，整合项目资金，集中有效投入，针对园区用地、企业融资等方面制定实质性的扶持政策，加快形成集中发力、规模示范的良好效应。

（三）以"城乡统筹"为路径，突出利民惠民，共享小康成果

推进城乡一体化发展，是破解三农问题的根本途径，是城乡居民共享全面小康建设成果的必然选择。当前及今后一个时期，要突出从四个方面提升城乡统筹发展水平。

一是着力提升县城文明程度。巩固省级文明县城创建成果，乘势而上启动全国文明县城创建工作。坚持一手抓建设，一手抓管理，推进城市管理改革，加强联合执法，健全大城管格局，逐步实现从突击治理型向长效管理型、从行政管理向市场化经营管理、从粗放型管理向精细化管理"三个转变"。通过深入开展创建活动，进一步拓展城区空间，完善配套功能，保持城市美观，提升文明素质，力争在2017年拿到文明县城"国字"招牌。

二是着力提升小城镇建设品质。认真贯彻中央城镇化工作会议精神，坚持"规划一体化、产业差异化、推进梯度化、要素市场化"的思路，有力有序推进新型城镇化建设。分别从107线、潭花线、湘湘干线上各选择1个重点中心城镇，积极探索"人往哪里去、钱从哪里来、土地怎么用、城镇怎么管"的问题，着力打造具有较强集聚和辐射功能的县域次中心。

三是着力提升新农村建设效益。坚持"多搞雪中送炭、少搞锦上添花"的原则，加大对帮扶村的投入，把资金和项目用在刀刃上。统筹整合各项支农资金，重点抓好梅林桥美丽乡村示范片、茶恩寺金坪·复兴示范片和白石潭口示范片建设发展，以示范片发展的重点突破，探索可复制、可推广的新农村建设样板。继续保持农村环境综合整治工作力度，从多渠道投入、保洁员队伍、垃圾处理、考核考评等关键环节入手，建立长效机制，确保农村环境持续改善。

四是着力提升民生保障水平。"小康不小康，关键看老乡。"群众的切身感受是全面建成小康社会的重要衡量标准。把保障和改善民生摆在突出的位置来抓，严控一般性行政支出，将有限的财力向民生方面倾斜，统筹推进教育、就业、住房、医疗卫生、社会保障、食品安全等重点民生工作。注重对偏僻乡村、困难群体、特殊人群的帮扶，扎实为群众解决实际难题。进一步完善社会保障体系，逐步缩小城乡居民社会保障差距，扩大城乡居民社会保障覆盖面，让更广泛的人群共享全面小康建设成果。

B.8 韶山市全面建成小康社会进展、问题与对策研究

向 敏*

党的十八大提出确保到2020年实现全面建成小康社会的宏伟目标。为认真贯彻落实十八大和十八届三中全会精神，根据省委要求，韶山市委确定了"2017年在全省率先全面建成小康社会"的奋斗目标。为实现这一目标，就必须准确研判全市全面小康实现程度，按照十八大和十八届三中全会的新要求、新部署，以全面建成小康社会为总抓手，以改革创新为原动力，全面推进经济、政治、文化、社会和生态文明建设，推动韶山又好又快发展。

一 实现程度

根据《湖南省县市区全面建设小康社会考评体系（一类）》测算，2012年韶山市全面建设小康社会总体实现程度为71.46%，从全面建设小康社会五大考评类别看，韶山市经济发展实现程度为55.58%，人民生活实现程度为77.97%，社会发展实现程度为81.67%，民主法治实现程度为92.76%，生态文明实现程度为91.79%。具体情况如下。

（一）完成80%以上的指标

截至2012年，韶山市有13项指标完成了80%以上，其中有7项指标已经全面完成，分别为人均住房使用面积、基本医疗保险覆盖率、每千人拥有床位数、城镇居委会依法自治达标率、农村居委会依法自治达标率、城镇污水处理

---

* 向敏，中共韶山市委书记。

率以及城镇建成区绿化覆盖率等。第二、第三产业增加值占GDP比重，行政村客运班线通达率，平均受教育年限，5岁以下儿童死亡率，空气质量达标率，地标水质达标率6项指标均已完成80%以上。按照目前的发展速度，这6项指标有望提前完成。

（二）完成80%以下50%以上的指标

有8项指标，分别为税收占财政总收入的比重、高新技术产业增加值占GDP比重、文化产业增加值占GDP比重、城镇化率、园区规模工业增加值占规模工业增加值比重、农村居民人均纯收入、人均储蓄存款、居民文教娱乐服务消费支出占消费总支出比重。其中税收占财政总收入的比重完成有困难，城镇化率完成难度相当大。其他6项均能按时完成。

（三）完成50%以下的指标

有8项指标，分别是人均地区生产总值（按2000年不变价）、人均财政收入、金融机构各项贷款增长率、城镇居民可支配收入、高中阶段毛入学率、人均拥有公共文化体育设施面积、单位GDP能耗、森林资源蓄积量增长率。其中人均地区生产总值（按2000年不变价）、人均财政收入、金融机构各项贷款增长率完成任务有困难。其他4项均能按时完成。

二 面临困难

总体来看，韶山市经济、政治、文化、社会、生态等建设呈现全面协调可持续发展，正在向水平更高、内容更丰富、发展更科学的目标逐步推进。在全面建成小康社会进程监测评价的五个方面，社会发展、民主法治、生态文明等方面的数据已经或者比较顺利地达到标准，但仍有几个方面的评价指标实现程度较低，需要引起高度重视。

（一）人均地区生产总值（按2000年不变价）

2012年人均地区生产总值实现目标值的进度为45.34%。按常住人口10

万计算，要在五年内实现目标，还要保证第二、第三产业增加值占地区生产总值的比重达96%以上，地区生产总值年均增长率需达到17%以上。

（二）人均财政收入

2012年人均财政收入实现目标值的进度为32.74%。2017年要实现目标，按常住人口10万计算，年度财政总收入需达到12亿元，年均增长率需达到25.02%以上（假定常住人口不变，则年均增长率为25.5%）。该指标高于近五年韶山市财政收入平均增幅（24.6%）。韶山市财政总收入还存在一些不稳定因素：一是地税一次性税收占比很大；二是重点项目完工后无后续税源；三是财政自征收入的完成一定程度上依赖于土地收入，而土地收入并不属于财政一般预算收入范畴。

（三）税收占财政总收入的比重

2012年税收占财政总收入的比重完成进度为67.84%。虽然进度完成情况较好，但韶山税收占比最近连续三年不仅未增长，反而出现下降，降幅高达7个百分点。主要原因有：一是税源基础薄弱，税收大户极少；二是高新区企业兑现入园协议税收的企业不多，零税收企业或年上缴税金在10万元、20万元左右的企业较为普遍，增收效应不理想；三是旅游业对财政税收贡献还不大。

（四）城镇化率

2012年韶山市城镇化率为57.68%，五年内，年末城镇常住人口在年末常住总人口中占比需达到65%，任务极其艰巨。按常住人口10万计算，每年需新增城镇常住人口1.55万。韶山市目前集镇开发速度较慢，城镇第二、第三产业均不发达，提供就业岗位不多，吸纳城镇常住人口的能力很小，农村富余劳动力大多向外转移。

（五）金融机构各项贷款增长率

2012年金融机构各项贷款增长率完成进度为35.56%。要在五年内实现翻一番的目标，年均增长率需高达22.97%。从当前的经济金融发展形势来看，这存在一定困难：一是金融机构新增贷款主要集中在信用联社和华融湘江银行，两家金融机构新增贷款占当期新增贷款总额的63.7%；二是部分银行对经济薄弱领域投入不足，支持微小企业、民生金融力度亟待加强。国有商业银行普遍县域信贷投放不足，信贷创新产品特别是涉农信贷产品推广乏力；三是实体企业低迷不振，少数生产性企业通过贷款或证券市场募集资金后扩大主业再生产意愿不强，购买理财产品、转用于房地产投资的现象时有发生；四是虽然今后的金融资源配置将着力支持县域经济结构调整和转型升级，加大对节能环保、循环经济、技术改造等方面的信贷支持力度，但韶山市优势工业经济规模小，现代农业产业化也不具备规模效应，文化旅游服务业整合发展力度不大，放贷口难有突破。

三 指导思想及战略目标

高举中国特色社会主义伟大旗帜，以毛泽东思想、邓小平理论、"三个代表"重要思想、科学发展观为指导，全面贯彻落实党的十八大及十八届三中全会、习总书记系列重要讲话精神和中央、省市经济工作会议精神，坚持稳中求进总基调，以全面建成小康社会为总抓手，以改革创新为原动力，进一步解放思想，凝聚共识，推进"两个率先"，全力打造城乡一体化发展、社会管理创新、精神文明建设"三个示范区"，建设"红色、富裕、文明、生态、幸福"韶山，2017年在全省率先全面建成小康社会，在此基础上，率先向实现基本现代化迈进。

2017年提前建成小康韶山的五大类指标：第一，经济发展方面，人均地区生产总值（按2000年不变价）达到8万元，年均增长17.14%；人均财政收入达到1.2万元，年均增长25.02%；税收占财政总收入的比重达到85%，年均增长5.47%；第二、第三产业增加值占GDP比重达到96%，年均增长0.93%；高新技术产业增加值占GDP比重达到30%，年均增长2.7%；文化产业增加值占GDP比重达到8%，年均增长0.67%；城镇化率达到65%，年均增长5.5%；园区规模工业增加值占规模工业增加值比重达到90%，年均增长8.85%；金融机构各项贷款增长率达到100%，年均增长22.97%。第二，人民生活方面，城镇居民人均可支配收入达到5万元，年均增长15%；农村居民人均纯收入达到2.5万元，年均增长11%；人均住房使用面积达到32平方米；人均储蓄存款达到3.2万元，年均增长1.67%；居民文教娱乐服务消费支出占消费总支出比重达到18%，年均增长0.36%；农村居民安全饮水比率达到100%，年均增长4.56%；行政村客运班线通达率达到98%。第三，社会发展方面，基本医疗保险覆盖率达到90%；基本养老服务补贴覆盖率达到50%；5岁以下儿童死亡率小于12‰；人均拥有公共文化体育设施面积达到3平方米；高中阶段毛入学率达到95%，年均增长5.44%；平均受教育年限达到11.5年，年均增长0.45%；每千人拥有床位数达到4张。第四，民主法治方面，城镇居委会依法自治达标率达到92%；农村村委会依法自治达标率达到97%；万人刑事犯罪率、亿元GDP生产安全事故死亡率、道路交通万车事故死亡率、工矿商贸十万从业人员事故死亡率、群体性安全食品事故年报告发生率均小于规定值。第五，生态文明方面，单位GDP能耗小于0.7吨标煤/万元，年均减少2.7%；城镇污水处理率达到75%；空气质量达标率达到95%；地表水质达标率达到100%；森林资源蓄积量增长率达到3%；城镇建成区绿化覆盖率达到26%。

四 主要措施

（一）突出转型发展，夯实全面小康基础

做大经济"蛋糕"，抢占区域经济发展制高点，是韶山深化改革和发展、推进全面小康建设的首要任务。必须按照省委"三量齐升"总要求，加快转变发展方式，以提高经济质量和效益为中心，保持经济持续健康发展，为率先全面建成小康社会奠定坚实的经济基础。

1. 突出产业转型升级，构建现代产业体系

产业是经济的基础、城市的支撑、发展的命脉。坚持规模扩张和转型升级并重，注重项目带动，着力壮大提升优势产业，积极培育战略性新兴产业，推进产业融合互促发展，构建企业支撑、创新引领、链条集聚和核心竞争力强的

现代产业体系。一是加快推进产业发展和转型升级。加快全省文化旅游特色县域经济重点县建设步伐，大力推进以韶山风景名胜区为平台，集瞻仰、参观、体验为一体的红色旅游区和以风景名胜区外环公路为主线的生态休闲观光旅游产业带建设，完善休闲、度假、教育培训、会议等功能设施，打造集研发、生产、销售为一体的文化创意产业园，舞活文化旅游"龙头"。坚持高新、高智、高端引领，加快推进省生产力促进中心韶山创新成果产业化基地等基础设施建设，加快推进主导产业规模化、新兴产业高新化、传统产业品牌化，把高新区打造成省级一流的先进产业发展增长极，激活新型工业"引擎"。加快食品产业园建设，构建以农户家庭经营为基础、合作与联合为纽带、社会化服务为支撑的立体式复合型现代农业经营体系，促进农村土地规模化流转，鼓励支持家庭农场、专业大户、农民合作社、产业化龙头企业等新型主体发展适度规模经营，提高农业集约化、规模化、社会化水平，大力发展观光休闲、特色种养殖、生态旅游农业和农产品加工企业，夯实现代农业"基石"。以产业化和社会化为方向，大力发展电子商务、现代物流、信息服务、健康养老、现代金融、总部经济等生产性和生活性服务新业态，促进现代服务业发展提速、比重提高、水平提升，打造现代服务业"高地"。培育战略新兴产业。积极引进和举办马拉松等节会赛事活动，大力发展参与式、体验式、互动性的新兴文化旅游产业业态，发展节能环保、新兴信息产业、生物产业、新能源、高端装备制造业和新材料等战略性新兴产业，不断延伸产业链条，加快培育新的经济增长点。二是增强重大项目推动力。在全市上下进一步形成大抓项目、抓大项目的浓厚氛围，及早谋划一批大项目、好项目，及时有效对接中央、省市宏观经济政策，积极申报项目争取支持，积极推动民间资本参与基础设施、金融服务、社会服务等项目建设，进一步释放民间投资潜力，确保投资平稳较快增长。加大招商引资力度，加强服务，以情招商，以商招商，严肃处理和打击阻碍重点项目建设的人和事，全力加快项目建设进度，确保早动工、早建成、早见效。加强要素支撑和保障，解决土地、资金、能源、人才等方面的影响和制约。三是培育消费市场新增长点。继续增加居民收入，扩大消费能力，改善消费环境，坚持巩固发展传统消费与培育壮大新兴消费并举。针对不同消费群体，高起点、高品位合理布局商业网点，建设高端商城、特色街区等，打造特色市场，充分挖掘消费潜能。以"三网融合"、4G网络等项目建设带动形成信息网络消费等新的消费增长点。

2. 突出城乡统筹发展，打造一体化发展示范区

着力推进城乡规划、基础设施、公共服务一体化，促进城乡公共资源均衡配置，形成以工促农、以城带乡、工农互惠、城乡一体的新型工农城乡关系，加快探索一条符合时代特点、具有韶山特色的城乡一体化发展道路。一是全面提升城乡规划。按照以人为本、突出特色的原则，科学编制并严格执行城乡规划，合理确定功能布局、产业定位，推进城乡规划全覆盖，构建"三高、四铁、二港"的全新立体交通网络格局（三高即韶山高速、长韶娄高速、长株潭外环高速，四铁即韶山铁路、沪昆高铁、武广高铁、长株潭城际铁路，二港即长沙黄花国际航空港、韶山通用航空港）。二是稳妥推进新型城镇化。按照中央城镇化工作会议要求，坚持以人为核心，注重提高质量，发挥好市场和政府的作用，切实解决好"人往哪里去、钱从哪里来、土地怎么用、城镇怎么管"四个难题，走出一条以人为本、四化同步、科学布局、绿色发展、文化传承的新型城镇化路子。重点解决已进城常住农业转移人口落户城镇问题，着力破解城乡之间和城市内部"两个二元结构"，稳步提高城镇化水平和质量。坚持旧城改造与新城拓展同步推进，拉开城市整体框架，推进产城一体、园城一体、城乡一体发展。高标准建设、高效益经营、高水平管理，着力提升城市产业、城市功能、城市环境和城市民生，全方位提升城市发展品质，塑造城市崭新风貌。三是纵深建设新农村。坚持把解决好"三农"问题作为重中之重，坚持城乡一体化发展，不断加大强农惠农富农政策力度，整合涉农资金集中力量办大事。按照"规划先行、群众自愿、量力而行"的原则，不断提升以水、电、路、气、讯等为重点的农村基础设施建设，大力发展乡镇板块经济，稳妥推进新型农村社区建设，鼓励和引导社会资本投向农村建设，推进城乡基本公共服务均等化，打造全省乃至全国城乡一体化发展示范区。

3. 着力创新发展，不断增强发展活力

改革创新始终是加快转型发展的动力之源，必须下决心在重点领域、关键环节的改革创新上，迈出更大的步伐。一是深化经济体制改革。积极支持、引导非公有制经济、混合所有制经济发展。推进投融资体制改革，创新市属投融资国有资产管理体制，加快完善金融市场体系，鼓励支持韶山农村商业银行、光大村镇银行创新发展跨区域发展，鼓励支持社会资本、集体经济土地入股参与产业经济建设，鼓励支持企业发行债券、上市融资，积极扶持小额贷款、融资担保公司加快发展。深化财政体制改革，实施全面规范、公开透明的预算制度，推行全口径预算、综合预算改革，有序推进公车改革，严格控制"三公"经费等行政经费开支，建立规范合理的政府债务管理和风险预警机制，逐步增加对乡村一般性转移支付的力度，健全财力与事权相匹配的体制，完善促进基本公共服务均等化的公共财政体系。二是推进土地管理制度改革。坚持稳定土地承包关系，依法保障农民对承包地占有、使用、收益、流转及承包经营权抵押、担保权利，探索农村集体经营性建设用地出让、租赁、入股，与国有土地同等入市、同权同价的途径和方法，探索土地征收款分配原则、分配程序、留存比例，破解征收款分配难题。三是实施创新驱动发展战略。让企业真正成为创新的主体，完善知识创新体系，加强知识产权保护，积极争取实施国家科技重大项目，加强与科研院所、技术研究中心的衔接联系，推动技术、产品、组织、市场和商业模式创新，促进科技成果资本化、产业化，提高原始创新、集成创新和引进消化吸收再创新能力。四是加快政府职能转变。真正确立企业的投资主体地位，有效发挥市场机制的调节作用，加大对行政审批事项的清理、精减和调整，建设服务型、效能型、廉洁型政府。加快事业单位分类改革，加大政府购买公共服务力度，结合实际理顺职责配置，因地制宜、科学合理设置机构，最大限度解决部门职责交叉分散问题。严格实行编制总额限制，切实优化配置好编制资源，做到事业发展与控编两不误。严格绩效管理，把"五位一体"建设、党的建设、民生改善作为重要内容，强化资源环境、安全生产等约束性指标考核，突出责任落实，确保权责一致。

（二）突出民本发展，紧扣全面小康根本

保障和改善民生，是韶山市率先全面建成小康社会的重点和难点，也是维护群众根本利益的迫切需要。必须把精力向民生集聚，资源向民生转移，财力向民生倾斜，使全市更多的发展成果惠及于民。

1. 推进文明城市创建

严格按照全国文明城市测评体系标准，举全市之力争取在 2014 年创成全国文明城市。弘扬韶山精神，坚持用社会主义核心价值观引领社会风尚，完善基础设施建设，巩固提高城乡卫生环境、旅游环境、交通秩序整治成果，进一步提高城市文明程度和市民文明素质，促进政治文明、物质文明、精神文明、生态文明协调发展，把韶山建成品质一流的宜居、宜业、宜游的文明城市。

2. 加强社会管理创新

坚持系统治理、依法治理、综合治理和源头治理相结合，支持和发展志愿服务组织，培育和优先发展行业协会类、科技类、公益慈善类、城乡社区服务类社会组织，激发社会组织活力。坚持正确舆论导向，健全网络突发事件处置机制，加大依法管理网络力度。加大信访工作力度，及时就地解决群众合理诉求，建立畅通有序的诉求表达、矛盾调处、权益保障机制，使群众问题能反映、矛盾能化解、权益有保障。加强社会管理综合治理，健全立体化社会治安防控体系，依法严密防范和惩治各类违法犯罪活动，把韶山打造成安定绿洲、和谐典范。

3. 保障和改善民生

进一步提升保障水平，确保新增财力优先向民生倾斜。加大为民办实事力度，扎实为群众办好救急解难的实事。统筹城乡就业，扩大就业再就业。推进机关事业单位养老保险制度改革，扩大五项社会保险覆盖面。加强保障性住房建设和管理，满足困难家庭基本需求。健全网络化城乡基层医疗卫生服务运行机制，深入推进公立医院改革，完善合理分级诊疗模式，建立社区医生和居民契约服务关系，进一步健全基本药物、重特大疾病医疗保险和救助制度。统筹城乡义务教育资源均衡配置，扩大优质教育资源覆盖面，逐步缩小城乡、校际差距，鼓励发展职业教育。贯彻落实计划生育基本国策，促进人口长期均衡发展。规划建设体育馆、群众文化活动中心等公共文化设施，推动文化惠民项目与群众文化需求有效对接。

4. 强化安全生产

建立健全安全生产责任体系，实行党政同责、一岗双责、齐抓共管，建立隐患排查治理体系和安全预防控制体系，健全防灾减灾救灾体制，完善公共应急管理和应急救援体系建设，加强食品药品和安全生产监管，坚决遏制较大安全事故，保障人民生命财产安全。充分调动和保护好农民种粮积极性，探索形成农业补贴同粮食生产挂钩机制，让多生产粮食者多得补贴，确保粮食安全。

（三）突出可持续发展，增强全面小康后劲

生态文明是全面建成小康社会的追求理念。要牢固树立绿色、生态、低碳的发展理念，着力增强可持续发展的能力，建设"天蓝、地绿、水净"的美丽韶山。

1. 建立空间规划体系

按照"东城西景南工北农"规划空间布局，确立天鹅山—狮子山—翻古仑山三座山体为城市景观支撑骨架，在沪昆新城建设规划中开辟景观视线通道，形成城依山而建、山拥城而立的生态环境，充分展现韶山的自然地理特色。引导集镇、中心村的规划建设，缩小环境保护的控制面，科学划分生产、生活、生态空间，配合游客服务中心的节点控制和核心景区外环公路的带状开发，逐步引导景区客流向三个片区延伸，将景区压力转化为片区的动力。

2. 加快建设"绿色韶山"

坚持尊重自然、热爱自然、善待自然的原则，以建设"绿色韶山"为抓手，大力发展绿色产业，倡导绿色消费，推动绿色出行，弘扬绿色文化，打造建设国家级、省级生态乡镇、生态村，力争纳入国家公园、全国生态文明示范区建设，着力构建优美宜居的生态体系，让全市人民共享"绿色韶山"建设成果。

3. 率先建成"两型"示范区

把"两型"理念、"两型"要求贯穿到经济社会发展的各个领域和每个环节，以环境保护优化经济增长，以环境容量优化生产力布局，以环境标准优化产业升级，推行循环型生产方式，推广使用节能产品和新能源，推进垃圾分类处理及废弃物回收利用，推进农村环境综合整治整县治理，实现经济增长与环境保护相协调，形成资源节约、环境友好的生产方式和消费方式，努力实现"青山绿水"与"金山银山"相得益彰，率先在全省乃至中部地区建成"两

型"社会，成为全省"两型"示范创建的名片。

4. 进一步优化发展环境

通过统一规范的制度设计和政策支撑，营造稳定、透明、公平的市场环境，让各类市场主体能够在统一的市场中进行公平竞争。继续以铁的手腕狠刹乱收费、乱摊派、乱罚款之风，严肃整治执法不规范、不作为、乱作为等行为，对破坏经济发展环境的人和事实行"零容忍"，切实加大案件查处、正风肃纪力度，及时查处和公开曝光一批典型案件，营造积极浓厚的发展氛围和建设文化。

（四）突出党的建设，勇担全面小康重责

全面建成小康社会，必须加强和改善党的领导，切实履行对改革发展的领导责任，推进党的建设，团结带领全市上下奋力进取、合力攻坚，为率先在全省全面建成小康社会提供坚实的组织保障。

1. 加强思想政治建设

把学习贯彻党的十八大、十八届三中全会和习总书记系列重要讲话精神作为今后一个时期的政治任务抓紧抓好，精心组织学习培训，广泛开展宣传普及，坚持原原本本、集中精力、多种形式、带着思考来学习，着力解放思想，在干中学，在学中干，扎实推进学习型党组织建设，切实提高党员干部思想政治能力、动员组织能力和驾驭复杂矛盾能力。

2. 加强干部队伍建设

深入开展党的群众路线教育实践活动，集中解决形式主义、官僚主义、享乐主义和奢靡之风"四风"问题，深入基层察民情、听民意、化民怨、解民难，在提高群众工作能力、解决群众实际困难、密切党群干群关系上取得实效。认真落实中央、省委、湘潭市委及韶山市关于改进作风的相关规定，贯彻《党政机关厉行节约反对浪费条例》，进一步改进会风文风，规范公务接待，控制"三公经费"等支出和楼堂馆所建设，杜绝铺张浪费，严禁超标准配备办公用房和违规使用公车。坚持正确的用人导向，创新人才机制，坚持五湖四海、任人唯贤的原则，德才兼备、以德为先的标准，把各方面的优秀人才集聚到韶山发展事业中来。完善公开选拔、竞争上岗、差额选举办法，形成干部选

拔任用科学机制，真正把那些讲大局、敢担当、有本事、肯吃苦的好干部发现出来，真正把那些有潜质、口碑好、有劲头、懂规矩、守纪律的好干部培养起来，真正把那些忠诚可靠、视野开阔、一心为民、埋头干事的好干部使用上来，努力营造一种鼓励支持创业创新、包容理解敢闯敢试的良好氛围。破除"官本位"观念，加大干部交流轮岗、挂职锻炼工作力度，促使干部能上能下、能进能出。进一步健全社区和村级干部的激励保障机制，抓好村级组织换届选举，选优配强党组织带头人，加强党员队伍教育管理，着力提升党组织凝聚力、战斗力。

3. 加强反腐倡廉建设

加强对党风廉政建设和反腐败工作的统一领导，严格执行党风廉政建设责任制，加大教育、监督、改革和制度创新力度，建立健全惩治和预防腐败体系，努力实现干部清正、政府清廉、政治清明，建设"廉洁韶山"。

B.9
华容县全面建设小康社会进展、问题与对策研究

汪 涛[*]

2020年实现全面建成小康社会是全党的奋斗目标。湖南省将这一目标实现的时间提前到了2017年。华容县作为一个区域边界县和传统农业县，全面建成小康社会工作任务重、时间紧，必须澄清底子、找准路径、聚力攻坚，才能确保2017年实现建成华容县全面小康社会的目标。

一 全面小康社会建设进展情况分析

（一）全面小康实现程度

根据省定"全面小康"五大类23大项、33小项评价指标体系测算，截至2012年，华容县全面小康社会实现程度评估价值为68.05（见附表1）。其中33项具体指标实现情况如下。

1. 目标值实现程度为100%的指标

五个大类中，全面小康目标值现有实现程度达100%的指标共9项。具体为人民生活1项（人均住房使用面积），社会发展4项（基本医疗保险覆盖率、基本养老服务补贴覆盖率、高中阶段毛入学率、5岁以下儿童死亡率），民主法治2项（城镇居委会依法自治达标率、农村村委会依法自治达标率）和生态文明2项（森林资源蓄积量增长率、城镇建成区绿化覆盖率）。

---

[*] 汪涛，中共华容县委书记。

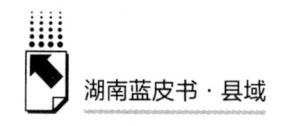

2. 目标值实现程度达到 80%~99% 的指标

全面小康目标值现有实现程度达 80%~90% 的指标共 9 项，具体为经济发展 2 项（税收占财政总收入的比重，第二、第三产业增加值占 GDP 比重），人民生活 1 项（行政村客运班线通达率），社会发展 1 项（平均受教育年限），民主法治 1 项（社会安全指数）和生态文明 4 项（单位 GDP 能耗、城镇污水处理率、空气质量达标率、地表水质达标率）。

3. 目标值实现程度达到 60%~79% 的指标

全面小康目标值现有实现程度达 60%~79% 的指标共 8 项，具体为经济发展 3 项（人均地区生产总值、城镇化率、规模以上企业农产品加工产值与农业产值比），人民生活 4 项（城镇居民人均可支配收入、农村居民人均纯收入、居民文教娱乐服务消费支出占消费总支出比重、农村居民安全饮水比率）和生态文明 1 项（农村垃圾集中处理率）。

4. 目标值实现程度达到 30%~59% 的指标

全面小康目标值现有实现程度达 30%~59% 的指标共 5 项，具体为经济发展 2 项（高新技术产业增加值占 GDP 比重、园区规模工业增加值占规模工业增加值比重），人民生活 1 项（人均储蓄存款），社会发展 2 项（每千人拥有床位数、人均拥有公共文化体育设施面积）。

5. 目标值实现程度低于 30% 的指标

全面小康目标值现有实现程度低于 30% 的指标共 2 项，集中在经济发展大类中，分别为人均财政总收入（25.5%）和金融机构各项贷款增长率（13.4%）。

（二）实现全面建成小康社会目标存在的主要问题

1. 财政实力偏弱，发展支撑不够

2012 年华容县财政总收入为 6 亿元，在岳阳各县市区排名靠后。全面小康社会建设各项指标的实现需要政府加大财政投入力度。就华容县目前而言，政府财政可用财力有限，推进全面小康社会建设的支撑不够。

2. 城乡发展差距较大，不平衡性问题突出

华容县存在农村与农村、农村与城市之间发展的不平衡性问题，城乡居民之间收入和生活水平悬殊较大。尽管2012年华容县农民人均纯收入自报数达10365元，比上年增长17.6%，但大部分农民家庭还没真正达到这个水平，这个数字在群众中的认可度还不高。一些直接反映农民生活水平和农村生态环境的指标还没有达标，人民生活质量偏低，居民精神享受方面的文化娱乐消费占收入的比重较低。

3. 社会保障不够有力，与全覆盖的要求还有差距

尽管建立了失地农民的社会保障机制，不断提高养老保险和新型农村合作医疗覆盖面，但由养老保险、医疗保险、最低生活保障组成的农村社会保障体系仍不够健全，对非公经济从业人员、灵活就业人员、转移劳动力等群体的社会保障不足。不少村级集体经济十分薄弱，在县、乡（镇）、村、农民共同构建的保障体系中，村级很难发挥作用。

4. 核心竞争力不强，自主创新能力不足

华容县高科技产业研发经费支出占GDP比重一直偏低，表明华容县企业在技术更新和研发方面投入的经费不足，企业市场竞争力和可持续发展能力不强。

（三）影响全面建成小康社会的主要因素分析

1. 财政收入与经济增长

全面建成小康社会评价体系中的经济发展指标权重为45%，就华容县而言，其中财政收入增长是预计最难实现的经济指标。以财政收入（CZSR）为被解释变量，GDP为解释变量，测算华容县2006~2012年财政收入与经济增长之间的计量关系，可得回归方程 $CZSR = -319.90 + 0.026x$（单位：万元）。经检验，如图1所示，财政收入增长与GDP增长之间呈现明显的线性相关关系，即GDP每增长1亿元，贡献的财政收入增长为260万元（0.026亿元）。

对财政收入和GDP增长分别取自然对数后作回归分析：$\ln(CZSR) = -3.32 + 0.977\ln(GDP)$。其中的0.977表示财政收入对经济增长的弹性值。由于该值小于1，表明财政收入的增长对经济增长并不敏感，其现实意义表现为财政收入占GDP的比重逐年下降。在经济发达国家或地区该弹性值通常在

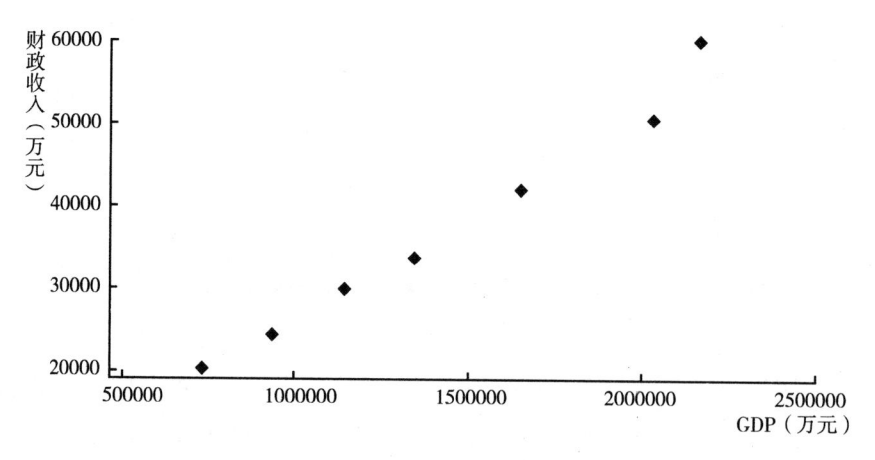

图1 财政收入与经济增长之间的关系

1.2以上甚至更高,这也与其在经济发展的同时取得充裕财政收入的情况相符合。

从增长速度看,财政收入增长速度和GDP增长速度之间的线性关系不显著。以财政收入的增长速度为被解释变量(R),以GDP增长速度为自变量(r),可得2006~2012年华容县财政收入增长速度与经济增长速度(GPD增长速度)之间的线性方程为:R=0.18+0.156r。经检验,财政收入增长速度与经济增长速度之间的线性关系不显著,即较快的GDP增长速度并不能形成对财政收入增长速度的稳定贡献(见图2)。

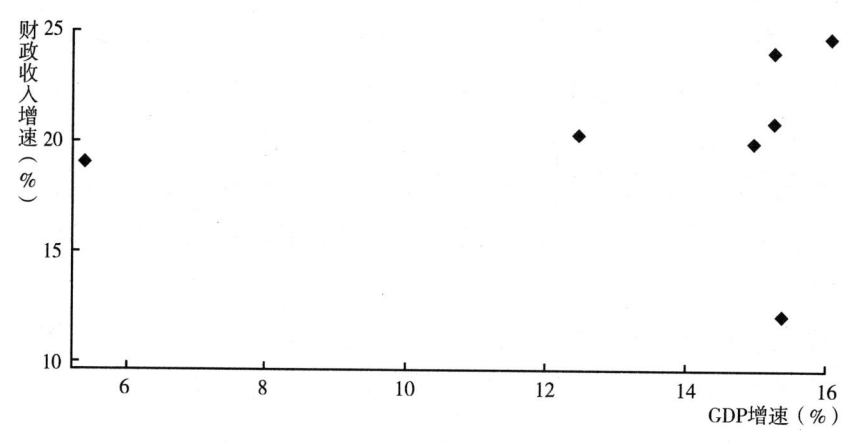

图2 财政收入增长速度与GDP增长速度之间的关系

上述回归结果说明稳定的经济发展没有及时转化为有效的财政收入。要认识这个问题，我们要注意到两个差异，第一个，是基本面的差异。这是指由于财政收入与GDP在指示属性、指标构成和核算原则等方面的不同而形成的差异。这个是不可改变的，而且会影响我们的回归统计结果。第二个差异，也是我们要重视的工作，即产业结构差异和经济成分差异。要大力发展第二、第三产业，尤其是以营业税、增值税为主的第三产业，提高经济增长对财政收入的贡献。另外要鼓励民营企业和地方小微企业的发展，为地方增添税源，增强经济增长与财政收入之间的联系。

2. 财政收入、经济产业结构与城镇化率

全面建成小康社会，要充分认识湖南省小康办纳入考核的华容县各项经济指标的内在联系。研究财政收入与经济产业结构、城镇化率之间的相关性有利于我们正确认识华容县国民经济各产业在创造财政收入中的地位和作用，有利于正确认识在全面建设小康社会过程中加速新型城镇化带来的巨大发展机遇。

我们以财政收入（CZSR）为被解释变量，以第一产业增加值（X_1），第二产业增加值（X_2），第三产业增加值（X_3）和城镇化率（Ru）为解释变量，构造多元线性回归方程来考察2006～2012年这些经济指标之间的计量关系。经过检验，在不考虑共线性影响的情况下（即各个解释变量之间可能存在的线性关系），我们得到如下回归方程：

$$CZSR = -0.595 + 0.036X_1 + 0.010X_2 + 0.058X_3$$
$$CZSR = -13.07 + 0.410Ru$$

上述两个回归方程的解释是：其一，第一、第二、第三产业的发展对于华容县财政收入增加均有显著正面作用；其二，比起第一、第二产业，第三产业增加值对财政收入增长的贡献最大；其三，新型城镇化建设能增加华容县财政收入。对以上结果分析表明，华容县在全面建设小康社会过程中，一是要注重提高第二产业对财政收入的贡献。就2006～2012年的数据来看，第二产业每增加1亿元的产值仅能够为财政收入增加0.01亿，不仅低于全国的平均值，甚至还低于第一产业（农业）的贡献率，因此要找准促进新型工业化快速健康有效发展的路子。二是要注重城市化和第三产业发展的关系。我们可以清晰地看到第三产业的发展对于财政收入增长贡献最大（每1亿元的第三产业增

加值能增加财政收入0.058亿元),同时中国社科院小康社会研究表明城镇化及其带来的人口集聚效应是促进第三产业发展的重要原因。因此,我们可以推断:加速推进新型城镇化建设将是华容县建设全面小康社会的主要着力点之一。

3. 经济增长与社会固定资产投资、土地供应、电力供应

从近年来社会固定资产投资、土地供应、电力供应等生产要素方面来分析,其对华容县经济增长的贡献都十分明显。社会固定资产投资(TIFA)方面,通过对2006~2012年华容县固定资产投资和GDP增长对比分析,可以明显看到投资和GDP保持同步变化趋势(见图3)。2006~2012年全县全社会固定资产投资累计515.98亿元,年平均增长率为33.8%。从全社会固定资产投资波动和经济波动的对比来看,投资增长率的波动同GDP增长率的波动基本是一致的,且投资波动的幅度大于GDP波动的幅度。固定资产投资的高低直接决定了GDP的增长速度,经检验,两者之间成明显的正相关关系[GDP = 54.98 + 1.1945(TIFA)]。从该方程可以看出每1亿元的社会固定资产投资可以带动近1.2亿元的GDP增长。

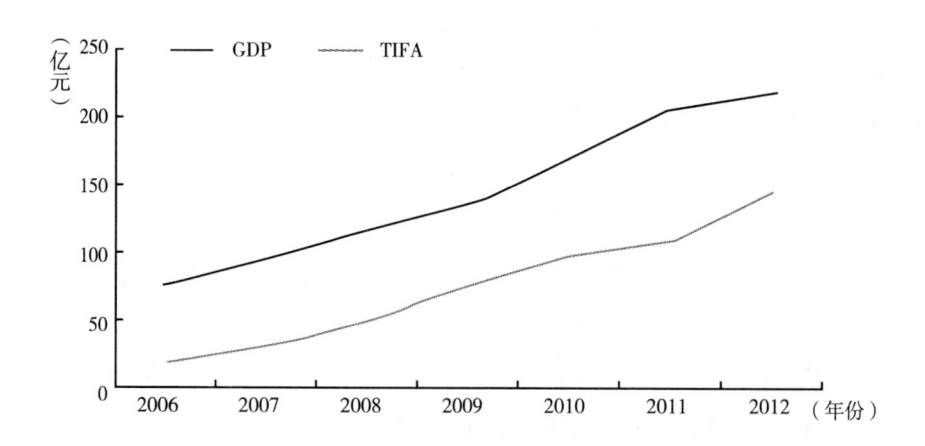

图3 2006~2012年GDP与固定资产投资总额之间的对比趋势

土地供应方面,2006~2012年华容县土地供给总量为284.79公顷。经检验,我们发现年土地供应面积和经济增长的线性相关性并不显著。经济发达地区的土地供应对经济发展的贡献率基本都在10%以上,所以土地供应对于经济发展的作用是不能被低估的。电力供应方面，可以看到电力供应增加与经济增长的关系十分密切。2006~2012年全县用电总量为26.4亿千瓦时，年平均增长率为11.56%，电力增长对GDP的贡献率为0.67%。

二 进一步推进全面小康社会建设的总体思路

下一步，华容县推进全面小康社会建设的总体思路是：以深化改革为动力，以开展党的群众路线教育实践活动为主线，以深入实施"三三六"工程（即精心打造三块品牌：打造全国文明卫生县城建设升级版、国家现代农业示范区建设升级版、中国棉纺织名城建设及新型工业化发展升级版。全力推进三大行动：打好沿江开发攻坚战、第三产业发展攻坚战、农村环境整治攻坚战。努力建设六项工程：解放思想工程再提升、优化环境工程再提升、民生改善工程再提升、基础建设工程再提升、稳定和谐工程再提升、党的建设工程再提升）为抓手，确保实现全面建成小康社会目标。

（一）定路径

一是实行乡镇分类指导。将全县20个乡镇以及田家湖生态新区管委会、工业园管委会分为"城镇化及工业化重点乡镇"和"农业现代化重点乡镇"。实行区域分类指导，分类完成工作任务。二是强化村场示范推动。按照数据好采集、群众有直观感受的原则，以达标率、覆盖率、满意率为标准，确定村场的21项考核指标。并由县小康办确定比例，采取乡镇自报的方式，明确一批村场示范推进小康建设。三是实施县级考核推动。把全面建成小康社会作为全县工作的总揽，将对县直单位和乡镇的考核归算为"全面建成小康"考评。

（二）盯指标

将相关指标特别是一些关键指标，分年度确定预期目标，并落实推进到责任单位。

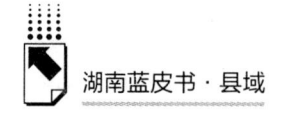

（三）补短板

重点补经济发展的"短板"，特别是财政收入、城镇化率等方面。

（四）项目化

将项目管理的理念方式全面融入小康社会建设工作中。将小康各项省考评指标和重点工作，全部落实到项目，实行项目化管理，让各个项目为全县的小康社会建设工作整体添亮点、做贡献，确保考核有据、推进有序有力有效。

三 推进全面小康社会建设的对策和建议

如期实现全面建成小康社会的目标，归根结底要靠一个地方经济和社会的综合实力。为此，地方党委政府要充分利用剩下的四年多的时间，加快发展，提高县域经济社会综合实力。

（一）优化经济结构，加快发展步伐

坚持"产业立县"，推进农业现代化、工业园区化、第三产业集群化，合力打造优质发展平台。注重发展优质高效农业，稳步推进农民流转土地，让大部分农民从土地中脱离出来从事第二产业和服务业，改变以往分散、低效的种植方式，将土地向种植业大户集中，形成规模效应，提高农业生产效率；大力发展新型工业，加强城乡居民就业技能培训，增加就业机会，确保充分就业。注重发展现代服务业，积极有序引导农民进城、进镇实行集中居住，形成集聚效应，为发展城镇服务业创造条件，使广大农民成为发展服务业的主体。

（二）统筹城乡发展，提高城镇化水平

全力推进"城市现代化、农村城镇化、城乡一体化"进程。中心城镇要以产业为拉动，扩大城市规模，拓展发展空间。以城市化标准规划、建设和管理城镇，打造个性鲜明、整洁优美、辐射带动力强、城市与农村连接的重要节

点。以创建"国家园林城市"为目标，进一步优化城市和人居环境。按照"工业化致富农民、城市化带动农村、产业化提升农业"的思路，以全面小康村建设为抓手，以致富农民为目标，加快农村三次产业的协调发展。坚持全面规划，循序渐进，以点带面，稳步推进农民集中居住区规划建设，改善农民生活条件。

（三）加快基础建设，着力改善民生

基础建设是全面小康社会的基础性工程。基础设施不改善，群众生活就不可能改善，全面小康也就无从谈起。一是要加快交通建设步伐。积极推进农村公路升级改造以及铁路、港口等重大交通项目前期工作，打造全县以县城为中心的半小时交通圈。二是要加大农田水利建设力度。重点实施小农水改造三年攻坚行动，提高农业保安保收能力。三是要加快推进重大能源项目建设。积极对接，认真做好小墨山核电、神华国华火电、桃花山风电等重大能源项目各项服务工作，解决电力短缺的问题。四是要加快县教科苑和教育现代化建设。积极推进素质教育，大力发展职业技术教育，构建与经济社会发展水平相适应的优质教育体系。五是要加大大众文化娱乐设施建设力度。扎实推进文明社区、文明村镇、文明单位、小康达标村（镇）创建工作，积极开展内容丰富多样、群众喜闻乐见的文化活动。完善农村文化设施网络，推进企业文化建设，提高民众的文化生活水平。在全社会广泛开展以"建设全面小康社会"为主要内容的全民宣传教育活动，尽快提高建设全面小康工作的社会知晓度，在全社会形成合力，共同推进华容县全面小康建设进程。

（四）调整分配结构，增加居民收入

调整收入分配机制，增强转移支付力度，提高国民产出中城乡居民的收入比重；大力发展民营经济，创新职业培训机制，提高市民就业技能和就业层次；切实保障劳动者的各项正当权益，开拓市民资产性收入的渠道，完善扶贫济困机制，加大对城乡生活困难群体的帮扶，不断完善社会保障体系。

（五）鼓励技术创新，增强市场竞争力

在招商引资的过程中，优惠政策应该适当向科研机构倾斜，力争在2017年之前能够有国内外知名高科技企业落户华容县。同时，要制定相关资金奖励政策，鼓励扶持现有企业建立研发机构，加大科研投入。

附表1

华容县2012年全面小康实现程度评估

类别	序号	指标名称		单位	目标值	权重	数据来源	2012年实际值	标准值（％）	得分	大类得分
经济发展(45分)	1	人均地区生产总值（按2000年不变价）		元	≥34000	5	统计局	21541	63.30	3.17	25.9
	2	人均财政总收入		元	≥3300	7	财政局	843	25.50	1.8	
	3	税收占财政总收入的比重		％	≥80	8	财政局	71.70	89.60	7.2	
	4	经济结构指数	第二、第三产业增加值占GDP比重	％	≥90	10	统计局	77.90	86.60	4.3	
			高新技术产业增加值占GDP比值	％	≥20			6.30	31.50	1.60	
	5	城镇化率		％	≥60	4	住建局	44.10	73.50	2.94	
	6	园区规模工业增加值占规模工业增加值比重		％	≥70	4	统计局	41.50	59.30	2.40	
	7	金融机构各项贷款增长率		％	≥100	4	人民银行	13.40	13.40	0.54	
	8	规模以上企业农产品加工产值与农业产值比		％	≥250	3	工信局	163	65.20	1.95	
人民生活(19分)	9	居民收入水平	城镇居民人均可支配收入	元	≥35000	7	统计局	21501	61.40	2.10	12.87
			农村居民人均纯收入	元	≥16000			10365	64.80	2.3	
	10	人均住房使用面积		平方米	≥30	2	统计局	35.60	100	2	
	11	人均储蓄存款		元	≥28000	3	金融办	11270	40.30	1.2	
	12	居民文教娱乐服务消费支出占消费总支出比重		％	≥16	3	统计局	11.70	73.10	2.2	
	13	农村居民安全饮水比率		％	=100	2	水利局	66	66.0	1.32	
	14	行政村客运班线通达率		％	≥95	2	交通局	83	87.40	1.75	

续表

类别	序号	指标名称		单位	目标值	权重	数据来源	2012年实际值	标准值（%）	得分	大类得分
社会发展（15分）	15	社会保障发展水平	基本医疗保险覆盖率	%	≥90	4	人社局	90.30	100	2	10.05
			基本养老服务补贴覆盖率	%	≥50			96	100	2	
	16	教育发展水平	高中阶段毛入学率	%	≥90	4	教育局	95	100	2	
			平均受教育年限	年	≥10.5			9.76	93	1.9	
	17	医疗卫生水平	每千人拥有床位数	张	≥4	4	卫生局	2.10	52.50	1.05	
			5岁以下儿童死亡率	‰	≤12			10	100	2	
	18	文化发展水平	人均拥有公共文化体育设施面积	平方米	≥2	3	文体广新局	0.60	30.0	0.90	
民主法治（11分）	19	城乡居民依法自治	城镇居委会依法自治达标率	%	≥90	4	民政局	100	100	2	10
			农村村委会依法自治达标率	%	≥95			100	100	2	
	20	社会安全指数		%	=100	7	公安局	85.80	85.80	6	
生态文明（10分）	21	单位GDP能耗		吨标煤/万元	≤0.8	4	统计局	0.85	94.10	3.80	9.23
	22	环境质量指数	城镇污水处理率	%	≥70	5	住建局	56	80	1	
			空气质量达标率	%	≥95		环保局	90	94.70	1.25	
			地表水质达标率	%	=100		环保局	95	95.00	1.25	
			农村垃圾集中处理率	%	≥95		住建局	68	71	0.93	
	23	绿化水平	森林资源蓄积量增长率	%	≥3	1	林业局	8.64	100	0.50	
			城镇建成区绿化覆盖率	%	≥26		住建局	35	100	0.50	
总计										68.05	

注：数据来源于县统计局和相关部门。

B.10
推进二次创业　建设滨湖强县

——汉寿县全面建设小康社会进展、问题与对策研究

胡果雄*

确保到2020年全面建成小康社会，是党的十八大提出的具体工作要求和近期奋斗目标，也是我们当前和今后一个时期经济社会发展的总目标和全部工作的总任务。2013年，中共湖南省委十届七次全会，做出了"加强分类指导，加快建设全面小康"的决定，为在中部地区"率先实现全面小康的目标"绘出了路线图，排出了时间表。作为"全面小康建成考核监测的二类县"的汉寿，到底离全面小康有多远，怎样才能跟上省委、省政府的统一部署？我们将结合有关数据，从以下三个层面加以分析。

一　汉寿全面小康的建设成效

汉寿地处洞庭湖西滨，沅澧水尾闾，现有户籍总人口80.99万人，其中城镇户籍人口14.04万人，农村户籍人口66.95万人，是一个典型的湖区农业大县。近年来，汉寿坚持以建成全面小康为统揽，大力实施"工业强县、城镇兴县、旅游活县、幸福汉寿"战略，经济社会呈现出平稳较快发展的良好态势，为建成全面小康奠定了坚实基础。具体表现在以下几个方面。

---

* 胡果雄，湖南省发改委国家投资评审中心党委委员、纪委书记，现挂职任汉寿县委常委、县人民政府副县长。

（一）从小康监测的五个大类来看，总体实现程度达到了70.7%

表1　2013年汉寿县全面小康建设评价结果

单位：分，%

项目	权重	得分	实现程度
经济发展	45	26.8	56.1
人民生活	20	13.4	63.0
社会发展	15	10.8	72.0
民主法治	10	10	100.0
生态文明	10	9.7	97.0
合计	100	70.7	70.7

数据来源：2013年《湖南省统计年鉴》。

（二）从小康监测的23项主要指标来看，实现程度在70%以上的指标有15项

表2　2013年汉寿县全面建设小康主要指标

项目	目标值	现有值	实现程度(%)
税收占财政收入比重(%)	>80	84.99	100
基本医疗保险覆盖率(%)	>90	99.44	100
基本养老服务补贴发概率(%)	>50	100	100
每千人拥有病床位(个)	3.85	4	96.25
5岁以下儿童死亡率(‰)	<12	7.34	100
行政村客运班车通达率(%)	>95	92.1	96.94
人均住房使用面积(平方米)	>30	50.3	100
绿化覆盖率(%)	>26	24.6	94.61
污水处理率(%)	>70	87.38	100
空气质量达标率(%)	>95	83.33	87.36
地表水质达标率(%)	100	100	100
农村生活垃圾集中处理率(%)	>95	74.95	78.89
亿元GDP能耗(吨)	<0.8	0.675	100
居委会自治率(%)	>90	91.5	100
村委会自治率(%)	>95	95.96	100

数据来源：2013年《湖南省统计年鉴》。

（三）从实现全面小康的前景来看，汉寿后发优势突出

一是经济发展态势比较好。近年来，汉寿围绕实施"工业强县、城镇兴县、旅游活县、幸福汉寿"战略，大力推进"二次创业"，地区生产总值由2008年的79.94亿元增加到2013年的180.8亿元，增速分别为13.2%、12.3%、13.4%、13.1%、12.3%、11%，年均增速达到了12.5%。其间虽然经历了2008年的金融危机，甚或是受到2013年经济下行压力加大的影响，但是汉寿经济增速没有出现大的起落，GDP、财政收入、固定资产投资、工业增加值、城乡居民收入等主要经济指标的增速稳居全市第一方阵，呈现出后发赶超的态势。二是经济发展的支撑比较强。近年来，汉寿坚持以新型工业化为主导，着力强化县域发展的产业支撑，形成了以中联重科、康普药业、广源麻业为龙头的装备制造、生物医药、棉麻纺织等产业集群，工业对经济的拉动力逐渐增强。2008年，汉寿县规模工业增加值仅为9.06亿元，而2013年达到了39.6亿元，6年增加了3.37倍，带动第二产业在三次产业中的比重由2008年的28.8%增加到了2013年的34.6%，平均一年提升一个百分点。同时，在新型工业化的带动下，新型城镇化也迈出了坚实的步伐。城镇化水平由2008年的28%攀升至2013年的40.12%，县城面积由7平方千米扩大到了近14平方千米，集中了全县65%的经济总量、80%的商贸企业和79.3%的消费，县域经济的产业承载能力迅速提升。三是经济发展的机遇比较有利。从发展的历史机遇来看，十八届三中全会以及2014年中央经济工作会的一系列政策，对汉寿有众多利好。比如，国家新出台了粮食安全保障政策，汉寿作为全国粮食生产先进县，可借力相关政策，加强农业基础设施建设，推进农业科技进步；国家积极、稳妥、扎实推进城镇化的政策，启动了"长江中游经济带"和"长江中游城市群"这"一带一群"的建设，加之李克强总理在2014年的《政府工作报告》中提出要解决"3个1亿人"的问题，汉寿作为"一带一群"的重要节点，又是全省城乡统筹试点县和国务院确定的中联重科工业化带动城镇化的试点区，可凭此向上争取更多的项目和资金，做活新型工业化和新型城镇化互动发展的文章。此外，环洞庭湖经济圈有望提升为国家发展战略，市委、市政府在沅澧交通干线建设上的大手笔、大举措，都将给汉寿发展带来新机遇。

二 汉寿建设全面小康的难点分析

和其他兄弟县市一样,汉寿在建设全面小康后阶段面临国家产业结构调整等政策因素的影响,面临资金、土地、人才、环境容量等生产要素的制约,同时还有其他先进兄弟县市所没有的压力,即部分指标与全面小康差距过大的压力。具体来看,主要有以下几个方面。

一是总量不大,结构欠优。2013年,全县生产总值180.8亿元,人均GDP为2.2万元,只达到目标值3.4万元的64.7%;第二、第三产业增加值占GDP的比重为76.7%,比目标值90%低13.3个百分点;高新技术产业增加值13.56亿元,占GDP的比重为7.5%,比目标值20%低12.5个百分点。

二是聚集不强,带动乏力。县城区和农村集镇建成区不大,聚集的人口不多。2013年城镇常住人口24.54万人,城镇化率为32.3%,比目标值60%低27.7个百分点;按城乡划分口径,城镇化率也只有40.12%。

三是加工不精,效益弱化。特别是农产品加工企业规模小、综合利用水平较低,产品多数为原字号、初加工。2013年汉寿县规模以上农产品加工企业46家,占全部规模企业总数的42.3%,但是农产品加工总产值仅50亿元,仅占农业总产值的83.7%,只有目标值250%的1/3。

四是财政不富,收入偏低。2013年亿元GDP产生的财政总收入为395.5万元,远低于全省1323万元、全市729万元的平均水平,2013年人均财政收入才870元,只有目标值3300元的26.4%。同时,城镇居民人均可支配收入22000元,只有目标值35000元的62.9%;农民人均纯收入9400元,只有目标值16000元的58.8%。

五是设施不足,观念难转。全县拥有的公共文化设施建筑面积12.72万米,公共体育设施建筑面积40.5万平方米,两项合计人均拥有建筑面积0.71平方米,比目标值2平方米少1.29平方米。居民精神消费观念仍需转变。由于居民对预期收入信心不足,消费支出首先考虑的是物质消费,精神消费摆在其次,消费观念转变慢,恐怕一时难以解决。2012年城镇居民人均文教娱乐服务支出1359元,占生活消费支出的比重为10.8%,农村居民人均文教娱乐服务支出667元，占生活消费支出的比重为9.8%，城乡居民人均文教娱乐服务支出占生活消费支出的比重为10.3%，比目标值16%低5.7个百分点。平均受教育年限为9.3年，比目标值10.5年低1.2年。高中阶段在校学生15888人，高中阶段毛入学率（即高中阶段在校学生占15~17周岁人口的比例）为51.5%，比目标值90%以上低38.5个百分点，说明从初二、初三年级起，有很多青少年因各种原因放弃学业，过早走入社会。

另外，农村安全饮水离目标值相差较远。全县常住人口中，除龙阳镇常住人口外，还有63.31万人的农村常住人口，其中已解决安全饮水问题25万人，农村安全饮水的比率为39.5%，比目标值100%低60.5个百分点。

三 汉寿建设全面小康的路径选择

综合上述分析，要实现2020年以前建成全面小康的艰巨任务，首要的任务是发扬优势，拉长"短板"。基于这个理念，2013年汉寿明确提出今后一段时间，要围绕实施"工业强县、城镇兴县、旅游活县、幸福汉寿"战略，以改革创新为引领，以建设全面小康社会为统揽，全面推进二次创业，努力推动县域经济跨越式发展，向环洞庭湖区域经济强县的目标迈进，奋力谱写"中国梦"的汉寿篇章。

（一）谱写这个篇章，新型工业是最强的支撑

"工业强则经济强，工业兴则县域兴"。汉寿经济总量不大、结构不优、财政不富、加工不强等问题，都源于工业偏弱，拉动力不强。因此，我们将坚持"工业强县"战略不动摇，始终把新型工业化作为建设全面小康的第一推动力，重点实施"五个百亿工程"，即"十二五"期间实现百亿总量，GDP总量超过200亿元；建成百亿园区，汉寿高新区工业产值达到200亿元；形成百亿产业，装备制造业产值超过100亿元；持续百亿投资，固定资产投资每年不低于100亿元；培育百亿企业，中联重科工业总产值超过100亿元，推动汉寿由传统农业大县向新型工业强县转变。

一是开展园区攻坚。汉寿工业的大发展，关键在园区。我们将按照"两

园齐飞"(提升高新园区、振兴蒋家嘴工业园区)的要求,一手抓高新区的改革攻坚,一手抓蒋家嘴工业小区的提质扩容。在高新区的改革攻坚上,我们将在2014年完成高新区"一权两制一司"改革,赋予高新区同级政府经济社会管理权限,组建独立开发经营的投融资公司,激发高新区发展活力,强化高新区发展支撑,力争高新区每年完成基础建设投入4亿元以上,完善园区标准厂房、道路、电力、供水、燃气、绿化、亮化等配套设施,提升高新区的吸纳和承载能力,吸引项目落户,促进总部经济转移,实现高新区四年之内"四个翻番"的目标,即高新区在2017年底实现规模工业产值翻一番,突破200亿元;落户规模企业翻一番,突破100家;规模工业税收翻一番,突破4亿元;建成面积翻一番,突破10平方千米。在蒋家嘴工业小区的提质扩容上,我们将以整合项目资金、加大扶持力度为突破口,在2017年以前,初步建成千亩纺织工业园,打造成为国家级的棉麻纺织基地。

二是推动产业聚集。围绕发展壮大装备制造、生物医药、棉麻纺织、林木家装、鞋业箱包等优势产业,坚持引进存量和盘活增量并行并举,一手抓引进投资者,一手抓技改扩规,引进、培育一批带动力强的龙头骨干企业,努力形成以"龙头企业为引领、骨干企业为支撑"的集聚集群发展局面。重点是以中联重科为龙头,启动建设第二机械制造产业园和中小企业创业园,引进一批配套企业,做强百亿装备制造产业集群。同时,继续支持凯伦堡与瑞亚高科、广源麻业和北京新华联的深度合作,力争投资5亿元的亚麻基地落户,完善从基地生产到成衣制作的棉麻纺织产业链,打造汉寿县出口贸易的新兴增长极。到2017年,力争全县规模工业企业突破150家,规模工业增加值突破70亿元,达到小康标准。

三是优化联企服务。牢固树立尊重企业家、善待纳税人、回报投资者的理念,切实增强为企业服务的主动意识和超前意识。进一步完善和落实"企业宁静日""一费制"和县级领导联产业、联企业等制度,加强与企业联系,对企业存在的审批手续、融资、招工、周边环境等问题进行动态梳理,一企一策,限时解决。特别是在涉企审批上,2014年,我们将组建联审联批办公室,建立联席会议制度和实施办法,对重点项目和涉及两个以上部门的审批项目,实行联审联批、模拟审批,营造"零障碍、低成本、高效率"的服务环境。

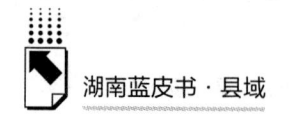

（二）谱写这个篇章，新型城镇是最好的载体

城镇化率低于省市平均水平，既是汉寿建设全面小康的差距所在，更是汉寿推动县域经济跨越式发展的潜力所在。我们将充分发挥汉寿青山绿水的生态优势，努力把汉寿打造成为具有浓郁江南水乡特色的滨湖生态城，力争2017年城镇化率达到50%。

一是坚持三城并重，推动龙太融城。汉寿地处常德－益阳中段，在地理位置上非常适合布局一个次中心城市，以此来承接这两个中心城市的辐射。2011年，汉寿本着这个思路，按照近期"20平方千米、20万人"，远期"30平方千米、30万人"的设想，聘请同济大学规划设计院完成了县城的新一轮规划修编。根据这个规划，汉寿将在龙阳镇－太子庙区域形成"一路（汉寿大道）贯通、三水（沧浪河、撇洪河、城北河）环绕、三城（龙阳老城、沧浪新城、工业新城）并重"的新型城镇化格局。为了充实这个格局，近年来，汉寿按照"规划引领，项目承载，分步实施，整体成型"的原则，坚定不移地实施"南进西拓，龙太融城"战略，陆续在沿线布局了中联重科工业园、沧浪新城、沧浪河城市风景区、清水湖高尔夫小镇、云台山文化森林公园、银河国际汽车城、龙珠园城市综合体等一大批项目，总投资超过了200亿元。目前，这些项目正在有序推进，特别是2013年汉寿大道全线通车，县城－太子庙的车程由原来的30分钟缩短为现在的10分钟，县城建成区面积由原来的7平方千米扩大到了现在的13平方千米，常住人口也实现了翻番。随着2014年清水湖高尔夫小镇的初步建成，加之龙太线城市公交车的开通，这片区域的发展将更加迅速，龙太融城的步伐将进一步加快。

二是坚持建管并举，开展五城同创。新型城镇化的核心是以人为本。由于历史及县级财力薄弱等多方面的原因，汉寿老城区"路不宽、水不畅、灯不明"等问题还比较突出。为扭转这一现象，还居民一个舒适的人居环境，汉寿从2013年起开始实施城市建设"三改四化"和城市管理"一改四化"工程，并同步启动了"省级文明县城、省级园林县城、省级生态宜居县城、省级交通模范县城、全国卫生县城"的创建。目前，以"路改、水改、棚改，绿化、美化、亮化、数字化"为主要内容的"三改四化"，已经完成了规划编制并具体到了项目，2014年将实施龙阳大道"白改黑"、县城污水处理厂扩建、城区供水管网改造、棚户区改造等一系列工程，累计投资将达4亿元。同时，以"改革现行城市管理体制，实现运营市场化、管理网格化、作业精细化、考核标准化"为主要内容的"一改四化"，已经明确了任务，正在逐步实施。比如运营市场化方面，汉寿2013年引进了专业公司，实现了对渣土车的规范化管理；作业精细化方面，汉寿借迎接省级卫生县城复检的契机，将城区各路段、各区域的卫生保洁、秩序维护等工作，都明确到了具体责任人。小康社会建设后期，汉寿将坚持"以创促管，以创促变"，着力扭转城市管理职责不清、职能交叉等问题，加快构建"分工细致、协作到位、管理标准、全民参与"的城管体系。

三是坚持城乡同治，建设美丽汉寿。把建设美丽乡村和创建完美社区作为美丽汉寿的"双轮"，坚持同步规划、同步部署、同步落实。在美丽乡村建设方面，将依托农村环境卫生综合整治这个载体，按照财政预算每村不低于2万元、整合涉农项目资金每年不低于8000万元的标准，分区域对乡村的路、水、电、沟渠机埠、环卫保洁、文化设施等实施成片整治，达到"生态宜居、生产高效、生活美好、人文和谐"的标准。在完美社区建设方面，2014年组建了领导班子和工作机构，小康社会建设后期将以抓调研、建机构、搭平台、强保障为重点，出台相关文件，强化完美社区创建经费保障，将社区运转保障经费提高到6.5万元，并同步启动龙太沿线龙阳镇部分区域的"撤镇建办"工作，以此来形成创建工作"有人管事、有人干事"的工作格局。

（三）谱写这个篇章，生态旅游是最新的活力

旅游是一项综合性强、关联度高、辐射面广、带动力强的经济文化产业。据测算，旅游业关联国民经济109个产业、行业和39个部门，旅游收入每增加1元，可给相关行业带来4.5元的增值效应，每增加1个就业岗位，可间接带动7个人就业；旅游投资增加1元，可带动其他行业投资5元，产生经济增长的乘数效应。汉寿旅游资源丰富，拥有一个清水湖国家4A级景区，一个西洞庭湖国家3A级景区，还有鹿溪省级森林公园。2013年，以"西洞庭湖、清水湖、江东湖和鹿溪"为主体的"三湖一溪"，累计接待游客262万人，带动

社会消费品零售总额增长了6.5个百分点,被授予"省级旅游强县"称号。因此,汉寿将积极抢抓国家扩大内需的机遇,打造环洞庭湖生态经济圈,依托汉寿独特的水观景色和悠久的历史文化资源,全力打造"四个特色精品",形成以"湿地观光为特色、亲水体验为主题、沧浪文化为底蕴"的汉寿旅游品牌,推动旅游业转型升级,为县域经济社会又快又好发展助添活力。

一是打造湿地观光旅游精品。西洞庭湖湿地是全球200个重点生态区之一,总面积3.0044万公顷,年创造生态价值约4.2亿美元,2005年住建部依据这一特点授予汉寿"国家城市森林公园"称号,2013年12月被国务院确定为国家级湿地保护区。小康社会建设后期,汉寿将依托这一天赋神奇,着力引进战略投资,通过打造岩汪湖旅游特色镇,提升杨幺水寨、湿地风情园等景点,推动西洞庭湖湿地公园跻身4A级景区,打造水景观和水文化相得益彰的"候鸟天堂、梦里水乡"。

二是打造高端休闲旅游精品。汉寿清水湖、九岭山与319国道、长常高速、石长铁路毗邻,东接长株潭游客,西承张家界辐射,是长张旅游黄金线上的重要节点,特别是清水湖的休闲和九岭山的汽车越野在省内外已经形成了品牌。汉寿立足这一优势,于2013年启动建设了累计投资超过30亿元的清水湖高尔夫小镇和九岭汽车越野赛场项目,力争通过3~5年的建设,把清水湖建成集会议发展、休闲娱乐、生态观光、拓展训练于一体的国家5A级景区,把九岭赛车场打造成中南地区规模最大的园林式赛车场,打响"浪漫清水湖、越野九岭山"的品牌。

三是打造康体保健旅游精品。在汉寿的"三湖一溪"旅游格局中,江东湖群山环抱,水清鱼靓;鹿溪传说为杨贵妃晚年隐居之所,至今尚存天宝古庵。在这两个景点周围绵延着4万亩的原始次生林,空气中负离子含量极高,是天然氧吧。2012年,汉寿引进了累计投资达52亿元的鹿溪山水红豆园、江东湖航天员疗养中心两个大项目,对这里实施整体开发。目前,两个项目都在做前期策划,鹿溪申报国家级森林公园的工作也在有序进行。随着项目的扎实推进,这块区域将形成"吸氧去鹿溪,疗养到江东"的集聚效应。

四是打造历史人文旅游精品。汉寿是楚文化的发源地。2000多年来,诗仙李白、诗圣杜甫、名将杨幺、"党内楷模、女中豪杰"帅孟奇等仁人志士都在这里留下了他们奋斗成长的足迹,被誉为"中华诗词之乡",文化底蕴深厚。目前,汉寿正在积极运作屈原公园、湿地纪念馆等文化项目,并启动建设了沧浪河城市风景区,着力建设"田园特色鲜明、江南风情浓郁、亲水景观宜人"的"古风汉寿、诗意龙阳"。

(四)谱写这个篇章,农业农村是最大的战场

汉寿作为全国重要的粮、棉、油、水产、蔬菜生产基地,发展现代农业不仅是促农增收的现实需要,更是实现全面小康的必经之路。为此,汉寿将定位于长株潭、长三角、珠三角的绿色、无公害、有机农产品供应基地,着力发展现代农业。

一是推进生产标准化。以建设现代农业示范区为载体,坚持标准化生产"六统一"(统一品种、统一投入品、统一技术规范、统一品牌、统一包装、统一销售),加快粮食、蔬菜、水产、油茶、花卉苗木、生猪等产业的提质升级。要大力发展农民专业合作社组织,着力规范产业协会、专业合作社的章程,形成"政府主导标准制定,协会引领标准实施,章程约束标准执行"的局面。同时,要加快设施农业建设,加强对农口资金的整合利用,鼓励和引导社会资金投入到设施农业建设中,积极争取世界银行的5000万元蔬菜产业发展扶持资金,集中力量打造10个设施农业示范点,以点带面提升全县农业基础设施的保障水平。

二是推进营销产业化。积极引进、培育、壮大一批农产品加工的龙头企业,围绕培育龙头企业和争创农业品牌这两个重点,做精做深粮、棉、麻、油、林木、畜牧水产品、珍珠、果蔬的加工转化,力争农产品加工转化率在"十三五"末达到68%以上。尤其是依托"汉寿甲鱼""汉寿玉臂藕"等国家地理标志保护产品的品牌效应,加快推进甲鱼城、甲鱼交易市场等项目。同时,加快引进泰森食品、省粮食集团的农产品深加工等项目,加快形成"品牌+公司+基地"的产供销一体化模式,让农产品加工成为联系农业、工业和现代服务业的纽带,促进三次产业融合发展。

三是推进就地城镇化。建设聚居点规模适度、产业支撑有力、农民持续增收、基础设施和公共服务配套完善的新农村是实现农民"既不离土也不离乡"

城镇化的重要途径。就地城镇化就是要建设一批美丽乡村，一方面要继续在政策和资金上扶持小城镇建设，建设一批辐射能力强、带动作用大的中心城镇；另一方面要按照"三改四化"的要求，同步实施产能提升、生态保护、镇村同治、农民培训、农村能源等美丽乡村建设五大工程，进一步改善农村居住环境，形成美丽乡村建设与新型城镇化优势互补的发展态势。

（五）谱写这个篇章，民生幸福是最终的目标

始终坚持把"发展依靠人民、发展为了人民、发展成果人民共享"作为一切工作的出发点和落脚点，积极改善民生、落实民权、保障民利，加快建设"幸福汉寿"。

一是构建和谐安民的社会。加强和创新社会综合治理，推进社区网格化管理，完善群防群治网络，进一步加大对黄赌毒枪等违法犯罪行为的打击力度，加大安全隐患排查力度，加大食品药品安全监督力度，增强人民群众的安全感，努力打造平安汉寿；坚持依法行政、依法决策、依法办事，逐步建成一批法治村镇和法治社区，实现法治建设由点向面扩展，营造人人自觉守法用法的社会环境，努力打造法治汉寿；加强和改进信访工作，加强县长信箱、县长热线和市民网上诉求快速处理机制建设，拓宽群众诉求渠道，用好"群众工作组"这一活动载体，积极听民声、解民难，不断提高群众的满意度，努力打造和谐汉寿。

二是改善民生惠民。着眼于"劳有所得"，完善城乡就业服务体系，深入开展"就近务工，建设家园"等主题活动，年内新增城镇就业4500人、失业再就业2500人；着眼于"学有所教"，不断改善办学条件，五年投入5000万元改造一批农村义务教育薄弱学校；着眼于"病有所医"，完善基层医疗卫生服务体系，打造"15分钟健康服务圈"；着眼于"住有所居"，全面推进保障性安居工程建设，五年新建廉租房700套、公租房5000套，现推行城市棚户区、农村危房全面改造；着眼于"老有所养"，健全社会养老保障机制，确保"新农保"和城市居民养老保险全覆盖，城乡低保实现"应保尽保"。

三是优化服务便民。深化政府职能转变，打造服务型政府，紧紧围绕"便民、规范、高效"服务理念，加强政务服务平台建设，实行一个窗口对外、一站式办结、一条龙服务、一次性收费等服务模式，为群众提供便捷服务；大力推行阳光政务，公开工作人员的身份、岗位职责，公开办事内容、程序、时限，为群众提供阳光服务；进一步精简审批项目，扩大网上审批和联合审批，建立重大项目审批绿色通道，落实首问负责、限时办结、联合审批等制度，加快电子政务建设，为群众提供高效服务。

B.11
桃源县全面建设小康社会进展、问题和对策研究

龚德汉[*]

中共第十八次全国代表大会正式吹响了全面建成小康社会的进军号角。按照中央精神，湖南省委将全省122个县（市、区）分为三类，桃源县被归为二类地区，明确要求2017年之前全面建成小康社会。为全景展示桃源县全面建成小康社会的美好蓝图，现结合省市建设任务要求，对桃源县全面建成小康社会的情况进行分析和总结，查摆主客观问题，提出相关对策建议。

一 建设成效

2013年，桃源县紧跟中央、省市全面建成小康社会的部署和要求，工作推进有力，建设效果明显，全面建成小康社会总实现程度提升至70.9%，较2012年提高了7.4个百分点，为率先建成全面小康社会奠定了坚实基础。

（一）经济实力再上新台阶

全县完成地区生产总值225.5亿元，同比增长11%；实现财政总收入12.7亿元，其中公共财政预算收入8.5亿元，同比增长分别为15.7%、19.2%，综合实力显著增强，经济发展类全面小康实现程度为59.2%。工业发展迅速。新增规模企业12家，建成标准化厂房11万平方米，规模工业总产值和税收分别达210亿元、4.3亿元，同比增长26.2%、10.3%。农业不断提

---

[*] 龚德汉，中共桃源县委书记。

质。新增"三品一标"认证18个、农民专业合作社54个、市级龙头企业4家、著名（知名）商标9个、名牌产品4个。第三产业实现突破。成立首家小额贷款有限公司，实现旅游综合收入14亿元，社会消费品零售总额突破百亿元大关。

（二）人民生活有了新提高

城镇居民人均可支配收入达到19816元，农民人均纯收入达到9192元，同比分别增长9.6%、11.8%，城乡居民生活水平稳步提升，人民生活类全面小康实现程度达73.8%。加快扶贫步伐。启动了新一轮扶贫攻坚计划，安排后盾单位、规模企业共136个，总投入达到8300万元，扶助贫困村50个，2.4万人基本实现脱贫。促进群众就业。全面落实就业创业扶持政策，新增城镇就业、农村劳动力转移就业2.5万人，帮助4571名失业人员实现再就业，零就业家庭动态就业援助率达100%。

（三）社会发展开创新局面

教育、医疗、社保、文化等社会事业协调发展，社会发展类全面小康实现程度上升至80%。实施科教先导工程。建成合格学校12所、幼儿园19所，新增城区学位2600个。实施健康关爱工程。切实提高基本医疗保障水平，新农合实际补偿率达65%，荣获"全国计划生育优质服务先进县"称号。实施社保扩面工程。五类社会保险新增参保9085人次，企业退休人员基本养老金、城乡低保补助水平、农村五保供养标准得到提升。实施文化惠民工程。继续推进农村广播"村村响"、广播电视"村村通"等项目建设，九溪乡被评为"第五届全国服务农民服务基层文化建设先进集体"。

（四）民主法治频现新亮点

法治制度不断健全，治安状况日趋好转，城乡居民依法自治达标率均在90%以上，社会安全指数达100%，民主法治类全面小康实现程度高达100%。推进"法治桃源"建设。注重提升基层民主法治水平，先后在4个乡镇开展了村务公开和民主管理示范工作，探索推进民主管理工作。推进"平安桃源"创建。加强社会治安综合治理，全县刑事案件同比下降17.6%。其中八类恶

性案件下降10.7%，"两抢"案件下降28%，盗窃案件下降9.2%，命案实现了全破，切实增强人民群众的安全感。

（五）生态建设掀起新高潮

生态环境日趋改善、生活质量不断提高，森林覆盖率达61.02%，空气质量、地表水质达标率均为100%，生态文明类全面小康实现程度为71.7%。加快生态创建步伐。全县共创建国家级生态乡镇4个、省级生态乡镇28个、国家级生态村2个、省级生态村44个、市级生态村67个，为争创省级生态县、国家级生态县奠定基础。加大污染整治力度。投入环境整治专项资金4100万元，实施了以农村环境卫生、农村水源保护和养殖污染治理为重点的整治行动。加强节能减排工作。先后完成了创元电厂、科辉墙材、万福生科等规模企业节能减排技改，完成了县城区燃煤小锅炉综合整治。

二 主要做法

按照湖南省委"三量齐升"工作要求，桃源县坚持以改进工作作风、密切联系群众、践行"百千万"工程为总揽，主攻小康建设，狠抓工作落实。

（一）强化三个保障，完善工作机制

坚持把全面建成小康社会作为中心工作、一号工程来抓，重点研究、重点部署、重点考核，全面促进小康建设工作的深入推进。一是强化组织保障。以结构合理、决策高效的领导班子为核心保障，成立了由县委书记任组长、县长任第一副组长、县委副书记任常务副组长、"四大家"相关领导任副组长、县直有关部门主要负责人为成员的全面建成小康社会工作领导小组。特别是在全面小康建设具体任务的落实上，建立了"专题任务，专项班子，专门方案"的灵活工作机制。二是强化机构保障。按照整体推进、协同建设的任务要求，桃源县及时抽调工作人员充实了全面建成小康社会工作领导小组办公室，并下设综合、考评监测、督查联络等三个组，强化工作指导。各成员单位也明确了1名班子成员任专门联络员，建立了上下互动、部门联动的多层次、立体化全

面小康建设工作体系。三是强化制度保障。坚持以制度为指引，严格按制度办事情。先后制定了《关于加快全面建成小康社会的若干意见》《全面小康领导小组及办公室工作规则》。同时，对照监测指标体系，将指标监测考评任务逐项分解到相应责任部门，各部门也出台了相应工作方案，进一步明确工作职责和工作任务。

（二）围绕三个结合，狠抓工作落实

紧扣作风建设主题，坚持把解决"四风"问题与全面建成小康社会任务紧密结合起来，切实改进工作作风，全面带动县域发展。一是结合作风建设"百千万"工程。通过县级领导领办百件实事，较好地解决了一批发展难点问题、民生热点问题和社会焦点问题；通过机关单位优化千项服务，优化了公共服务、杜绝了随意执法、提升了社会民主法治水平；通过县乡干部帮联万名群众，扎扎实实听民声、解民难、助民富、聚民心，真真切切给予群众最现实最直接的帮助，全面带动小康社会建设的各项工作。二是结合基层党建"书记工程"。围绕"抓党建、活队伍、促发展、建小康"的目标，继续实行了"述职述党建、评议评党建、考核考党建、任用干部看党建"的基层党建"书记工程"，对实事项目、中心工作实行"一旬一调度、一月一通报、一季一讲评、半年一小结、年终结总账"；对12类重点工作进行专项考核，实行以奖代投，营造了干事创业、共建小康的浓厚氛围。三是结合"廉洁桃源"建设任务。坚持标本兼治、综合治理、惩防并举、注重预防，大力推进惩治和预防腐败体系建设，着力解决人民群众反映强烈的突出问题，提高反腐倡廉建设科学水平，进一步规范权力运行，促进干部清正、政府清廉、政治清明、社会清新，为全面建成小康社会筑牢坚实的政治基础。

（三）明确三个重点，突出工作成效

全面建成小康社会涉及面广，内容丰富。在实际工作中，桃源县坚持循序渐进、稳步推进，突出抓好了三个方面的工作。一是抓好项目建设。坚持以项目建设牵引发展、促进小康。桃源县按照"一个项目、一名领导、一个班子、一套方案、一抓到底"的原则，将年度内的159个重点实事项目特别是70个

市县重点项目以县委1号文件的形式,明确了具体县级领导、具体责任单位、具体责任人,形成了齐抓共建的工作机制。全年159个实事项目基本实现预期,44个市级重点工程超额完成年度投资计划。二是抓好城镇建设。坚持以城镇化拉动县域经济发展、带动全面小康建设。年度城建综合投入16亿元,推进了文化体育中心、五星级酒店、中区路网、外滩公园、亲水平台等地标工程建设,完成了城区路灯和6条主干道综合改造,启动了中区路网建设以及南区综合开发。各乡镇也实施了1个以上的城建工程,重点推进了镇墟场公路、公厕、广场等公共配套建设,以及污水处理、垃圾处理等环保设施建设。三是抓好民生建设。始终把保障和改善民生作为全面建设小康社会的重要内容。加大民生投入,全年民生支出达到24.4亿元,占财政总支出的75.3%,着力抓好以城镇低保、全民社保、城乡环保和就业、就学、就医为重点的"三保三就"社会事业。同时,以重点扶贫村为对象,以增加贫困群众收入为核心,以完善基础设施建设为重点,启动了首批50个村的扶贫开发,实现共同富裕、齐步小康。

三 相关问题

从2013年全面小康5大类指标的实现程度来看,民主法治指标已经达标,社会发展、人民生活、生态文明3类指标实现程度较高,接近目标值,但经济发展指标仍然差距较大。主要问题体现在以下几方面。

(一)经济结构不优

经过近年来的不断发展,桃源县结合自身条件,初步形成了以铝材、纺织、食品与油脂加工、牧业、机械制造为主的工业体系,但由于缺乏资金、技术投入,未能打造出一批具有明显区域特色的大企业、大基地,产业链条不完整,对经济发展的拉动力不足。目前,桃源农业大县的基本县情没有变,第一产业占GDP比重达28.9%,为常德市最高,第二、第三产业增加值比重平均每年至少要提高3.8个百分点才能达到目标值,转方式、调结构的压力较大。

（二）建设投入不足

桃源县85%的人口是农民，85%的地域是农村，且大部分县域接壤地带属山区贫困地区，基础条件较差。尽管2012年桃源县被纳入省级扶贫实施规划，但作为湖南省连片特困地区之一，桃源县经济社会发展没能得到国家在财政、税收、金融、投资、产业、土地、定点帮扶、生态补偿等方面的重点支持，加强山区基础设施建设、改善群众生产生活条件任务重、难度大。加上城镇化建设起步较晚等原因，桃源县城镇化水平比较低。目前，城镇化率要实现60%的小康指标，每年至少要提升6.18个百分点，在上级扶植政策缺位的情况下，这几乎是不可能完成的任务。

（三）发展水平不高

尽管2013年桃源县地区生产总值、公共财政预算收入实现了新的突破，分别达到220亿元、12.7亿元，总量均位居全市前列。但由于桃源县总人口数将近百万，分母庞大，人均均量大幅缩水。据监测显示，2013年桃源县城乡居民人均收入、人均储蓄均不到全面小康目标值的60%；人均地区生产总值、人均财政总收入均不到目标值的50%。要在2017年全面建成小康社会，实现共同富裕、整体发展，任务还十分艰巨。

四　总体思路和工作措施

今后一段时期，桃源县将紧跟中央、省市全面建设小康社会部署要求，按照"四个一"的发展思路："坚持一个总纲"，即把全面建成小康社会作为当前及今后一个时期工作的指挥棒。"突出一根主线"，即改进工作作风、密切联系群众，深入践行作风建设"百千万"工程。"围绕一个中心"，即以项目建设为中心。"推进一大战略"，即融城战略，通过干线融城、功能融城、产业融城、旅游融城，加快桃源县城与常德市城区的对接。

围绕上述发展思路，桃源县将重点实施"四个桃源建设"发展举措，着力打好全面小康社会建设的攻坚战，努力实现2017年全面建成小康社会的目标。

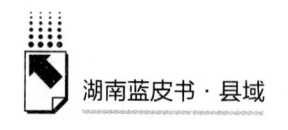

（一）坚持生态立县，建设美丽桃源

立足生态特色，放大生态效应，坚定不移地走绿色、低碳、循环发展之路。一是加强生态保护。围绕创建国家级生态县，抢抓洞庭湖生态经济区、全国生态文明先行示范区建设的机遇，重点抓好水源保护、造林绿化、节能减排、农村环境整治等工作，构建好生态安全屏障，确保实现沅江和黄石湖水源提质、空气质量指数提高、森林覆盖率提升。二是打造美丽乡村。按照"生态宜居、生产高效、生活美好、人文和谐"的要求，以规划制定、产业发展、村庄建设、环境保护、乡风培育为重点，以桃源大道沿线为示范，以宜居小区建设为突破，打造具有现代气息的美好家园。同时，采取县级领导、乡镇党委书记办点示范模式，逐步推进美丽乡村创建。三是发展生态产业。全面做活旅游、农业文章，积极融入"大湘西""大桃花源"旅游发展战略，全面整合夷望溪、乌云界、中国黄石湖、星德福山等旅游资源，实现"观光在景区、游乐在沅江、休闲在山水、消费在县城"，打造"大美桃花源"。同时，推广石灰降酸、增硒降镉等技术，支持有机、无公害的农产品走上市场，打造一批有竞争力的有机农产品品牌。

（二）坚持工业强县，建设实力桃源

突出工业主导，坚持创新驱动，推动"四化"融合，促进产业升级，是提增桃源实力，加快建成全面小康社会的必然路径。一是推进工业园区化。按照"一权两制一司"的改革要求，实行园区的扩权强能。同时，通过企业"退城入园"、建设标准化厂房、产城互动融合，力争让园区聚集全县90%以上的工业产值、90%以上的规模企业、90%以上的工业税收，成为经济特区、城镇新区。二是推进产业集群化。通过产业集群化发展，强化产业内部分工效应、外部关联效应，进而实现规模效应和辐射效应。桃源县将抢抓常德市"1115"工程建设、市城区"退二进三"的机遇，主动融入常德千亿工业走廊建设，积极承接产业转移、加快关联扩张、延伸产业链条，让每一个主导产业都实现由单体牵引向集群发展转变。三是推进农业工业化。围绕打造湖南省"农副产品加工第一县"、争创全省特色县域经济重点县的目标，抢抓常德市推进五个"双百亿产业"建设、"双百双十"工程建设机遇，大力推进农业规模化扩张、标准化建设、合作化经营、社会化服务、品牌化发展。特别是要继续巩固"全国粮食生产先进县"地位，努力冲刺湖南省粮食产量第一县。

（三）坚持城镇带动，建设宜居桃源

按照"工作重心向城镇转移、工作力量向城镇摆放、项目资金向城镇倾斜"的战略思路，加快推进新型城镇化。一是优化空间布局。强化规划龙头作用，进一步完善城镇规划体系。县城将按照常德市次中心城市的定位，遵循"跨江发展、沿线发展、滨江亲水"的理念，突出抓好控制性详规、修建性详规和专项规划编制，着力构建"一江两岸、一体四极、一城四片"的城市格局。二是完善城镇体系。树立"全域桃源"理念，坚持县乡互动、以城带乡、城乡一体，完善以县城为核心，以"五带四极多点"为轴线的城镇体系。各乡镇以宜居宜业为取向，加强城镇项目建设力度，促进城乡协调发展、共同繁荣，努力建设一批产业、商贸、旅游等特色小城镇。三是提高建管水平。以"三创一保"为目标，坚持集约用地、强力控违拆违、改善市容市貌、建设完美社区、提升市民素质，扎实推进城市建设"三改四化"、城市管理"一改四化"，努力保持历史记忆和地域特色。

（四）坚持民生优先，建设幸福桃源

围绕常德市委"民生升温"战役部署，不断推动基础建设升温、公共服务升温、社会管理升温、扶贫帮困升温，努力构建人民安居乐业、社会安定有序的全面小康社会。一是推进富民工程。全面落实"两个翻番"的要求，着力构建多层次、开发式、造血型富民长效机制。重点实施《桃源县农村扶贫开发实施纲要（2011~2020年）》，推进科学扶贫、精准扶贫。重点解决下岗失业人员、军队退役人员、大中专毕业生、返乡农民工等群体的就业问题，鼓励全民创业，以创业带动就业。同时，严格落实国家强农惠农政策，扩大惠农补贴"一卡通"发放范围。二是推进便民工程。以建立更加便民快捷的服务体系为出发点，全面推进水、电、路、气、讯等基础设施建设，进一步实施农村电网改造、农村通村公路建设、农村饮水安全工程、清洁能源使用、"三网

融合"等民生建设项目,不断改善居民生产生活条件,逐步实现城乡基本公共服务均等化。三是推进利民工程。围绕"学有优教、病有良医、老有颐养、住有宜居"的民生宗旨,突出抓好保障住房扩建、城区学位扩容、社保提标扩面、文化惠民等民生事业;重点实施县城中心医院、乡镇卫生院、村卫生室、妇女儿童之家建设,提高全面医疗服务水平;着力推进"法治桃源""平安桃源"建设,让社会更加安宁和谐、文明进步。

明晰主攻方向　决胜全面小康

——津市市全面建成小康社会情况监测报告

王学武*

省委十届七次全委（扩大）会议把"分类指导加快推进全面建成小康社会"明确为当前和今后一个时期全省经济社会发展的中心，建立了以县为主体的分类考评指标体系，设置了23个具体考核指标。为进一步加快津市全面建成小康社会进程，确保按照时间节点在2017年以前实现省委部署，近期，就津市全面建成小康社会这一课题进行了调研分析，并做了一些思考。

一　终点已可期

近年来，面对较为复杂的内外环境，津市咬定"全省全面小康领先市"的目标不动摇，一心一意谋发展、全力以赴惠民生，经济社会呈现出良好的态势，为全面建成小康社会打下了坚实基础。

（一）纵向看趋势

统计数据显示，2000年津市全面建设小康社会实现程度为57.3%，此后逐年呈提高态势，2010年首次突破80%，达到81.5%。2000年以来，津市全面小康实现程度年均递增3.5个百分点，略高于全省平均水平（3.4%），小康进程总体呈现逐步加快的发展态势，尤其是2006年之后加速发展态势更趋明显。截至2013年，津市建设全面小康社会总体实现程度初步预测为

---

* 王学武，中共津市市委书记。

84.1%，比2000年提高26.8个百分点。监测结果显示：13年来，津市经济持续健康发展，人民生活水平全面提高，社会事业稳步发展，民主法治和生态文明显著提升，全面小康社会建设进程逐年稳步向前。

（二）横向比优势

从宏观环境来看，2013年全国全面小康社会建设实现程度为84.8%；湖南省为85.9%，居中部六省之首位；常德市为84.7%，位列全省第五；津市为84.1%，居常德市第一。与周边的区县比较，就行政区划来说，津市面积为558平方千米，地域小、人口少，实现全面小康有投入少、见效快、易于全覆盖的优势；就城市发展来说，津市是一座老工业城市，城镇化率达65.27%，高出全省平均水平（46.65%）18.62个百分点，高出常德平均水平（42.95%）22.32个百分点，居常德各区县（市）前列。津市这种总量小、基础好的优势，为实现"全省全面小康领先市"小步快跑创造了有利条件。

（三）内视明基础

对照省全面建成小康社会5大类23项监测评价指标体系，就2013年而言，经济发展类中，津市城镇化率达65.27%，实现程度已经达到100%；税收占财政总收入的比重为71.41%，实现程度为89.3%；第二、第三产业增加值占GDP比重为82.88%，实现程度为92.1%；园区规模工业增加值占规模工业增加值比重为69.72%，实现程度为99.6%。人民生活方面，人均住房使用面积30平方米、农村居民安全饮水比率107.02%、行政村客运班线通达率96.43%，实现程度均达到100%；居民文教娱乐服务消费支出占消费总支出比重为15%，实现程度为93.8%。社会发展方面，基本医疗保险覆盖率、基本养老服务补贴覆盖率、平均受教育年限、每千人拥有床位数（4.23张）、5岁以下儿童死亡率、人均拥有公共文化体育设施面积这几项指标均实现了100%。民主法治方面实现程度达到100%。总体而言，津市目前已有1大项11小项完全达标，5项实现程度在85%以上，基础良好。

二 短途非坦途

虽然前些年津市的发展取得了一些成绩、积累了一些经验，距离建成全面小康社会"竣工"已并不遥远，但在争创"全省全面小康领先市"的征程中，津市仍面临诸多阻力和挑战。

（一）整体经济实力亟待增强

全面小康是一个涉及经济、社会、自然、环境等多方面的综合体系目标要求，其实现的前提和基础就是整体经济实力的增强。作为监测体系中所占权重最大的一部分，津市的经济发展类指标不容乐观，2013年人均GDP（2000年不变价）为21251元，与目标值差了12749元，仅完成目标值的62.5%；人均财政总收入2025元，与目标值差了1275元，仅完成目标值的61.4%；高新技术产业增加值占GDP的比重为9.21%，与目标值差了10.79个百分点，具体表现在，全市89家规模企业中仅有10家高新技术企业，且拥有自主知识产权的新技术、新发明相当少，离全面小康的目标要求还有很大的差距。

（二）收入水平差异亟待改善

虽然津市城乡居民收入差距连续几年持续缩小，但其绝对数值距全面小康的标准还相差很大，不能掉以轻心。2013年，津市城镇居民人均可支配收入为22096元，与目标值相差12904元，实现程度仅为63.1%；农村居民人均纯收入为9214元，与目标值相差6786元，实现程度仅为57.6%；城乡居民收入比值为2.4，有9192元的绝对值差距，这已经充分体现了收入分配的不均衡。未来随着城乡居民受教育程度、资源拥有程度的不同，其增收渠道必将进一步差异化发展，各阶层人群收入水平有可能急剧分化，富者越富、穷者越穷。在发展中若不保持警惕、充分统筹、逐步消除，则必然引发一系列社会问题，成为建设全面小康的最大桎梏。

（三）均衡发展问题亟待重视

从全面小康内部5大指标实现程度来看，2013年津市民主法治等软指标实现程度达到100%，社会发展实现程度达到99%，但经济发展、人民生活、生态文明实现程度分别只有77.9%、80.5%、79.2%。从23个具体指标来看，11个指标已经实现100%，但是仍有一些指标刚刚达到60%的"及格线"，少部分指标甚至处于"及格线"以下。如高新技术产业增加值占GDP比重、农村居民人均纯收入、单位GDP能耗3项指标的实现程度均在60%以下。从发展观来看，老百姓生活质量和人居环境高于全省平均水平，但经济发展、商贸流通、文化教育距离期望差距明显，困难群众生活依然艰辛，主城区还有近30万平方米的棚户区亟待配套改善，住房保障的压力仍然很大。

（四）社会事业发展亟待跟进

津市社会发展类指标实现程度为99%，已经接近全面小康目标任务，但从具体项目来看，品质仍有待加强。社会保障方面，虽然基本医疗保障、基本养老服务的覆盖率达到了100%，但保障层次、保障水平还有较大的提升空间，大病救助、特殊病种补贴工作仍处于起步萌芽阶段，乡镇养老集中供养水平还有所不足。虽然教育发展水平、高中阶段毛入学率、平均受教育年限等考核指标实现程度都在92%以上，但义务教育阶段城乡之间、校际之间发展不均衡的问题仍然突出，一校独大的现状在可以预见的未来没有明显改观的迹象，上学难仍旧是困扰市民的重大难题之一。文化发展水平方面，虽然津市人均拥有公共文化体育设施面积2.45平方米，实现程度为100%，但是城区还没有3D影院和设备齐全的运动馆，市民看电影要去临近的澧县等，这些问题都值得深思和改进。

三　攻坚正当时

"行百里者半九十。"未来几年，是津市推进"全省全面小康领先市"建设的攻坚时期。在深入分析和研判形势的基础上，津市提出，到2016年要

"提前实现全面小康"。提出这样的目标，并非好高骛远、心血来潮，而是基于对已有基础、有利条件、发展态势的科学把握，基于对战略谋划的延续。津市第十一次党代会和"十二五"规划提出了建设"全省全面小康、全省城乡统筹"两个领先的目标。津市要实现"全省全面小康领先"，就是要提前一年，力争2016年实现全面小康，这也是坚持一张好的蓝图干到底的必然要求。一是始于对科学发展的信心。提出"提前实现全面小康"，是对近年来津市科学发展的巩固提高，是对28万津市人民期待美好幸福生活的积极回应。近年来津市经济社会发展态势良好，工业集中区扩容提质在各区县首屈一指，城市建设亮点纷呈，民本民生加速改善。只要延续这种好的态势，调高目标，提高定位，蓝图就一定会变为现实。二是源于对自身定位的认知。从目前测评结果看，47个二类区县市中津市在常德排第1位，作为常德市全面建成小康社会的排头兵，津市的标杆必须调高、发展必须加快、位次必须前移。今后三年，津市将对照省委做大经济总量、优化发展质量、提升人均均量"三量齐升"的发展要求，查摆差距、明晰重点、强化推进，具体而言就是"四新"。

（一）思想观念有新解放

必须摆脱工业依赖、政府依赖、传统依赖的思维惯性。

1. 从工业依赖中解放出来

工业是津市立市的核心战略，在长期发展的过程中，形成了推动经济增长依赖工业、提升区域地位依赖工业的思维定式，这种依赖从过往来看是正确且必要的，但随着经济社会的发展，特别是人均GDP达到3000美元左右"中等收入陷阱"的时候，更多的发展需求、发展动力有必要转向第三产业的支撑和推动。继续单抓工业，不仅将对其他产业产生挤出效应，造成可持续发展能力衰退，而且也不利于促动就业、缓解和解决社会突出问题。当前，津市要更加突出招商引资、项目建设两大抓手，在坚持"工业立市"核心战略的同时，统筹推进三次产业协调、均衡、多元化发展，确保顺利完成第三产业增加值达到GDP 50%的目标任务。

2. 从政府依赖中解放出来

在计划经济体制的影响和束缚下，形成了"下级依赖上级、企业依赖政府"的意识，政府部门、龙头企业的市场经济意识有待加强、抢抓机遇的本领有待提高。政府作为施政主体，要主动为企业松绑，在制定规则、协调关系等方面为企业走向市场提供全方位服务。要进一步强化企业主体地位，鼓励企业积极开拓，对接国家产业政策、投融资政策、土地政策，抢抓市场发展机遇、创造良好业绩。

3. 从传统依赖中解放出来

就津市而言，路径依赖突出表现为长期锁定于汽配、盐化、造纸、纺织等相对单一的产业结构和企业发展模式，缺乏创新和创造。要着力瞄准战略性新兴产业的发展新趋势、新规律，加大针对性招商引资力度，瞄准珠三角、长三角等重点区域，瞄准国有企业、上市公司等重大战略投资者，围绕优势产业、优质资源打造新的产业优势。

（二）经济发展有新支撑

近年来，在武陵跨越式发展、澧县后发赶超的新形势下，津市发展虽取得了长足进步，但放眼整个常德市，与兄弟区县的差距逐步拉大，发展相对滞后，发展后劲有所放缓，这要求我们必须挖掘新优势，探索新增长极。

1. 盘活城乡经济

在推进新型城市化进程中，严格按照协调发展、空间集聚的原则，吸引人口、产业向市区集聚，坚持把小城镇建设放在更加突出的位置，大力扶持一批中心镇、特色镇加快发展，不断完善村镇发展规划和基础设施建设，做好集镇建设的提质扩容，努力把集镇打造成为以工促农、以城带乡、统筹城乡发展的重要平台。立足于发展壮大第三产业，以加快发展园区工业为切入点，坚持把产业作为城市发展的支撑，带动消费，辐射周边。突出发展商贸物流业，大力培育一批有实力、有影响的现代专业市场和物流中心，带动商贸物流业的发展。多渠道促进房地产市场健康有序发展，打造以阳由垸、城东、襄窑路等承接澧水二桥发展为代表的环城经济圈，加快津市新型城镇化建设。

2. 着眼科技支撑

促进经济转型升级的关键是科技人才队伍的培养和科技创新能力的提升。形成长期竞争优势，谋求经济长远发展的主动权关键在于打造一支创新型科技人才队伍，实现生产力转化、加快推动科技成果利用，注重自主创新是根本。必须切实完善区域创新体系，抓好科技成果产业化，构建科技成果转化激励机制，以申报创建省级可持续发展实验区为契机，深入实施品牌战略，营造有利于人才集聚和科技创新的良好环境。

3. 立足产业升级

要充分利用先进适用技术和高新技术改造提升传统产业，实现传统产业优化升级、产品更新换代；主抓重大项目建设，在服务业发展政策体系上不断完善，引导服务业向规模化、专业化、现代化发展；发挥全市资源优势，以品牌建设和技术研发为着力点，加大对战略型新兴企业的扶持力度；着眼于"骨干企业倍增、小微型企业成长、北工南移"三大计划，挖掘好传统产业的改造提升潜力，推进信息化与工业化深度融合，培育壮大新兴产业，加快发展现代服务业，打造现代产业体系。

（三）民生福祉有新水平

逐步完善符合市情特点、比较完整、覆盖城乡、可持续的民生服务体系，着力提高人民群众的社会保障水平、收入水平、健康水平、科技教育水平。

1. 以增收为目的强化保障

不断完善市场创业环境，扩宽投融资渠道，鼓励居民通过自身技能创造财富，构建城乡居民收入增长长效机制。健全现有收入分配机制，通过税收、补贴等手段，合理调节收入分配，促成社会收入分配橄榄型分布格局的形成。在当前物价水平持续高涨的形势下，要严格执行最低生活保障标准，不断提高社会医疗、失业、养老保险的覆盖面，完善现有社会保障制度，适当增加固定工资收入群体以及低收入群体的收入水平，增强居民实际购买力。

2. 以普惠为目的完善服务

立足提升公共服务品质，按照公益性、基本性、均等性、便利性原则，推动城市公共服务向农村覆盖、城市现代文明向农村辐射，实现城乡服务同质均等化。健全市乡两级就业服务网络。扩大城乡廉租房和经济适用房保障覆盖面。优化农村中小学布局，促进教育均衡发展，实施城乡学校教师上挂下派工程，完善城乡教师双向交流机制。繁荣城乡文体事业，完善科技信息服务体

系。加大财政投入支持力度，以公共财政为支撑撬动市场资源，加速标准校舍、公共图书馆、科技馆、健身房等公共设施的投入，将群众对公共服务测评的结果纳入绩效考核体制，推动部门单位为民办实事、解难题。

3. 以满意为目的创新管理

完善党委领导、政府负责、社会协同、公众参与的社会管理格局。积极发挥基层群众性自治组织、各类社会组织和企事业单位的协同作用，推进社会管理和公共服务的规范化、专业化和社会化。大力培养公民意识，履行公民义务，帮助市民实现自我管理、自我服务、自我发展。加强源头治理，更加注重社会公平、正义的制度建设，尽可能防止和减少社会问题产生。加强动态协调，更加注重平等沟通和协商，及时化解社会矛盾。加强应急管理，着力加强应急能力建设，有效应对和妥善处置公共突发事件，化解消极因素，激发社会活力。

（四）发展环境有新气象

营造良好的发展环境是推动全面小康的重要支撑和必要保障。

1. 经济环境更宽松

下大力气解决软环境不"软"的问题，按照政企分开、政事分开、政资分开、政府与市场中介组织分开的原则，进一步减少政府对微观经济活动的干预。严格执行《优化经济环境"十条禁令"》，严厉打击强揽工程、阻工堵路、强行参工参运等违法行为，切实保障投资商的合法利益。稳妥实施首违免罚、涉企检查"宁静日"等制度，不断完善全程代理、限时办结、项目审批"绿色通道"和"一站式"服务等制度，以优惠政策为牵引、以优质服务为支撑，吸引更多有利于转型发展的项目、企业进入津市。年内创成省级金融安全区，促动民间资本健康有序流动，为企业营造更加良好宽松的发展环境。

2. 法治环境更健全

加快法治建设进程，深化"市权公开"、规范行政执法、推进"阳光司法"、倡导全民守法，不断提高依法执政、依法行政、依法办事的能力和水平，创造公平公正的法治环境。大力推进司法体制改革，加强政法队伍建设，扩大司法民主，强化监督制约，着力解决人民群众反映强烈的涉法涉诉问题，加大惩处徇私枉法、执法犯法、以权压法等行为的力度，提升公正廉洁执法水平。抓好"六五"普法，健全信用激励和惩戒机制，增强人民群众依法办事、维权意识，创造诚实守信的良好信用环境。进一步建立和完善政府信息公开制度和政务公开制度体系，全面推动社会主义民主政治制度化、规范化、程序化的基层实践，使人民依法行使民主选举、民主决策、民主管理、民主监督的权利得到保证。

3. 生态环境更洁净

完善项目引进预评审制度，从源头上严防"两高"项目落户津市。扎实推进清洁生产，加强工业污染整治，狠抓重点领域、行业、企业的节能减排。加强农村面源污染防控，严格落实饮用水源保护地禁投政策，抓好毛里湖水域功能类型变更工作。开展"农村生态环境综合整治深化年"活动，促进农村环境整治工作常态化。积极开展生态创建活动，增强生态服务功能，改善城乡生态环境，切实为提高人民群众的生活质量和健康水平下功夫。到2017年，实现群众健康素质超过全国平均水平，群众健康保障水平位于全省前列，人均预期寿命超过全国平均水平。

B.13
补齐农村短板　建成小康苏仙
——苏仙区全面建成小康社会进展、问题与对策研究

徐平辉*

苏仙区地处郴州市城乡接合部，辖9镇1乡6个街道办事处，230个行政村（社区），土地总面积1342平方千米，总人口41万人，其中农业人口15.64万人。现有耕地19688.8公顷，水面3648.72公顷，森林9258.38公顷，山地99559公顷。城郊型、农业型仍是全区区情和不变色调，要统筹城乡发展、建成全面小康，差距在农村、短板在农村、关键在农村。

一　成效令人鼓舞

近年来，全区上下竭尽全力发展农业，持之以恒建设农村，千方百计富裕农民，农村经济社会发展步入了快车道。

（一）农业产业规模由小到大

加速推动农业转型升级和产业化发展。苏仙区现代休闲农业产业园建设加快推进，郴州大道、107国道生态高效农业产业带初具雏形，烤烟、蔬菜、油茶、楠竹、优质稻、高山菊等产业基地培育壮大。烤烟种植面积由2008年的不足2000亩，发展到2013年的近2万亩，成功创建了国家烤烟生产基地单元县（区）。农家乐、农业庄园从2008年的86个，发展到2013年的299个，涌现了东旭园林、玉泰农庄、良源农庄等一批"一二三产"融合发展的现代农

---

* 徐平辉，湖南省委办公厅人事处副处长，现挂职任郴州市苏仙区人民政府副区长。

庄。发展农业龙头企业38家，比2008年增加26家，产值由2008年的不足亿元，增加到2013年的21.62亿元，出口创汇能力从无到有，2008年至今累计创汇3.21亿美元。吴氏蜂业、金朵高山菊、瑞香米业获省农博会、食博会金奖，苏仙茶油、海华竹木、农夫机电获省市名优产品，苏仙蜜梨、仙岭蔬菜、绿源蔬菜通过无公害农产品认证，仙鹿葡萄获得国家绿色食品称号。全区农业增加值由2008年的7.23亿元，增加到2013年的11.39亿元，年均增长9.5%（见图1）。

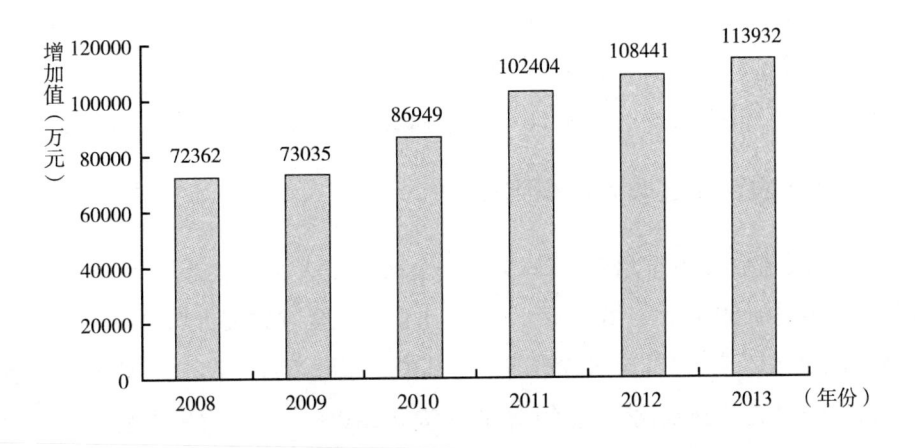

图1 2008~2013年苏仙区第一产业情况

（二）农村基础设施由弱到强

统筹推进农村基础设施建设。6年累计投入资金30.26亿元，全面改善农村水利、电力、交通等基础设施。其中，共投入水利建设资金7.26亿元，完成各种水利工程14940项，治理水土流失面积80平方千米，新建集中供水工程57项，解决了7.58万人的安全饮水问题；投入电网建设资金1.24亿元，顺利完成农村一、二期电网改造，加速推进三期农电网升级，农村电价和用电质量进一步改善；投入交通建设资金18亿元，累计改造县乡公路126.84千米，新建通村公路401.45千米，全区100%的乡镇、100%的行政村均通水泥路，特别是随着郴州大道、郴永大道、槐万路、资五路等城乡干线建成通车，全区所有乡镇基本进入半小时经济圈。

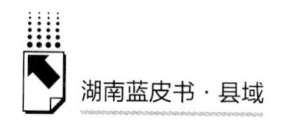

（三）农业科技水平由低到高

加快农业科技推广应用。增加乡镇农技人员，全区农技人员数量由2008年的6人，增长到2013年的25人。推广良种良法，通过"种三产四"丰产工程、粮食高产创建等项目示范，2013年，推广水稻、蔬菜、水果等标准化生产面积达58.62万亩，是2008年的2.3倍。其中，超高产栽培水稻20.12万亩，是2008年的2倍，开展测土配方施肥35.59万亩，是2008年的1.5倍。提升机械化作业水平，截至2013年底，全区农机45902台，总动力达到211295千瓦，实现机耕面积16.31千公顷，机收8.52千公顷，机耕面积达到了80%，机收面积达到了50%，农业综合机械化程度达40%，分别比2008年提高30个、15个和12个百分点。

（四）农民家庭收入由少到多

着力促进农民持续增收。2013年，全区农民人均纯收入达到13133元，比2008年增加6966元，增长113.1%，比全市、全省农民人均纯收入分别多3443元、4761元，增幅位居省市前列。其中，家庭经营性收入5497元，工资性收入7800元，分别比2008年增加28%和210%。全区农民人均现金支出8781元，其中家庭经营性费用支出1497元，生活消费支出6553元，分别比2008年增加594元和3133元。农村恩格尔系数为43（小康：40~50；温饱：50以上），比2008年下降5个百分点。每百户农户拥有彩电114台、冰箱100台、手机244部，分别比2008年多12台、24台、96部。

（五）农村环境面貌由差到好

强力推进"城乡美丽工程"。举全区之力，全力抓好苏仙区十大环保工程建设，有序推进翠江流域污染治理。近6年来，累计完成造林56.86万亩，建成市级绿色示范乡镇7个、市级绿化示范村30个，全区森林覆盖率从61.47%提高到67.8%。实施"金太阳"工程，在乡村道路及村庄共安装太阳能路灯6371盏。积极开展农村环境整治，累计投入经费2000余万元，专门用于农村环境整治，共建设垃圾填埋池24个、垃圾收集分类池1525个、配置垃圾斗车953台、果皮箱455个、垃圾分类桶139621个，实现了垃圾"减量化、无害化、资源化"处理全覆盖。重点对 107 国道沿线进行集中整治，共拆除违章建筑 6000 余平方米、废旧杂房 257 间，清除广告牌 200 余块，农村面貌得到了极大改善。

（六）农村综合改革由浅到深

加快推进农村各项改革。出台了《苏仙区农村建房管理办法》，对按照区政府提供的 12 套样板房建设的村民，给予每户 15000 元奖励。加快农村土地流转，建立了 5 个土地流转服务中心，流转土地 27.28 万余亩，土地集中率达到 17.2%。推广农村产权制度改革，农村集体林权制度改革基本完成，发证率达 78%。加快农民合作经营，发展农民合作社 110 家，入社农户 7872 户，入社农户占农户总数的 15.2%。

二 问题发人深省

对照全面建成小康社会的考核要求，三农问题仍然是困扰小康社会建设的最大瓶颈和难题。

（一）农业是弱质产业，发展缺乏动力

一是农业产业化程度低。农产品仍以自产自销为主，市场化水平不高，农产品商品化率仅为 22.1%；农业龙头企业不多，规模不大，2013 年农业企业实现总产值 11.26 亿元，与全面建成小康社会目标还差 21.74 亿元；农民专业合作组织尚处于起步阶段，只有 110 家，入社农户仅占农户总数的 15.2%，辐射带动农户 1.54 万户，仅占总农户数的 28.5%。二是农产品档次低。大部分农产品属于初级农产品，未经过 ISO 国际标准认证，加工粗糙，产品附加值率低于 40%。多数农产品没有分等定级，质量不优，品样不佳，市场竞争能力弱。农业品牌商标较少，全区农产品注册商标仅 30 个，只有苏仙茶油为省著名商标，至今仍无国家驰名商标。三是农业生产效益低。2013 年农业从业人员 9.23 万人，占全部从业人员的 23.8%，但实现的农业增加值仅占 GDP 的 5%；农民经营收入 5497 元，为外出务工工资收入的 61.2%，仅为城镇居民收入的 24.1%。

（二）农村是薄弱区域，发展缺乏亮点

一是人才流失严重。目前，农村有文化、有知识和有技能的青壮年农民都纷纷外出打工，农业转移就业率高达82.6%，在家的大部分是老人和留守儿童，既缺体力，又缺智力。二是环境问题突出。农村居民住房设施配套不完善、卫生标准差、室外环境脏乱差的现象相当普遍。2013年全区农村有91.65%的农户仍在使用包括煤炭和柴草在内的非清洁能源燃料；农村水冲式卫生厕所普及率不到58.6%。三是社会事业滞后。农村上学难、看病难、转移就业难等问题仍然存在，文化、科技、教育、卫生、金融服务等社会事业仍落后于城市。

（三）农民是弱势群体，发展缺乏保障

一是生存条件受限。由于地处罗霄山脉边缘，贫困人口较多，苏仙区至今还有3.1万人仍未脱贫，仍有46个组不通公路，5.95万人饮水有困难；受矿业无序开采影响，重金属污染土地达6.5万亩。二是增收办法不多。近年来，农民收入虽有较快增长，但城乡收入差距扩大的趋势尚未得到根本扭转，二元经济结构仍未得到根本改变（见图2）。还有8.3万人人均水田面积不足0.5亩，仍以传统农业方式耕作，农民增收困难。三是保障水平不高。农民虽有医疗保险、养老保险、困难救助、最低生活保障制度，但政府保障能力有限，服务水平不高，农民因病致贫、因灾返贫现象仍有发生。

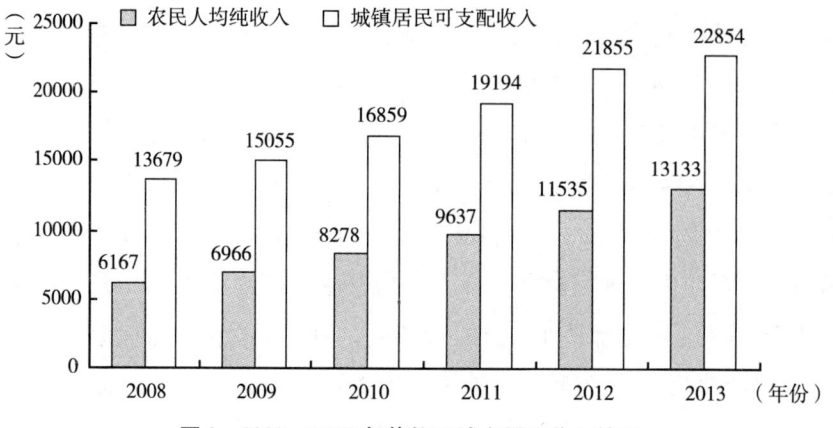

图2 2008~2013年苏仙区城乡居民收入情况

三　发展使人振奋

破解三农难题，建成全面小康，必须以统筹城乡发展为主思路，以农业产业化、农村社区化、农民市民化为主路径，走以城带乡、以工促农、工农互惠、城乡一体的新路子。

（一）牢牢把握统筹城乡发展这个抓手

统筹城乡发展是解决"三农"问题的总钥匙和总抓手，要以城乡一体化发展为路径，实现城市与乡村比翼齐飞。一要城乡规划一张图。立足农村发展实际，敢于打破城乡二元结构，努力推进城乡规划、基础设施、公共服务、产业发展、生态建设、管理体制等六个一体化建设，加快城乡经济社会发展全面接轨。以城东新区为中心，郴州大道、107国道、槐万路、资五路"井"字形为骨架，8镇1乡为节点，72个中心村为基础，统筹城乡发展规划和村庄建设规划。二要产业发展一盘棋。按照"中心城区发展城市服务业、城郊布局工业园区、周边农村发展都市农业"的发展思路，由内向外形成"三二一"产业圈层格局，构筑核心增长极。紧扣转变经济发展方式这条主线，着眼工农结合、城乡结合，加快构建以现代农业为基础、以高新技术产业为先导、以特色优势产业为支柱、以现代服务业为支撑的现代产业体系，加快城乡产业融通、经济融合。三要公共服务一张网。按照"老有所养、病有所医、失有所助、伤有所偿、育有所补"的工作目标，创新完善社会保障制度，率先发放基本养老服务补贴。按照"多方投入、量力而行、循序渐进"的方针，稳步提高农村医疗保险、养老保险、大病救助、低保制度等农村社会保障制度的保障层次和水平，逐步实现保障一张网。

（二）牢牢把握改善基础设施这个重点

基础设施建设是农村发展的基础和前提，要以新农村建设为契机，努力改善农村生产生活条件。一要提质改造基础设施。加大财政投入，多方筹措资金，重点完善农村交通、水电、通信、沼气等基础设施，推动城市基础设施向农村延伸，着力抓好良田、坳上、望仙、栖凤渡、五里牌等小城镇集中供水、排污管网改造及污水处理厂建设，优质高效推进北环线、郴资公路等交通干线建设，逐步实现路网、水网、电网、绿网、信息网等互联互通，让广大农民不进城也能享受到与城市居民同等水平的生活。二要提升设施配套功能。当前，农业基础设施建设普遍存在"重骨干、轻配套"现象，导致规模效应、承载功能难以充分发挥。要以土地整理为龙头，科学整合涉农资金，高标准建设五里牌万亩烟草基地，形成"田成方、地成片、渠相通、路相连、旱能灌、涝能排"的农业基础体系。按照"在联合中共建、在联网中共享"的要求，坚持做到布局统一规划、项目统筹安排、功能同步发展，努力提高配套水平，充分发挥配套效应。三要提高管理服务水平。加快农村基础设施产权制度改革，明晰产权，明确责任，积极调动各方面投资建设和管理维护基础的积极性，妥善解决"有人建、无人管"的问题，加强建后管理，激活资产存量，实现良性循环。加强农村建房管理，按照一户一宅、拆旧建新、统一风格、适度集中的原则，引导农民向中心镇、中心村集中，对按照区政府样板房建设的村民，给予一定的经济奖励。启动集体建设用地使用权、房屋所有权、宅基地使用权和村组集体资产的确权、登记、颁证工作，探索建立农村产权交易机制。

（三）牢牢把握发展农业园区这个方向

园区是苏仙起飞的总引擎和主平台，要以国际化、现代化、特色化的眼光和战略来谋划园区建设，探索一条符合"两型"要求、具有苏仙特色的现代农业园区发展道路。一要坚持三规同步。加快编制园区20平方千米的总体规划和综合交通、基础设施、产业布局、公共服务、生态环境等专项规划，以及园区5平方千米核心区域控制性详细规划。争取把苏仙现代休闲产业园作为苏仙工业集中区的子园或者以单独的旅游园区等形式挤进省级园区的"笼子"。二要坚持第三产业同上。做强农业休闲产业，以望仙镇和平村、塘溪村、高坪村、横垅村和桥口镇石河村、排塘村、白溪村等二镇七村实施"元合新镇"项目为契机，发展花卉苗木、特色种养、家庭农场、农家乐、休闲观光等，着力打造田园都市。做大农业物流产业，在全市"大十字"城镇群建设大背景下,加快现代农业物流平台建设,使之成为辐射全省、面向国内的农产品集散中心。做活乡村房地产业,将桥口镇桥口村作为试点,建设一个全省领先、全市一流、50年不落后的别墅型示范村,助推财气的凝聚和人气的旺盛。三要坚持三量同升。提升土地报批量,大力开展建设用地增减挂钩,加强宅基地、农民建房的土地整理,推进园区建设用地增减挂钩、上市交易。提升土地流转量,探索以出租、入股、质押、置换等各种方式,推动土地流转,发展适度规模经营;积极稳妥开展以土地承包经营权置换保障、以宅基地永久使用权置换城镇房产试点工作。提升招商引资量,进一步优化招商环境,制定比引进工业企业更优惠的政策,降低农业龙头企业的进入门槛和奖励条件,营造良好招商氛围,力争引入全国大型农业企业或上市公司。

(四)牢牢把握培育支柱产业这个关键

发展支柱产业是实现农村稳步发展、农民持续增收的关键,要立足苏仙自然条件和资源禀赋,培育和壮大农业支柱产业。一要特色化发展。依托郴资大道、郴永大道、107国道、槐万路等主干线,科学布局农业园区、农业廊带、农业基地、特色农庄,形成"井"字形农业经济圈,大力发展烤烟、油茶、花卉、苗木、果蔬等优势产业,积极培育休闲农业、乡村旅游、庄园经济等新型业态,突出抓好"一园两庄四带八基地"建设(苏仙现代休闲农业产业园,东旭园林、坳上古民居农庄,郴资大道、郴永大道、107国道、槐万路现代农业产业带,五里牌烟叶、栖凤渡油茶、马头岭楠竹、卜里坪葡萄、良田高山菊、坳上-马头岭-五盖山蔬菜基地),着力扶持15个高标准农庄发展,通过农业园区、农业基地、现代农庄,着力发展农产品加工,农产品展销,实现第一、第二、第三产业融合发展,有机统一。二要品牌化经营。当前,全区有"苏仙"牌茶油、东江清水鱼、仙鹿葡萄、金朵高山菊、吴氏蜂蜜等品牌,但规模还不够大,市场影响力还不够深,知名度还不够广,带动力还不够强。要以商标战略为引领,认真落实区政府常务会议关于扶持著名、驰名商标的奖励政策,加大农产品品牌整合力度,对每个主导产业集中打造一个品牌,力争三年内新增2个中国驰名商标或中国名牌产品。三要市场化运作。做大龙头企业,围绕农产品精深加工,积极引导和支持郴州烟厂、苏仙茶油、栖凤渡鱼粉等龙头企业自主创新，扩大生产规模，提升产品档次。做强专合组织，采取"公司+基地+农户+合作社"的形式，按照"民办、民管、民营、民受益"的原则，大力发展一批"连接市场、带动基地"的农民专业组织，努力培育3~5个全市一流的跨区域规模化合作社。积极开展农产品进超市、进市场、进企业、进网络，实现产销与市场对接，着力改变农业小规模生产、分散性组织、粗放型经营的现状。

（五）牢牢把握建设美丽乡村这个目标

生态环境是最大的优势、最好的品牌、最核心的竞争力、最宝贵的财富、最公平的民生，要把城镇当"客厅"来打理，把村庄作"公园"来装扮。一要大力推进农村环境整治。以美丽苏仙为目标，以城乡美丽工程为抓手，以"五个看不见"为目标，扎实开展农村环境综合整治，建立"户分类、村收集、乡转运、区处理"的农村生活垃圾收集处理体系，实现垃圾"减量化、无害化、资源化"处理全覆盖。继续推进"美化、亮化、净化、序化、绿化"活动，深入实施"蓝天""碧水""净土"工程，彻底改变农村脏、乱、差、暗的形象。二要大手笔推进绿化造林攻坚。以创建国家森林城市为抓手，按照"栽满树、管住刀、不失火"的思路，举全区之力实行最大力度的植树造林、最严厉的"禁火令"和最严格的禁伐限伐措施，全面推进城乡绿化、村庄绿化、通道绿化、水系绿化、荒山绿化、矿山复绿"六大工程"，力争2015年全区森林覆盖率达到75%以上。三要铁手腕推进生态环境保护。认真做好15亿元湘江流域污染治理债券管理，把钱用到刀刃上。突出抓好翠江流域综合治理，严厉打击非法采选、冶炼、超标排污等违法行为。着力建设环境准入和退出机制，加强环境质量监测监控，切实保护好青山绿水，让苏仙大街小巷、村村落落满目青翠、绿树成荫，重新展现"村在田园中，城在森林中，人在公园中"的美好画卷。

B.14 宜章县全面建成小康社会进展、问题与对策研究

欧阳锋*

全面建成小康社会是党中央确定的21世纪头二十年的战略目标，党的十八大进一步描绘了我国全面建成小康社会的美好蓝图，明确提出，到2020年要确保实现全面建成小康社会宏伟目标，实现国内生产总值和城乡居民人均收入比2010年翻一番。湖南省委、省政府出台《关于分类指导加快推进全面建成小康社会的意见》，提出了"加快全面建成小康社会，确保在中部地区率先实现全面小康"的奋斗目标。根据这一战略目标，县委、县政府以"三量齐升"为总要求，大力实施园区大发展、城区大建设、山区大变化、民生大改善，全力推动宜章科学跨越、后发赶超，宜章的全面建成小康社会正在稳步推进。但宜章作为罗霄山片区扶贫攻坚县，发展不大、发展不快、发展不优仍然是最大的县情，要确保实现2017年提前全面建成小康社会的奋斗目标，任务还相当艰巨，必须增强发展的动力，保持发展的势头，实现县域经济超常规发展。

一 宜章县全面建成小康社会的总体情况及基本经验

2013年，据初步测算，宜章县全面建成小康社会实现程度为83.7%，比2012年提高4.9个百分点，在经济发展、人民生活、社会发展、民主法治、生态文明五个方面的实现程度具体如下。

（一）经济发展实现程度为74.9%

2013年是宜章县经济社会发展进程中极不平凡的一年。面对错综复杂的宏观

---

* 欧阳锋，中共宜章县委书记。

形势和竞争激烈的区域环境，全县上下深入贯彻落实科学发展观，着力于产业结构调整，切实抓好项目建设，不断优化经济发展环境，强力推进"大干新三年，建设新宜章"进程，全县经济社会协调发展，经济发展方面的实现程度为74.9%。反映经济发展的监测指标有9项，其中人均GDP是一个从总体上反映地区经济社会发展水平的核心指标，2013年，宜章县人均GDP为15591元，实现程度为目标值21000元（2000年不变价）的74.2%；人均财政收入2557元，实现程度为100%；税收占财政总收入的比重为62%，实现程度为77.5%；第二、第三产业增加值占GDP比重为88.6%，实现程度为100%；城镇化率39.6%，实现程度为87.9%；规模以上企业农产品加工产值与农业产值比为92%，实现程度为65.8%。

（二）人民生活实现程度为77.6%

提高人民生活水平，是全面建设小康社会的重要内容。2013年，宜章县人民生活方面的实现程度为77.6%。反映人民生活的监测指标有7项，其中城镇居民人均可支配收入22563元，实现程度为80.6%；人均住房使用面积28.53平方米，实现程度为100%；人均储蓄存款15234元，实现程度为63.5%；居民文教娱乐服务消费支出占消费总支出比重为11.9%，实现程度为85.2%；农村居民安全饮用水比率实现程度为72.1%；行政村客运班线通达率97%，实现程度为100%。

（三）社会发展实现程度为99.3%

随着经济发展与各项惠民工程的实施，宜章县城乡居民生活质量进一步改善。2013年，全县社会发展方面实现程度为99.3%，是五个方面中实现进程最好的。反映社会发展方面的监测指标有7项，其中基本医疗保险覆盖率、基本养老服务补贴覆盖率、高中阶段毛入学率、每千人拥有床位数、5岁以下儿童死亡率、人均拥有公共文化体育设施面积实现程度均达到100%；平均受教育年限9.5年，实现程度为95.1%。

（四）民主法治实现程度为97.9%

民主法治是全面建成小康社会的重要组成部分之一。2013年，宜章县民主法治方面的实现程度为97.9%，反映了全县在全面建成小康社会进程中民主法治建设所取得的明显成效，成为全面建成小康社会进程的"稳定器"。从反映民主法治的3项监测指标来看，宜章县城镇居委会依法自治达标率、农村村委会依法自治达标率均为100%，实现程度均达到100%。社会安全指数是指一定时期内社会治安、交通安全、生活安全、生产安全等社会安全的总体变化情况，表示整体社会安全状态的变动趋势，2013年，宜章县社会安全指数实现程度达到96.6%。

（五）生态文明实现程度为96%

全面建成小康社会，必须走经济发展与生态保护并重之路。2013年，宜章县生态文明方面的实现程度为96%。在反映生态文明的7项监测指标中，单位GDP能耗在节能减排措施推动下明显下降，其他环保指标均控制较好。2013年，宜章县单位GDP能耗实现程度为90.1%；城镇污水处理率、空气质量达标率、地表水质达标率、农村垃圾集中处理率、森林资源蓄积量增长率、城镇建成区绿化覆盖率实现程度均达到100%。

近年来，宜章县在加快全面建成小康过程中，创新思路，创新举措，在实践中积累了不少弥足珍贵的经验。

第一，始终把经济建设作为第一要务。

始终以经济建设为中心，聚精会神抓建设，一心一意解放和发展生产力，实现经济跨越式发展。一方面，加大投资力度，综合运用产业引导、政策激励等多种手段和措施，推动各类经济主体扩大投资创业规模，促进又好又快发展。另一方面，加快产业转型，推进经济快速发展与结构质量效益相统一，初步形成了新材料、新能源、生物医药、装备制造、电子信息等五大新兴产业，完成的技术改造投资相当于此前10多年的总和，三次产业结构由2008年的22.31∶45.50∶32.19调整为2013年的14.5∶59.16∶26.34。

第二，始终把改善民生作为第一目标。

全面建成小康社会千头万绪，宜章县始终坚持围绕增加城乡居民收入这一条主线，把千方百计增加城乡居民收入，特别是增加农民收入作为创小康、奔小康的立足点和出发点。除了不断加大政府对农业的支持力度、认真落实各项惠民政策、减轻农民负担外，还加快工业化、城镇化、产业化"三化"进程，拓宽农民就业渠道，减少农民，转移农民，致富农民。

第三，始终把统筹兼顾作为第一方略。

深刻把握小康社会的科学内涵，以辩证思维的方法，统筹兼顾发展中的诸多重大关系，力求使各个领域和各个层面的发展相互衔接、相互促进、良性互动。在具体工作中，宜章县既推进新型城镇化，又下大力气建设新农村，化解城乡二元结构矛盾，实现城乡共同进步、共同繁荣；既加强经济政治文化建设，又加强社会建设，建立社会保障体系、就业保障体系、卫生服务体系、现代教育体系、公共安全体系等五大体系；既十分重视生产发展，又着力保护生态环境，正确处理生产发展与生态保护两者间的关系，努力改善生态环境质量。

第四，始终把改革开放作为第一动力。

在全面建成小康社会过程中，始终坚定不移地走改革开放之路，不动摇、不懈怠、不折腾。扎实推进了行政管理体制改革、收入分配和社会保障制度改革、要素市场管理体制改革、财税金融和投融资体制改革、经济管理体制改革、社会领域改革、城乡管理体制改革和涉外经济体制改革等8大类改革，这一系列改革，为经济社会发展提供了强大动力。充分利用区位优势、湘南承接产业转移示范区政策优势，着力发展开放型经济，拓展对外开放的深度和广度。近年来，利用外资、发展外贸、促进外经工作连年保持全省先进。

第五，始终把党的建设作为第一保障。

坚持各级党委强有力的组织和领导，凝聚62万多人民的意志和力量，齐心协力奔小康。在工作中，各级党委和政府根据全面建成小康社会的指标体系，按照时序进度，真抓实干，不断解决推进全面建成小康社会过程中存在的矛盾和问题，尤其是薄弱环节，创新工作思路，以奋发有为的精神状态，抓铁留痕的作风，攻克了全面建成小康社会中的一个个难点。近年来，宜章县在产业承接对接、城乡共建与环境同治、新型城镇化等方面一系列具有开拓性、创新性的大思路、大手笔，加快推进了宜章全面建成小康社会的进程。

二 宜章县全面建成小康社会中存在的主要问题

从2013年宜章县全面建成小康社会初步监测结果看，主要表现为部分核心指标离目标值差距较大，全面建成小康实现程度较低，具体体现在以下三个方面。

（一）从数据上看，核心指标有差距

在24项全面建成小康社会的监测指标中，人均GDP、财政税收、产业结构、城乡居民人均可支配收入等项目分值高、比值重，是核心监测对象，这些核心项目的实现水平，左右着一个地区全面建成小康社会的整体水平。2013年，宜章县人均GDP实现程度只有74.2%；农民人均纯收入只有5317元，仅完成目标值9000元的59.1%；城镇居民人均可支配收入实现程度只有80.6%；贫困发生率14%，实现程度仅为28.6%。这些核心指标的滞后，严重影响了宜章县全面建成小康社会的进程。

（二）从原因上看，经济发展有差距

宜章县属国家罗霄山片区集中连片扶贫攻坚县，经济基础薄弱。其中，人均GDP实现程度只有74.2%；园区规模工业增加值占规模工业增加值比重只有26%，实现程度仅为52.2%；金融机构各项贷款增长率为54%，实现程度仅为54.4%。这充分说明全县的经济总量较小，发展水平较低，经济结构不够优化，园区规模不够大，且效益发挥还不明显，对经济增长的贡献率较低，全面建成小康社会缺乏强劲支撑。

（三）从结果上看，生活水平有差距

全面建成小康社会的最终目标在于老百姓能过上有质量的幸福生活。实现这个目标，最直接体现就是政府和百姓可支配的收入要尽可能地多，即政府和老百姓的钱袋子要鼓起来。2013年，全县人均储蓄存款实现程度只有63.5%，农民人均纯收入实现程度仅为59.1%，城镇居民人均可支配收入实现程度只

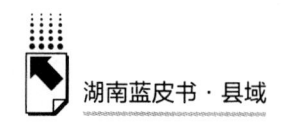

有80.6%，贫困发生率实现程度仅为28.6%，这一系列数据说明，全县的可支配收入水平较低，尤其体现在农村，贫困发生率还较高，全面建成小康社会的压力较大。

三 进一步加快推进全面建成小康社会的对策措施

全面建成小康社会任务艰巨，责任重大，时间紧迫。宜章县将进一步坚定信心，真抓实干，强化举措，攻坚克难，强力推进，确保提前到2017年全面建成小康社会。

（一）明确责任，营造氛围，全力推进

切实把全面建成小康社会作为一项重要的政治任务及重大的民生工程来抓，形成主要领导亲自抓、分管领导协同抓、各部门齐抓共管、全社会积极参与的工作机制。

1. 健全工作网络

在成立全面建成小康社会推进工作领导小组及其办公室的基础上，把小康建设组织架构向部门、乡镇、社区、村延伸，各责任部门、乡镇成立相应的领导小组及工作班子；各社区、村也要明确专人负责全面小康工作，在全县范围内形成上下联动、横向互动的工作网络。

2. 制定工作计划

根据宜章县"提前到2017年全面建成小康社会"的总体要求，做出"三步走"的战略构想。从2012年起，到2014年建成郴州"大十字"城镇群的新增长极，提前完成"十二五"规划目标任务；到2017年建成湘南承接产业转移示范区的"桥头堡"，提前进入全省20强；到2020年建成国家罗霄山片区集中连片扶贫开发攻坚的样板县。以统筹城乡为总抓手，坚持"园区大发展、城区大建设、山区大变化、民生大改善"四大举措，将各领域的工作与全面小康挂钩，定指标、下任务、压担子，尤其对弱项指标，实行进度倒逼，常抓不懈，形成一套共创共建、有力有效的协调工作机制。

3. 营造工作氛围

继续加大宣传力度，让更多的老百姓熟悉全面建成小康社会知识、参与全面建成小康社会、了解全面建成小康社会指标，让全面建成小康社会深入人心，努力营造一种"人人想小康、人人议小康、人人奔小康"的浓厚氛围。

（二）攻坚克难，补齐短板，全面推进

全面建成小康社会是一项复杂的系统工程，宜章县作为贫困县，要加快推进全面建成小康社会，必须以发展为第一要务，坚持"三量齐升"，走经济总量、质量、均量同步提升的路径。

1. 提升经济总量

增加经济总量，必须扩大经济增长点。要加快推进"一区四园五项目区"建设，积极发展新材料、新能源、电子信息、生物医药、装备制造等五大战略新兴产业。充分发挥农业龙头企业的带动作用，做大做强优质稻、脐橙、玉米、烤烟、蔬菜、茶叶、油茶、速生丰产林、生猪、畜禽养殖等十大优势特色产业。要加快宜章现代农业示范园建设，引导现有农产品加工企业入园发展。要大力推进莽山旅游和温泉旅游开发，打造大莽山生态旅游经济圈。通过打造新的产业支撑点，推动宜章县经济发展由"单功率、单马力"向"多功率、大马力"转变。

2. 提升运行质量

优化经济运行质量，首要的是要优化现有产业结构，使经济增长建立在科学、可持续、绿色、和谐的基础之上。要坚持"两型"引领，建设"绿色宜章"，以节能减排和发展绿色经济为重点，扎实推进"两型社会"建设。大力推广应用节能新产品和新工艺，着力推进两型示范园区、两型示范企业、两型示范产业建设。要加大落后产能淘汰力度，全面取缔"十五小"企业。要突出抓好煤炭、有色金属、烟花爆竹、化工、建材等产业改造升级，大力推进煤业集团、烟花爆竹集团、纸业集团、皮革集团组建工作，加快传统产业转型升级，提升高新技术产业在经济结构中的比重。

3. 提升人均均量

要提升人均均量，做大经济总量只是一个方面，更重要的是要千方百计增

加城乡居民收入，全面落实惠农、富农、强农政策，积极发展农民致富产业，引导农民在投资、租赁、土地流转与征用等环节中增加财产性收入，切实做好农民增收工作。大力实施罗霄山片区区域发展与扶贫攻坚规划，加快新农村建设、改善农村生产生活条件，拓宽农民就业增收渠道，努力实现城乡居民收入增长和经济发展同步、劳动报酬增长和劳动生产率提高同步。在就学、就业、救济救助、扶贫、公共安全、文化服务等重点社会领域继续实施"民生大爱行动"。加快建设城乡社会保障体系，按照全覆盖、保基本、多层次、可持续的原则，统筹推进，让老百姓得到更多实实在在的实惠。

（三）科学考核，严密监测，全速推进

突出全面建成小康社会目标实现的考核评比，加强各项指标的动态监测，保证本单位或本区域全面小康工作的进度和质量。

1. 加强动态监测

全面小康社会指标的实现是一个动态的过程，必须加强指标动态监测，及时掌握最新情况，及早发现存在的问题，认真落实对策措施。要建立由统计部门牵头，相关部门共同参与的指标监测网络，深入分析各项指标的完成情况，巩固提高已达标的指标，坚决防止刚性指标出现下滑、反复；对未达标的指标特别是农民人均纯收入等差距较大的指标，相关部门要制订工作方案，提出具体举措，把握时间节点，确保按时完成。

2. 加强考核考评

在考评内容上，坚持既成指标抓巩固、薄弱指标抓突破，做到既考核重点环节，又考核全盘工作。突出考核短板项目，对照考核标准，仔细分析研究有关指标进度落后的原因，采取有力措施，补缺补差，对标达标，确保全面建成小康社会的每项指标达标，确保宜章县在全省全面建成小康社会考核中取得优异成绩。在考评方式上，把五大类24项考核监测指标分解到各有关责任单位，并纳入县委、县政府年度综合绩效考核范畴。县委、县政府将考核结果作为奖惩评优、干部任用的重要依据，充分调动各级各部门的积极性，增强责任感，共同加快推进全面建成小康社会。在考评结果上，坚持把监测指标完成情况与群众的认同感、认可度有机结合起来，通过明察暗访、问卷调查、电话调查等

方式，收集全面建成小康社会的宝贵建议和意见，充分掌握群众对全面建成小康社会的认可度，并及时向相关乡镇和部门通报，进一步明确全面小康社会推进工作的方向、重点，增强工作的针对性与有效性，提升宜章县全面建成小康社会的整体水平。

3. 加强衔接沟通

加强与省、市两级全面小康社会指标监测相应牵头部门的工作协调和沟通，及时汇报宜章县全面建成小康社会指标的进展情况，客观反映全面建成小康社会进程中遇到的矛盾和问题，邀请上级专家把脉会诊，争取上级部门的帮助和支持，确保宜章县推进全面建成小康社会工作在全省分类考核中名列前茅。

B.15 永兴县全面建设小康社会进展、问题与对策研究

谭建上[*]

永兴县位于湖南省南部，郴州市北陲，县域总面积约 2000 平方千米，总人口 70 万，辖 14 镇 7 乡和 1 个省级开发区、1 个省级产业集中区，素有"煤炭之乡""冰糖橙之乡""华侨之乡"等美称，是"没有银矿的中国银都"，也是新中国成立后湖南省第一任省委书记黄克诚大将的故乡。为全面掌握永兴推进全面建成小康社会的进展与成效、困难与问题，更好地指导下阶段建设小康社会各项工作，开展了调研，形成如下研究报告。

一 永兴县全面建设小康社会的主要成效

近年来，永兴县深入贯彻落实党的十八大、十八届三中全会和省委十届七次全会精神，坚持以全面建成小康社会为统领，紧紧围绕"开放促发展，优势化强势，对接珠三角，融入大郴州，建设全国科学发展百强县"总体思路和目标，致力稳增长、调结构、惠民生、促和谐，全县经济社会步入发展快车道。2013 年，全县实现地区生产总值 237.7 亿元，人均地区生产总值（按 2000 年不变价）27619 元；财政总收入 20.5 亿元，人均财政总收入 3664.2 元，其中税收占财政总收入比重为 58.8%；城镇居民人均可支配收入和农村居民人均纯收入分别为 22978 元和 12465 元。全面建成小康社会总体实现程度为 75.8%。

---

[*] 谭建上，原永兴县委副书记、县人民政府县长，现任中共桂东县委书记。

（一）坚持项目带动，发展基础全面夯实

一是发动项目引擎。2013年，围绕产业、基础设施、民生保障等三个重点方面，共安排重大项目213个，形成了大项目顶天立地、小项目铺天盖地的喜人局面。项目总投资728亿元，年度计划投资109亿元，实际完成投资113亿元，占年度计划的103.6%。二是争取政策支持。着眼于打基础、利长远，成功争取列为国家"城市矿产"示范基地、国家可持续发展实验区、全国小型农田水利建设重点县、国家智慧城市试点县和湖南省首批特色县域经济重点县、全省两型社会创建示范县等，继续跻身全省经济十强县，成功申报稀贵金属再生利用产业集中区。这一系列政策将给永兴未来几年的发展带来丰厚的项目资金和金融信贷支持。三是推进基础建设。扎实推进郴永大道、银都大道、青资公路、桂高公路、永兴大道等五大干线建设。永兴大道路面油化升级，郴永大道全线通车，银都大道完成投资4.5亿元。推动经济开发区调规扩区，调整优化园区布局，全县园区总面积扩大到18.5平方千米，构建了"两区四园"发展新格局。大力实施农网改造和农业综合开发工程，完工水利工程8339处，全面完成鲤鱼塘洪波中低产田改造项目工程，农村水、电、路、通信等公共基础设施不断完善。

（二）坚持转型发展，经济质效有效提升

一是新型工业提质增效。全面实施工业转型发展三年行动计划，完成规模以上工业增加值148.3亿元，增长19.9%（含衔接系数为12.8%）。强力推进稀贵金属资源再生利用产业转型升级，企业整合进展顺利，将在3年内由120多家整合到30家以内，关闭取缔园区外冶炼企业82家，园区规模工业增加值占规模工业增加值比重54.1%；大力实施煤矿技改扩能和安全质量标准化建设，48家煤矿重组为12个煤业集团公司；电子信息、环保科技、新材料等新兴产业发展迅速。二是现代农业彰显特色。推进农业现代化、产业化、规模化发展，全县累计流转土地503.14万亩。永兴冰糖橙成功申创中国驰名商标，2013年新开发冰糖橙基地1800亩；落实烤烟种植4.3万亩，收购烤烟10万担；新增油茶基地1.2万亩；鲟龙鱼养殖等特色种养业发展迅速；农民专业合

作社总数达176家，成功创建国家级建设社6家、省级示范社11家。三是现代服务业加快发展。成立旅游工作委员会，修编了全县旅游发展总规，加快实施了黄克诚故居、板梁古村、龙王岭宗教文化旅游开发等6个重点旅游项目。启动家居建材广场、莱宝大厦、建材大市场等一批现代商贸项目，完成35家标准化农家店建设，推进了马田、高亭、湘阴渡三大市场改造工程。仓储质押、电子商务、快递物流、高端房地产、金融保险等服务业蓬勃发展。

（三）坚持改革开放，县域活力不断增强

一是靠改革破难题。深化投融资体制改革，整合县内各大融资平台，组建总资产达150亿元的银都投资建设发展（集团）有限公司，2013年实现融资19.8亿元，为重点项目建设提供了强有力的资金保障。二是以开放促发展。积极对接珠三角、长三角，在中山、广州、长沙等地成功举办承接产业转移招商推介会，签约精细化工项目区、电动客车等20多个重大投资项目，签约总金额超过260亿元。与中再生、长鹿集团、神华集团、碧桂园等战略投资者洽谈合作取得重大进展。2013年实际利用外资9341万美元，增长29%；实际到位资金26.5亿元，增长11.9%；建设标准厂房25.8万平方米。三是用创新增活力。开展了"永兴县统筹城乡发展管理制度创新建设试点课题"攻关，聘请湖南农业大学专家教授团队对全县农村的土地流转制度创新、社会管理创新、基层组织建设等制度进行顶层设计。其中，在湘阴渡镇开展农村土地流转改革试点，目前已流转土地5000余亩。

（四）坚持城乡统筹，人居环境持续改善

一是全面加快城市化进程。积极融入郴州"大十字"城镇群发展战略，加快扩城融郴步伐，完成了《永兴县城总体规划（2010~2030）》修编，启动实施80个总投资110亿元的新型城镇化项目，进一步拉开了城区骨架，拓展了城市空间。城镇化率为43.56%。筹资5亿元对城区28条主要干道全面铺开县城区综合提质改造，实施管线下地，并对路面油化、亮化、绿化提质。推动城市管理精细化、城区保洁市场化，启动实施了智慧城市建设，推进智慧城管、智慧交通、智慧环保、智慧平安等重点领域的智慧体系建设，被评为中国

城市管理创新示范城市。二是全面整治农村环境。县财政安排3168万元专项资金推动农村环境卫生大整治，全面落实人员、经费和设施，实行"月考核、季点评"工作机制，农村环境卫生状况明显改观。高标准规划实施134个行政村农村环境连片整治项目，完成农村改厕3万座，打造了S209沿线城乡统筹发展示范带。引进上海瑞纽博公司建立目前国内最先进的乡村垃圾收集、清运、智能处理系统。三是不断优化生态环境。扎实推进清洁生产和节能减排，城镇污水处理率为82.2%，空气质量达标率为95.1%，地表水达标率为100%，农村垃圾集中处理率为97.1%。以创建"国家森林城市"和省级园林城市为抓手，完成各类造林17.6万亩，新增城区绿化面积10万平方米，城镇建成区绿化覆盖率为37.2%，完成22座水库周边山头荒山绿化和196千米水系绿化，打造7个绿化示范乡镇和23个绿化示范村。全县森林资源蓄积量增长率为8.77%，森林覆盖率达到65.55%。

（五）坚持民本民生，社会事业全面发展

一是全力推进为民办实事工程。以改善和保障民生为重点，圆满完成2013年"民生100工程"任务，财政用于与民本民生密切相关的预算支出21.5亿元，占公共财政预算支出的74%。筑牢社会保险、社会救助、新农合、城乡低保等保障网络体系，社会保障体系更加完善，基本医疗保险覆盖率为92.76%，基本养老服务补贴覆盖率为52.03%。二是切实抓好各项社会事业。大力实施"教育强县"战略，实施教育工程建设项目近150个，完成68所村小维修改造和4所农村寄宿制学校建设，与长郡教育集团合作创办长郡文昌中学，成功创建湖南省现代教育技术实验县。医疗卫生服务网络不断完善，新型农村合作医疗制度运行良好，门诊医疗费下降37.9%，统筹地区政策范围内住院补偿率达80.5%，县公共卫生服务中心项目进展顺利。开工建设保障性住房5000套，分配入住876户。文体科技事业健康发展。新增国内领先水平科技成果4项，建设"免费休闲读书吧"500个，侍郎坦摩崖石刻群和湘南起义旧址群板梁中村宗祠被确定为全国重点文物保护单位，完成马田、柏林等6个乡镇网络改造及有线电视数字化整体转换和县城区有线数字电视双向网改工程。三是不断强化安稳保障。安全生产责任严格落实，加大安全隐患排查治理

和违法生产行为打击力度，安全形势总体平稳。加强和创新社会管理，建立完善覆盖城乡的群众工作网络和大调解工作格局，深入推进打黑除恶专项斗争，社会治安秩序持续好转，被评为全省综治工作先进县，继续保持"全省平安县"称号，社会安全指数达95.22%。

二 永兴县全面建成小康社会存在的主要困难和问题

永兴县在推进全面建成小康社会的进程中虽然取得了明显成绩，但也还存在一些不容忽视的困难和问题，主要表现在以下几方面。

（一）产业结构不够合理

2013年，全县第一、第二、第三产业的比重为9.2∶64.0∶26.8。农业产业结构相对单一，发展层次低，市场竞争力弱，对经济增长的贡献率小。第三产业增加值占GDP的比重低，提升难度大，服务业拓展市场难、发展水平不高，就业渠道狭窄，城镇的吸纳能力不强，经济的结构性、素质性矛盾比较突出。

（二）转型发展瓶颈诸多

作为永兴当前支柱产业的稀贵金属再生利用产业和煤炭产业，受政策调整和市场价格波动的影响较大，并且是环境保护、安全生产十分敏感的产业，路径依赖问题还没有得到根本性解决。新引进的新材料、新能源、新材料、电子信息、生态旅游等新产业在短期内还难以发挥对县域经济的重要支撑作用。

（三）统筹发展差距较大

2013年，永兴县城镇居民可支配收入和农民人均纯收入分别为22978元和12465元，实现程度分别为65.7%和77.9%，城乡居民的收入差距还比较大；同时，由于县内就业承载能力有限，大量农村剩余劳动力外出务工，大部分农村人口在短时间内很难转为城镇人口，2013年全县城镇化率仅为43.56%，离全面建成小康社会60%的标准还有较大差距。

（四）社会保障不够健全

永兴县社会保障体系仍然不够健全，发展还很不平衡，农村地区明显滞后，一些基本保障制度覆盖面较窄。村级集体经济十分薄弱，在县、乡、村和农民共同构建的保障体系中难以发挥作用。由于社会保障不够，人民生活质量偏低，文化产业增加值占 GDP 比重和居民文教娱乐服务支出占家庭消费支出的比重较低。

此外，资金、用地等要素制约偏紧，对县域经济发展影响极大，成为全面建成小康社会的"绊脚石"。

三 永兴县推进全面建成小康社会的总体思路和目标

永兴县推进全面建成小康社会的总体思路和目标是：全面贯彻落实党的十八大和十八届二中、三中全会精神，坚持"开放促发展，优势化强势，对接珠三角，融入大郴州，建设全国科学发展百强县"的总体思路和目标，努力实现 GDP 增速保持在 12% 以上，确保 2017 年在湖南领先、在湘南率先全面建成小康社会，三项核心指标全部实现，全面小康建设实现程度达到 96%，全县经济更加发展、科教更加进步、文化更加繁荣、社会更加和谐、环境更加良好、民主更加健全、人民生活更加殷实，为建设"全国科学发展百强县"打下坚实的基础。

战略步骤分三步走。第一阶段：2013～2015 年，打好基础、编制规划，全面完成"十二五"规划目标任务，全面小康建设 33 个小指标（二类）实现程度总体达到 86%，三项核心指标中的城乡居民可支配收入每年增长 13% 以上，2014 年达到 17722 元，2015 年超过 20100 元。城乡一体化加速推进，产业体系更加优化，社会事业全面进步，民生保障大幅提升。第二阶段：到 2016 年，全面小康建设实现程度达到 92%，全面小康示范点乡镇和新农村建设基本覆盖全县，三项核心指标中的地区生产总值达到 335 亿元，人均超过 47800 元，全县小康建设进入最后冲刺阶段。第三阶段：到 2017 年，完成全面建设小康的历史性目标任务，全面建设小康指标全部合格，部分指标超额完

成。三项核心指标中的人均生产总值达到53000元、城乡居民可支配收入达到25213元，环境质量指标达到100%，城镇化率达到60%，群众满意度达到90%以上，永兴县进入现代化建设新阶段。

四 下阶段对策与措施

（一）培育大产业，促进县域经济实力的大幅跃升

1. 推进转型升级，全面提升工业水平

加强园区平台建设。结合永兴经济开发区扩区，突出抓好"两区四园"的基础设施建设，提高园区综合承载能力。大力推进传统产业整合升级。依靠科技创新，全面推进金银冶炼、煤炭、烟花爆竹三大传统支柱产业的提质升级，重点抓好金银冶炼产业整合升级工作，努力培育一批大型企业集团，把永兴打造成全国城市矿产集中处理中心、全国重要白银集散基地。大力培育新兴产业。以"两新"产业园、循环经济工业园为平台，大力发展银电子电工产业、通信信息产业、新材料产业和环保节能产业等，着力培育2~3个产值过100亿元的新兴产业，形成完整产业链条和产业集群。

2. 打造特色品牌，加快发展现代农业

依托现有农业龙头企业和农民专业合作组织，建设冰糖橙、烤烟、粮油、蔬菜、林木、畜禽水产等六大产业群，打造3~5个国家级的农产品生产基地，确保农业增值增效、农民持续稳定增收。加强农产品名牌产品和驰名商标创建和绿色食品、无公害农产品、有机食品认证工作。培育一批省级名牌农产品及地方名特优产品，培育一批年销售收入过亿元的农业龙头企业。大力发展以冰糖橙、油茶、桉树为主的经济林，以杉树、松树、楠竹为主的用材林，形成"结构合理、生态高效"的林业发展格局，逐步推动全方位生态化建设。

3. 充分挖掘优势，大力发展现代服务业

加快发展以旅游业为龙头的现代服务业。加快推进龙王岭宗教文化旅游以及悦来温泉度假小镇、板梁古村、黄克诚故居等景点提质改造，尽快启动长鹿

休闲农庄项目，推进便江景区创建国家4A级景区工作，推动永兴旅游产业转型升级。加快完善产业园区、产业集群、骨干企业生产配套服务体系，加快实施"三网融合"，推进"智慧城市"建设，促进电子商务发展，降低物流成本。建立适应市场需求和发展需要的省级或国家级的产业技术研发中心，发挥科技创新对产业发展的引领支撑作用。提升发展以商贸业为基础的生活性服务业。大力发展城市商业综合体、大型购物中心、商业步行街和品牌连锁超市，在加快推进保障性住房建设力度的基础上，推动大楼盘、大片区的整体开发，提升城市品位。

（二）融入大郴州，铺开现代山水田园城市的美丽画卷

1. 推进城南新区开发

结合郴州"大十字"城镇群战略布局和郴永大道建设契机，坚定不移实施县城建设"南延战略"，把城南新区作为今后一段时期城市建设的主战场，加快节点工程建设，使县城面积迅速扩大到20平方千米，把永兴建成为湘南最具活力的次中心城市。同时，要按照卫星城市标准，推进柏林、马田等中心城镇建设，实现城乡互动、城乡协调发展的新格局。

2. 完善城市基础设施

加快银都大道、桂高公路、青资公路等重点工程建设，同步推进水、电、视、讯、燃气等管网设施建设。加快推进旧城区提质改造，突出抓好对现有主城区的道路、管网进行综合提质改造，优化居住功能。加快建设银都文化广场、体育中心、演艺中心等大型公共设施，满足市民日益增长的文化生活需求。深入推进"三创"工作，大力推进城市绿化、亮化、净化、美化，使永兴真正成为宜居宜业宜游的城市。

3. 加快推进新农村建设

尽快完成通村通组公路建设，推进农村电力、信息化建设。要加快农村改革，开展农村产权制度改革试点，启动农村土地承包经营权、集体建设用地使用权和房屋所有权、宅基地使用权的确权、登记、颁证工作。要推进城乡同治。以农村环境整治为突破口，重点抓好城乡智能环卫系统建设和改水改厕工作，着力打造郴永大道、G107和武广高铁沿线统筹城乡发展示范带。大力发

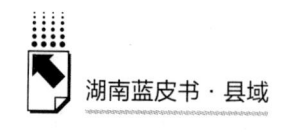

展庄园经济，在全县国省干道沿线规划建设一批现代农庄。从严规范村民建房，引导村民建房走上规范有序的轨道。

（三）推进大开放，激发创新发展的强大活力

1. 创实平台，积极承接产业转移

紧紧围绕基础设施、民生工程、生态环境、产业转型四条主线，主攻珠三角，跟进长三角，加强与央企、省企、名企对接，开展全方位、多层次的招商引资活动，大力引进电子信息产业、新能源、新材料、精细化工、机械装备等产业，着力引进一批世界500强企业、国内百强企业入驻永兴，建设全省承接产业转移示范县。

2. 创优服务，切实扩大外贸出口

坚持扩大国内市场与开拓国际市场并举，加强市场信息服务，积极帮助企业开拓外贸市场，提高自主品牌产品、高新技术产品和高附加值产品的出口比重。大力发展加工贸易，积极引进出口型、配套协作型加工贸易项目和企业，帮助有条件的企业申报自营进出口权，形成新的出口增长点。

3. 创新机制，激活各类发展要素

要理顺投融资体制，推动银企、银政合作对接融资，实现银行融资突破性增长。继续整合优化国有资源，做大做实做强湖南永兴银都投资建设发展（集团）有限公司，着力打造净资产200亿元以上的大型融资平台。加强资本运作，通过推动企业上市、发行企业债券等手段到资本市场融资。要加强对民间投资的支持和服务，畅通民间投资项目融资渠道，让民间资本真正成为支撑永兴县经济内生增长的主要动力。

（四）促进大和谐，不断提高人民群众的幸福指数

1. 全心谋求民生福祉

继续优化财政支出结构，提升财政保障能力，加大对各项公共服务和民生事业的投入力度。扎实推进为民办实事工作，认真梳理和统筹解决城乡群众特别是失地农民和低收入群体就业、就医、子女上学、住房、安全饮水、养老等各种现实利益问题，推进民生整体水平。

2. 全面发展社会事业

扎实推进教育强县战略，科学配置教育资源，统筹城乡教育均衡发展，大力发展优质职业教育和民办教育。加快公共卫生体系建设，尽快建成覆盖城乡、功能完善的疾病预防控制和医疗救治体系。充分挖掘永兴深厚的文化底蕴，大力实施文化惠民、文化遗产保护、文艺精品创作和文化产业项目建设等四大工程，完善公共文化服务体系。加快体育基础设施建设步伐，广泛开展全民健身活动。

3. 全力维护和谐稳定

推进企业安全生产标准化建设，严格落实安全生产政府部门监管责任和企业主体责任，强化源头监管和日常执法，统筹抓好矿山、交通、食品药品、危爆物品、危险化学品、建筑施工等方面安全生产工作。积极创新社会管理，夯实综治基层基础，加大对黑恶势力和"两抢一盗"、涉毒犯罪的打击力度，不断巩固"平安县"创建成果，全面增强社会治安防控能力，不断提升人民群众的安全感和满意度。

B.16
桂东县全面建成小康社会进展、问题与对策研究

黄 仲*

桂东县认真贯彻落实党的十八大、十八届三中全会精神，按照省委、省政府《关于分类指导加快推进全面建成小康社会的意见》的总体部署，以及市委、市政府"大干新三年，再创新辉煌"的总体要求，全面实施"一三三"发展战略，大力推进小康建设步伐，全面小康社会建设进展良好。

一 2012年桂东县全面建成小康社会实现程度

根据省委、省政府《关于分类指导加快推进全面建成小康社会的意见》文件精神，桂东县采用第三类标准进行考核。据初步测算，2012年桂东县全面建成小康社会总体实现程度为73.7%，比2011年度提高8.5个百分点。监测结果显示，在五大方面中，社会发展实现程度达85%以上，民主法治、人民生活、生态文明实现程度达80%以上，经济发展实现程度为47%。在监测的24项指标中，实现程度已达到全面小康的有9项，实现程度达90%以上的有5项，实现程度为80%~90%的有2项，实现程度低于70%的有8项，到2019年实现难度较大的有8项。

经济发展实现进度偏慢：2012年经济发展实现程度仅为47.7%。在经济发展子指标中，全面实现的只有一项，即城镇调查失业率，桂东县为3.94%，实现程度为100%。其他几项指标由于历史和客观的原因，总量和均量都偏低，特别是人均GDP，第二、第三产业增加值占GDP比重，城镇人口比重等，

---

* 黄仲，中共桂东县委副书记。

实现程度均不理想。

人民生活和社会发展均可按进度实现：2012年实现程度分别为80.0%和73.0%，可按进度实现。

民主法治和生态文明大部分已实现小康目标值：除单位GDP能耗实现程度为66.1%以外，其余指标均接近小康目标值。

二 到2019年实现全面小康面临的问题

受历史、区位等因素的限制，桂东县在推进全面建成小康社会的征途中还面临着诸多的困难和问题，突出表现为"一小""两大""三难"。

"一小"：即经济总量小。桂东县经济总量、GDP总量和财政收入总量等较小，致使人均GDP到2012年仅完成8500元，距全面小康目标的21000元相差12500元，年均增幅需达19%才能完成全面小康目标，目前按国家统计口径统计，桂东县增幅约为12.3%；人均财政总收入2012年仅完成863元，离全面小康目标2500元相差1637元，年均增幅需达23%才能完成全面小康目标，目前按国家统计口径统计桂东县增幅约18%。

"两大"：一是储蓄存款压力大。人均储蓄存款增长幅度偏低，2012年人均仅为9500元，到2019年要达到人均储蓄存款不少于24000元的目标，年均需要增长20%以上，因该项指标可控性很差，压力很大。二是节能减排压力大。由于桂东县工业发展滞后且处于产业结构转型期，在省委、省政府的支持下，20世纪初大力发展小水电，才真正有了工业的起步。目前14家规模工业企业中，高耗能企业占8家。高耗能企业必然带来高能耗，同时由于近年来桂东县加快城市化率，城市的扩大必然带来公共耗能的增加，因此造成桂东县单位GDP能耗偏高。

"三难"：一是要素保障难。受地理位置约束，桂东县项目建设用地指标少、报批难，征地拆迁任务重，土地供应紧张，同时还面临着融资难、用工难等问题。二是转型升级难。桂东县第一产业以传统农业为主，第二、第三产业层次低，规模化、集约化效应不明显，转型升级任重道远。三是群众增收难。农业传统县的格局仍然没有得到根本改变，群众增收渠道不多，加上桂东县是

自然灾害易发地区,群众因灾返贫情况较多。因此,桂东县贫困发生率较高,城镇居民可支配收入、农民人均纯收入较低。

三 桂东县在省、市全面建成小康社会的排位情况

2012年郴州市全面小康进程实现程度为79.5%,桂东县比郴州市平均水平低5.8个百分点,比湖南省平均水平低12.6个百分点。郴州市11个县市区中,全面小康进程实现程度达80%以上的有资兴、北湖、苏仙,实现程度为70%~80%的有永兴、桂阳、嘉禾、宜章、临武。同时,与湖南省20个贫困县相比较,桂东县实现程度排名靠后,特别是几大主要经济指标总量和增量均排在倒数第3位。

四 桂东县全面建成小康社会的努力方向

建成全面小康社会,必须坚定不移地以科学发展观为指导,以"稳中求进、快中求好"为总基调,以创建全国生态文明示范县为契机,着力筑牢基础、做大总量、优化环境、加速发展,确保按期并力争提前达到全面小康目标。

(一)突出产业建设,全力推进经济发展

要着重以工业园区为载体,以转型升级为取向,按照"提升传统产业、做大优势产业、培育新型产业"的发展思路,加快产业发展步伐。一是加强平台建设。要高起点搞好工业园扩园规划设计,科学合理规划园区产业布局。加快园区基础设施建设,全面提高工业园区综合承载能力。二是加快生态产业的发展,首先要加快发展特色农业,促进农业产业规模化、集约化发展。具体而言,就是要着力培育壮大茶叶、药材、楠竹、花卉苗木、高山蔬菜等特色农业产业。其次是通过培育农业龙头企业,推动农产品精深加工企业快速发展,提升农产品附加值,同时增加规模以上企业农场加工产值与农业产值的占比。再次要加快发展以生态旅游业为龙头的第三产业。把生态旅游业作为一个战略

性产业摆上更加突出的位置，打造全国"养生天堂、避暑胜地"的旅游品牌，使生态旅游带动桂东县第三产业快速发展，从而成为桂东新的经济增长点。三是促进工业升级。要稳步推进几大硅厂的技术改革，做强硅产品精深加工业。四是发展新兴产业。要跟紧风电等能源项目，大力发展电子信息、制药、高科技等新兴产业。五是加快项目储备和建设。创新招商方式，优化投资结构，实行引资、引企、引才、引智相结合，全力招大商引大智。积极培育民营企业，发展壮大非公有制经济。支持下岗失业人员、大学生、城镇退役士兵、返乡农民工自主创业。大力开展"项目建设大会战"活动。建立健全项目推进机制，全力推进项目建设进度。六是大力发展现代服务业。积极发展城市经济、物流经济、旅游经济等现代服务业。引导房地产开发企业建设精品楼盘，积极培育现代物流企业，加快城乡商贸流通、供销网络体系建设，不断拓宽城乡消费市场。大力发展餐饮等生活性服务业，建设一批高标准的现代休闲农庄。

（二）突出城镇建设，着力城乡统筹

一是以加快产业发展支撑城镇化。产业发展水平决定生产要素聚集程度，决定城镇人口规模。二是完善基础设施建设推进城镇化。大力实施项目带动发展战略，以项目建设为出发点，逐步完善桂东基础设施建设，推进城镇化进程。三是以体制创新促进城镇化。进一步破除制约城镇化发展的规章制度，构筑城镇化发展的体制平台。要完善城镇社会保障制度。建立健全城镇公共服务和社区服务等功能。四是以县城为重点拉动城镇化。以县城为中心，以小城镇为组团，以新农村为支点，加快新型城镇化进程。

（三）突出科技投入，着力科技发展

一是强化科技投入。要进一步提高科技投入水平，逐步建立有利于促进科技进步的多元化科技投融资体系。二是加强科技队伍建设。建立科技人才进退长效机制，解决农村技术人才断层问题，同时加强继续教育工作，开展各类培训，与大专院校、科研机构广泛开展合作，以解决知识老化和知识更新问题。三是推进高新技术产业发展。以园区为载体，围绕重点领域，推进桂东县高新技术产业快速发展。以人才引进和信息化建设为重点，促进公司

与国内外科研机构、大专院校的合作，进一步提高农副产品加工企业的技术含量和附加值。围绕本地资源优势，着力引进有技术和有资金实力的企业落户工业园区，带动桂东县高新技术产业的快速发展，推动桂东县产业结构的换代与升级。

（四）突出社会建设，着力改善民生

一是实施好"民生100工程"。继续在城乡基础、公共服务设施、社会保障、教育、文化、医疗、环保等领域，加大投入，惠及更多的人民群众。二是加快居民收入增长。采取多种手段，切实提高各类群体的收入水平。稳步提高最低工资标准和困难群众保障水平。三是统筹发展各项社会事业。推进城区学校扩容提质，合理配置城乡教育资源，建设好县职教中心，加强农村小学基础设施建设。四是加强生态建设和环境保护。要紧紧围绕建设资源节约型和环境友好型社会，加强生态建设和环境保护，坚持保护与开发并重，坚持珍惜资源、节约资源和集约使用资源，提高资源利用效率，增强可持续发展能力。

（五）突出和谐稳定，着力保障发展

坚持以群众工作为统揽，健全群众诉求表达、矛盾调处和权益保障机制，完善社会治安防控体系，加强安全生产和应急管理。开展基层平安创建活动。按照"有黑必打、除恶务尽"的原则，始终保持高压态势，加强重点区域、重点乡镇、重点行业的社会管理综合治理力度。

五 对推进全面小康社会的建议

近年来桂东县牢牢把握"科学跨越，富民强县"这一主题和"做好生态文章，加快绿色崛起"这一主线，全力实施"一三三"发展战略，将发展路径从传统经济发展模式向特色县域经济（生态经济）差异化发展转型。特别是2012年以来，县委、县政府举全县之力争创"全国生态文明示范县"，提高产业准入门槛，严格落实环保"三同时"制度，建立"三高一低"企业逐步退出机制，关闭了数十家采矿、冶炼、造纸等有一定污染的工业企业。但是

按照现行统计口径，有些生态经济总量无法进入统计，造成桂东县经济发展总量和工业经济总量不但没有增长，反而出现下降的趋势。按照现行的一些监测体系指标统计，无法准确、客观、全面地反映桂东县经济发展现状。为此，特提出如下建议。

一是出台对既是国家贫困县又是生态经济发展探索县的特殊扶持政策。建议省、市加大对桂东县这类既是国家贫困县又是生态经济发展探索县的政策扶持力度，特别在生态工业发展、稳定财源建设、异地拆迁扶贫等方面加大力度。

二是加大对基础设施和产业发展的扶持力度。桂东经济社会发展落后，主要原因是基础设施落后、产业发展滞后，为此，我们请求在道路交通、农田水利、生态环保、产业建设、新能源、社会事业等项目上，省、市予以桂东等国家级贫困县更大的扶持力度。

三是完善分类考核指标，增设加分项目。桂东是国务院核定的全国重点生态主体功能区、南岭山脉生物多样性和水源涵养型重点生态主题功能区，占东江湖80%的集水面积。为此建议省市统计部门采用普遍性与特殊性相结合的原则，用差异化的统计口径评估主要经济指标，使主要经济指标在"三量"上能真正反映桂东县的经济发展状况和水平。如在评估GDP、规模工业增加值、社会消费品零售总额时，虽要考虑税收的增幅支撑，但也要考虑许多企业是生态免税企业。如不考虑企业免税的因素，单纯用税收增长率来评估GDP、规模工业增加值、社会消费品总额的增幅，则测评的增幅无法真实反映一个地方的经济发展现状。同时建议将贫困发生率改为评估贫困人口的下降率，人均储蓄存款总量改为考核人均储蓄存款增长率；建议考核评估体系除24项指标外，针对桂东县这类特色明显、县域经济差异化发展的县，增设加分评价指标，如可为桂东县在生态文明建设方面增设一些加分项目。

B.17 加快转型升级　谋求跨越发展

资兴市委　资兴市政府

作为国家第二批资源枯竭城市，加快转型是提升资兴县域经济实力的首要之举。近年来，资兴市委、市政府紧紧围绕"大干新三年、冲刺百强县"战略目标，突出转型升级主题，努力探索可持续的转型发展之路。2013年，全市实现生产总值247.37亿元，同比增长11.6%；完成财政总收入28.54亿元，同比增长22.3%。经济结构和发展质量不断优化，煤炭相关产业占GDP的比重由2007年的40.8%下降到2013年的22.3%，园区规模工业增加值占全市规模工业增加值比重达60%。县域综合实力不断提升，跃居全省第5位。先后获得全国社会治安综合治理最高奖——"长安杯"、全国首批循环经济示范市、全国首个生态旅游示范区、最中国生态城市等一系列荣誉称号。

一　坚持以旅游产业推动转型发展

面对资源日益枯竭的严峻现实，资兴把目光由地下矿产资源转向地上山水资源，努力实现经济社会发展从"地下"向"地上"、从"黑色"向"绿色"转变。一是锁定旅游发展目标。坚持把休闲旅游作为支柱产业来打造，充分发挥面积达160平方千米的国家级风景名胜区——东江湖的独特旅游资源优势，展示"水"特色，做活"水"文化，着力把旅游业培育成为战略支柱产业，把东江湖打造成世界级旅游风景区、国家级旅游度假区。坚持把全市作为一个大景区来打造，着力完善"吃、住、行、游、购、娱"旅游六要素，致力解决旅游"淡与旺、点与面、昼与夜、山与水"的关系，加快构建环东江湖生态旅游经济圈。二是坚持高端策划营销。先后邀请王志纲、叶文智等策划大师做客"东江湖论坛"，对东江湖的旅游发展"支招献策"。成功承办2012年中国湖南国际旅游节开幕式，开展了东江湖"相约"瑞士日内瓦湖等交流活动，举办了"东江湖"国际民歌节等重大节会，成为中央七台"美丽中国乡村行"节目拍摄基地，打响了"游山张家界、玩水东江湖"的旅游品牌，东江湖逐步走向了国际旅游舞台。三是着力建设精品景区。积极创建东江湖国家5A级旅游景区，实施了"三年旅游百亿投资计划"，建设了"三湘四水·东江湖"旅游文化街、黄草潇湘风情小镇等一批休闲旅游精品项目，推动了旅游与文化、旅游与体育、旅游与商贸的融合。环东江湖国际自行车赛等康体旅游项目深受国内外游客喜爱，雾漫小东江成为全国知名的旅游摄影基地。目前，东江湖创建国家5A级旅游景区工作进入迎国检最后阶段。近三年来，全市接待游客人数和旅游总收入年均增幅达30%以上。

二 坚持以新兴产业支撑转型发展

着眼于加快走出资源路径依赖，促进经济增长由主要依靠煤炭经济，向以新型产业为主的园区经济转变。一是园区化发展新型工业。坚持把园区作为工业转型升级的第一平台，着力打造千亿元园区、生态园区和科技园区，积极创建国家级经济技术开发区。坚持政策向园区倾斜、要素向园区集中、产业向园区集聚，园区面积由6.7平方千米逐步扩张到20平方千米，现入园企业达150多家，成为"湖南省十强经开区"和"湖南第一批新型工业化·新材料产业示范基地"。二是集群化发展新兴产业。改造提升有色金属、建材、食品等传统产业，推进资源精深加工和综合利用，扶持发展了华信有色等一批有色金属精深加工企业。着力培育壮大新能源、新材料、电子信息等新兴产业，杉杉新材料、华康新材料等一批新兴产业项目先后投产见效，2013年又新引进清兰高铁配件等20家新兴产业项目，其中投资上亿元的项目有10个，促进了新兴产业集群发展。丰越环保等2家企业进入"上市"辅导，杉杉新材料等5家企业被认定为国家级高新技术企业。全市高新技术产品增加值占规模工业增加值的比重达28.5%。三是产业化发展现代农业。鼓励农村土地流转，推动农业向园区化发展，高标准规划建设了各占地5000亩的以休闲、体验农业为主的绿色家园农业观光园和双溪洞现代农业产业示范园，庄园经济不但发展壮大，休闲观光农业也已成为资兴现代农业的新"引擎"。大力发展农产品加工农业，培育壮大了东江鱼、狗脑贡茶等农业龙头企业，全市规模以上农产品加工企业达26家，罗围农产品加工园被认定为国家农产品加工创业示范基地。

三 坚持以新型城镇化带动转型发展

坚持城乡统筹、产城联动、民生优先，大力推进城市转型。一是大手笔打造魅力城市。立足"以河为轴，两岸开发"构想，突出"以水为魂"理念，坚持高端谋划、顶层设计，邀请国内顶级规划专家，以国际化眼光制定了东江新城滨江特色的系列规划，着力打造最美最靓的中国水城。坚持城市提质与扩容并重，近年来先后投资近20亿元用于城市基础设施建设，大力开展"城乡环境同治"，实现了老工业城市向现代生态宜居城市的华丽蝶变。大力发展城市经济，积极推动"旅游城市"向"城市旅游"转变，出台鼓励休闲旅游业发展的政策意见，培育壮大餐饮、茶艺、保健、娱乐、康体等现代服务业，在东江湾区域大力发展旅游地产、总部经济、楼宇经济、会展经济、文化创意等新兴业态，新建大型城市商业综合体3处、四星级酒店2家。2013年全市服务业增加值达到56.46亿元，同比增长13.0%。二是大力度建设美丽乡村。以建设全省城乡一体化发展示范市为目标，以城乡规划建设、产业发展、生态环境、创业就业、公共服务、社会管理"六个城乡一体化"为抓手，差异化推进以环东江湖和S322、S213线"一湖两线""十镇百村"为重点的统筹城乡发展示范片建设。资兴"一个着眼点，三项改革"的城乡统筹建设经验得到省长的高度重视，批示拟将资兴列为"全省推进新型城镇化、城乡一体化试点"。同时，充分发挥小城镇在统筹城乡发展上的联结点作用，大力加强小城镇建设，引进上海元合建设管理有限公司筹资建设"元合新镇"，黄草潇湘风情水镇已成为全省知名的休闲旅游小镇。在郴州率先推行简政放权、扩权强镇改革，在兴宁等4个乡镇先行试点，下放了52项县级管理权限，增强了乡镇发展的内生动力。积极推行差异化绩效考核，对7个三类乡镇不再考核财税任务，以科学考核促进转型发展。三是大投入改善民本民生。完成了总投资12.58亿元涉及全市14个乡镇75个村6368户19261人的东江水库移民避险搬迁工程。实施了涉及1.3万余户的中央下放煤矿棚户区和林业棚户区改造项目，既改善了工矿区居民的居住条件，又彻底改变了城市面貌。积极引导农村居民向中心小镇转移，推动农村人口市民化。率先实施"一户一产业工人"培养工程，每年投入5000多万元，推行职业教育与技能培训免学费、免生活费、免实习实训费、送误工补贴"三免一送"政策，为城乡每户家庭培养一名产业工人，把"职业农民"转为"产业工人"。2013年城镇居民人均可支配收入22585元，农村居民人均纯收入12970元，同比分别增长11.5%和13.6%，农村居民人均纯收入增幅连续7年高于城镇居民增幅水平。

四　坚持以生态文明引领转型发展

坚持把"生态立市"和绿色发展贯穿于经济社会发展的各个方面和环节，邀请中国环境科学院编制《资兴市生态文明城市发展规划》，力争把以东江湖为核心的资兴生态文明建设规划编制成为全国的范本。一是大力保护东江湖水环境。把东江湖作为湖南省重要战略水源地加以严格保护，实施了东江湖网箱退水上岸、库区重金属污染治理、亚行贷款东江湖生态保护等一批水环境保护项目，关闭了流域内东坪金矿等10多个采矿区。近年来全市用于东江湖保护的管理资金每年高达3000余万元，治理资金累计达1.2亿余元，东江湖水质长期保持地表水Ⅱ类水质标准。二是扎实开展生态环境治理。综合运用经济、市场、行政等多种手段推进环保工作，先后否决了46个经过论证将产生超标污染的工业项目，否决投资金额达45亿元。积极推进节能减排，关闭了德兴水泥等10多家高污染、高能耗企业。实施了总投资达11亿元的资源枯竭城市矿山地质环境恢复治理项目，矿山生态环境得到恢复。三是狠抓林业生态建设。积极创建国家森林城市，实施从紧的林业采伐政策，全市共划定生态公益林118万亩，占全市林地面积的37%，林菌、林药、林牧等林下经济成为林业转型的新亮点。大力开展"三年城乡绿化"攻坚，全面推进城区绿化、通道绿化、水系绿化等九个方面的绿化工作，全市森林覆盖率达71%以上。2013年，资兴成功入选"全球网民推荐的中国生态城市"，获得全国"最中国生态城市"称号。

B.18
祁阳县全面小康社会建设的对策研究

李天明*

党的十八大报告明确要求到2020年全面建成小康社会，祁阳县全面建成小康目标是到2019年在永州市率先实现全面小康。作为全国粮食生产先进县、科技进步先进县、生猪调出大县、油茶产业基地建设示范县、小农水重点县、"中国油茶之乡"以及全省县域经济强县、首轮发展特色县域经济重点县，祁阳县按照中央和省市要求，在全面小康社会建设中做了一些有益的尝试，逐步探索出了一条符合县情实际、富有祁阳特色的全面小康建设新路。

一 祁阳县经济社会发展及全面小康建设情况

2013年，祁阳县深入实施环境立县、产业强县、开放活县、科教兴县、依法治县"五大战略"，坚持不懈稳增长、调结构、抓创新，持之以恒重统筹、惠民生、促和谐，全县经济社会实现持续、健康、协调发展，全面小康社会建设取得了新成效。

（一）县域经济跨越发展

全年实现地方生产总值195亿元（预计数），同比增长10.2%。预计2013年全面小康实现程度为68.4%。实现规模工业增加值41亿元，同比增长12.6%。完成财政总收入9.82亿元，同比增长20.3%，其中税收收入占财政总收入的74.5%。完成社会消费品零售总额43.6亿元，同比增长13.7%。完

---

* 李天明，中共祁阳县委常委、常务副县长。

成产值过亿元、5亿元以上的骨干企业分别达到40家、4家。实缴税金过1000万元、2000万元、5000万元以上的工业企业分别达6家、5家、1家。被评为全省发展非公有制经济和中小企业先进县。祁阳经济开发区实现工业总产值103亿元，其中规模以上工业产值88亿元，实交税金2.2亿元。完成农业增加值36.5亿元，同比增长4%。祁阳县以综合成绩第一被省委、省政府确定为全省首轮特色县域经济农副产品加工业重点县，跻身全国粮食生产先进县、农业先进集体和全省农业产业化先进县、农副产品加工特色经济先进县、水稻集中育秧先进县、无害化处理工作示范县，被评为全省重大动物疫病防控、防汛抗旱、水土保持、油茶生产和林政资源管理先进单位。农村商业银行顺利通过省银监会验收。成功举办了全县首届金融信贷产品推介活动，现场签约资金26亿元。全县金融机构存款余额197.96亿元，贷款余额71.15亿元，分别比年初增加25.2亿元、7.26亿元。

（二）项目建设加力推进

全年完成固定资产投资179.5亿元，增长35%。湘桂铁路复线和祁阳火车站建成通车，祁阳迎来"高铁"时代。祁阳经济开发区规模迈上新台阶，完成投资2亿元，新增建成区面积2平方千米。凯迪生物质发电、东骏纺织、华泰钢瓶、华庆泡棉、合丰拉链、富康源电子、自然韵黑茶等项目建成，千山医疗机械、鑫利生物科技、富福服装项目正加紧建设。祁冷快速干线、322国道绕城线全线形成路基，木金公路、黎马公路、唐家岭汽车站启动建设。成功举办祁阳首届房交会，县城沿江路扩改一期工程全面完工，原种场片区开发全面启动。

（三）改革开放焕发活力

农村土地流转取得较好成效，农技推广服务体系不断健全，河道采砂专项整治成效明显；城市客运管理职能顺利移交，新失地农民养老保险全面推行。招商引资成效明显。全县新批外资项目6个，承接产业转移项目46个，实际到位外资1亿美元，内联引资56亿元。中纺集团、华润燃气、永丰机电等一批投资过亿元的大项目、好项目落户祁阳，祁阳县被评为全省利用外资工作先进县。对外贸易稳步发展。全年累计完成外贸进出口总额9200万美元，其中出口8000万美元，被评为全省外贸出口重点县。创新能力建设加快推进。全年申请专利260件，授权180件，授权量居全市第一，获省政府专利奖2项，市科技进步奖3项，科技对经济发展的贡献率达到53%，成功申报湖南省科技成果转化示范县，再次被评为全国科技进步先进县和科普示范县。

（四）社会事业蓬勃发展

全年完成20所为民办实事项目校园建设任务，创建民办普惠园48所，开办县城西区明德小学和县中心幼儿园，教育均衡发展迈出新步伐；高考一、二批本科上线1982人，上线总人数、一本二本上线率均排全市第一；职成教育基础能力建设加快，入围"全国农村职业教育和成人教育示范县"，被评为全国职业教育先进单位。卫生事业有新发展。县级公立医院改革有序推进，医疗服务体系建设更为健全。有效实施"三城同创"，扎实推进城乡环境同治，市容市貌明显改观，市民文明素质有所提升，继续保持"省级文明县城"和"省级卫生县城"称号，黎家坪镇被列为全国发展改革试点镇和全省第三轮小城镇建设示范镇。文化事业取得较好成效，大型文艺活动开展如火如荼，"两馆"免费开放深受欢迎，李家大院被列为全国重点文物保护单位。群众体育活动蓬勃开展，广电事业稳步推进。人口计生工作成效显著，创"国优"顺利过关。

（五）民生保障全面落实

全年投入24.55亿元用于改善民生，占财政总支出的77.7%。省市下达的29项为民办实事指标全面完成。实现城镇居民人均可支配收入18695元，农民人均现金收入9070元。新增城镇就业6690人、农村劳动力转移就业8300人。五大保险实现扩面提标，参保人数达90万人。城乡居民社会养老保险基本实现全覆盖。城乡低保扩面提标，发放资金1.19亿元；五保供养1.2万余人，五保老人分散供养标准继续提高。医疗保障得到加强，城镇居民参保率为95.8%；新农合参合率达98.98%。住房保障不断完善，新建廉租房9600平方米、公租房2万平方米;完成农村危旧房改造1228户、10.5万平方米。重点行业及领域实现"零事故、零死亡"目标,祁阳县连续两年被评为全省安全生产工作先进县和煤矿安全监管先进单位。信访维稳成效明显,在全国、省"两会"及十八大期间,全县赴省进京非正常上访实现"零指标"。深入开展"打黑治恶"等专项行动,破获各类刑事案件1112起,打击处理违法犯罪人员2408人,群众安全感明显增强。

二 祁阳县全面小康社会建设存在的问题及差距

2012年,祁阳县全面小康实现程度为64.74%,在全市6个县区中排名第2位。从2012年的相关数据以及当前全县经济社会发展情况来分析,全面小康社会建设与上级的要求相比,还存在一些差距,主要表现在以下五个方面:一是经济发展水平较低。全县人均GDP为15505元,实现程度为45.6%;人均公共财政收入951元,实现程度为28.82%;城镇化率39.6%,实现程度为66%;规模以上企业产品加工产值与农业产值比为110%,实现程度为44%。二是人民生活水平不高。城镇居民可支配收入为19776元,农村居民人均纯收入为8816元,实现程度为56.14%;居民文教娱乐服务消费支出占消费支出比重为10.65%,实现程度为62.5%。三是文化教育相对滞后。高中阶段毛入学率为85.31%,实现程度为94.8%,平均受教育年限9年,实现程度为85.71%;人均拥有公共文化体育设施面积离目标也有很大的差距。四是民主法治有待加强。社会安全指数为90%,实现程度为90%。五是资源环境有待改善。单位GDP能耗为0.996吨标准煤/万元(按2000年不变价),实现程度为80.32%;农村垃圾集中处理率为11%,实现程度为11.57%。

三 对祁阳县推进全面小康社会建设的对策建议

今后一段时期,祁阳县应将全面小康社会建设工作作为全县经济社会发展的总抓手,以"三量齐升"为总要求,以全省争先、全市领跑为总目标,进一步创新思路,扭住经济建设主线,科学谋划发展,确保2014年全县全面小

康实现程度在上年基础上提升3.5个百分点左右。具体来讲，要做好以下几个方面工作。

（一）要主攻经济转型，构建产业优势

1. 壮大新型工业

一是做大产业规模。加快传统优势产业转型升级，壮大农林产品加工、机电制造、矿产资源深加工等产业集群，着力推进冶炼、水泥、玻璃、稀土等产业转型升级，淘汰一批落后产能；大力培育清洁能源、生物医药、电子信息、轻纺制鞋等新兴产业，打造全国轻纺制鞋、生物制药承接基地，加快建设全国农副产品加工大县强县。二做强优势企业。积极引导企业扩能提质，促进产品转型升级，大力推进工业企业智能化、自动化生产，推动企业工业化、信息化深度融合，做强企业实力；推动凯迪生物质发电、千山医疗器械、华泰钢瓶、华庆泡绵、东竣纺织二期、合丰拉链、富康源电子、鑫利生物科技等工业项目尽快投产；加快金浩茶油与中纺集团、银光粮油与湘粮集团对接步伐，力促皓志稀土、科力尔电机等企业尽快上市。三是做优园区载体。以争创国家级经济技术开发区为目标，加速推进祁阳经开区建设，打造工业大平台。

2. 发展现代农业

一是扩大粮食总量。推进粮食高产创建，挖掘旱粮生产潜力，推动粮食扩面提质，继续巩固和确保全国粮食大县、全国粮食生产先进县地位。二是扶强特色产业。以农副产品加工产业重点县建设为契机，围绕优质稻、油茶、畜禽、果蔬等优势产业，扶持发展农产品加工龙头企业。着力推进全省产油大县项目建设，全面开展油茶、油菜、大豆高产示范基地创建，建设万亩高产油茶示范基地、高档优质稻订单基地，推动产业优化升级。三是创建示范园区。以"产业兴园、品牌兴农"为出发点，选择自然环境优、基础条件好、经济效益好的3万~5万亩区域作为现代农业示范园建设地址，通过科学规划、合理布局、集中投入，实现区域化布局、产业化经营、标准化生产、现代化管理。四是突出设施建设。大力实施小二型水库加固除险，完成中小河流治理、小农水重点县等项目建设，继续推进"五小水利"、移民开发、农业综合开发、扶贫攻坚建设，实现农业基础设施条件大改观。

3. 繁荣第三产业

一是融合发展文化旅游。深入开发陶铸故里·湘江综合旅游项目，加快建设现代碑廊、十里平湖等经典景区和项目；加大景区创建力度，积极开展农家乐、星级酒店、A级景区等各类争创工作；精心包装推出一批旅游精品线路，大力发展生态游、乡村游、红色游，推动旅游与文化、体育、生态融合发展。二是创新发展金融服务。扎实推进政银企合作，引导金融机构扩大有效信贷投放，力争年内新引进1~2家金融机构。三是加快发展商贸物流。加快祁阳火车站和祁阳经开区现代物流中心建设，打造全县物流集散地。大力发展新型物流业态，努力扩大商贸物流规模。

（二）要推进项目建设，筑牢经济基础

1. 大引项目

创新招商方式，突出领导带头、分队专抓、驻点上门招商；转变招商理念，坚守国家产业政策和环保底线，注重项目投资强度、科技含量、产出效益；拓展招商领域，深度承接长珠闽，积极对接京津冀，主动携手东盟与央企；突出招商重点，围绕六大支柱产业，紧盯大项目、大产业、大集团，主攻高税收率、高附加值、高关联度项目。

2. 紧跟项目

把握政策走向、投资方向，精心开发、包装一批有引领性、前瞻性的大项目、好项目。善于创造有利条件，勤于衔接汇报，紧紧围绕"三农"、改革、民生、环保等重点领域，积极向上申报项目、争取资金。

3. 力建项目

加快建设产业项目。加快祁阳经济开发区电子信息产业园等项目的建设进度，启动海螺水泥等重点项目二期工程，开工建设富福服装、永丰机电等一批项目，做好中纺集团合作项目等一批重大项目的前期工作，提升产业发展水平。加速推进基础项目。全面完成县内干线公路和火车站配套工程建设，加快唐家岭汽车站建设和县城主要道路提质改造进度，做好千吨级航道码头建设筹备工作，抓好小二型水库除险加固、湘江流域综合治理、片区农业综合开发项目和"万千百"粮食高产创建活动，提高农业综合生产能力。加紧配套民生

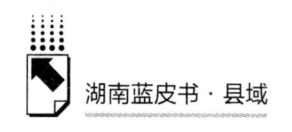

项目。争取县人民医院综合大楼主体工程和省市既定的合格学校、公办幼儿园及校安工程建设完工，陶铸体育馆、县档案馆投用。

（三）要着眼宜居宜业，改善城乡面貌

1. 搞好城镇规划

县城按照"东调西优、南拓北扩"的发展思路，形成"一江两岸、比翼齐飞，滨江宜居、山清水秀"的中等城市发展格局，将祁阳打造成为衡永经济发展轴上的重要城市。抓紧完成县城总规报批和控制性详规修改，完成浯溪生态新城等几个片区开发修建性详规。积极开展建制镇总规和控制性详规编制，力争三年内完成集镇、村庄规划，形成以中心镇、建制镇、集镇、中心村为骨干的村镇网络体系。

2. 建好城乡项目

加快片区开发。规划湘江南岸的浯溪生态新城片区开发，促进江南、江北对称发展。启动县城西区杨梅湖片区开发，加快原种场片区、火车站片区及经开区的开发建设进度。优化道路网络。对外，强化交通对接，打通县城南北大门；对内，打造祁阳城市道路骨架，拓宽城市近期建设边界。完善城乡功能。加强县城基础设施建设，促进城市提质扩容。拓宽小城镇建设投入渠道，完善设施配套，提升承载能力。着力推进新农村建设，改善农村面貌。

3. 抓好城乡管理

大力开展城市专项整治，组织涉城管理、执法部门联合开展专项整治行动，提升城市管理水平。深入开展城乡环境同治，强化城乡环卫基础设施建设，提升城乡运输综合能力，推进县城夜市规范化管理，改善城镇面貌，确保城乡环境卫生干净整洁。扎实开展生态环境治理。着力建设绿色祁阳、现代城镇、秀美村庄。

（四）要做大财政蛋糕，增强保障能力

1. 加强财源培植

不断培育壮大新的财税增长点。继续加大财政资金投入，提高资金绩效。全面兑现各项财税优惠政策和发展奖励措施，支持骨干企业科技创新和技术改

造，扶持中小企业发展和园区基础设施建设。认真研究上级的各项政策，紧跟新一轮财税体制改革，积极向上争资争项，促进可用财力增长。

2. 强化税收征管

坚持依法治税，强化财税征管，提高税收征管质量和效率。有针对性地开展纳税评估和税收稽查，实现应收尽收。做好房地产税费一体化的查漏补缺工作，确保每一个项目、环节和每一种收入均纳入房地产税费一体化征收系统。

3. 调优支出结构

从严控制一般性支出，从紧控制会议费支出，做到办公性行政经费零增长、"三公"经费负增长。全面实行公务卡制度，对"三公"经费及会议费、培训费等经费支出，逐步推行使用公务卡结算。科学配置财政资金，全面优化支出结构，努力保障民生支出，将财力重点向"三农"、民生工程、社会保障和公共事业倾斜，确保民生投入占财政总支出比例逐年提高。

（五）要倾力改善民生，开创和谐局面

1. 大力实施民生工程

加大惠民力度，不断提升"惠民指数"。全力落实省市为民办实事各项指标任务，坚决落实向全县人民群众承诺解决的重大民生问题，继续实施好"食品安全、住房、就业、养老、教育、医疗、社会救助、安全用水、文体、扶贫"等十项民生工程。

2. 全力发展社会事业

优先发展教育事业。加快普及学前教育，基本均衡义务教育，加强城区中小学校学位建设，大力实施改造提质工程。积极备战高考，力促祁阳一中跻身全省名校第一方阵。支持职业教育和民办教育发展，推动教育全面科学、公平均衡、安全规范、内涵创新发展。大力发展卫生事业，继续深化基层医药卫生合同制改革和县级公立医院综合改革，做好重大疾病防治工作。实施文体惠民，完善文体设施，增强文化软实力，发展体育事业，开展全民健身。积极发展老龄事业和慈善事业，推进基层民主和城乡社区建设。

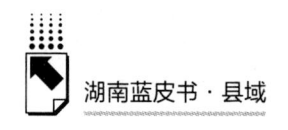

3. 致力创新社会管理

加强社会治安综合治理，完善社区"1234"网格化管理模式，健全防控网络，提高街面见警率，提升群众安全感；开展"打黑除恶"等专项行动，严打"两抢一盗"等刑事犯罪，促进社会治安好转。加强生产安全管理，深入开展安全生产大检查和"打非治违"等专项行动，推进安全生产形势持续稳定好转。完善信访工作制度，夯实基层基础，强化信访责任，规范信访秩序，及时就地解决群众合理诉求。深化人民调解、行政调解、司法调解相互配合、相互衔接的"三位一体"大调解工作体系和机制。探索推行综治工作站、综治小区、综治小组，推行"村为主"的基层治理改革，形成源头治理、动态管理、应急处理相结合的社会治理新格局。

（六）要推进全面小康，树立领跑标杆

1. 明确目标任务

将2014年作为实施全面小康社会建设攻坚战的起步之年，力争全面小康实现程度在2013年的基础上提高3.5个百分点左右。到2016年，力争全县全面小康实现程度达到91%，到2019年在全市各县区率先实现全面小康。

2. 突出工作重点

针对全面小康建设的薄弱环节，集中力量开展攻坚。严格按照"三量齐升"的总要求，以做大经济总量为基础，带动提升人均均量，不断优化发展质量。今后一段时期，全县地方生产总值年均增速确保11%以上，力争经济发展硬指标尽早达到全面小康要求。软指标方面，已达标的要着力巩固提高，实现程度较高的要致力提前完成，差距较大的要奋力突破。按照省分类指导原则和市分区域布局、分类别考核、分梯次推进的要求，根据全县各镇乡办场的经济发展状况，切实加强分类指导、督查督导，促进全县全面建成小康工作协调推进、均衡发展。

3. 强化措施保障

完善全面小康建设领导机制和工作推进机制，出台全面小康建设的系列制度、政策文件、实施细则和考核办法，将目标任务细化分解到各镇乡办场和县

直单位，落实到每一年度、每个环节。全面开展监测跟踪，确保全面小康建设如期推进。加大督查督办力度，及时查找问题，科学采取对策，确保各项指标达到进度。建立科学考评体系，分阶段对指标实施情况进行评估考核。将全面小康建设纳入各单位绩效考核重要内容。加强组织领导和监测督查，确保各项工作落到实处。

B.19
统筹城乡发展　建设小康蓝山

冯德校*

近年来，在省委、省政府和市委、市政府的正确领导下，蓝山县委、县政府坚持以科学发展观为指导，以科学发展富民强县为主题，以实现经济社会发展"三量齐升"为总要求，以转变经济发展方式为主线，以建设"湘南国家级承接产业转移示范区"为总抓手，全面推进"四化两型"，着力建设"四个蓝山"，实现了全县经济社会持续健康快速发展。蓝山相继荣获湖南省毛针织产业基地县、湖南省非公有制经济发展先进县、湖南省承接产业转移重点县、湖南省外贸进出口基地县、湖南省新农村建设先进县、湖南省社会管理综合治理先进县、湖南省县域经济发展先进县和湖南省计划生育工作先进县等称号。

一　认真总结全面建成小康社会取得的成绩

对照省二类县监测指标体系，蓝山在经济发展、人民生活、社会发展、民主法治、生态文明等5个方面共23项全面建设小康社会监测指标中，实现程度达100%的有8项，实现程度达80%以上的有8项，实现程度为60%~80%的有4项，实现程度达60%以下的有10项。

（一）综合实力不断增强

经济总量不断跃升。"十一五"期间，蓝山地方生产总值年均增长14.4%，增幅排永州市第一；全社会固定资产投资累计突破100亿元大关，超过"十一五"目标30亿元。2013年，全县完成地方生产总值增长9.7%，增

---

* 冯德校，蓝山县人民政府县长。

幅位居全市第四；规模工业增加值增长12.4%；固定资产投资增长32.3%，社会消费品零售总额增长13.5%。财税金融支撑作用明显。2013年，蓝山财政总收入增长19.9%；金融机构各项贷款余额达23.42亿元，增长22%，蓝山农村商业银行挂牌开业，倾力打造"蓝山人民自己的银行"，县外汇服务工作站正式挂牌营业，县工商银行、农业银行继建设银行之后成功开办外汇业务。

（二）项目建设顺利推进

争资跑项成效明显。2013年，"湘江源头在蓝山"成功正名，蓝山被列为"全国小农水重点县"，毛俊水库成功挤进国家"十二五"大中型水库水利开发建设规划，湘江源至宁远九嶷山公路纳入省"十二五"干线公路中期调整规划，毛江水库扩建工程前期工作进展顺利。基础设施项目顺利推进。2013年，全县完成农村公路通畅工程35千米，4条10千瓦线路和32个行政村的农网改造全面完成。城建项目快速推进。县城垃圾处理场、一市场改造完工。千亩产业园抓紧实施"三通一平"，必达电子信息园、归雁创业园新建厂房16栋。农业项目稳步推进。水库除险加固、农村户用沼气池和农村饮水安全工程全部完成。全县完成烟水烟路66.6千米，新建密集型烤房群14个、烤房380座。

（三）三次产业齐头并进

工业提质增效。发挥蓝山区位、交通和资源优势，加快"两翼推进"步伐。一方面，发展以纺织服装、皮革制鞋为主的加工贸易；另一方面，发展以铁锰矿为主的矿冶开发。截至目前，全县工业企业发展到3600余家，规模工业企业达到55家，共承接产业转移项目216个，其中投资过亿元的项目有23个，初步形成了毛织服装、皮革制鞋、机械电子、竹木加工、五金铸造、矿产开发等六大产业集群。出台推进新型工业化和发展开放型经济的政策措施，有力促进了全县招商引资进程，高信电子、金豪照明等一批高新技术产业项目落户蓝山，总投资达2.4亿元。以纺织服装为主的加工贸易逐步发展成为蓝山的特色支柱产业，实现了由做"贴牌"向创"品牌"、由来料加工向进料加工、由生产型向销售型的三大转变，有效带动了制鞋、玩具、电子等外向型加工贸易企业的发展，创造了承接产业转移的"蓝山现象"，有力带动了新型工业化和城镇化的快速发展。2013年，全县完成外贸进出口总额9717万美元，加工贸易进出口总额9516万美元，位居全省第四，连续六年保持全市第一、连续五年保持全省加工贸易十强县地位。农业稳步发展。全县农产品加工企业发展到320余家，农民专业合作社发展到100余家，毛俊香芋合作社等6个合作社入选全国首批农民专业合作社示范社，初步形成了以优质稻、外销蔬菜、优质水果、有机茶、生态林、油茶、生猪等为主的九大现代农业基地。毛俊镇毛俊村、新圩镇上清涵村先后被评为全省新农村建设示范村。地大公司现代农业科技产业园被农业部评为"生猪标准化示范场"，三峰茶业"百叠岭"商标成为湖南省著名商标。第三产业持续增旺。"省级卫生城市"创建活动深入开展，蓝山正逐步成为一座"魅力边城"。餐饮住宿、休闲娱乐、批发零售持续兴旺，成为拉动消费增长的一大引擎。房地产市场持续升温，有效带动了建材、家具、装修等行业的蓬勃发展。

（四）民本民生持续改善

救灾重建取得胜利。2013年是蓝山发展史上极不寻常、极不平凡的一年。3月遭受罕见风雹灾害，5月遭受两次洪涝灾害，6~8月遭受持续高温干旱，8月中旬遭受百年不遇特大洪灾。面对"8·16"特大洪灾，在县委、县政府的统一领导下，全县上下众志成城、抗洪赈灾、灾后重建，共同谱写了一曲万众一心、勇战洪魔的壮丽诗篇。抗灾救灾工作得到了省市的充分肯定，赢得了各级领导和社会各界的高度关注和大力支持。灾区电力、通信第一时间全面恢复，永连公路、县乡公路及大部分村道恢复通行，仙姑岩桥等30座灾毁桥梁重建和河道疏浚、河堤修复工作全面推进，370户住房重建户春节前搬进新居，实现了省委徐守盛书记的殷殷重托。教育医药卫生体制改革稳步推进。在全省率先实施"9+3"免费职教模式，职普招生比在全省率先达到1∶1，取得了农民增收、企业增效、职教发展的"三赢"效果，成为全省发展农村职业教育的典范，其主要做法被《中国教师报》、《湖南日报》、湖南卫视、湖南教育等多家媒体专题推介。首创并实施"10+100"新农合补偿模式，有效破解了农民看病难、看病贵的问题，被国家医改办认为"可行、可控、可调、可复制"，成为全市推广、全省乃至全国医改借鉴的成功经验。目前，蓝山基本医疗保险覆盖率达到100%。人民生活水平不断提高。城乡居民收入分别完成18392元和8909元，人均住房面积达到59.4平方米，人均储蓄存款为14160元。农村居民安全饮水比率达88.6%，行政村客运班线通达率达72.35%。

（五）社会治理焕发活力

大力实施"村（社区）为主"。创新社会治理，推行矛盾化解、计划生育、综治维稳"村（社区）为主"工作机制，"以村（社区）为主，延伸到组，落实到户"的工作格局逐步形成。蓝山被评为"全省社会治安综合治理工作先进县"和"全省社会管理创新综合试点县"。强化外出流动人口管理。相继成立了"蓝山县驻东莞市流动人口综合服务站""驻花都区流动党支部""驻狮岭镇流动党员工作服务站"，填补了全省流动人口管理工作多项空白，成为蓝山创新社会管理的一张新名片。基层党建工作全省领先。在全省率先将村支"两委"和村干部工作列入全县目标管理考核范畴，并在广东、广西等地建立流动党组织。省委常委、组织部长郭开朗，全国党建专家、省委组织部副部长郭树人高度评价"蓝山的党建工作达到了全国先进水平"。

（六）生态建设成效明显

生态环境美。作为湖南省第一批重点林区县之一，蓝山大力实施退耕还林、生态公益林和长江、珠江防护林建设和保护工作，林区环境逐年好转，全县林业用地总面积215.7万亩，占全县总面积的79.65%，全县森林蓄积504.3万立方米，森林覆盖率达73.22%。环境质量优。据监测，蓝山境内主要河流舜水、钟水、俊水控断面95%达到Ⅱ类标准，集中式饮用水源地水质达标率为100%；城区和乡村的大气环境质量总体稳定，达到国家二级以上空气环境质量标准，达标率为95.07%，全县空气质量优良天数大于330天/年；重点生态功能保护区、自然保护区等生态功能稳定。生态创建好。大力开展绿色乡镇、绿色村庄创建，推动全县农村生态建设快速发展。目前，全县已建成

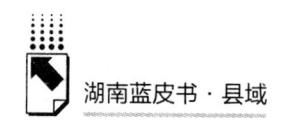

25个生态建设示范村，列入国家项目库的太坪圩乡20个村和毛俊镇20个村农村环境连片整治项目正在稳步推进。毛俊村和上清涵村被评为全省新农村建设示范村，上清涵村还被评为全省绿色村庄、全国美丽乡村创建试点村。

二 客观分析全面建成小康社会存在的主要困难和问题

按照全省分类指导二类县区的目标，2013年蓝山县全面建成小康社会的总体实现度仅有70.1%，要实现2017年全面建成小康社会的目标，主要指标需要达到一定速度并保持相互协调增长，这是未来蓝山发展面临的主要难点，需要加大改革创新力度，大力推进经济社会发展步伐。

（一）经济发展水平不高，影响全面建成小康社会进程

2013年，蓝山经济发展的实现程度为55.8%，对总体进程产生较大影响。加上蓝山属欠发达地区，高新技术企业少，要引进发展高新技术企业难度较大。2013年全县高新技术产业增加值实现程度为2.1%，到2017年要实现高新技术产业增加值占GDP比重达到20%，发展转型难度很大。

（二）城镇化水平不高，推进城乡一体化任务繁重

2013年，蓝山城镇化率为43.11%，完成目标任务的73.5%，要达到2017年全面建成小康城镇化率71.9%的目标，今后全县每年城镇化率需要提高近4个百分点，城镇人口每年需增加1.5万人，实现难度较大。

（三）人均均量不高，城乡居民收入水平较低

近年来，虽然蓝山GDP增长速度一直名列全市前列，但自身总量不大，基础不好，人均GDP实现程度仍然较低。经测算，2013年全县人均地方生产总值的实现程度为40.4%，人均财政总收入为1511元，实现程度为45.8%，城乡居民收入实现程度分别为52.5%和55.7%。到2017年，蓝山城乡居民收入年均增速分别要达到17.5%和15.8%以上，实现难度很大。

三 努力加快全面建成小康社会进程

下一步，我们将按照中央和省市的部署，全面贯彻落实党的十八大及十八届三中全会精神，以邓小平理论、"三个代表"重要思想和科学发展观为指导，围绕建设"湖南开放的桥头堡、湘南开发的排头兵、永州发展的先行县"的总体目标，以建设"湘南国家级承接产业转移示范区"为契机，以党的群众路线教育实践活动为载体，以全面深化改革开放为动力，突出项目建设总抓手，坚持稳中求进、进中求快、快中求好的总基调，推进"四化两型"，促进"三量齐升"，确保2017年全面建成小康蓝山。

（一）加大项目投入，全力壮大经济总量

当前，蓝山最大的县情是发展不足，最紧的任务是加快发展。作为国家重点生态功能区和湘江源头，要牢固树立"保护环境就是保护生产力，建设生态就是发展生产力"的思想，坚持加快发展与生态环境并重的原则，千方百计增投入，凝心聚力促发展，全力以赴加快推进绿色发展、循环发展、低碳发展和永续发展。加大项目建设投入。坚持"稳增长、调结构"不动摇，把项目建设作为经济工作的"牛鼻子"和第一抓手，千方百计、集中精力争项目、引项目、干项目，以项目的大推进、大突破，促进经济的大转型、大跨越。加大争资跑项力度。抢抓"湘江源头在蓝山"正名契机，按照打基础、利长远、惠民生的原则，紧扣国家投资方向和重点，储备、包装、申报一批符合国家产业政策，对结构调整和产业升级有引领作用的大项目、好项目。争取挤进国家主体功能区建设试点县和国家生态文明先行示范区建设试点县"笼子"。加快重点项目建设。优先选择牵动力大、科技含量高、经济效益好、发展后劲足、社会影响大的项目，突出"三农"、战略性新兴产业、重大基础设施、民生工程、生态环境建设等项目重点，加快推进重点项目建设。突出加快完善基础设施建设，着力解决水利、交通、电力、通信等"瓶颈"制约，提高经济发展的基础设施支撑能力。加强项目建设考核。严格落实重点项目指挥部负责制，建立重点项目联席会议制度，将重点项目纳入全县绩效考核评估体系，对当年

完成较好的重点项目、先进单位和个人，给予表彰奖励；对未完成年度目标、责任不落实、服务不到位、项目进度缓慢、施工环境恶劣的乡镇和部门，实行责任追究。

（二）转变发展方式，致力提升发展质量

坚定不移地以经济建设为核心，着力转变经济发展方式，由主要依靠增加物质资料消耗向依靠科技进步创新型转变，促进产业结构优化升级，推动县域经济全面协调发展。大力推进新型工业化。坚持工业第一推动力不动摇，实施好"工业四年倍增计划"。大力发展战略性新兴产业，积极主动承接沿海，对接东盟，靠大靠强央企、省企。创新方式、多措并举大力招商，力促招商引资向招商选资转变，努力形成"引进一个项目、带动发展一个产业、延伸产业链条、构建一个产业园区"的组团式、集聚式发展招商新模式，不断提高招商引资的质量和效益。加快"两翼推进"，重点打造以毛织、制鞋、牛仔裤为主的服装和以铁锰矿、花岗岩为主的矿冶两大百亿元产业，着力打造全国纺织服装基地、湘南国际牛仔服装城和全球冶金粉末还原铁生产基地。稳步推进农业现代化。以增加农民收入为第一目标，以农业科技创新为第一动力，大力推进农业规模化种植、标准化生产、产业化经营。有序推进土地流转，促进土地向龙头企业、规模种植户、种植能手集中，创建粤港澳特色农产品供应基地。稳步发展粮食、烤烟产业，力争挤进"全国产粮大县"笼子。扶持发展外销蔬菜、时鲜水果、有机茶、中药材等特色产业。大力发展油菜、油茶、桐子等优势产业，力争挤进"全国油茶生产重点县"笼子。启动新农村示范村建设，力争把新农村示范村打造成现代农业的聚集区、农业产业化的增长点和统筹城乡发展的示范点。加快推进新型城镇化。围绕增加城市人口、扩张城市规模，进一步降低农民和外来人员入城门槛，着力引导农村第二、第三产业和农村人口向中心镇、圩镇、中心村转移，形成以县城为中心、中心镇为纽带、圩镇为单元的梯次分明的城镇体系框架。盘活土地一级市场，加快房地产开发步伐，着力引进中高档组团式房地产开发项目，构建适合不同群体的住房供需体系。合理设置并新改建农贸市场、商业网点，积极引进知名大型连锁超市，提高市场供应能力，稳定物价水平，营造良好的生活消费环境。

（三）坚持统筹协调，努力促进社会和谐

深入实施为民办实事项目，大力推进各项社会事业与经济发展同步，努力让全县人民享受更多的改革发展成果，提高人民群众的富裕度、满意度和幸福感。发展各项社会事业。优先发展教育事业。着力整合教育资源，合理调整城区学校布局，不断改善办学条件，逐步缓解大班额问题，促进城乡教育均衡发展。加快发展文化体育事业。不断推进文化体制创新，完善城乡公共文体设施，重点抓好蓝山博物馆、县级文化馆、乡镇综合文化站、行政村的农家书屋建设。加强文化遗产申报保护工作，发展壮大文化产业。着力发展医疗卫生事业。深入推进医药卫生体制改革，巩固医改成果，启动实施好"三保一金"整合工作。推进新农合和居民医保一体化，建立健全突发公共卫生事件应急机制，切实解决群众看病难、看病贵问题。加强重点传染病的防控工作，强化食品药品质量安全监管，确保"舌尖上的安全"。大力推进科技创新。坚持把增强县域科技创新能力作为科技发展的战略基点，强化科技创新和技术集成应用，着力打造"蓝山名优特产"，促进蓝山特色产业又好又快发展。促进社会和谐稳定。健全城乡就业机制。认真做好就业再就业工作，实行城乡统一的就业政策，逐步实现城乡居民收入同步增长，不断增加城乡居民收入。强化对农民的职业技能培训，着力解决拖欠农民工工资问题，实现农民工与城市务工者同等待遇。完善社会保障机制。加快完善社会保障体系，大力推进"五大社会保险"征缴扩面，积极推进城乡养老医疗保险整合，稳步推进被征地农民社会保障工作。深化养老保险制度改革，加强城乡低保动态管理，努力提高"五保"供养水平。大力推进保障性安居工程建设，抓好廉租房、公租房建设，加快农村危房和各类棚户区改造。创新社会治理机制。强化信访工作责任，努力把矛盾化解在基层、消除在萌芽状态。加大对宗法势力、黑恶势力的打击力度，始终对各类违法犯罪行为保持高压态势，切实增强公众安全感。

（四）统筹城乡发展，竭力建设生态蓝山

按照"以城带乡、以工促农、工农互惠、城乡一体"的要求，完善城乡一体化健康发展体制机制。推进城乡一体化。以县城发展为龙头，以中心镇发

展为支撑,加快以人为核心的城镇化步伐,着力塑造集文化品质、生态品质、建设品质、产业品质、生活品质于一体的城市品质,形成各种资源要素竞相进发和涌流的城市活力。要彰显深厚的文化底蕴和浓郁的自然风光,让居民望得见山、看得见水、记得住乡愁,城市的形象更加靓丽多彩,产业体系更加发达厚实,居民生活更加安定舒适。坚持"工业园区化、园区产业化、产城一体化"理念,积极推进以"政企合作、规划先行、专业招商、服务创新"为主要内容的县城开发建设新模式,争创省级文明县城、国家级卫生县城。实施城区路网工程,着力拉开城市骨架,推进重点城建项目建设,加快旧城改造步伐,着力提升城市承载能力。以建设省级中心镇、省级特色镇为重点,打造3~5个"高品质、功能型、特色型"精品小城镇,实现县城与小城镇协调发展。推进农村社区化。扎实推进"乡村风貌""示范建设""新农村建设""美丽乡村""百城千镇万村"等工程。加快公共服务,促进社会事业向农村延伸,促进城乡公共服务逐步均等化,集中打造、成片推进一批村民富、村风好、村庄美的新农村建设示范村。推进发展生态化。全面实施"锦绣潇湘"十大工程,加大湘江源头流域治理力度,取缔非法、污染企业。实行最严格的源头保护、损害赔偿、责任追究制度,抓紧实施省政府"一号重点工程"第一个"三年行动计划",扎实推进封山育林试点扩面,严格规范矿产开采秩序。大力开展"最美村庄""最美单位"和"最美集镇"建设,强化"三边绿化",提高城乡绿化水平,努力创建绿色乡镇、绿色村庄。大力整治城乡环境,重点清除城乡接合部、空心村及路边、村边、河边的垃圾,打造靓丽城镇和美丽乡村。创造性落实好民族政策,切实增强民族地区造血功能,让少数民族群众享受更多的社会发展成果。将政策和项目向少数民族地区倾斜,积极扶持民族地区特色生态产业发展。

(五)强化部门协作,着力形成工作合力

全力推进全面小康社会建设,做到科学发展、全面发展、协调发展、和谐发展。抓责任落实。要对照全面建成小康社会指标找差距、找症结、找原因,以突破薄弱环节为重点,补齐全面建设小康社会的短板。进一步明确工作职责,细化工作任务,分年度明确发展重点、目标任务和时间进度。抓协同配

合。加强部门、县乡沟通，齐心协力，积极配合，统筹推进小康社会建设进程，努力形成千斤重担众人挑、个个肩上有担子的良好工作格局。抓督促考核。强化考核指导，完善日常考核机构，建立健全分类考核机制，确保目标任务、工作责任落到实处。坚决实行奖优罚劣，促先进，督后进，以大督查、大考核推动全县经济社会又好又快发展。

B.20
以新型城镇化助推小康新田建设

唐 军*

新田县位于湖南省南部，全县总面积1022.4平方千米，辖19个乡镇379个行政村，总人口42万，是革命老区县、国家扶贫开发工作重点县。二十世纪六十年代末，新田人民以大办水利、改天换地的壮举，赢得一代伟人毛泽东"南有新田"的高度赞誉。境内盛产蔬菜、大豆等富硒农产品，是湖南省唯一的无污染富硒县、"原生态富硒食品基地县"。拥有全国最大、全省唯一的孝文化主题公园，是"中国孝德文化之乡"。新田县区位优越，交通便捷，等距离辐射广州、长沙、桂林等大中城市，是湘南承接产业转移示范区的中心区域。近年来，新田立足自身资源优势，坚持差异化发展，特色化赶超，全县呈现出实力增强、城乡变样、民生改善、社会和谐的良好发展局面。2013年实现地方生产总值52亿元，财政收入3.7亿元，同比分别增长12.5%、17.9%。

按照湖南省委十届七次全会精神，新田县被确定为全面小康建成考核监测的三类县，目标是2020年全面建成小康社会。对照省三类县监测指标体系，新田2013年小康实现程度为67%，24项监测指标中，只有12项达到目标值，全面建成小康社会任务艰巨。要实现新田的后发赶超，以新型城镇化助推县域经济发展，促进小康社会建设，是很好的着力点和突破口。要始终坚持产业提质、城镇带动、生态优先、民生为本的工作思路，以加快推进新型城镇化统揽经济工作，促进经济社会跨越发展。

---

* 唐军，中共新田县委书记。

一 以新型城镇化助推小康社会建设，必须强化城市建设管理

城镇化就是农村人口不断向城镇转移，第二、第三产业不断向城镇聚集，城镇人口增加、规模扩大的渐进过程。在这个进程中，只有加强建设和管理，才能不断增强城市的综合承载能力。2014年，新田要启动城市建设和管理"三年大会战"行动，加快县城扩容提质，提升建设管理水平。

（一）重规划，明思路

规划是城市建设的蓝图，是引领城市科学发展的"宪法"和总纲，城市的科学发展首先取决于城市的科学规划。一要科学合理定位。新田过去存在资源匮乏、工业落后的劣势，但也留下了优良的生态环境，加上宝贵的硒锶资源、独特的历史文化，以前的劣势已逐渐转变为相对的比较优势。要突出自身优势，把新田建成小而精的生态园林县城，打造硒锶之都、幸福县域。二要完善规划体系。2013年新田安排财政预算300万元用于编制县城控制性详规。在全面完成县城控制性详细规划的基础上，要继续加大财政投入，力争2014年编制完成所有专业性规划，三年内实现城乡规划全覆盖。要把全县1022.4平方千米作为一个整体，突出主城区、重点片区、重点乡镇，编制城乡一体规划和经济社会发展规划，形成城乡统筹、相互衔接、全面覆盖的规划体系。三要提高规划水平。突出规划的前瞻性、指导性、科学性，起点要高，看得要远，充分考虑新田的实际和今后的发展需要，避免重复建设。充分考虑环境保护、公共交通、社区公园以及养老、教育、医疗等配套功能和民生设施，提升安居宜居指数。充分考虑资源整合和要素配置，做到合理开发、合理布局，最大限度地发挥经济效益、社会效益和生态效益。四要严格规划监管。坚持"规划一张图、审批一支笔、建设一盘棋、管理一张网"的管理制度，强化规划的刚性约束，建立完善公众参与、批前公示、听证制度及联合执法和责任追究制度。建立规划督察员制度，强化规划监管，严肃查处各类违法违规行为，有效维护规划权威。

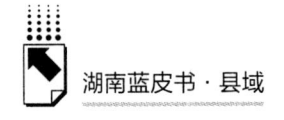

（二）重建设，强基础

引进战略投资者，加强与新天地集团等国有企业合作，拉通新田大道，整体改造龙泉大道，打通城区断头路，尽快形成县城二环路格局。加大硬化、绿化、亮化、美化力度，加快城区主次干道"白改黑"、人行道板铺装和背街小巷改造，统筹推进广告牌改造、路灯LED改造和"三线下地"工程。以滨河风光带建设为示范，全面实施垃圾转运、停车站点、排污管网等配套建设。以新建小区建设为示范，全面提升供排水、供电供气和广电通信等设施及配套管网建设水平，推进管线下地。配套完善农贸市场、防灾避险场所、公厕和停车场等公共服务设施。抢抓国家大力推进棚户区改造项目的机遇，加快城东片区改造，带动旧城改造，整体提升新田的城市品位。

（三）重管理，提品位

以巩固创省卫成果为新起点，启动省级园林县城和国家卫生县城创建工作。进一步理顺城市管理体制，加快形成统一指挥调度、综合执法的"大城管"工作格局。引入市场竞争机制，鼓励民间资本进入公用事业领域，通过政府购买服务的模式，推进城镇供水、环卫保洁、垃圾清运、园林绿化等方面的市场化运营和养护。加强建筑工地和渣土运输管理，确保渣土车辆密闭化、规范化运输率达到100%。持续开展占道经营、交通秩序、市场秩序、无证无照经营等专项整治，加强城区绿地、绿化管理，严格落实"门前五包"责任制，全面提升城市管理网格化、数字化、精细化水平。

（四）重经营，挖潜力

用好财政资金，发挥政府投资"小马拉大车""四两拨千斤"的杠杆作用。坚持"先收储、后出让，先拆迁、后建设，先做熟、后挂牌"，提升土地开发效益。出台优惠政策，激发各类民间资金积极参与城市建设。对城市公用设施建设和街道冠名权、广告权等无形资产实行市场化运作，实现城市资产保值增值。

二 以新型城镇化助推小康社会建设，必须加快承接产业转移

产业承接在促进产业结构升级、扩大就业以及保持经济发展等方面与推进新型城镇化殊途同归。要强化以工业积累财富的理念，深化产城融合，统筹推进新型工业化和新型城镇化的良性互动。

（一）要明确主攻方向

紧紧围绕家私、机械制造、富硒农产品加工三大主导产业，扶持引导园区企业产品升级、规模扩张、链条延伸，促进主导产业集聚发展。以华泰家私产业园为载体，引导新田籍家私生产商和销售商回乡创业，推动产品由低端向高端转变，产业由单一向上下游产业链条转变。力争年内引进规模企业5家以上，努力打造湖南乃至中南地区最大的家私产业基地。充分发挥新田机械制造产业的传统优势，提高科技含量和技术装备水平，以德力重工、龙昶机械、东新机械为龙头，打造机械制造产业集群，实现年产值3亿元。抓好富硒农产品加工园建设，加强与湖南大耕农业、韩国及沿海地区的富硒农产品加工企业合作，培植产值过亿元的富硒农产品加工企业1家以上。提质发展加工贸易产业，鼓励支持速必乐、洪元等鞋服加工企业通过技改扩能做大做强。

（二）要突破要素瓶颈

突出工业园区建设，完善基础设施和功能配套，提高承载能力。着力破解用地难题。加大土地储备和闲置土地处置力度，稳定征地规模，保障发展需求。着力破解资金难题。启动金融生态环境示范县创建工作，加大清欠力度，年内完成农村商业银行组建。深化银企合作，全年新增贷款5亿元以上。提升城投、交投、园投等公司融资水平，全年融资3亿元以上。着力破解用工难题。加大就业培训，建立重点企业引进高层次紧缺人才"绿色通道"，打造区域性人才洼地。

（三）要着力选资招商

随着京珠复线新田连接线、S323、S228等出境通道相继建成和开工，新田的交通条件和区位优势不断好转。随着原生态土壤富硒等资源优势日益凸显，新田的知名度和美誉度逐步提高。这为实现招商引资向招商选资转变奠定了坚实的基础。要认真研究把握国家产业政策、投资方向和宏观调控方向，根据新田所处的发展阶段和面临的诸多机遇，结合"十二五"产业发展规划，筹划储备、包装一批高端型、链条型和集群型的项目，由撒网式的招商引资转变为有针对性的招商选资。把眼光瞄准国内500强、央企、大型民企和上市公司，着力引进投资规模大、经济效益好、利税贡献大、带动作用强的亿元项目。要切实抓好项目的跟踪落实，按照"盯住、靠上、抓牢、促成"的要求，谈项目促签约，签约项目抓开工，开工项目促投产，力争洽谈一个，引进一个，成功一个，见效一个。

三 以新型城镇化助推小康社会建设，必须以项目建设为抓手

加快新型城镇化进程，必须牢牢抓住项目建设这个重点，不断改善广大市民的生产生活环境。要更新理念，创新举措，狠抓项目建设不懈怠，做到力度不减、投入不少、速度不降，强力推进新型城镇化建设。

（一）科学确定项目

坚持以项目聚集生产要素，以项目建设拉动投资增长，以项目优化产业结构，立足产业政策、产业导向和新田土壤富硒等优势资源，精心策划储备一批战略性项目，建立全县重大重点项目库，实行动态管理。2014年，要突出抓好10个以上亿字号项目：牢牢把握建设国家级承接产业转移示范区的政策机遇，抓好富硒农产品加工园、家私产业园、文化产业园等产业项目；着眼于破解发展瓶颈，抓好郑下至金鸡岭（S282线）、县城至竹林坪（S228线）、城区道路白改黑、县城西北片区道路开发、双胜河改造、220千瓦变电站等交通、水利、能源类基础设施建设项目，以及城东区开发、综合大市场等民生民本项目。

（二）大力推进项目

集中优势资源和力量，加快推进项目建设。密切与上级部门联系，在跑项目上先人一步、在争资金上快人一拍、在要政策上胜人一筹，争取使尽可能多的项目挤进省市重点项目"盘子"。完善县级领导联系重点项目的工作机制，加强日常调度，重点协调解决项目的征地拆迁和安置工作。强化服务意识，职能部门要积极主动履职，帮助项目做好规划、立项、环评、督查等工作，促成项目尽早开工和顺利推进。严厉打击强揽工程、强买强卖、强行阻工等"三强行为"，为推进项目建设营造良好环境。

（三）严格考核项目

把抓重点项目的水平作为检验干部工作能力的试金石，将项目建设列入目标管理考核的重要内容，严格奖罚兑现。建立资金到位、项目开工、项目投产三位一体的立体考核体系，考核项目引进建设的实效。项目考核要由单纯考核投资向考核税收转变，由注重开工向注重产出转变。要根据部门的不同职能，有针对性地出台激励机制，对具备争项目条件的单位，重点考核包装项目的能力和前期工作的实效；对具有服务职能的单位，定期检查跟踪服务项目情况，考核服务项目的实效。

四 以新型城镇化助推小康社会建设，必须努力解决"三农"问题

顺应农村劳动力向城市转移的大趋势，在增强城镇承载能力的同时，提高农村劳动生产率，使农民工在城里安居乐业，使现代农业得到更大发展，实现城乡一体化。

（一）搞活土地流转

做好农村土地的确权、登记、颁证工作，稳定农村土地承包关系，让流转的主体与客体都吃下"定心丸"。引导农村土地承包经营权有序流转，鼓

励和支持土地向专业大户、家庭农场、农民合作社流转，让有限耕地发挥最大效益。积极探索信托流转模式，成立土地流转服务中心、农村土地纠纷调解仲裁委员会等中介服务组织，为供需双方提供合同、法律、纠纷仲裁等服务。认真总结莲花乡土地流转经验，扩大试点范围。探索专业合作社流转、土地入股流转等形式，不断提高土地流转效益，提高农民流转土地的积极性。

（二）完善基础设施

坚持涉农资金项目的规划、立项、审批、实施、监管、考核"六个统一"，在不改变资金性质和资金用途的前提下，对涉农资金进行整合，由县里统筹安排，集中使用，实现资金使用效益最大化。扎实推进中小河流治理、小型农田水利项目和"五小"水利设施建设，加快病险水库除险加固，完善灌区渠系配套，提升综合灌溉效益。加快农田基础设施综合项目和烟基项目建设，完善农业基础设施。加大"空心村"改造力度，不断完善农村水、电、路、讯等基础设施，改善农村生产生活条件。

（三）发展特色农业

依托"原生态富硒食品基地县"，加强宣传推介，打响"硒锶之乡·南有新田"品牌。制定新田富硒农产品地方标准，引导富硒产业规范有序发展。鼓励争创驰名、著名商标，开展无公害、绿色、有机食品认证，逐步形成具有自主知识产权的知名品牌。以东升农场5000亩核心基地为依托，建设全省一流的集蔬菜生产、加工、销售和农业休闲观光为一体的现代农业基地，扩大新田在粤港澳等高端蔬菜市场的销售份额。

五 以新型城镇化助推小康社会建设，必须大力优化经济发展环境

把优化发展环境作为一项"永不竣工的工程"来抓，打造一流的经济发展环境，为加快推进新型城镇化提供坚强保障。

（一）以创建"国卫"为主抓手优化人居环境

巩固省级卫生县城创建成果，乘势而上争创国家级卫生县城，大力整治农村环境卫生，着力打造天蓝、地绿、水清、山秀的美丽新田，提高人居宜居指数，增强城市竞争力。大力开展爱国卫生运动，着力提升市民的文明卫生素质，提高群众健康水平。严格执行环保"三同时"制度，严把环评准入关，严禁污染企业进入新田，依法整治"五小"企业，积极发展绿色经济、循环经济和低碳经济。把造林绿化放在更加突出的位置，重点抓好县城绿化、通道绿化和荒山绿化，严防森林火灾，提高森林覆盖率和城市绿地率。

（二）以作风建设为中心点优化工作环境

一是大胆解放思想。把解放思想作为推动新田发展的永恒动力，各级领导干部率先垂范，以更加开明的思维、更加开放的姿态抓好各项工作。通过全方位的开放开发，让一切劳动、知识、技术、管理、资本的活力竞相迸发，让一切创造社会财富的源泉充分涌流。二是强化大局意识。自觉把本部门工作放到全县发展大局中，找准位置，找准方向，找准任务，对各项重点工作，全力以赴确保完成落实。三是密切联系群众。坚持问政于民、问需于民、问计于民，结合群众路线教育实践活动，真正深入到群众中去，赢得群众的理解和支持，把服务群众的好事和实事办好，确保社会和谐稳定。四是规范用人导向。按照习近平总书记"要褒奖和重用不玩虚招的四种干部"的要求，在干部培养选拔和管理监督过程中坚持"德才兼备，以德为先"，把真正"能干事、干成事、不出事"的好干部提拔到重要岗位上来。

（三）以打击"三非"为突破口优化法治环境

集中时间、集中力量，下定决心，严厉打击非法买卖土地、非法占用土地和非法建设等"三非"行为，规范土地管理秩序，确保城乡建设持续健康发展。加强宣传教育，引导广大干部群众依法依规办事，为城市建设和经济发展营造良好的法治环境。

（四）以弘扬孝德为引领优化人文环境

依托孝文化主题公园和新田县孝德文化研究会，进一步打造孝德文化品牌，扩大"中国孝德文化之乡""湖南省孝德教育基地"的影响力和感召力。积极倡导重孝德、尽孝心、行孝义的中华民族传统道德规范，推动孝德文化"进机关、进学校、进社区、进企业、进农村"，深入开展"孝敬和谐家庭""孝老爱亲模范"评选等活动，引导广大青少年树立正确人生观、世界观、价值观，在全社会营造浓厚的尊老敬老、孝老爱老氛围。

六 以新型城镇化助推小康社会建设，必须与社会治理创新相结合

城镇化打破了原有的社会管理模式，一些深层次矛盾和问题不断显现，对社会和谐稳定发展形成冲击。要深入推进社会管理创新，促进城乡经济快速发展和社会和谐稳定。

（一）高度重视民生民本

始终把保障和改善民生作为推进新型城镇化的出发点和落脚点，持续加大对民生和公共事业的投入。坚持教育优先发展。深入推进教育强县建设，均衡配置教育资源，提高办学水平。抓好思源学校和农村合格学校建设项目，新增城区学位2000个以上。大力发展普通高中和职业教育，重视学前教育，新建3所以上乡镇中心幼儿园。稳步提升医疗卫生水平。全力抓好医药卫生体制改革，保障群众基本用药、提高全民健康水平。积极发展公益性文化事业，加快完善公共文化服务体系和公共体育设施。继续实行积极就业政策，把技能培训与创业培训、政策扶持相结合，有效增强农村及城镇剩余劳动力的就业、创业能力。着力加强社会保障。建立覆盖城乡居民社会保障体系，完善社会保险、社会救助与社会福利等各项制度，保障人民基本生活。深化户籍制度改革，逐步实现农村转移人口进城

后在子女教育、医疗卫生、就业服务、劳动报酬等方面与城镇居民享受同等待遇。

（二）着力维护社会稳定

继续推行开门接访和领导包案制度，着力化解一批信访积案。全面推行"信访风险评估"制度，在出台与群众利益相关的政策措施前，召开听证会，广泛征求意见。加强基层基础建设，构建综合治理的工作平台。深入开展"打黑除恶"、打击"两抢一盗"等专项行动，严厉打击各类刑事犯罪，重拳查禁"黄赌毒邪"等社会丑恶现象，切实增强人民群众安全感。

（三）切实创新社会管理

组建网格管理员队伍，实现社会管理和服务全方位、全覆盖。强化基层基础建设，提升基层组织推动发展、为民服务、化解矛盾、凝聚群众的能力。积极探索城镇化涉及重点人群的管理服务新路子，进一步建立和健全流动人口服务管理机构，加大服务和管理力度，实施贫困母亲救助、关爱留守儿童、敬老志愿服务等活动，切实解决留守儿童、空巢老人的困难和问题。健全完善应急机制，有效防范和处置公共安全事件。强化安全生产"一岗双责"，有效防范和坚决遏制重特大安全事故发生。加强食品药品监管，确保人民身体健康和生命安全。

B.21
双清区全面建成小康社会进展、问题与对策研究

郑再堂*

党的十八大确立了到2020年全面建成小康社会的宏伟目标,省市党委、政府因地制宜做出了分类指导加快建成全面小康社会的重大决策,双清区被列为一类县区,要求率先建成全面小康社会。当前双清区全面建成小康社会总体进程怎样,建设的难点在哪,如何进一步加快推进和率先实现全面建成小康社会目标,是当前及今后一个时期双清各界广泛关注的重大课题。我们通过对全区全面建成小康社会发展进程近几年来的监测,在综合评价全区全面建成小康社会实现程度的基础上,分析了当前的主要难点和存在的差距,提出了加快实现全面建成小康社会目标的对策和建议。

一 双清区全面建成小康社会进展分析

(一)取得的主要成绩

1. 经济基础进一步夯实

近几年,双清区始终坚持以发展为第一要务,以经济建设为中心,注重实现经济总量、发展质量和人均均量的同步提升,持续保持经济又好又快发展态势。2013年,全区地区生产总值突破百亿元大关,达到104.6亿元,同比增长11.9%,高于全市1.7个百分点;完成工业总产值184.5亿元,同比增长16.2%;完成规模工业增加值49.5亿元,同比增长12.3%,规模工业企业新

---

* 郑再堂,中共邵阳市双清区委书记。

增15家达100家；完成财政总收入5.31亿元，同比增长26.52%，其中完成一般预算收入3.3亿元，同比增长45.97%；完成固定资产投资62.2亿元，同比增长38%。

2. 居民生活水平进一步提高

近几年，双清区按照守住底线、突出重点、完善制度、引导舆论的思路，处理好发展经济和改善民生、尽力而为和量力而行、基本和非基本三个关系，统筹抓好各项重点民生工作，切实提高城乡居民生活水平，让人民群众切身感受到全面小康带来的实惠。2013年，全区城镇居民人均可支配收入达到18144元，同比增长9%，农民人均纯收入达到11394元，同比增长11%；居民人均住房使用面积达35.5平方米，为省定全面小康目标值的110.9%；人均储蓄存款达27919元，为目标值的87.3%；农村居民安全饮水比率为91.7%。另外，居民文教娱乐服务消费支出占消费总支出比重、行政村客运班线通达率等也实现稳步增长。

3. 各项社会事业进一步发展

双清区在推动经济发展的同时，更加注重社会事业的发展，使广大城乡居民在物质生活水平得到提高的同时，在就医、就学、就业等方面得到了同步保障。2013年，全区基本医疗保险覆盖率达93.8%，覆盖全区29万多人口，基本养老覆盖率超过40%，覆盖人口超过12万；高中阶段毛入学率超过100%，达106%，全区人均受教育年限为10.2年；在医疗卫生水平方面，每千人拥有床位数为7.31张，5岁以下儿童死亡率为5.6‰，分别是省定全面小康目标值的182.8%、214.3%。

4. 生态环境进一步改善

双清区注重建立健全绿色发展、低碳发展长效机制，加快构建资源节约型、环境友好型社会，着力打造生态强区。一方面严格落实节能减排目标责任制，加强能源监察，引导企业科学用能、合理用能、节约用能，2013年全区每万元GDP所需标准煤为1.01吨，比2012年降低0.05吨；另一方面认真抓好污染源的监测和治理，严厉查处环境违法行为，全区"环境质量指数"全面小康实现程度为86.8%，其中"城镇污水处理率"百分之百达标，"空气质量达标率""地表水质达标率"接近或超过80%；另外，组织开展城乡环境综

合治理，扎实推进"三边三区三年"活动，提高森林覆盖率和建成区绿化覆盖率，2013年全区"森林资源蓄积量增长量"为3.5%，城镇建成区绿化覆盖率达到35%，全面超额完成省定全面小康"绿化水平"指标。

（二）存在的主要问题

双清区全面小康建设虽然取得了一定成就，但同兄弟县区，特别是同全省其他一类县区相比，还存在较大差距，部分"短板"仍然比较明显。

1. 经济发展短板

"经济发展"是全省全面建成小康社会统计监测指标体系五大主要指标中占比最大、分量最重的指标，涉及7个分项监测指标，加权分为45分（总分100分）。截至2013年，双清区"经济发展"指标加权得分为27.80分，实现程度仅为61.8%。就分项指标而言，实现程度超过85%的仅2项，分别是"税收占财政总收入的比重"（实现程度为98.8%）、城镇化率（实现程度为100%）；实现程度为60%~85%的仅"经济结构指数"（76.9%）1项；其余4项，人均地区生产总值（按2000年不变价）、人均财政总收入、园区规模工业增加值占规模工业增加值比重、金融机构各项贷款增长率，实现程度均低于60%，占"经济发展"所有分项指标的57.1%。此外，尽管全区每万元GDP所需标准煤呈逐年下降趋势，但与省定目标值相比，实现程度依然较低，仅为69.0%。双清区要率先实现全面小康，重点在经济发展，根本也在经济发展。

2. 民生短板

保障和改善民生是全面建成小康社会的根本出发点和落脚点。2013年双清区全面建成小康"人民生活"监测指标总体实现程度为65.3%。所涉及的6个分项指标中，实现程度超过85%的仅3项，即人均住房使用面积、人均储蓄存款、农村居民安全饮水比率；实现程度介于60%至85%之间的仅1项，即"行政村客运班线通达率"，实现程度为67.1%；实现程度不足60%的分别是为居民收入水平（41%）、居民文教娱乐服务消费支出占消费总支出比重（58.5%），占到全部指标数的1/3。

3. 社会短板

就整体而言，截至2013年双清区全面建成小康社会"社会发展"指标实现程度达到82.0%，所取得的成绩较为明显。就单项指标而言，绝大部分指标实现程度较高，比如"社会保障发展水平"实现程度达到了90%，"教育发展水平"实现程度达到94.3%，"医疗卫生水平"实现程度达到100%，能确保如期实现全面小康；个别指标实现程度低，如"文化发展水平"，2013年双清区人均拥有公共文化体育设施面积0.93平方米，仅为目标值（3平方米）的31%，要实现到2017年率先实现全面小康的目标，困难较大，仍然需要加倍努力、跨越赶超。

二　进一步推进全面建成小康社会的总体思路目标

双清区全面建成小康社会总体进程在加速，小康实现程度逐年提高，目前已进入加速发展阶段。尽管仍然存在着差距和难点，一些分项指标明显落后，实现难度较大。但综合区内外形势不难发现，双清区仍然面临诸多有利条件，仍然处在大有作为的战略机遇期。一是外部环境有利。中央继续实施积极的财政政策和稳健的货币政策，继续实施扩大内需战略，启动实施新型城镇化战略，有利于释放国内巨大需求潜力和发掘人口城镇化的最大潜力；党的十八届三中全会提出了全面深化改革的路线图和时间表，将释放出巨大的改革红利；省委、省政府对全省122个县市区全面小康建设实行差异化扶持，有望为双清带来实实在在、真金白银的政策、项目、资金支持。二是内部机遇有利。随着全市发展重心的东移，一大批省市级重点产业项目、城建项目、民生项目、基础设施项目在双清聚集；宝庆工业集中区、龙须塘老工业基地、新城开发、旧城改造等各类发展平台在双清搭建；全区各级班子团结有力，干部争创事业，群众竞创家业。

2014年是贯彻落实党的十八届三中全会精神、全面深化改革的第一年，是完成"十二五"规划目标任务的关键之年，也是双清区加快建成全面小康社会的重要一年。全面小康工作总的指导思想是：全面贯彻落实党的十八大、十八届二中、三中全会和省委十届七次全会、市委十届三次全会精神，坚持稳中快进、改革创新总基调，紧紧围绕"在邵阳率先建成全面小康社会、在邵阳率先实现城乡一体化"的总目标，突出抓好项目建设、社会稳定、民生民利、城乡环境整治，促进经济持续快速发展、民生民利持续改善、城乡环境面

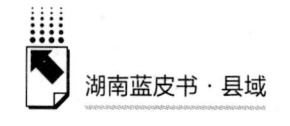

貌显著改观。

综合考虑区内外发展形势和趋势，2014年双清区全面小康建设工作主要预期目标是：地区生产总值增长16%，财政总收入增长22%，城乡居民收入增长12%，节能减排等约束性指标全面完成。

三 进一步推进全面建成小康社会的对策措施

（一）把握三条原则

一是分类指导的原则。综合考虑各乡镇街道资源禀赋、地理人口、发展基础存在的差异，抓关键促突破，抓重点带全局，集中有限资源鼓励发展基础好的乡镇街道率先建成全面小康社会，支持发展中等的乡镇街道尽快建成小康社会，帮助发展困难的乡镇街道如期建成小康社会。

二是差异化扶持的原则。认真研究省市出台的产业、财税、金融、用地等差异化支持政策，主动加强与上级有关部门沟通衔接，有针对性地包装项目，搞好对接，努力取得相应份额；研究出台本级各项加快发展的政策措施，最大限度释放区域范围内有创业愿景、创业条件的各类要素的生产力，并拿出一定资金，建立全面建成小康社会奖励基金，重点用于奖励和发展扶持。

三是协调推进的原则。统筹经济、政治、文化、社会和生态文明"五位一体"建设，加快推进全面小康建设各项工作。协同全区各方面力量共同参与全面小康建设，充分发挥好广大干部群众共同参与全面小康的积极性、主动性和创造性。

（二）紧扣三个重点

双清区要率先实现全面小康，根本上还是要在经济发展、民生民利改善上做文章。要紧扣住三个重点，即紧扣"率先"这个前提，大干快上，率先发展；紧扣"建成"这个核心，苦干实干，跨越发展；紧扣"全面"这个关键，改善民生，协调发展。为此，第一，要突出抓好项目建设。把项目当作一面镜子、一把尺子、一条鞭子来认知、考量、鞭策干部工作，坚持传统产业新兴产业同抓、大项目小项目同上、大客商小客商同引、城市农村同建,力争全年完成固定资产投资80亿元以上;第二,要突出抓好产业发展。做优第一产业。重点发展果蔬苗木、特种养殖、休闲旅游等特色农业,加快推进新洲万亩蔬菜基地、鸡笼优质茶油基地、紫薇博览园等项目建设,进一步培育壮大农产品加工、流通业。做强第二产业。按照"千亿园区、百亿产业、十亿企业"的思路,力争邵纺机、湘中制药、九兴鞋业、湘胖食品等一批工业项目竣工投产,推动平板玻璃、统一企业、新安特风机、宝兴科肥等一批工业项目加快建设,加快老工业基地国企改制、技术改造和转型升级,加速推进宝庆工业集中区连片征拆,加快医药、发制品、中小微创业园等特色园区建设。做大第三产业。大力发展现代服务业,积极发展总部经济和城市综合体,着力推进怀邵衡铁路货站及物流体系、九兴鞋业总部、红星美凯龙家居建材城、瑞阳国际商业广场、大汉步行街二期等重点项目建设,不断壮大商业圈、市场群、专业街、物流园的第三产业布局;第三,要突出抓好民生民利。实施城乡居民收入倍增计划。促进群众多渠道增收、可持续增收,尽可能增加群众补偿性、财产性、工资性、经营性、保障性和政策性收入。推动文化事业大发展。文化是双清区全面小康建设的一个突出"短板",要拿出更多的时间精力来谋划文化发展问题,推动双清文化事业大发展大繁荣。社会保障要加快由制度全覆盖向人员全覆盖转变。高度重视生态文明建设。重点抓好龙须塘、洋溪化工区综合治理,抓好资江、邵水流域清淤和污染防治,全力推进污染物总量减排工程,深入推进"三边三区三年"绿色行动,开展城市绿荫行动,开展城乡清洁行动,开展生态乡镇、生态示范村创建活动,严格实施绿线管制制度,关闭一批高污染、高能耗企业。

(三)强化五项措施

一是强化组织领导。成立由区委主要领导任组长,区委、区人大、区政府、区政协有关领导任副组长,区直有关部门主要负责人为成员的全面建成小康社会推进领导小组。领导小组下设办公室,负责全面建成小康社会推进工作的综合协调、联络指导、考核监测、奖评督查等具体工作。各乡镇街道要相应成立推进全面建成小康社会工作机构,加强对村(社区)的分类指导,形成区、乡、村联动的推进机制和工作格局；为确保全面小康工作顺利推进，区财政每年概算10万元作为专项经费，纳入年度预算，各成员单位要适当安排专项经费，保障本单位全面小康工作按进度推进。

二是强化任务分解。各牵头部门对全面小康监测指标数据的收集、评审及数据质量负总责，乡镇街道及各相关部门对照小康目标值，按照"提升领先指标、巩固达线指标、主攻滞后指标"的要求，补短补软补缺，制定切合实际、具体可行、操作性强的实施方案，努力使各项指标高质量完成。建立工作责任制，分级分部门制定任务书、路线图、时间表，实行倒逼机制，把目标任务分解落实到相关单位和责任人，做到领导到位、措施到位、责任到位、落实到位，形成一级抓一级，层层抓落实的工作格局。

三是强化责任落实。各级各部门要按照省、市、区的统一部署，结合各自工作职能，认真落实分类指导加快推进全面建成小康社会的工作责任。各部门特别是与全面建成小康社会评价指标相对应的部门，要认真制定相应的工作方案，细化工作任务，落实推进措施，解决突出问题。坚持用全面建成小康社会的实现程度和成效，评价考核区、乡两级相关部门的工作，并与年度绩效考核评估挂钩，奖励先进的、鞭策一般的、严惩落后的。

四是强化统计监测。按照《湖南省各市（州）、县（市、区）全面建成小康社会考评统计工作组织实施办法》，对小康指标实行全程动态监测。区小康办、统计局要充分发挥组织协调和监督管理职能，对所有数据扎口管理，做好分析研究，定期发布监测报告，实时掌握小康进展情况。责任单位要围绕本单位承担的监测指标，认真制定和落实推进措施，确保按序时达标，同时认真做好相关数据的收集、整理和审核工作，及时、准确填报监测统计报表。就有关全面小康达标申请和认定事项，在指标口径计算方法和监测结果等方面，加强与上级对口部门的沟通和协调，及时汇报双清区全面小康建设进展情况，全力争取上级部门支持。

五是强化沟通协调。对内搞好协调，形成合力。一方面牵头部门要按照工作职责和细化方案的要求，挂图作战，积极推进，组织协调成员单位有序开展工作；相关成员单位要识大体、顾大局，把推进全面小康建设作为应尽职责，不折不扣服从牵头部门的组织协调，共同推进工作的有效落实。另一方面要加强小康创建重点责任部门沟通协调，全面小康社会监测体系涉及五大类22项32个指标，部分指标关联多个部门，这就要求职能部门之间要加强联系和沟通。区统计局作为小康监测牵头部门，要充分发挥组织协调和监督管理职能，对全面小康进程监测的所有数据进行扎口管理，保持数据一致性。对上搞好协调，争取支持。一要争取工作支持。全面小康建设相关部门要经常主动到上级对口部门汇报工作，让领导对双清全面小康建设的目标、进度、做法、特色、难点等有较为全面的了解。二要争取政策支持。省委、省政府将就全面小康出台差异化扶持政策，届时相关部门要认真组织学习，认真研究文件精神，积极与上级沟通协调，争取支持。

B.22
大祥区全面建成小康社会进展、问题与对策研究

张能峰*

党的十八大吹响了全面建成小康社会的进军号角，明确提出到2020年实现全面建成小康社会的宏伟目标。省委、省政府和市委、市政府做出了坚持分类指导加快推进全面建成小康社会的重大决策，大祥区被列为二类县区。为了进一步掌握全区全面小康社会建设情况，探索全面建成小康社会的对策，近期采取广泛调查、座谈讨论等方式，就大祥区全面建成小康社会建设情况做了一次专题调研。调研情况如下。

一 大祥区全面小康建设基本情况

大祥区系1997年市辖三区行政区划调整后组建而成，辖4乡1镇9个街道办事处，81个行政村、51个社区。总面积214.66平方千米，总人口34.3万人，是邵阳市的政治、文教、金融、商贸中心。

近年来，大祥区认真贯彻落实党的十八大、十八届三中全会精神，按照省委、省政府提出的"三量齐升""四化两型""分类指导"战略部署和市委、市政府提出的"八个建成""三个高于"目标要求，以全面建成小康社会为总揽，坚持稳中快进，突出项目和实干，在加快经济发展、促进社会进步、改善人民生活、加强民主法治、建设生态文明等方面取得了新的进展，为全面建成小康社会奠定了一定基础。对照《湖南省县市区全面建设小康社会监测评价指标体系》二类的5大类23项指标，据监测，截至2013年底，大祥区全面建

---

* 张能峰，中共邵阳市大祥区委书记。

设小康社会进程的实现程度为86.78%。

从经济发展监测指标来看，2013年全区实现地区生产总值103.9亿元，人均地区生产总值（按2000年不变价）达到22297.49元，实现程度为65.6%；按照区内产生的财政总收入口径统计，2013年全区实现财政总收入13.99亿元，人均财政总收入为4078.72元，实现程度为123.6%；税收占财政总收入的比重为83.2%，实现程度为104%；第二、第三产业增加值占地区生产总值比重为94.5%，实现程度为105%；高新技术产业增加值占地区生产总值比重为17.7%，实现程度为88.7%；城镇化率为76.2%，实现程度为127%；园区规模工业增加值占规模工业增加值比重为53.5%，实现程度为76.4%；金融机构各项贷款增长率为48.4%，实现程度为48.4%；规模以上企业农产品加工产值与农业产值比为434.3%，实现程度为173.7%。

从人民生活监测指标来看，2013年城镇居民人均可支配收入为17746元，实现程度为50.7%；农村居民人均纯收入为11296元，实现程度为70.6%；人均住房使用面积达到50.6平方米，实现程度为168.7%；人均储蓄存款为31917.92元，实现程度为114%；居民文教娱乐服务支出占家庭消费支出比重为10.3%，实现程度为64%；2003~2013年，全区解决农村安全饮水6.9万人，农村居民安全饮水比率为85.3%，实现程度为85.3%；行政村客运班线通达率为100%，实现程度为100%。

从社会发展水平监测指标来看，2013年全区基本医疗保险覆盖率为100%，实现程度为111.1%；基本养老服务补贴覆盖率为40%，实现程度为80%；高中阶段毛入学率为93%，实现程度为103.3%；平均受教育年限为8.9年，实现程度为84.8%；每千人拥有床位数为11.8张，实现程度为295%；5岁以下儿童死亡率为8.9‰，实现程度为125%；人均拥有公共文化体育设施面积达到1.77平方米，实现程度为88.3%。

从民主法治监测指标来看，2013年全区城镇居委会依法自治达标率为86.3%，实现程度为95.9%；农村村委会依法自治达标率为79.5%，实现程度为88.3%；社会安全指数为89.6%，实现程度为89.6%。

从生态文明监测指标来看，2013年全区单位GDP能耗为0.9吨标准煤/万元，实现程度为88.9%；城镇污水处理率为91.5%，实现程度为130.8%；空气质量达标率为95.1%,实现程度为100%;地表水质达标率为83.3%,实现程度为83.3%;农村垃圾集中处理率为22.2%,实现程度为23.4%;森林资源蓄积量增长率为2.5%,实现程度为83.3%;城镇建成区绿化覆盖率为35.4%,实现程度为134.6%。

在加快推进全面建成小康社会中,我们主要做了以下六个方面的工作。

(一)在加快项目建设中增强后劲

始终把项目作为加快发展的突破口,开展"项目实干年"活动,大抓项目,抓大项目,以项目扩投资、促发展。争资引项方面,区"十二五"规划中的21个项目进入省计划笼子,《大祥区武陵山区域发展和扶贫攻坚实施规划》获省政府批复;2013年引进内资46.45亿元,外资1310万美元,完成进出口总额8219万美元,新增限额以上商贸企业14家。项目建设方面,落实项目建设区级领导挂点负责制,实行"三榜定案、两级审核、阳光征拆",2013年,全区60个市、区重点项目完成征地6685亩,拆迁房屋1481户(共计38.9万平方米)。其中,学院路一期、S217、宝庆电厂进厂路、云峰水泥、浩天米业粉面生产线、大安街市场改造等项目竣工或投产,宝庆电厂二期、蔡锷故居、桃花新城、体育中心、大祥立交桥、雪峰桥、桂花桥、娄邵铁路、西苑公园、六岭公园、南互通敞口工程、民兵训练基地、人防疏散工程、深塘片区棚户区改造、戴家坪棚户区改造等50多个项目强力推进。2013年全区完成固定资产投资70.96亿元,同比增长41.5%。优化环境方面,切实做到依法行政,文明执法,高效服务,全区企业周边和项目建设环境良好。

(二)在壮大优势产业中提高效益

大力推进新型工业化,大祥省级工业集中区获湖南省发改委正式批复,省级循环经济示范基地完成1000亩土地的规划设计;2013年园区引进湖南凯浩、湖南盛昶等投资5000万元以上的工业企业2家,完成投资4.12亿元,实现总产值55亿元;新增规模企业5家、新增产值1.5亿元。大力推进农业现代化,稳定粮食播种面积16.52万亩,粮食总产量5.43万吨;壮大花卉苗木、特种水产、无公害蔬菜等产业基地19个,在龙头、召佰建成连片蔬菜基地2000亩,在沉水建成蔬菜基地500亩,绿翔农产品配送中心在城区设立农产品直销店18家;浩天米业、华立竹业等龙头企业加快发展;以龙头新农村示范片带动全区新农村建设,目前建成新农村建设示范村44个,办点率达54.3%。农村基础设施不断改善,2013年除险加固病险水库4座,邵水河流域治理一、二期工程基本完成;解决了3700余人的饮水安全问题;建成通村公路25.6千米;推广农机具1341台;"三边三年"绿色行动完成造林绿化2.23万亩,为年度任务的132.7%。大力推进第三产业发展,蔡锷故居文物保护开发建设完成核心景区征地278亩,全面启动建设;军分区老营院商业广场、红旗路商业联合广场等项目积极推进。

(三)在推动城市建管中创优形象

突出国家卫生城市和省级文明城市、园林城市创建,着力建设宜居城区。在市委、市政府的支持下,站前新区、桃花新城、深塘片区、邵水西路风光带等城建项目加快推进,敏州西路提质改造基本完成。完成了197条小街小巷提质改造,对70条小街小巷进行了灯化亮化美化。新建或改造立新街、遥临巷等农贸市场8个。市场化保洁面积达293万平方米,包括27条147万平方米的主街干道、41万平方米小街小巷和105万平方米城乡接合部道路。城乡环境治理成效明显,市容秩序、环境卫生、农贸市场、渣土运输、"限摩限电"等专项整治深入开展,"领导干难点、干部包路段"工作责任制有效落实,农村环境综合整治稳步推进,城乡面貌发生了可喜的改变,群众满意度不断提升。2013年拆除违法建筑4.57万平方米,控制违法建筑2.6万平方米。

(四)在创新社会管理中维护稳定

深入开展"打黑除恶""扫黄打非"等专项行动,严厉打击杀人、涉黑涉恶、"两抢一盗"、吸毒贩毒、传销等各类违法犯罪行为,老百姓对社会治安的满意度不断提升,2013年大祥区综治民调在全省排74名。扎实做好群众工作,全区群众工作网络体系实现全覆盖,百春园群众工作站被选为全省群众工作经验交流会参观点。对信访积案实行集中研究交办,化解信访积案46件,十八届三中全会期间实现了进京上访"零登记"。加大对无理缠访、闹访等违法信访行为的打击力度，实施行政拘留21人、刑事拘留1人。严格落实安全生产责任制，扎实开展安全生产大检查百日行动，全区未发生较大及以上安全事故，是全市安全生产先进单位。

（五）在保障改善民生中服务群众

每年的为民办实事各项指标任务全部完成或超额完成。2013年发放各类惠农补贴1486.98万元，新增城镇就业4471人，转移农村富余劳动力3.1万人；分别新增养老、医疗、生育、失业保险人数为1387人、12874人、76人、370人；新型农村合作医疗覆盖12.6万人，农村养老保险参保5.95万人，城乡低保分别保障19.49万人次和8.01万人次；改造农村危房300户，发放廉租房租赁补贴791万元、实物配租262套；完成8所合格学校、3个校安工程和1所农村幼儿园建设，教育"两督"工作被评为全市先进。全省首个"儿童幸福家园"在大祥区开园。大力实施"文化强区"战略，全区建成农家书屋81个，村级农家书屋实现全覆盖；开展了"欢乐潇湘""雅韵三湘"等群众文化活动。扎实开展"计生基层基础工作年"活动，加大社会抚养费征收力度，认真落实利益导向机制，实行"一票否决"和"预否决"制度，计生工作连续3年获省模范单位称号。普法、依法治理深入开展，城乡居民依法自治水平不断提高。

（六）在加强党的建设中强化保障

思想政治建设不断加强，党的十八大、十八届三中全会、习近平总书记系列重要讲话精神以及上级各项决策部署得到认真贯彻落实。切实加强领导班子建设，坚决贯彻执行民主集中制，重大问题决策、重要人事安排、重大项目建设、重大经费支出，充分发扬民主，坚持集体研究，区五大家班子团结和谐，各级班子团结协调。切实加强干部队伍建设，坚持干事的用人导向，遵守干部人事工作纪律，形成了干事创业的良好氛围。切实加强基层组织建设，全区社区保障经费达到4万～10万元，村级组织运转经费达到6万元；村级活动场所建设实现全覆盖，社区建房项目完成34个。认真贯彻落实中央八项规定、省委九项规定、市委十项规定，制定了《关于改进工作作风密切联系群众的规定》，着力解决"四风"问题，有力地促进干部作风转变。

二 存在的主要困难和问题

大祥区全面小康建设取得了一定成效。但与全面建成小康社会的目标相比，还有一定的差距，任务十分艰巨。存在的主要困难和问题有。

（一）指标实现程度不够均衡

在 5 大类指标中，人均财政总收入，税收占财政总收入比重，第二、第三产业增加值占地区生产总值比重，城镇化率，人均住房使用面积，人均储蓄存款，行政村客运班线通达率，规模以上企业农产品加工产值与农业产值比，基本医疗保险覆盖率，高中阶段毛入学率，每千人拥有医疗床位数，5 岁以下儿童死亡率，城镇污水处理率，空气质量达标率，城镇建成区绿化覆盖率等 15 项指标全面完成或超额完成。但金融机构各项贷款增长率、农村垃圾集中处理率等指标与目标差距较大，这些指标实现程度不到 50%，还需进一步强力攻坚。

（二）产业结构不合理

2013 年，全区第一、第二、第三产业的比重为 5.5∶43.5∶51。与发达地区相比，全区经济总量不大，特别是工业支撑力不强，规模工业仍是全区产业的短板。企业发展壮大难，各种制约因素多，市场体制机制仍欠完善，要素市场不够配套，不够规范，不够活跃，市场对资源配置的决定性作用发挥得不够充分。第三产业作为大祥区的优势产业，也面临巨大竞争压力，需加快结构调整，实现转型发展。

（三）城乡居民增收压力较大

城镇居民人均可支配收入为 17746 元，实现程度为 50.7%，距目标值 35000 元相差 17254 元，到 2017 年完成目标值，年均增长量要达到 4314 元，年均增幅必须保证在 18.5% 以上；农民人均纯收入为 11296 元，实现程度为

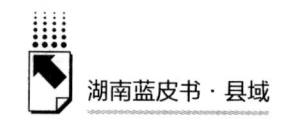

70.6%，距目标值16000元相差4704元，到2017年完成目标值，年均增长量要达到1176元，年均增幅必须保证在9.1%以上。

（四）城乡基础设施建设滞后

从城区来看，道路、桥梁等重大基础设施建设还需加快，特别是农贸市场、停车场、垃圾中转站等基础设施建设比较滞后，影响城市的发展和居民的生活质量。雨溪、罗市、蔡锷等集镇建设落后，公共设施不足，城镇化水平较低，没能很好地发挥对周边农村的辐射带动作用。农村基础设施建设欠账较多，通村道路硬化的任务还比较艰巨，"五小"水利设施建设比较滞后，农业抵御旱涝自然灾害的能力不强。

（五）社会保障体系不够健全

养老保险、医疗保险、失业保险和最低生活保障等城乡居民社会保障体系仍然不够健全，特别是非公经济从业人员、灵活就业人员、转移劳动力等群体的参保率不高，城乡低收入家庭的生活还存在较大困难。村级集体经济比较薄弱，公共养老等服务设施不足，农村居民保障水平较低，文化生活质量不高。

三 推进全面建成小康社会的总体思路和措施

在省委、省政府和市委、市政府的正确领导下，围绕2017年建成全面小康社会的总体目标，认真贯彻落实党的十八大、十八届三中全会精神，按照"三量齐升""四化两型""八个建成""三个高于""分类指导"的部署要求，抢抓全面深化改革的重大机遇，坚定加快发展的决心和信心，更加重视加快经济发展，更加重视重大项目建设、更加重视转方式调结构，更加重视民生需求，更加重视社会治理，更加重视生态文明建设，抓好指标分解，健全责任体系，突破薄弱环节，推动整体建设。

（一）加快项目建设进度

突出"项目"与"实干"两大主题，积极向上争取项目和资金，大力开展招商引资工作，全力争取和引进一批符合大祥区产业发展需要的集聚型、配套型、成长型的大项目、好项目。积极推动征地和房屋征拆工作，全面推行"三榜定案、两级审核"征拆工作机制，切实优化项目施工环境，重点推进宝庆电厂二期、云峰水泥、学院路二期、雪峰南路二期、娄邵铁路、怀邵衡铁路、新城大道、S338、S231、大祥立交桥、雪峰桥、桂花桥、蔡锷故居、体育中心、职教新城、西苑公园、六岭公园、南互通敞口工程、红旗路商业联合广场、深塘片区棚改二期、东方广场及滑石村片区棚户区改造、戴家坪棚户区改造、立新街棚户区改造、民兵训练基地、军分区老营院商业广场、滨江新城及资江南岸风光带、邵阳幼师高专、邵阳技师学院等70多个市、区重点项目建设，在加快重大项目建设中扩大社会投资，提升经济总量，壮大经济实力。

（二）促进工业园区发展

突出抓好省级工业集中区建设，抓好人大代表和政协委员创业发展园建设，力争2015年底集中区建成面积达2平方千米。理顺园区管理体制，逐步建立规范有序、保障有力的园区管理新体制。多方筹措资金投入园区基础设施建设，加快土地平整及水、电、路、气、讯和标准化厂房等工程建设，增强园区配套功能，为中小企业集聚发展和外来工业投资项目提供发展平台。加强招商引资工作，力争每年引进5家以上投资5000万元以上的工业企业，每年新增规模工业企业5家以上。突出产业关联、产品互补及上下游配套，围绕宝庆电厂等龙头企业发展，适度配套相关产业，打造"两型"建材、机械加工、商贸物流、农副产品精加工等产业体系。加大科技研发投入，加快高新技术产品开发步伐，使产业向资源利用最大化、高附加值、高技术含量转变，不断提高高新技术产业增加值占GDP的比重。

（三）夯实农业发展基础

以龙头新农村示范片为带动，进一步捆绑集中使用各类涉农资金，加快推进社会主义新农村建设，重点抓好示范片主导产业和基础设施建设，将板桥乡建成全市新农村示范乡。立足资源条件，突出特色发展，积极壮大果蔬、畜禽、食用菌、特种水产等优势产业，重点抓好龙头、召佰和沉水5000亩蔬菜基地和农产品配送中心建设，支持浩天米业、华立竹业、威斯伽、绿翔等农业龙头企业发展，促进农业增效、农民增收。精心实施农村饮水安全、小型农田水利建设改造、中小流域治理和水库除险加固工程，解决农业产业化发展用水和农村人口饮水不安全的问题。抓住武陵山片区发展及扶贫攻坚的机遇，不断探索扶贫开发思路，积极创新扶贫开发模式，扎实推进产业扶贫、基础扶贫、科技扶贫、社会扶贫、生态扶贫，不断减少全区贫困人口。不折不扣落实种粮补贴、农机购置补贴等惠农政策，促进农民持续增收。

（四）加强城市建设管理

围绕创建国家卫生城市和省级文明城市、园林城市，切实抓好城市的建设和管理。加快城区扩容提质步伐，配合市里并自主抓好滨江新城、深塘片区、桃花新城和职教新城的开发建设。全面完成敏州西路、大祥立交桥、桃花路、南互通敞口工程的改造和建设。积极推动雪峰桥、桂花桥、市体育中心等重点城建项目建设。完成辖区内7条最美街道建设。加强城市精细化、网格化、数字化管理，对全区所有主街干道、部分小街小巷的保洁实行公司化操作，严格落实"门前三包"等长效机制，不断深化农贸市场、废品收购、渣土运输、违法建设、交通秩序等专项整治。改建或新建公厕72座、垃圾中转站15座，启动15个农贸市场的改造和建设。开展"讲文明话、干文明事、做文明人、建文明城"活动，提升市民文明卫生素质，规范市民文明卫生行为，使城市管理水平大幅提升。

（五）做大商贸旅游产业

充分挖掘大祥在传统文化、交通区位、自然资源等方面的优势，大力发展现代服务业，加快推动商贸旅游城区建设。利用各大银行总部大多坐落于大祥区的优势，积极发展金融、保险等事业，加快建设滨江金融中心。把抓商贸、增活力作为加快发展的着眼点，大力发展现代物流和现代服务业，不断完善城乡商贸流通网络，合理规划城区商业布局，建设大型专业市场和仓储设施。围绕把"蔡锷故居"打造成国家4A级景区的目标，切实抓好蔡锷故居正屋恢复、纪念馆、铜像广场、将军门楼、军魂塔、景区道路等项目建设，做好文物收集整理工作，提升城市人文底蕴。主动融入全市、全省大旅游圈，打造"蔡锷旅游"品牌，增加旅游收益。

（六）着力改善民生民利

进一步加大民生事业投入，大力为民兴办实事，切实改善民生。多渠道开发就业岗位，加强实用技术培训，不断解决就业困难人员、农村剩余劳动力、高校毕业生、退役军人的就业问题。争取省市支持，加大区级财政投入，并组建好教育融资平台，积极筹措资金，对全区所有学校进行改造提质，提升教育教学水平，力争全区人均受教育年限按期达标。加快文体事业发展，推动体育中心建设，建设农村体育健身工程，不断增加人均拥有公共文化体育设施面积。推动社会保险、社会福利、社会救助相衔接的保障网建设，进一步扩大基本养老、医疗、失业、工伤、生育保险覆盖范围，完善新农合、新农保制度。创新机制，专群结合，提升装备，强化力量，构筑严密的社会治安防控体系，不断提升社会安全指数。进一步发挥群众工作站的作用，完善群众工作机制，加大信访积案化解力度，促进社会和谐。严格落实安全生产责任制，坚决遏制和杜绝重特大事故发生，切实保障人民群众生命财产安全。

（七）保护优良生态环境

既注重发展速度，更注重运行质量；既注重经济效益，更注重生态效益。积极筹措资金，全面完成4.2万亩"三边三年"造林总任务，力争完成全区所有荒山绿化。抓好城区植绿补绿增绿和最美街道绿化建设，深入开展园林式单位、小区创建工作。坚持城乡同治，有序推进农村环境卫生综合治理，推广"户分类、村收集、乡转运"农村垃圾集中处理模式，抓好"三清五改"工程，开展农药化肥、生活污水、暴露垃圾等农村面源污染整治，不断提高农村垃圾集中处理率。坚决淘汰落后产能，全面完成节能减排任务。严把项目准入和环评关口，全面落实"十二五"期间市定十大环保工程，坚决不上污染项目，切实保护好大祥的青山绿水。

（八）落实党建工作保障

以党的群众路线教育实践活动总揽党建工作，精心组织教育实践活动，突出教育实践特色，坚决纠正和反对"四风"问题，确保活动真正取得实效。切实抓好习近平总书记系列讲话重要精神，学习贯彻落实党的十八大、十八届三中全会精神。认真贯彻执行中央"八项规定"、省委"九项规定"、市委"十项规定"，切实转变干部作风。遵守干部人事工作纪律，突出干事的用人导向，营造干事的良好氛围。全面完成村级党组织和第九次村委会换届选举工作，加强村支"两委"队伍建设。完成未达标的17个社区办公用房建设。加强反腐倡廉工作，强化对党员干部的教育管理，促使党员干部廉洁从政。

B.23
北塔区全面建成小康社会进展、问题与对策研究

肖拥军*

北塔区是1997年邵阳市市区区划调整时组建的一个市辖县级行政区，总面积84.39平方千米，总人口10.63万。辖3个乡、2个街道办事处、1个国有农场，59个村（社区、工区、农场）。辖区内有一个省级开发区"湖南邵阳经济开发区"，现与北塔行政区实行"政区合一"的管理体制。北塔区自1997年建区伊始，就围绕"小康"目标不懈努力，在县区级层面上，北塔区经济社会的发展历程，反映了我国社会的历史巨变。

一 北塔区全面建成小康社会进展分析

（一）北塔区小康社会进展情况

北塔区紧盯2017年力争实现全面建成小康社会目标，以"路网拓城、商贸活城、生态秀城"战略为总揽，抢抓机遇、真抓实干，致力将北塔建设成为"宜居宜业宜游滨江新城和邵阳市两型社会示范区"，在加快政策争取、推进项目建设、加大招商引资、做好土地经营、统筹城乡发展、提升公共服务、改善民生民利等方面取得了新的进展，为全面建成小康社会奠定了坚实基础。按湖南省全面建成小康社会考评统计5大类23项指标（二类）测算，2013年全区全面建成小康社会总实现程度为81.7%，其中经济发展类实现程度为89.8%，人民生活类实现程度为71.7%，社会发展类实现程度为65.3%，民

---

* 肖拥军，中共邵阳市北塔区委书记。

主法治类实现程度为94.7%，生态文明类实现程度为74.7%。在23项（涵盖33项子指标）具体指标中：

1. 有12项指标实现目标值

（1）人均财政总收入≥3300元，实际完成3887.09元；（2）税收占财政总收入的比重≥80%，实际完成88.65%；（3）经济结构指数中第二、第三产业增加值占GDP比重≥90%，实际完成89.99%；（4）城镇化率≥60%，实际完成70.6%；（5）园区工业规模增加值占规模工业增加值比重≥70%，实际完成96.7%；（6）规模以上企业农产品加工产值与农业产值比≥250%，实际完成1213.47%；（7）人均住房使用面积≥30平方米，实际达到46.3平方米；（8）人均储蓄存款≥28000元，实际达到31912.82元；（9）基本养老服务补贴覆盖率≥50%，实际达到100%；（10）5岁以下儿童死亡率≤12‰，实际达到2.35‰；（11）地表水质达标率=100%，实际达到100%；（12）森林资源蓄积量增长率≥3%，实际增长7.09%。

2. 有11项指标接近目标值

（1）高新技术产业增加值占GDP比重≥20%，实际完成19.5%，实现程度为97.5%；（2）农村居民安全饮水比率=100%，实际达到87.4%，实现程度为87.4%；（3）行政村客运班线通达率≥95%，实际达到69.49%，实现程度为73.1%；（4）基本医疗保险覆盖率≥90%，实际达到71.28%，实现程度为79.2%；（5）平均受教育年限≥10.5年，实际达到8.9年，实现程度为84.8%；（6）城镇居委会依法自治达标率≥90%，实际达到85.71%，实现程度为95.2%；（7）农村村委会依法自治达标率≥90%，实际达到75.76%，实现程度为84.2%；（8）社会安全指数达到100%，实际达到97.6%，实现程度为97.6%；（9）空气质量达标率≥95%，实际达到87.4%，实现程度为92%；（10）农村垃圾集中处理率≥95%，实际达到78.1%，实现程度为82.2%；（11）城镇建成区绿化覆盖率≥26%，实际达到23.33%，实现程度为89.7%。

3. 有10项指标与目标差距较大

（1）人均地区生产总值（按2000年不变价）≥34000元，实际达到17373.04元，实现程度为51.1%；（2）金融机构各项贷款增长率≥100%，实际达到48.42%，实现程度为48.4%；（3）城镇居民人均可支配收入≥35000元，实际达到16274元，实现程度为46.5%；（4）农村居民人均纯收入≥16000元，实际达到10383元，实现程度为64.9%；（5）居民文教娱乐服务消费支出占消费总支出比重≥16%，实际达到8.1%，实现程度为50.5%；（6）高中阶段毛入学率≥90%，实际达到22%，实现程度为24.4%；（7）每千人拥有医疗床位数≥4张，实际达到1.35张，实现程度为33.9%；（8）人均拥有公共文化体育设施面积≥2平方米，实际达到0.9平方米，实现程度为44.9%；（9）单位GDP能耗≤0.8吨标煤/万元，实际达到1.23吨标煤/万元，实现程度为65.3%；（10）城镇污水处理率≥70%，实际达到20.75%，实现程度为29.6%。

（二）存在的主要问题和困难

北塔区在全面建成小康社会推进工作的具体实践中，虽然取得了一定成效，但与全面建成小康社会的目标相比，还有较大差距，任务还十分艰巨。主要差距和困难表现在以下几方面。

1. 经济总量较小，人均GDP差距较大

人均GDP是反映一个地区经济社会发展总体水平的核心指标。2013年北塔区GDP总量为25.73亿元，人均GDP为17373.04元（2000年不变价），是实现全面小康目标值（≥34000元）的51.1%，按照2017年的达标要求，只有保证每年增长12.2个百分点，即每年人均GDP增长4156.7元以上，才能达到目标值。

2. 城乡居民增收压力大

全区2013年城镇居民可支配收入为16274元，农村居民可支配收入为10383元。其中城镇居民可支配收入与全面小康35000元的目标值相差18726元，农村居民可支配收入与全面小康16000元的目标值相差5617元，要达到小康标准，压力很大。再加之市委明确要求L3线以南不再引进新的工业项目，意味着北塔在今后一段时期内将不会再有新的工业项目增加，这对增加城镇居民就业，提高居民收入，带来了新的难度。

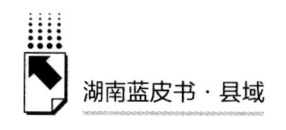

3. 居民文教娱乐服务支出占家庭消费支出比例小

该指数是反映居民生活质量、生活方式变化的重要指标。2013年北塔区居民人均教育文化娱乐服务支出为662元，占消费支出的比重为8.1%（其中教育支出514元，文化娱乐用品支出90元，文化娱乐服务支出58元），与小康社会16%的目标值相差7.9个百分点，当前完成度为50.1%。只有每年保证比上年提高1.94个百分点，即年平均增长307元，才能达到2017年全面建成小康的目标值。

4. 教育、文化、医疗卫生等公共服务设施配套滞后

2013年全区五大小康监测指标中，社会发展指标实现程度最低，为65.3%，离目标值相差36.7个百分点。辖区内至今还没有高级中学和大医院，社会发展指标中的子指标高中阶段毛入学率、每千人拥有医疗床位数仅实现了24%和33.9%，分别与目标值相差78个、66.1个百分点。公共文化体育设施也明显不足，其中三馆一站面积全区仅有0.41万平方米。这说明北塔区学校、医院、文化体育场所等公共服务设施严重不足，加快完善公共设施配套、提升公共服务承载能力的任务还很艰巨。

（三）原因分析

小康社会建设指标是科学发展的重要体现，也是推进经济社会协调发展的重要导向。三个方面的10个弱项指标，均是北塔经济社会发展的"软肋"。产生这些差距的主要原因有以下几方面。

一是对小康社会认识模糊，工作中小康意识不强。对实现小康社会，许多部门及群众还没有清晰的认识和足够的重视，表现在对小康监测指标体系知之甚少，对涉及的指标评价情况不明、推进情况掌握不实、对存在的难点问题重视不够、对解决的对策措施考虑不多。

二是对全面建成小康社会的跟进措施还不到位。对实现小康的目标不明确，对方法、途径缺乏研究，没有像抓项目一样建立统一协调的领导机制，也没有将评价指标落实到相关部门，缺乏有效的工作抓手，查遗补缺、跟进落实和强势推进的力度还不够。

三是区情特殊、制约因素较多。北塔在建设小康社会的进程中，既有其他

县区所遇到的共性问题，又有特殊区情所固有的个性问题。具体表现为：既有区域面积小、产业基础薄弱、财力匮乏、城市公共基础设施严重滞后等先天性缺陷，又有开发区职能不全、行政效率不高的体制机制障碍；既有上级对北塔"供血"不够的客观因素，又有北塔自身"造血"功能不强的主观原因；既有开发建设进程中所产生的超期安置等历史遗留问题的困扰，又有部分群众受利益驱动肆意搞违法建设所带来的压力。

二 北塔区推进全面建成小康社会的总体思路和具体目标

（一）北塔区全面建成小康社会的总体思路

围绕全面建成小康社会目标，大力实施"路网拓城、商贸活城、生态秀城"发展战略，始终坚持经济建设、政治建设、文化建设、社会建设、生态文明建设"五位一体"统筹推进，努力打造"宜居宜业宜游美丽滨江新城，邵阳市两型社会示范区"，确保在2017年成功实现全面小康。

（二）北塔区全面建成小康社会的具体目标

一是路网通畅，基础设施好。加大城区路网、管网、电网等基础设施建设力度，基本建成"五纵九横"路网骨架，全面提质改造小街小巷，一个交通便捷，给排水、排污系统完善，电网改造升级，布局科学合理的崭新城区全面建成。二是城区扩大，商贸流通活。18平方千米的邵阳经济开发区全面建成，商贸繁荣，人气提升，拥有邵阳市新的商业中心，成为邵阳市民文化、娱乐、休闲、购物的首选地之一。三是产业发达，经济实力强。积极推进现有经济产业转型升级，迅速建成一批骨干规模工业企业，招商引进一批商贸流通公司，培育壮大一批餐饮娱乐休闲名店，拥有年税收过亿元的企业（公司）5家以上、过千万元的企业（公司）10家以上、过500万元的企业（公司）30家以上。四是生态秀美，城市品位高。突出生态文明，用世界的眼光规划城市，用国际的标准建设城市，用现代的理念管理城市，保护性开发自然禀赋，全面完成路边、城边、水边造林绿化，北塔公园、龙山公园、神滩公园全面建成开放。通过山、水、园、林的完美结合，彰显出"水在城中，城在园中"的滨江城市风格。五是滨江靓丽，旅游人气旺。高品位打造资江北岸沿江风光带，高水准开发利用资江水域资源，高速度建成北塔儿童乐园，成为湘西南令人流连忘返的滨江旅游目的地。六是固本强基，基层党建优。深入开展创先争优活动，不断巩固农村党建，规范社区党建，抓实非公党建，提升机关党建，创建"五个好"先进基层党组织，争做"五个模范"优秀共产党员，充分发挥基层党组织的战斗堡垒作用和党员的先锋模范作用。

三 进一步推进全面建成小康社会的对策措施

今后四年，是北塔区全面建成小康社会的关键时期。要全面建成小康北塔，关键是要在以下三个方面攻坚克难。

（一）保证"三个到位"，强化组织领导

一是思想认识要到位。全区上下特别是各级领导干部要进一步提高思想认识，明确全面建成小康社会的目的、意义和要求，明确小康社会评价指标体系，变"模糊小康"为"数字小康"，认清重点难点，及早研究加快推进的对策措施。同时加大宣传力度，让更多的老百姓熟悉小康知识、参与小康建设、了解小康指标，让小康建设深入人心，"触手可及"。二是跟进措施要到位。参照指标体系，相应出台和实施"全面建成小康社会四年冲刺计划"，形成一套共创共建、有力有效的协调工作机制，变"口头小康"为"行动小康"，开启全面建成小康社会的"倒计时"，将各领域的工作与小康建设挂钩，定指标、下任务、压担子，尤其对弱项指标，实行进度倒逼，常抓不懈。三是组织领导要到位。全区各责任部门要建立小康建设工作班子；要根据职能分工做好牵头指标的分解和推进工作，能够做到本部门监测指标数据与上级对口部门提供的达标验收数据衔接一致，确保数出有据。同时要对各部门（乡办场）小康建设进度加强督查考核，使小康建设的各项任务事事有着落、交办事情件件有结果。

（二）做好"四篇文章"，加快经济发展

一是做好政策争取文章。准确把握省委、省政府简政放权的新动态，结合北塔区实际，全力以赴争取市里向邵阳经济开发区下放的 23 项行政审批权，争取调整对北塔的财税分成体制，争取落实行政区划调整，争取上级加大对北塔城市基础设施建设投入力度，争取军事禁区县转移支付补助落实到位。二是做好项目建设文章。要牢固树立"发展靠项目支撑，工作靠项目推进，面貌靠项目改变"的理念，大抓项目、抓大项目。要加强项目的策划、包装、引进与建设。基础设施方面，重点建好"十路五桥三园二堤一厂"，努力提升北塔新城承载能力；商贸流通方面，要突出抓好义乌小商品城、巨龙五金机电城、汽车销配城、广大环球家私城等四个专业市场建设，促进优势物流产业集聚发展；房地产开发方面，要加快中驰、鹿山、春风、广厦、九盛苑、阳光置业等十余个大型房产项目建设，构建邵阳市新的商业经济圈；新型工业方面，要抓好湘窖酒业二期工程、万事达新型纺织基地、湘中辐照中心、东峰电器等四大工业项目建设，做大工业经济总量；现代农业方面，重点抓好"菜篮子、果盘子、乐园子"三大工程，打造邵阳休闲农业第一品牌。三是做好土地经营文章。坚持以地生财，公开拍卖，盘活土地。通过加强土地储备、从严控制供地、坚持熟地拍卖、集约节约用地"四措并举"，力争每年土地出让总收入不低于 3 亿元，土地储备金规模不低于 5000 万元，土地收储不低于 500 亩，为水、电、路等基础设施建设筹措资金。四是做好招商引资文章。要瞄准上级决策部署，抓住武陵山片区扶贫攻坚及分类指导全面建成小康社会等千载难逢的机遇，争取中央和省里的投资项目和政策性投资。要巧借外力，解决第三产业发展落后、基础设施滞后等短板问题，力争在城市建设、商贸流通、文化产业、旅游发展等领域实现招商突破。重点要引进并开工建设汽车销售城、旅游文化产业园等一批重大"商贸活城"项目以及三甲医院。

（三）把握"四个重点"，改善民生民利

一是着力解决超期安置问题。超期安置是人民群众反响最强烈、怨气最大的一件事，也是长期困扰北塔发展的大难题。要把超期安置作为全区各级各部

门"一把手"工程来抓,开辟绿色通道,凡事关超期安置的建设资金优先安排,凡事关超期安置的工作力量优先保障,凡事关超期安置的审批事项优先办理,加快推进安置地选址、征拆和基础施工,确保所有超期安置对象早日住有所居。二是着力保障人畜饮水安全。要想方设法解决城中村自来水供应的死角盲区,积极推进农村安全饮水工程,让人民群众喝上安全水。三是完善社会保障机制。扩大社会保障覆盖面,按政策提高各项社会保障标准,做好就业和再就业工作,加大民生事业投入,确保民生支出占财政总支出的70%以上,积极推进保障性住房建设,切实提高广大群众的幸福指数。四是着力发展社会事业。在聚精会神抓经济的基础上,按照"五位一体"总体布局,更加重视抓好社会建设、文化建设、生态文明建设,更加重视均衡发展教育、文化、科技、医疗等社会事业,围绕就学、就业、就医、消费、健身、养老、市场安全等民生工程多办实事、做好事。尤其要补缺补弱,加大公益性文化事业的投入,加快区图书馆、文化馆、主题公园、旅游文化产业园等文化设施建设,合理布局,不断丰富城乡文化娱乐生活,引导大众文化消费,促进居民文化生活质量不断提高,真正让人民群众共享发展成果。

B.24
邵东县全面建成小康社会进展、问题与对策研究

黎仁寅*

邵东县地处湘中，辖3个街道办事处17镇8乡1场和1个省级经济开发区，总面积1768平方千米，总人口129.96万，素有"百工之乡""商贸之城""南国药都"之美誉。近年来，县委、县政府以邓小平理论和"三个代表"重要思想为指导，深入贯彻落实科学发展观，紧紧围绕党的十六大提出的全面建设小康社会的宏伟目标，大力实施"兴工强县""兴工旺商"发展战略，县域经济和各项社会事业又好又快发展，为全面建成小康社会打下了坚实基础。

一 全面建成小康社会取得重大进展

2013年，邵东县全面小康实现程度达到77.2%，比2002年提高66个百分点，年均提高6个百分点。全县经济建设、政治建设、文化建设、社会建设、生态文明建设全面推进，2012年被评为湖南省全面小康经济发展先进县。

（一）经济发展提质增效

2013年，全县地区生产总值从2002年的74.00亿元增加到254.27亿元，县域经济综合实力排全省第12位。民营经济快速发展，传统产业不断改造升级，现代服务业快速发展，基础设施得到很大完善，城镇化进程加快。全县人均地区生产总值从2002年的6320.46元增加到27758.73元，实现程度为

---

* 黎仁寅，中共邵东县委书记。

72.8%；税收占财政收入的比重为70.7%，实现程度为88.5%；第二、第三产业增加值占GDP比重为83.3%，实现程度为92.5%。邵东县先后被确定为湖南省民营经济改革与发展试验区、县域经济发展先进县、首批承接产业转移重点基地县、农村综合改革试点县，全国科普工作示范县、知识产权强县工程示范县、科技进步先进县，并入选全国可持续发展实验区、中国最具投资潜力特色经济200强县。

（二）人民生活明显改善

城乡居民收入持续增长，人民生活水平不断提高。2013年，城乡居民人均可支配收入分别达到20424元和11952元；平均每百户家庭拥有彩电141台，拥有固定电话67部，移动电话214部，接入互联网的计算机59台，接入有线电视网络的电视机98台。民生投入不断加大，城乡社会保障体系不断完善。城镇养老金发放8740人，农村养老金发放16.03万人，全县城乡养老保险实现100%覆盖；城乡就业持续扩大，新型社会救助体系基本形成，全民医保基本建立；基本公共服务水平和均等化程度明显提高，居民家庭财产普遍增加，消费结构快速升级，衣食住行用条件显著改善，城乡低收入群体基本生活得到保障。全县人均住房使用面积、社会保障发展水平实现程度达100%，农村居民安全饮水比率、行政村客运班线通达率实现程度在90%以上。邵东县先后被评为全省保障性安居工程工作优秀单位，全国民政工作先进县、农村社会养老保险工作先进县。

（三）社会事业协调发展

教育事业迅速发展，城乡免费义务教育全面实现，高考综合成绩连续十五年居全市第一，跨入全省先进行列，2013年邵东县一中成为"清华大学新百年领军计划优质生源基地"。文化生活丰富多彩，全县有艺术表演团体1个，文化馆1个，公共图书馆1个，广播、电视综合人口覆盖率为85%，有线电视用户达9万户，2013年成功创建中国楹联文化县。卫生事业健康发展。全县医疗卫生机构1160个，拥有床位数3080张，基本医疗保险覆盖率为95.0%，重大疾病人均补助8403.90元，建立居民健康电子档案72.70万份。

体育事业蓬勃发展，2009年投资1940万元新建了拥有3000座位的多功能综合体育馆，全县现有体育场1个，体育馆6座，运动场159个，游泳池2个，全县全面健身运动参加人数18.90万人，2013年举办各类群众性运动会28次，成功承办全省第四届"强民杯"农民篮球、乒乓球赛。民主法治逐步健全，社会治安状况持续好转，2013年全省综治民调排全省第32位，群众安全满意度明显提升。社会发展和民主法治实现程度分别达到87.0%和94.4%，教育发展水平、文化发展水平实现程度均在85%以上。

（四）生态文明同步推进

全县大力实施环保项目，逐年淘汰落后产能，关闭"五小污染企业"，万元GDP能耗等主要减排指标连年下降。城区环境噪声和烟尘控制均达到功能区标准。大力开展绿化造林，县城绿化率达到35.2%。污水处理厂和无害化垃圾处理场相继投入使用，城镇污水处理率达64.1%。生态文明实现程度为85.8%，在单位GDP能源、环境质量指数、绿化水平3项7个指标中，只有农村垃圾集中处理率实现程度较低。

二 推进全面小康建设的基本经验

（一）始终坚持切合实际的发展思路

我们始终坚持解放思想，把中央、省、市精神与邵东实际紧密结合起来，创造性地开展工作。进入新世纪，当"湘中商都"的优势明显减弱时，由于没有及时实行市场换代、促进产业升级，县域经济接连滑坡，2006年排名降至全省第21位。近年来，县委、县政府适时调整发展思路，提出了"兴工旺商、富民强县"的发展战略，明确了"大办工业、办大工业"的主攻方向以及产业转型升级、市场升级提质、城镇扩容提质等一系列具体的工作思路，顺应了省委"四化两型"、市委加快发展的战略部署，体现了现代化建设的内在规律，符合邵东发展的阶段性特征，县域经济重新呈现了强劲的增长势头。

（二）始终把握统筹兼顾的根本方略

我们注重统筹兼顾发展中的诸多重大关系，力求使各个领域和各个层面的发展相互衔接、相互促进、良性互动。一是既推进城镇化，又下大力气建设新农村。坚持做到城镇建设和新农村建设双轮驱动，把建设新农村作为党委和政府一切工作的重中之重，放在突出位置来抓，农村面貌发生了巨大变化。二是既加强经济政治文化建设，又加强社会建设。在推进经济跨越发展的同时，加大工作力度，加大资金投入，较好地建立了社会保障体系、就业保障体系、卫生服务体系、现代教育体系、公共安全体系。三是既十分重视生产发展，又着力保护生态环境。

（三）始终抓好党的建设伟大工程

县委总揽全局，政府精心运作，五套班子精诚团结、通力合作，创造了良好的政治生态环境，全县各级各部门紧跟核心、紧扣中心、紧贴民心，形成了一心一意谋发展、聚精会神搞建设的强大合力。在全县推行"一线工作法"，出台改进干部作风"十条高压线"和优化环境"若干规定"，倡导"全员服务"，打造服务型党组织、服务型政府，用领导方式转变促进和保障发展方式转变，引导广大干部把心思集中到想干事上，把本事体现在会干事上，把目标锁定在干成事上，领导和推动科学发展的能力不断提升，办成了一件件大事、攻克了一道道难题、取得了一个个突破，大大加快了全面小康建设进程。

三 全面建成小康邵东仍然任务艰巨

邵东县经济社会发展呈现运行稳健、质量提升、转型加快、民生改善的良好态势，全面建成小康社会具备良好的基础。但从当前进展情况来看，2017年建成全面小康社会任重道远，主要有以下问题和困难。

（一）部分指标实现程度低

邵东县 2012 年全面小康实现程度为 69.0%，比全省低 16.9 个百分点，低于长株潭地区24.3个百分点,甚至比大湘西地区低5.1个百分点。2013年,考核体系五个方面中,经济发展实现程度不到70.0%。人均财政总收入、高新技术产业增加值占GDP比重、金融机构各项贷款增长率等4个指标实现程度尚未达到60.0%。

(二)乡镇之间发展不平衡

受资源禀赋、地理环境、历史文化等因素影响,各乡镇经济社会发展的差距较大。2012年,大禾塘办事处农村居民人均纯收入达到12800元,堡面前乡不到6000元。街道办事处之间也存在差距,两市塘办事处的人均财政收入只有宋家塘办事处的1/4。3个贫困乡镇区位、信息、经济基础等条件都较差,缺乏项目带动,发展后劲不足,2017年全面建成小康社会有一定的难度。

(三)缺乏资金和政策支持

邵东县没有被纳入大湘西开发和武陵山连片扶贫攻坚范围,是国家优惠政策扶持的"盲区"。受深层次体制制约,金融政策重城市轻农村,邵东县域发展缺乏资金支持,特别是中小企业融资困难。财税方面,县级财力不足与刚性需求增加的矛盾日益突出。大部分村镇财力薄弱,难以筹集大量资金用于基础设施建设和产业发展,全面小康建设资金和政策保障不足。

四 进一步推进全面建成小康社会的思路和措施

坚持科学发展观,深入贯彻落实党的十八大精神,围绕"率先邵阳发展、重返湖南十强"总目标,按照"三个高于""三量齐升"总要求,坚持"兴工旺商"总战略,沿着"科学跨越、转型升级、特色集群"的发展路径,更加注重目标引领,更加注重分类指导,更加注重协调推进,把全面建设小康社会融入到富民强县发展实践中,促进综合实现程度每年提高6个百分点,确保在2017年全面建成小康社会。

（一）强化工业支撑，建设实力邵东

以培育新的经济增长点为目标，建大园区、办好工业、做大企业、做强产业，着力推进园区特色化、产业集群化、企业现代化，构建新型工业体系，建设具有邵东特色的现代产业高地。到2017年，争取年税收过亿元的工业企业达到5家、过5000万元的10家，工业税收达到总税收的60%以上。

1. 建设一流园区

高标准建设邵东生态产业园、邵东县经济开发区和宋家塘管理区3个核心园区，启动县经济开发区的工业板块扩规工作和申报国家经济开发区工作。制定支持乡镇小区建设的具体办法，重点加快中国打火机出口示范基地、中国小五金生产基地、中国箱包皮具生产基地、中国服装加工生产基地、中国中药材种植加工基地等乡镇特色工业园区建设。不断完善园区基础设施建设和管理服务体系，增强承接现代产业转移、集聚优势资源、吸纳劳动就业的能力，构建产城融合的园区格局。严格实施产业结构调整规划，研究出台支持企业退城入园的政策，推进资源要素和工业项目向园区集中，实现以商建园，以园招商，努力把园区建设成为工业经济发展的强大引擎。

2. 壮大产业集群

抓好五个一批工程，即"储备一批工业用地、扶持一批传统特色产业、兴办一批骨干税源企业、发展一批乡镇小微型企业、建设一批标准化厂房"。引导传统支柱产业和现有规模企业通过兼并、联合、参股等方式走规模化经营、集团化管理的路子，构建具有邵东特色的产业集群。落实打火机、小五金、箱包皮具、服装加工、中药材五大优势产业转型升级方案和支持政策，一个产业一套班子、一套政策、一抓到底。通过3~5年的努力，将传统产业做成在全国同行业中的知名品牌，做成竞争力和影响力大的特色大产业。加快佘湖山、荫家堂、烟竹岩、贺绿汀故居等景区产业一体化建设，打造一条"蔡锷故居—贺绿汀故居—佘湖山风景区"黄金旅游路线，全面提升邵东旅游产业。

3. 培育现代企业

深入推进"个转企""小升规""规改股"和"股上市"工作，着重引导优质企业进行股份制改造,建立现代企业制度,推动民营经济从家族式管理向建立现代企业制度转变。继续实施"品牌强县"战略,不断提升品牌的附加值。到 2017 年,新增"海王扳手"和"亚莉丝皮具"等 10 个中国驰名商标,新增 30 个省级著名商标和 20 个省级名牌产品,实现国家级名牌产品零的突破。引导企业新建技术中心,形成以企业为主体、"产学研"相结合的技术创新体系。继续抓好科技和知识产权项目申报和管理工作,通过科技成果的转化,提升企业自主创新能力和核心竞争力。组织开展年度"邵东民营经济年度人物"和"民营企业 20 强"评选活动,激励企业家专注实业发展。出台扶持优质规模工业企业发展的办法,对重点骨干企业实行"一企一策"帮扶,培育一批拥有自主知识产权和知名品牌的大企业大集团。实施企业上市培育计划,力争 5 家企业成功上市。

(二)突出改革开放,建设活力邵东

实行更加积极主动的开放战略,以开放促改革,以改革促发展,强化经济发展保障措施,促进县域经济持续快速发展。

1. 深化改革激发活力

把改革作为全面小康社会建设的持续动力。深化国有企业改革,打好改制扫尾战,全面完成县属国有企业改革任务。深化财政改革,全面推行精细化管理,推行国库集中支付制度,保证财政资金安全。围绕"小政府、大社会、好市场",深化行政管理体制改革。出台规范农村土地流转的具体办法,建立耕地林地交易平台,加快农村综合配套改革,激活农村生产要素。探索建立项目选址招标制、项目落地竞标制,建立征地拆迁工作新机制,努力破除妨碍科学发展的体制机制弊端,增强经济发展内生动力。

2. 开放合作增强活力

把开放合作作为全面小康社会建设的重要推力。利用国际、国内两个市场,两种资源的能力,坚持"引进来"和"走出去"相结合,实现优势互补,构筑内外兼修的开放格局。加大招"大"引"新"力度,紧盯高端外资、优质民资和央企国资,着力引进一批投资大、产出大、带动大的大项目和产业新、业态新、技术新的新项目。发挥邵东作为全省出口基地县的政策优势,争

取打火机产业获批"国家外贸转型升级产业型示范出口基地",争取国家海关在邵东建立分支机构,打造外贸出口通关平台。鼓励支持箱包皮具、服装加工等行业拓展海外业务,扩大出口规模,不断提升"邵东产品"在国际市场的占有率。支持更多打火机、小五金、皮具箱包企业创建"湖南省出口名牌"。改造提升皮具箱包城等专业市场,加快国际商贸城建设,巩固提升邵东市场的辐射功能。规范建设怀邵衡铁路货站及物流体系,推进星沙物流园和廉桥医药物流中心建设,发展壮大物流产业。建立"邵东购"电子商务平台,构建电子商务信息服务体系。加强商品市场与物流产业链接、与产地工业联动,建设区域性商贸物流中心。

3. 保障要素提升活力

探索建立村庄整治行动的土地整理和土地储备机制,变"项目等地"为"地等项目";推行"安置同步"新模式,探索建立征地拆迁全程利益共享机制;加强工业用地储备,盘活利用存量土地,清理闲置土地,提高土地利用效率,破解用地难题。实施人才强县发展战略,加强交流培训,培养造就一批熟悉现代企业经营管理的企业家队伍和政治优、能力强、敢担当的干部队伍。完善银企深度合作机制,优化投融环境。整合资金项目,集中投入,发挥资金的最大效益。加强对重点行业、重点企业生产经营情况的监测和调度,深入企业协调解决用地、用电等突出问题,打造投资环境好、产业配套齐、物流营运成本低、行政服务效能高的创业平台。

(三)坚持统筹发展,建设美丽邵东

坚持低碳环保的思路,按照空间布局合理化、功能定位主题化、资源配置多元化的要求,统筹推进城乡规划、城乡产业发展和城乡环境改善,实现经济总量与城市品质、环境质量同增共进。

1. 推进城市扩容提质

坚持以现代化为导向,突出产城融合、生态园林、宜居宜商特色,建设新型城镇,增强承载能力。加快县城"双六"规划建设,实施中心城市带动战略,做好产业布局规划,加快建设新城区、新园区、新社区三位一体的新型城镇示范区,构建大城市发展格局。积极创建全国文明县城、生态示范县城、园

林城市。高质量推进县城昭阳人工湖、桐江风光带和铁路客运站前广场及配套工程建设，高标准编制规划，分阶段建设项目，市场化运作资金，把"一湖一带一广场"建设成为功能配套、生态优美的城市新亮点。

2. 推动城乡一体化

结合乡镇发展实际，强化城镇产业支撑，因地制宜培育现代农业型、工业带动型、商贸流通型和旅游服务型城镇，构建特色鲜明、错位发展、优势互补的城镇产业体系，将佘田桥、团山、廉桥建设成全国重点镇。从科学规划、发展产业、配套基础设施、整治村容村貌等环节入手，启动农村电气化示范县创建工作，启动农田水利建设"3年行动计划"，纵深推进新农村建设。以"八老"公路建设为契机，推进沿线乡镇基础设施升级改造和小城镇开发，完善排水、供电、绿化等公用设施。继续深入开展城乡环境卫生整洁行动，以乡镇建设为核心，梯度推进村庄建设，优化人居环境。

3. 加强生态文明建设

把培育生态文明与促进经济发展、社会进步放在同等重要的位置，深入推进节能减排，实施一批重点行业和企业的循环经济试点项目，加快推进企业清洁生产，建成一批清洁生产企业和"零排放"企业。全面加强生态环境保护，扎实推进"三边三年"绿化造林计划，突出生态造林、城镇绿化和道路绿化栽植，创建一批生态文明示范乡镇、示范村，建设"绿色邵东"。实施"环保两年行动计划"，开展"蓝天碧水"行动和环保专项行动，着力解决损害群众的突出环境问题，推进可持续发展。

（四）注重分类推进，建设幸福邵东

坚持以人为本，共建共享原则，办点示范、分类施策、激励先进、鞭策后进，使小康社会建设过程成为共同富裕、缩小差距、增进民生福祉的过程。

1. 着力攻破难点

致力解决全面建成小康社会的薄弱环节。实施更加惠民的就业创业政策，加强职业技能培训，加快农业产业化经营，多措并举促进城乡居民持续增收。重点解决零就业家庭、就业困难人员和失地农民就业问题。出台失地农民养老保险实施办法，深入推进社会救助规范化建设和社会养老机构建设，全面推进

"平安邵东"建设，不断保障和改善民生。办好"昭阳讲坛""干部大讲堂"等学习平台，传承邵东精神，提升邵东软实力。支持贫困乡镇赶超发展。实施精准扶贫，把发展规划制定到村、脱贫项目扶持到村、科技信息服务到村、工作责任明确到人，引进一批企业入镇，引导一批农民进城，带一批农民就业，增强贫困村镇自我发展能力。

2. 强化示范带动

结合新农村建设示范工程，高起点规划，严要求建设，指导建设小康示范村。着力在资金整合、土地流转、居民点建设等方面大胆探索，为全面建成小康社会探索路径。通过渐进推动、示范带动、以点带线、以线成面的方式，不断扩大小康示范面，推动全县小康建设。认真总结和研究镇村小康建设的做法和经验，加强舆论引导，营造加快全面小康社会建设的氛围。

3. 加强指导监测

建立县级领导联系乡镇办场制度，强化分类指导，解决实际问题。根据全县乡镇办场经济社会发展程度和小康建设进程，建立以乡镇办场为主体的全面建成小康社会分类考评监测体系，鼓励一类乡镇率先建成小康并向基本现代化迈进，支持二类乡镇、三类乡镇尽快建成小康，帮助四类乡镇如期建成小康。建立重奖严惩的考评激励机制，推动目标措施落到实处。

B.25
新邵县全面建成小康社会进展、问题与对策研究

新邵县委办公室

党的十八大明确了"两个百年目标",特别是对全面建成小康社会目标提出了细致具体的要求,省、市也相继出台了《关于分类指导加快推进全面建成小康社会的实施意见》。为切实加快新邵全面建成小康社会步伐,确保新邵与全国、全省、全市同步实现全面建成小康社会目标,新邵县委安排专门力量,深入到县统计、发改、住建局、经信局、教育、卫生、公安、法院等单位及部分乡镇进行了专题调研,全面了解县域经济发展情况,广泛听取建议,对全县全面建成小康社会的进展、基本经验、主要问题与对策措施做出总结汇报。

一 新邵县全面建成小康社会的进展

近年来,新邵县以科学发展观为指导,紧扣省委"四化两型"和市委"八个建成"战略目标,大力推进"两重点三主要"工作,全县全面建成小康社会进程稳步向前,发展势头良好。以省里规定新邵县为第三类县的标准作为考核依据,全县在体现小康建设内涵的经济发展、人民生活、社会发展、民主法治、生态文明等五个方面均稳步推进。2013年,新邵县全面建成小康社会实现程度达到69.6%,比2012年提高3.98个百分点。

(一)经济发展进入快车道

始终坚定不移地走科学发展之路,经济发展进入历史上最好最快的时期

之一，全面建成小康社会建设进程明显加快。2013年，全县实现生产总值96亿元，同比增长11.2%；完成财政总收入8.2亿元，同比增长23.5%。县域经济发展类小康指标实现程度达到62.2%。其中人均国内生产总值达到8777元（2000年不变价），人均财政总收入达到1093元；税收占财政总收入的比重达到68.1%，实现程度为85.1%；第三产业增加值占GDP的比重达到74.3%，实现程度为87.4%；城镇人口比重达到31%，实现程度为68.9%；园区规模工业增加值占规模工业增加值比重达到54.1%，实现程度为100%。

（二）人民生活质量日益改善

随着经济的快速发展，居民收入水平的不断增长，各项惠民政策的深入实施，新邵县居民医疗卫生条件、居住环境等各方面都有很大的改善，生活质量不断提升。2013年，全县生活质量类小康指标实现程度为63.4%，其中，居民收入水平指标中的城镇居民人均可支配收入为17391.67元，实现程度为62.1%，农村居民人均纯收入为6505.28元，实现程度为72.3%；人均住房使用面积为40.03平方米，实现程度达到100%；人均储蓄存款为10969.77元，实现程度为45.7%；居民文教娱乐服务消费支出占消费总支出比重为8.19%，实现程度为58.5%；农村居民安全饮水比率为42.1%，实现程度为42.1%；行政村客运班线通达率为63.3%，实现程度为79.1%。

（三）社会发展和谐共进

长期以来，新邵县坚持"打基础，惠民生"，狠抓为民办实事，不断扩大社会保障覆盖面，着力解决民生问题，社会发展和谐进程稳步推进。2013年，全县社会发展类小康指标实现程度为74.6%，其中，社会保障中基本医疗保险覆盖率为100%，实现程度达到100%；教育发展水平中高中阶段毛入学率为81.61%，实现程度达到100%，平均受教育年限为8.75年，实现程度达到87.5%；医疗卫生水平中每千人拥有床位数为3.35张，实现程度达到83.8%；5岁以下儿童死亡率为10.31‰，实现程度达到100%。

(四)民主法治建设积极推进

始终高度重视民主法治建设,充分调动人民参与改革、发展的积极性和创造性,切实保障了人民民主权利,民主权利满意度逐年提升,社会安全生产形势稳定。2013 年,全县民主法治类小康指标实现程度达到 97%,在五大类指标中实现程度最高。其中,城镇居委会依法自治达标率为 82.14%,实现程度达到 91.3%,农村村委会依法自治达标率为 82.95%,实现程度达到 92.2%;社会安全指数为 100%,实现程度达到 100%。

(五)生态文明稳步发展

牢固树立尊重自然、顺应自然、保护自然的生态文明理念,把生态文明建设放在突出地位,融入经济建设、政治建设、文化建设、社会建设各方面和全过程,努力建设宜居宜游的生态新邵。2013 年,全县生态文明类小康指标的实现程度为 77.4%。其中,单位 GDP 能耗为 1.13 吨标煤/万元,实现程度为 70.9%;环境质量指标中的城镇污水处理率为 73.8%,实现程度达到 100%;空气质量为 72.9%,实现程度为 76.7%;地表水质达标率为 100%,实现程度达到 100%;农村垃圾集中处理率为 40%,实现程度为 50%;绿化水平中的森林资源蓄积增长率为 3.5%,实现程度达到 100%;城镇建成区绿化覆盖率为 29.3%,实现程度达到 100%。

二 新邵县全面建成小康社会的基本经验

作为全省的经济欠发达地区,新邵能在一个较低的起点上实现了 69.6% 的全面小康程度,为 2020 年全面建成小康社会奠定坚实的基础,这些成绩实属来之不易,可以总结提炼为以下几点经验。

(一)注重解放思想,开拓创新

始终坚持以科学发展观为统领,新邵注意把中央、省、市委的精神同县情实际相结合,走出了一条符合新邵实际、具有新邵特色的发展路子。科学制定了"1234"发展战略。"1"就是紧紧扣住"加快发展"这个中心任务;"2"就是全力打造"工业、交通"两大优势品牌;"3"就是切实"做强第二产业、做特一产、做活第三产业";"4"就是全面建设"开放、平安、生态、富裕"四个新邵。建立完善了"两重点三主要"工作机制,年初将全年目标任务分解到全体县级领导、各镇乡、各部门单位。建立完善了"互比互看"活动机制,由县四大家领导带领乡镇和县直相关部门负责人,对各乡镇的亮点和特色工作进行实地察看和分析讲评,并及时跟踪掌握乡镇和部门下一步怎么干。建立完善了督查考核机制,严格实行"每月调度,每季讲评,半年小结,年终考核"工作制度。通过创新发展思路,建立完善各项工作机制,干部都明白全年要做什么、怎么做、做好了如何奖,做不好如何罚,全县上下形成了凝心聚力、真抓实干、创先争优的良好氛围。

(二)注重主攻重点,狠抓关键

始终把工业和基础设施建设作为全县经济发展的主导和核心,把项目作为全局工作的第一抓手,把坚持和落实"两重点三主要"责任目标管理体系作为推进工作落实的重要载体。每年年初把全县经济社会发展任务,量化分解为重点项目、重点工程、主要工作、主要矛盾和主要财源五大项,每个大项又分成若干子项,每个子项都落实到全体县级领导、各镇乡、各部门单位,严格兑现奖惩。通过重点抓、抓重点,确保了各项工作都跟踪问效到位,各个环节都狠抓落实到位。

(三)注重团结务实,真抓实干

始终把珍视团结、维护团结作为加快新邵发展的政治基础,坚持以党和人民的利益为重,以振兴新邵大业为重,切实加强县委与县几套班子之间的团结协调,形成凝心聚力干事业、一心一意谋发展的良好氛围。这几年,新邵面临的困难和压力不少:罕见的洪涝旱灾、筱溪电站库区的移民、沪昆高铁的征地拆迁、重大信访矛盾的处置等。新邵县之所以能及时克服这些困难,消除这些压力,取得各行各业新的进步,关键在于县委、县人大、县政府、县政协和县人武部五套班子讲团结,讲大局,互相信任,互相支持,真正做到思想上同心、目标上同向、行动上同步、事业上同干。

（四）注重夯实基础，惠及长远

始终把夯实基础作为一项重要工作任务，既立足当前，又着眼长远，扎扎实实狠抓了财源建设、招商引资、争取国家扶持政策、重点工程拆迁等一大批管长远、利民生的基础性工作，有力推动了全县经济社会又好又快发展。针对新邵条件差，底子薄，属于经济欠发达地区的县情，新邵县第十一次党代会明确提出了"致力夯实基础实现跨越发展"的发展定位，全县上下进一步形成了发展共识。正是由于坚持不懈打基础，新邵这几年在全国宏观经济形势不景气的情况下，继续保持了良好的发展态势，每年在全市绩效文明考核中都位居前列。

（五）注重从严治党，改进作风

始终把党的建设作为推进发展的伟大工程，坚持党要管党、从严治党，不断加强党的思想、作风和组织建设，严格执行党风廉政建设责任制，大力弘扬清正廉洁之风，努力构建保持先进性的长效机制，使党组织的战斗堡垒作用和党员的先锋模范作用得到较好发挥，为经济社会发展提供了坚强保证。

三 新邵县全面建成小康社会存在的主要问题

虽然新邵县全面小康社会建设取得了明显进展，但离全面建成小康社会的目标仍存在较大差距，面临着一定的难度，具体表现在以下三个方面。

（一）整体经济实力较弱

全面建成小康社会是一个涉及经济、社会、自然、环境等多方面的综合体系目标要求，以经济可持续发展为前提，实现社会全面进步为最终目标，其实现的前提和基础是整体经济实力的增强。从新邵县目前的情况来看，经济发展全面小康实现程度只有62.2%，在五大类指标中的实现程度相对偏低。其中，人均GDP为8777元，与全面小康目标21000元还差12223元，实现程度只有41.8%；人均财政总收入为1093元，与全面小康目标2500元还差1407元，

实现程度只有43.7%；贫困发生率达到了16%，与目标值4%以内相距甚远，实现程度仅为25.0%；城镇人口比重为31%，距离全面小康目标45%还差14个百分点，实现程度只有68.9%。因此，新邵县经济发展的任务还十分艰巨。

（二）人民生活水平偏低

2013年，新邵县城镇居民人均可支配收入为17392元，离全面小康目标28000元还差10608元，实现程度仅为62.1%；农村居民人均可支配收入为6505元，低于全省平均水平，与全面小康目标9000元还差2495元，实现程度只有72.3%；人均储蓄存款为10969元，与全面小康目标24000元还差13031元，实现程度只有45.7%；居民文教娱乐服务支出占家庭消费支出比重为8.19%，与全面小康目标还差5.81个百分点，实现程度只有58.5%；农村居民安全饮水比率为42.1%，与目标值100%相差甚远，实现程度仅为42.1%。新邵县在推进全面建成小康社会过程中，需下大力气提高人民生活水平。

（三）文化发展相对滞后

文化发展关系到人民文化素质的提高和文化娱乐生活的丰富，关系到社会物质文明和精神文明建设和发展，是全面小康建设的重要方面。但由于历史原因，新邵县文化发展比较滞后，文化产业发展缓慢，居民文化意识不强，小康目标任重道远。2013年，全县人均拥有公共文化体育设施面积仅为0.43平方米，文化发展指标的小康实现程度只有43.1%，离目标值还相差56.9个百分点。新邵县文化发展滞后的现状亟待改变。

四 新邵县推进全面建成小康社会的总体思路

按照省、市部署要求，结合当地实际，新邵推进全面建成小康社会的总体思路是以党的十八大、十八届三中全会和省、市、县党代会精神为指导，继续坚持"1234"发展战略，按照"致力夯实基础，加速跨越发展"的总体定位，以分类指导加快推进全面建成小康社会为总抓手，突出加快发展和扶贫攻坚，确保全县2017年全面小康实现程度在85%以上，到2020年基本消除绝对贫困现象，基本实现全面小康目标。

五 新邵县推进全面建成小康社会的对策措施

全面建成小康社会是一项宏伟的工程，不可能一蹴而就。新邵县要想如期全面建成小康社会，必须立足当前，打好基础，着眼长远，理清思路，突出抓好以下四个方面的工作。

（一）全力以赴加快经济发展

加快经济发展是全面建成小康社会的首要任务，新邵必须紧紧抓住发展这个执政兴国的第一要务，努力实现经济又好又快发展。一要坚定不移做强工业。始终把工业摆在经济工作的首要位置，坚定不移地走"做强第二产业"之路，举全县之力推进新型工业化。扎实抓好现有企业的技术改造和增产扩能，加快推进新龙矿业尾砂库、广信1.6万吨特高压生产线、云翔矿业扩改、辰州锑业整体搬迁、科瑞生物新产品开发等一批重点技改项目建设；扎实抓好工业招商，不断引进新的项目，做大工业总量，提升工业质量，努力推动产业集群、集聚、集约发展；扎实抓好园区建设，尽早实现新邵经济开发区的扩规，并建设一批标准化厂房，让企业一进来就能投产，切实缩短企业建设周期；扎实抓好优化环境，建立健全一整套规范约束机制，对企业需要办理的事项列出清单，告知办理所需时间，实行限时办结，促使政务环境进一步好转，对影响项目建设和企业生产经营的违法行为，做到发现一起就从严从重打击一起。二要全力推进城镇建设。积极抢抓国家高度重视、大力支持新型城市化的大好机遇，把城镇建设作为工业经济的重要补充和未来经济发展的强大引擎，集中力量提升新型城镇化水平。第一是加快县城建设。把城镇建设作为工业经济的重要补充和未来经济发展的强大引擎，强力推进老城区、土桥新城、九头岩半岛和大坪新区四大区域建设，推动县城"东延西扩，南连北展"，并大力开展城区环境秩序专项整治，努力把县城打造成山水园林城市、人居环境最佳城市。第二是加快高铁新城建设。高起点编制总体规划，加快推进征地拆迁和基础配套设施建设，不断完善综合服务功能，努力将坪上高铁新城打造成全县综合性新城镇示范区，成为邵阳市光彩夺目的北大门。第三是加快中心集镇建设。根据各建制镇的区位特点和现有基础，因地制宜进行产业布局，加快建成特色鲜明、布局合理、环境优美、设施配套、生活舒适的中心镇。三要扎扎实实打好基础。着眼于打基础、谋长远、惠民生，致力改善基础设施条件。路网建设方面，经过多年的艰苦努力，目前新邵的交通骨架已经形成，接下来关键要抓好配套路网建设。重点推进沪昆高铁邵阳北站汽车配套客运站场、邵坪高速新邵L4及L5连接线、雀塘连接线、S334省道、雀塘至陈家坊公路、新烂公路等项目建设，并按要求完成通畅工程及县乡道改造工程建设任务。农田水利方面，重点实施好娄邵盆地土地整理、新增千亿斤粮食产能田间工程等项目；切实抓好病险水库除险加固、中小河流治理、五小水利设施改造、农村集中供水等工作；加大农业综合开发力度，全面提高农业综合保障水平。旅游方面，进一步完善白水洞风景名胜区、龙山森林公园等景区基础设施，抓好赛双清公园改造。四要着力凸显农业特色。一方面，全力稳定粮食生产。坚决禁止耕地抛荒，牢牢守住耕地保护红线和粮食安全底线，加大对粮食生产的补贴和奖励，调动农户种粮积极性，确保全省产粮大县的帽子不丢。另一方面，积极壮大"三个农业"。大力发展休闲农业、城郊农业、生态农业"三个农业"，进一步扩大玫瑰花、金银花、生猪、药材、林竹、食用菌、精品水果等产业基地规模，深度开发提升大成粮油、心连心食品、大新玫瑰花、严塘佛手、小塘麻鸭、下源水酒、坪上柑橘酒等优势农产品，着力打造新邵农业品牌和特色。

（二）始终不渝改善民生

坚持把保障和改善民生作为全面建成小康社会的出发点和落脚点，切实加大民生投入度，加快涉及民生问题的制度建设，进一步提高人民群众生活质量与幸福指数。一是扎实推进扶贫开发。用好用活武陵山片区区域发展和扶贫攻坚政策，注重增强"造血"功能，因地制宜发展致富产业，大力开展就业技能培训，着力激发贫困地区发展的内生动力，实现长远可持续发展。二是不断完善保障体系。进一步扩大企事业养老、医疗、失业、工伤、生育等社会保险覆盖面，完善城乡社会救助服务体系，提高城乡低保、五保和社会救助标准，加快廉租房、公共租赁住房等保障性住房建设，推进国有林场棚户区改造。落实各项就业政策和就业措施，加强就业培训和服务指导，提高群众就业技能，搭建就业对接平台，千方百计促进就业再就业。三是切实加强社会治理。以党的群众路线教育实践活动为契机，全面推行乡镇、村和县直机关集中办公模式，坚持对乡镇和村，分别实行周一和周四集中办公，进一步方便群众办事，密切党群关系。同时，高度重视群众来信来访，继续推行领导包案制和信访接待日制度，畅通群众诉求渠道，及时把矛盾化解在萌芽状态。积极创新人民调解方式，充分发挥县矛调中心、3个流动调解庭和乡镇调解委员会的作用，及时消除和化解各种不稳定因素。严格落实安全生产责任制，坚决遏制重特大事故的发生。始终保持对违法犯罪的严打高压态势，切实维护社会大局稳定，为全县人民营造安定和谐的社会环境，确保继续保持"省级平安县"称号。

（三）坚持不懈地发展各项社会事业

实现社会的全面进步是全面建成小康社会的要求，新邵县要加快全面建成小康社会进程，就是要在党的领导下，不断促进社会主义物质文明、政治文明和精神文明的协调发展。一要坚持优先发展教育。深入实施教育强县战略，拓宽筹资渠道，加大教育投入，鼓励社会力量办学，全面完成合格学校建设，新建酿溪镇四小，规划建设土桥九年制学校；创新教育教学评价机制，深化课程和课堂教学改革，巩固发展义务教育，提升高中教育质量，做大做强职业教育，大力培养专业技术人才，推进公办幼儿园建设，促进各类教育均衡发展。二要大力繁荣文化事业。加强公共文化设施建设，扎实推进广播电视村村通、送戏下乡、文化信息资源共享、农村电影放映和农家书屋等惠民文化工程；加大文物保护力度，加强文化市场监管，鼓励文化艺术创作，着力培育一批具有新邵特色的文化品牌。三要健全公共卫生和医疗服务体系。进一步完善合作医疗制度、基本药物制度，巩固基本医保覆盖面；完善公立医院基础设施，加快乡镇医院第二轮标准化建设，推进公立医院管理体制改革，加强地方病防治和重大疫病防控。四要积极倡导全民健身。建成大坪体育馆，逐步配套乡镇、社区和村级体育基础设施；大力开展全民健身运动，努力提高竞技体育水平。五要做好人口计生工作。坚持计划生育基本国策不动摇，提高出生人口素质，逐

步完善政策，促进人口长期均衡发展，加快创建全国计划生育优质服务先进县。同时，要全面推进其他各项社会事业协调发展。

（四）持之以恒保护生态

加强生态文明建设，是全面建成小康社会的重要考核内容，也是实现经济社会全面、协调、可持续发展的新要求。新邵必须牢固树立绿色发展、低碳发展理念，狠抓城乡生态治理，推进生态文明建设。一要大力实施绿化工程。积极开展四边四年造林绿化行动，对全县路边、水边、城边、村边全面进行绿化。扎实抓好长江防护林工程、封山育林工程、退耕还林工程和优质珍贵用材林及生物质能源林建设；积极打造"绿色城镇"，深入实施生态示范乡镇、示范村，生态企业和园林村、园林小区、园林机关等创建工作。二要加强资源综合利用。注重节约土地、能源、水资源，集约开发利用矿产资源。积极发展循环经济，切实抓好雀塘再生资源综合利用，加快风能、太阳能、生物质能和沼气等新能源的开发和建设。三要狠抓生态环境综合治理。深入推进石漠化综合治理、地质灾害治理，启动并建设农村环境污染治理项目、建制镇垃圾集中处理工程，切实改善农村环境质量。着力抓好节能降耗和污染减排工作，坚决关闭能源消耗高、环境污染大、经济效益差的企业。全面加强县城内河道环境综合整治，切实规范河道采砂行为，抓紧启动资江河流域治污工程，重点抓好晒谷滩电站和筱溪电站两大库区的防污、清污、治污工作，努力建设资江风光带生态长廊。

B.26
邵阳县全面建成小康社会进展、问题与对策研究

蒋 伟*

邵阳县位于湘中偏西南、资水上游，人口104万，辖22个乡镇、3个农林场、658个村（社区、居委会），面积1996平方千米，其中耕地面积92万亩，林地面积146万亩，属典型的丘陵山区，是一个传统的农业大县、财政穷县，也是全国扶贫开发重点县之一，要实现"与全国同步进入全面小康社会"，任务十分艰巨。近年来，邵阳县认真贯彻落实中央和省市决策部署，以小康社会建设统揽经济社会发展，以加快发展为主题，以扶贫开发为抓手，不断解放思想，全力攻坚克难，加快项目建设、产业发展、基础设施建设，统筹推进城乡发展，小康社会建设取得明显成效。

一 邵阳县全面建成小康社会的进展情况

（一）取得的成绩

2013年，全县实现地区生产总值99.4亿元，同比增长10.1%；完成固定资产投资99.1亿元，同比增长38.2%；完成财政总收入7.3亿元，同比增长27.45%；完成社会消费品零售总额38.7亿元，同比增长13.7%；城乡居民人均可支配收入分别达到17442元、6316元，分别增长10.1%、12.8%。2013年，全县全面小康社会的总体实现程度达到70.2%，比2000年提高15个百分点，比2012年提高3个百分点。目前已实现的指标有人均住房面积、

---

* 蒋伟，中共邵阳县委书记。

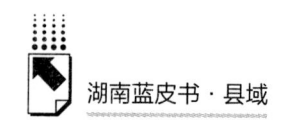

基本医疗保险覆盖率、高中阶段毛入学率、平均受教育年限、5岁以下儿童死亡率、社会安全指数、单位GDP能耗、森林资源蓄积量增长率等8个指标。

（二）存在的问题

虽然经过多年努力，邵阳县全面建设小康社会进程不断深入推进，但与上级要求和到2020年与全国、全省、全市同步进入小康社会建设的目标相比，仍然存在许多差距。一是指标实现程度与全国、全省、全市的差距较大。离实现全面小康社会还相差29.8个百分点，比全省平均水平还相差18.4个百分点，比邵阳市平均水平还相差8.5个百分点，在邵阳市排名靠后。二是指标实现程度不平衡。从监测的五大方面来看，经济发展、人民生活、社会发展、民主法治、生态文明实现程度分别为60.4%、68.5%、75.7%、94.4%、82.6%，实现程度最高的民主法治和实现程度最低的经济发展相差34个百分点。县内城乡和地区之间发展也不平衡，县城塘渡口镇的人均财政收入已达1250元，而贫困乡黄荆乡人均财政收入仅140元，相差8.9倍。三是经济社会发展整体水平不高。经济发展和人民生活实现程度仅分别为60.4%、68.5%，与目标值相差39.6个和31.5个百分点。人均地区生产总值仅为9254元，实现程度仅为44.1%，与2020年的21000元的目标值相差11746元，要在2020年实现这一目标，必须要保持年增长11.5%以上；人均财政总收入仅为773元，实现程度仅为30.9%，与2020年的2500元的目标值相差1727元，必须要保持年增长12%以上。在邵阳县这样一个自然条件差、经济基础差、人口众多、产业孱弱的农业大县，实现这一目标难度很大。四是绝对贫困面比较大。2013年，邵阳县绝对贫困人口为20.28万人，占总人口的1/5多，实现程度仅为19.7%，要在2020年达到4%以内的目标值，必须减少绝对贫困人口16.28万人以上，任务非常艰巨。

（三）面临的困难

邵阳县推进全面建成小康社会建设主要面临以下几个方面的困难。

1. 自然条件差，脱贫难度大

邵阳县地处衡邵干旱走廊，喀斯特地貌占全县总面积的60%以上，其中岩漠化面积占25%左右，中低产田43万亩，占水田面积的70%，自然条件十分恶劣，自然灾害频繁。目前，邵阳县仍有20.28万人尚未脱贫，自我发展能力都还很弱，且大多生活在自然条件恶劣的地区，极易因灾因病返贫。全县至今还有2个村"五不通"（不通路、不通电、不通邮、不通电视、不通电话）；有116个村村道路基不足3.5米，没有铺砂，路面坎坷不平，通行不畅；安全饮水问题也较为突出，还有15.4万人、11.8万头大牲畜饮水困难没有得到解决。

2. 经济实力弱，基础设施差

2013年，全县人均国内生产总值仅9254元，只有全省平均水平的33%；人均地方财政收入仅773元，只有全省平均水平的19%。由于财力有限，支出捉襟见肘，一些关系全县长远发展的重大基础设施、公益事业建设和产业发展项目，往往都难以启动，严重制约了县内社会经济发展，形成了投入少、发展慢的恶性循环。县城建成区面积不足13平方千米，城市化水平偏低，吸纳和辐射能力弱。全县只有一家中型以上企业。全县224座水库有60座属病险水库，75%的山塘不能正常蓄水，且渠道不配套，渗漏现象相当严重。电网结构相当薄弱，目前只有一座220千瓦的变电站，远远不能满足经济社会发展的需要。

3. 人均资源少，产业发展难

全县每平方千米居住人口有521人，人均耕地只有0.88亩，其中旱涝保收面积不足0.3亩。加之喀斯特地貌成土母质差，土壤肥力低，保水保肥能力弱，粮食生产水平低，致使部分贫困农民温饱问题始终难以彻底解决。由于人均耕地少，发展空间小，大部分农户生产只能自给自足，产业开发难以形成规模，短时间内难以找到实现根本上脱贫致富的有效途径。

4. 人口素质低，致富能力弱

全县现有贫困户中，户主文化程度为小学、初中及高中以上的比例分别为30.5%、25.2%、12.8%，文盲、半文盲比例高达31.5%。这些贫困户科技文化素质偏低，信息不灵，思想保守，观念陈旧，接受新事物慢，致富能力弱。

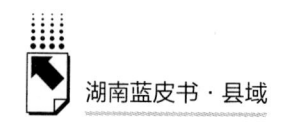

二 邵阳县全面建成小康社会的总体思路和目标

邵阳县要在规定的时间节点与全市、全省、全国同步实现全面小康社会，必须要进一步摸清县情，理清思路，明确目标，整体推进。

（一）认清自身优势

邵阳县现有人口104万，占邵阳市1/8，排名第3；面积1996平方千米，占邵阳市近1/10，排名第5，其中耕地面积排名第3，是邵阳市的人口大县、面积大县、资源大县和农业大县。与其他地区相比，邵阳县在小康社会建设中具有四个方面的比较优势：一是资源优势。已探明的矿藏有石膏、煤、锰等20余种，其中石膏贮量3.46亿吨；水能资源蕴藏量9.2万千瓦，林地面积146万亩。农产品以油茶、水稻、生猪、烤烟、花生、西瓜等最负盛名，先后被评为"中国茶油之都""中国油茶之乡"，为国家千亿斤粮食产能大县、油茶基地县和湖南省生猪调出大县、烤烟生产重点县。二是区位优势。潭邵高速、320国道、317省道横穿东西，洛湛铁路、207国道、二广高速纵贯南北，北临沪昆高铁，邵安高速也将过境设站，融入了全国交通大循环，挤进了省城"2小时经济圈"，是湘西南地区的重要交通枢纽。三是政策优势。享受国家扶贫开发工作重点县、革命老区县等多项政策性"帽子"，纳入了西部大开发、中部崛起、湘西开发、武陵山区区域经济发展和扶贫攻坚试点县等政策扶持范畴。四是产业优势。近年来，各项经济指标保持了两位数的增速，地区生产总值、工业和规模工业总产值、增加值、社会固定资产投资等11大指标都实现了翻番。建材、粮油加工、新型能源、机械制造、纺织服装、医药化工等产业已初具规模。综合来看，邵阳县的人口规模、自然禀赋、区位条件、产业基础和政策优势，完全具备加快发展的空间、潜力和基础，经济社会发展水平和小康社会建设也应该走在邵阳市的前列。

（二）找准发展"短板"

改革开放以来，邵阳县发生了翻天覆地的变化，社会生产力、综合经济实力、人民生活水平都有了大幅提高。但是，由于各种因素的制约，邵阳县的发展还相对滞后，经济弱县、工业小县、财政穷县的现状没有得到根本改变；发展不快、发展不优的问题没有根本解决；三次产业结构不够合理，农业大而不优、工业明显短板、第三产业后劲不足、城镇发展滞后的局面没有得到根本突破。主要指标与全面建成小康社会指标、与省市要求、与群众期盼相比都有较大差距，邵阳县仍处在国家贫困县、全省三类县、全市第二方阵的水平。对于这些发展短板，要逐个研究，认真分析，找准症结，强化举措，在力量配置、项目安排、要素保障、政策扶持等方面重点倾斜，抓关键、补短板，促进全面小康建设均衡协调发展，达到序时进度要求。

（三）明确目标任务

认真贯彻落实党的十八大精神，紧紧围绕省委、省政府"四化两型""三量齐升"和邵阳市委、市政府"八个建成""三个高于"的要求，以加快推进全面小康建设总揽发展全局，突出加快发展和扶贫攻坚，实行因地制宜、分类指导、协调推进，到2017年，全面建成小康社会实现程度达到90%以上，2019年基本实现全面小康目标，2020年全面实现小康社会。

（四）科学分类指导

根据省市加快推进全面建成小康社会工作考核分类，结合邵阳县各乡镇发展不平衡的实际，把25个乡镇分为三类，实行分类指导，差异考核。第一类为城镇化水平较高、经济基础较好、区位优势明显、发展潜力较大的塘渡口镇、五峰铺镇、白仓镇、长阳铺镇、九公桥镇、谷洲镇，突出经济发展和城市扩容提质；第二类为经济社会发展中等的七里山场、霞塘云乡、黄塘乡、河伯乡、郦家坪镇、金称市镇、塘田市镇、黄亭市镇、下花桥镇、岩口铺镇，突出小城镇建设和农业产业化发展；第三类为经济社会发展相对贫困的长乐乡、蔡桥乡、小溪市乡、罗城乡、诸甲亭乡、金江乡、黄荆乡及河伯林场、五峰铺林场等偏远乡、场，在保护生态环境的基础上，突出扶贫攻坚、加快脱贫致富。

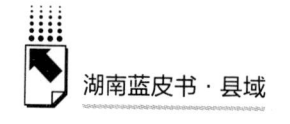

(五)实施整体推进

第一阶段(2014~2018年)。目标冲刺阶段。到2017年,邵阳县全面建成小康社会实现程度达到90%以上,到2018年,一类乡镇基本全面建成小康社会,其他乡镇奋力冲刺全面建成小康目标;第二阶段(2018~2019年)。整体提升阶段。到2019年,二类乡镇基本全面建成小康社会,邵阳县基本消除绝对贫困现象,基本实现全面小康目标;第三阶段(2019~2020年)。全面实现阶段。到2020年,三类乡镇基本全面建成小康社会,邵阳县全面实现小康社会。

三 邵阳县全面建成小康社会的对策措施

针对存在的问题和面临的困难,邵阳县要实现与全国同步进入全面小康社会这一总体目标,必须突出工作重点,狠抓薄弱环节,重点突破,合力攻坚,着力推动邵阳县经济社会转型跨越、科学发展。主要抓好六个方面的工作。

(一)突出项目建设,做大县域经济总量

把经济发展的主要增长点落实到具体项目上,大力实施项目带动战略,着力兴建一批事关全局和长远发展的重大项目,为小康建设奠定坚实的物质基础。一是眼光向上,奋力争取项目。充分利用邵阳县国贫县、革命老区县等多项政策性"帽子",认真研究国家和省里的有关政策,积极策划、包装、申报、建设一批符合国家产业政策、符合邵阳县发展实际,具有全局性、战略性的项目,特别是投资规模大、拉动作用强、事关当前和长远发展的水利、电力、交通、民生等重大基础性项目,千方百计增加投资总量,拉动新一轮经济增长。今后五年,全县要突出抓好20个投资超2亿元以上的重大项目前期工作,开发储备项目500个,规划投资1000亿元。二是外引内联,加强资本运作。加大招商引资力度,充分发挥邵阳县政策、资源、项目、品牌优势,认真研究区域产业分工,积极承接产业转移,着力引进战略投资者,充分发挥招商引资带动县域经济发展的强大作用。今后五年,全县力争引进投资过亿元的企业25家,投资千万元以上的企业50家。引导鼓励县内金融机构扩大信贷规

模,用好自家的"水",肥好自家的"田"。扩大社会融资,积极推动民间资本参与基础设施、基础产业等项目建设,进一步释放民间投资潜力。抓住地方政府可以发行市政债券的新机遇,拓宽融资渠道,发行政府债券;要新增3家融资性担保公司,各金融机构年均实现新增贷款10亿元以上。三是重心向下,抓好项目实施。对重点项目、重点工程和重点工作实行领导挂帅、团队推进、部门负责、督查讲评、问责追责的"三重"工作机制,坚持一月一报告、两月一督查、一季一讲评、半年一考核、年底定奖罚,对责任人和责任单位实行重奖重罚,把干部全部推上经济发展、项目建设的第一线。

(二)突出转型升级,抓好优势产业发展

牢牢抓住产业优化升级这个关键点,着力构建以新型工业化为支撑、以农业现代化为基础和以现代服务业为主体的多元发展、多极支撑的现代产业体系,不断增强县域经济综合实力。一是大力发展新型工业。坚持以资源为依托,立足产业基础,培育壮大支柱产业和骨干企业,提升发展建材、粮油加工、新型能源等传统产业,多上龙头项目和关键项目,培育行业骨干企业和配套产业,推进更大规模的企业聚集和更高层次的产业提升,尽快形成具有强劲支撑能力的产业集群,力求在粮油加工特别是油茶加工和产业基地建设、南方水泥扩建和产业延伸、石膏矿开发和加工、煤炭加工转化和生态能源建设、服装鞋帽等产业发展上取得新突破,形成新兴产业集群,打造一批有特色、有影响、掌握市场主导权的大企业、大品牌、大集团。更加重视中小微企业发展,引进培育市场前景好、综合效益佳、内生动力强的成长型企业,形成结构合理、相得益彰的企业发展梯队。二是大力发展现代农业。大力发展以油茶为领军产业的特色农业,积极培育产业特色、区域特色、产品特色,努力实现农业规模化、集约化、标准化、产业化。要充分利用"中国茶油之都""中国油茶之乡"的金字招牌,举全县之力推进油茶产业发展。要抓紧申报国家油茶生物产业基地,加速产业招商,引进战略合作伙伴,建立国家油茶产业园,通过几年努力将邵阳县建成全国茶油研究中心、加工中心、交易中心、文化中心,让邵阳茶油品牌走向全国;坚持科技兴烟,提高烟叶质量和单产,努力形成年产15万担以上的烟叶生产能力,争取成为国家烟叶生产重点县;严守耕地保

护红线和粮食安全底线，稳定粮食总面积在130万亩以上；抓好生猪基地建设和规模化养殖，打响生猪品牌；大力扶持农产品生产、加工、销售专业组织和龙头企业，精心打造名优特产品，提高农业生产效益。三是大力发展现代服务业。综合发挥改革的推动作用和开发的倒逼作用，坚持生产性服务业和生活性服务业"两条腿走路"，搞活第三产业经济，把邵阳县建成"邵阳市的后花园"和"崀山、桂林旅游的中转站"。大力发展楼宇经济，促进房地产业持续健康发展。积极引进省内外知名商业企业、大型连锁超市和国内外饮食休闲大集团登陆县城，打造核心商贸中心。加强旅游基础设施建设，发展壮大以塘田战时讲学院、衡宝战役遗址为重点的红色文化旅游；以布袋戏、扎故事、踩高跷、蓝印花布为重点的民俗文化旅游；以天子湖国家湿地公园、河伯岭国家自然保护区和资江、扶夷江风光带为重点的生态观光旅游。

（三）突出城乡统筹，建设幸福美好家园

全面贯彻十八届三中全会和中央城镇化工作会议精神，以县城为中心，以小城镇和中心村为重点，统筹推进城乡一体化发展。一是舞活县城龙头。以建设山水园林生态县城为目标，以创建国家卫生县城、省级文明城市为抓手，按照"20平方千米、20万人口"的规模，主动对接邵阳市东部城市群规划，加快与邵阳市的融城步伐。重点打造"三区三带"县城建设新格局，即打造以夫夷新城开发为主的新区、以老城改造为主的旧城区和以邵塘一级大道为"产业走廊"的省级工业集中区，打造以S317城区段和邵新环城公路为主轴的生态示范带、以夫夷河两岸为主轴的沿江风光带和以207国道与开元大道为主轴的生态风景带，努力把县城建设成为邵阳市东部城市群中一颗"璀璨明珠"。二是培育特色集镇。11个建制镇要严格按照小城镇建设总体规划，高起点、高标准、高品位推进开发建设，着重抓好九公桥、五峰铺、下花桥、白仓等新型城镇和全国重点镇的综合开发。注重结合实际搞建设，不求洋求异，不千篇一律，最大可能地保留原有特色，使自然风貌、历史遗存和人文景观融为一体、交相辉映。三是建设美丽乡村。按照统一规划、逐步推进的原则，抓好新农村建设。每年确定一定数量的中心村，加强政策配套、加大资金投入，抓好农村水电路讯等基础设施建设，抓好饮水安全和危旧房改造，不断改善农村

生产生活条件。今后五年，全县要力争建成县城居民集中居住区5个，新建中心村20个，打造"五新村"100个。大力实施乡村整洁工程，积极推广沼气、太阳能等清洁能源，加大农村工业、生活污染和农业面源污染防治力度，改善农村生态环境，建好"城市后花园"。

（四）突出改革创新，充分释放发展活力

准确把握十八届三中全会《决定》的核心要义，准确把握全面深化改革的重点任务和关键举措。结合邵阳县实际情况，重点抓好四个方面的改革：一是抓好行政体制改革。深化行政审批、行政执法体制改革，严格按照规定简政放权，加快转变政府职能，最大限度减少政府对微观事务的管理。二是抓好财税金融改革。突出财税、金融改革，进一步规范财政管理、强化财税征收、促进金融创新；全面落实中央有关政策，从严控制"三公经费"等一般性支出，加强政府债务管理，有效防范财政风险；突出投融资体制改革，打破制约民间投资的壁垒；完成农村商业银行改革，常态化开展政银企对接。三是抓好企业改制改革。按照"一统三分"原则，严格程序，依法推进国企改制，在2014年内全部改制到位，激发企业活力；突出培育各类市场主体，努力破除制约非公经济发展的体制机制弊端，大力发展混合所有制经济，建立现代企业制度。四是抓好农村综合改革。研究制定涉农项目资金整合管理办法，统筹安排涉农资金；继续完善集体林权、产权制度改革，推进农村房屋产权、林权和土地使用权等不动产登记试点，赋予农民更多的财产权利；以土地承包经营权、宅基地使用权和集体收益分配权改革为重点，探索增加农民财产收益的有效途径，增强农民向城镇转移的动力。

（五）突出发展保障，不断优化发展环境

环境是生产力、竞争力，是加快发展的必要前提、干事创业的基本条件。要从三个方面优化环境，让邵阳县成为投资创业的热土。一是优化生态环境。大力开展"城乡环境同治"行动，打造"天蓝、水净、山绿、路洁"的优美城乡环境；进一步落实节能环保政策，提高招商引资门槛，淘汰落后产能；要加大封山育林、防火护林和植树造林工作力度，实现"绿水青山"与"金山银山"相

得益彰；要规范矿山开采秩序，全面落实小煤矿关闭退出政策，强力推进山体修复和"矿山复绿"行动，实现资源保护和环境保护双赢。二是优化经济环境。进一步加强干部作风建设，转变政府职能，提升行政效率，努力打造优质、高效的政务环境；严肃查处破坏经济发展环境的人和事，让客商不再为发展的环境问题而担惊受怕、踌躇不决；要强化服务意识，主动搞好衔接协调，帮助解决重大问题，确保项目推进不为资金制约、不受用地影响、不因人才所困。三是优化社会环境。加快"法治邵阳"建设，严格依法行政，严惩各类违法犯罪行为，加强社会管理综合治理，不断提高群众安全感和满意度。

（六）突出以人为本，普惠改革发展成果

"小康不小康，关键看老乡"，让"老百姓得到实实在在的好处"是一切工作的出发点和落脚点。要抓好四个重点：一是有效增加居民收入。积极发挥第三产业、小微型企业和民营经济吸纳劳动力的就业功能，进一步推进"阳光工程""雨露工程"等各类就业培训，努力拓宽就业渠道。全面落实惠民政策，让农民得到更多实惠。积极创造条件，畅通一切渠道，放手让人民群众参与社会经济各个领域的发展，提高群众资产性、财产性、经营性收入。二是提升社会保障水平。坚持全覆盖、保基本、多层次、可持续方针，加快完善覆盖全县的社会养老、医疗保障、社会救助体系，逐步提高社会保障标准。增加公租房、廉租房等保障性住房供给，加大城乡危房和棚户区改造力度，逐步实现"居者有其屋"的梦想。三是大力实施扶贫开发。推进精细化、精准化扶贫，重点抓好发展生产、加强基础设施建设和健全公共服务三件大事，做到一家一户一本台账、一个脱贫计划、一套帮扶措施，持续推动水、电、路、气、房和环境整治"六到户"，扎扎实实打好扶贫攻坚战，确保在2019年基本消除绝对贫困现象。四是统筹推进各项事业。全面提升教学质量，加快一中迁建、二中提质、特殊学校和合格学校建设，办好人民满意的教育；全面推进县城医疗资源的有效整合，加快县人民医院、中医院搬迁和乡镇卫生院、村卫生室建设，建成覆盖城乡、功能完善的医疗救治体系；加大非物质文化遗产名录申报力度，加强对塘田战时讲学院、吕振羽故居、衡宝战役遗址和车万育文化的保护和开发，挖掘文化底蕴，打造文化品牌。

B.27
隆回县全面建成小康社会进展、问题与对策研究

隆回县委

隆回县地处武陵山脉南支苗岭山脉与雪峰山脉交会处，总面积2866平方千米，辖26个乡镇、1005个村（居、社区），120万人口，面积和人口均居邵阳市第2，属省内典型的老少边穷地区，是国家扶贫开发工作重点县、集中连片特殊困难地区武陵山片区县、比照执行西部大开发优惠政策县、湘西地区开发重点项目县、革命老区县。近两年来，全县上下贯彻落实中央、省市各项决策部署，紧扣隆回实际，大力实施"四个突出，五大提升"发展战略，深入开展"敢想敢干敢担当，创业创新创一流"主题教育实践活动，经济社会发展取得长足进步，为全面建成小康社会打下了一定的基础，同时，隆回全面建成小康社会仍存在一些困难和问题。

一 隆回县全面建设小康社会进展情况

对照《中共湖南省委、湖南省人民政府关于分类指导加快推进全面建成小康社会的意见》《湖南县（市、区）全面建成小康社会监测评价指标体系》等文件，隆回县在全省全面建成小康社会考评县市区分类中被列入第三类，即扶贫开发县市区，从相应的5大类24项考评统计指标看，截至2013年底，隆回县全面建成小康社会总实现程度为69.8%，其中5大类实现程度分别为：经济发展实现程度为57.1%、人民生活实现程度为75%、社会发展实现程度为71.3%、民主法治实现程度为93.5%、生态文明实现程度为89%。对24项具体指标（共33小项）分析如下。

（一）有7项指标实现或超过目标值

园区规模工业增加值占规模工业增加值比重达52.2%，超过目标值2.20个百分点；居民文教娱乐服务消费支出占消费总支出比重达14.7%，超过目标值0.70个百分点；社会保障发展水平中的基本医疗保险覆盖率达95.7%，超过目标值5.72个百分点；医疗卫生水平中的5岁以下儿童死亡率控制在7.47‰，低于12.0‰的目标；社会安全指数达到100%；单位GDP能耗为0.74吨标煤/万元；环境质量指数中的城镇污水处理率达到79.8%，超过目标值14.80个百分点。

（二）有5项指标接近实现目标值

税收占财政总收入比重为73.04%，实现程度为91.3%；人均住房使用面积为26平方米，实现程度为92.9%；环境质量指数中的空气质量达标率达到86.1%，实现程度为90.6%；地表水质达标率达95.8%，实现程度为95.8%；绿化水平中的城镇建成区绿化覆盖率为25.7%，实现程度为99%。

（三）有9项指标与目标值有一定差距

第二、第三产业增加值占GDP比重为75.1%，实现程度为88.5%；农村居民人均纯收入为5637元，实现程度为62.6%；农村居民安全饮水比率为77.0%，实现程度为77%；教育发展水平中的高中阶段毛入学率为57.3%，实现程度为71.7%；文化发展水平中的人均拥有公共文化体育设施面积为0.89平方米，实现程度为89.8%；教育发展水平中的平均受教育年限实际为8.51年，实现程度为85.1%；城镇居委会依法自治达标率为73.7%，实现程度为81.9%；农村村委会依法自治达标率为74.4%，实现程度为82.6%；绿化水平中的森林资源蓄积量增长率为2.0%，实现程度为67.1%。

（四）有11指标与目标值差距大

人均地区生产总值为9398.19元，实现程度为44.8%；人均财政总收入为727.24元，实现程度为29.1%；贫困发生率达27.3%，实现程度为

14.6%；城镇化率为26.56%，实现程度为59%；金融机构各项贷款增长率为33.5%，实现程度为33.5%；规模以上企业农产品加工产值与农业产值比为38.46%，实现程度为27.5%；城镇居民人均可支配收入为6727.47元，实现程度为59.7%；人均储蓄存款为12376.39元，实现程度为51.6%；社会保障发展水平中的基本养老服务补贴覆盖率为2.2%，实现程度为4.5%；医疗卫生水平中的每千人拥有床位数为2.29张，实现程度为57.3%；环境质量指数中的农村垃圾集中处理率为40%，实现程度为50%。

二 隆回县全面建成小康社会的基本经验

通过多年努力，目前，隆回县全面建成小康社会总体实现程度已接近70%，取得了一定实效，基本经验主要有以下几方面。

（一）工作格局全面，组织保障坚强有力

自2012年启动全面建成小康社会以来，隆回县全面建成小康社会相关工作迅速启动并顺利推进。一是强化组织领导，成立了以县委书记为组长、县长为第一副组长、县级领导和部门负责人为成员的全面建成小康社会领导小组，并设立全面小康办公室。二是加强责任分解，将全面建成小康社会的指标量化分解到相应部门，落实到对应股室和责任人。三是理顺体制机制，在人事管理、项目建设、财政体制、城镇开发等方面深化改革，着力破除发展障碍。四是强化保障措施，深入开展"敢想敢干敢担当，创业创新创一流"主题教育活动，转变干部作风。安排全面建成小康社会工作经费，并抽调工作人员，确保小康社会正常开展。

（二）发展特色产业，县域经济快速增长

充分利用政策扶持，结合自身的各种资源优势，统筹推进产业协调发展。一是狠抓项目建设，投入建设一大批涉及面广、投资量大、共享度高的基础设施、民生事业和产业培育重大项目。二是加大招商引资力度，把招商引资的重点放在科技含量高、市场前景好、成长性强的项目上，依据县域发展规划，定

点、定位、定向展开招商，鼓励企业向有条件的乡镇发展。三是搭建企业融资和担保平台，建立健全信用体系，优化信贷环境，加强引导民间金融资本，不断提高金融服务实体经济水平。四是转变经济发展方式，大力实施工业强县战略，发展高效生态农业。现代服务业全面提升。积极发展商贸综合体、楼宇经济、物流、休闲旅游产业，完善景区景点服务配套设施，不断提升第三产业，特别是现代服务业在经济结构中的比重。

（三）统筹城乡发展，基础设施明显改善

推动城乡一体化，建设特色小镇、美丽幸福新农村。一是建设品质县城。县城的建设，按照"北拓南提，东进西展"的战略规划县城发展。把城南建成景点，把城北建成亮点，把城东建成产业园，把城西建成休闲带。城区路网管网等基础设施建设全面铺开，县城规划区建设领域"打非治违"专项行动取得显著成效。二是建设特色小镇。加快小城镇建设，推动建制镇特别是县城周边城镇与县城对接，加强小城镇环境改善和特色打造，鼓励支持乡镇加强城镇基础设施建设。三是建设美丽幸福新农村。推进"美丽乡村建设"行动计划，分类推进中心村培育、特色村改造、小康村创建和环境改造村提升，积极探索村组统一规划、城郊村改造重建的新路子。以建设大生态平台为理念，加大全县绿化造林力度。

（四）推进民主法治，社会大局和谐稳定

创新社会治理，提高社会治理水平，全面推进平安隆回建设。一是强化综合治理，形成部门合力，依法严密防范和惩治各类违法犯罪活动。注重源头治理，推进城乡居民依法自治，加大对企业周边和重点工程建设项目治安环境整治力度，营造和谐稳定的经济发展环境、公平正义的法治环境和优质高效的服务环境。二是改进信访维稳，按照"属地管理、部门承责"的原则，加大落实责任制和责任追究制，多管齐下，全力破解信访难题。三是抓好安全生产，落实安全生产责任制，实行党政同责、一岗双责、齐抓共管。突出抓好矿山、学校、建筑、食品、药品等公共安全和安全生产工作，加强重点领域、重点地区、重点行业安全隐患排查和整治工作，预防和遏制重大安全事故发生。

（五）改善民生福祉，社会事业全面进步

着力保障和改善民生，让群众共享改革发展成果，全面提高人民群众生活水平。一是保障和改善民生。认真落实各项为民办实事项目，单位一把手就为民办实事向社会做出公开承诺，扩大新农保和城镇居民社会养老保险覆盖面，重点保障低收入群众基本生活。二是加快发展社会事业。办好人民满意的教育，促进教育均衡发展。加快医药卫生事业改革与发展，深入实施文化惠民工程，加强公共文化和体育服务，丰富城乡居民精神文化生活。三是增加城乡居民收入，加强劳动力转移就业技能培训和创业培训，积极引导城乡劳动力就业。

三　隆回县全面建成小康社会存在的主要困难和问题

（一）指标实现程度不均衡，核心指标差距较大

在5大类指标中，实现程度最高的是民主法治达到93.5%，最低的是经济发展，只有57.1%。特别是权重比较大的人均地区生产总值，实现程度仅为44.8%，人均财政总收入实现程度仅为29.1%，金融机构各项贷款增长率实现程度仅为33.5%，规模以上企业农产品加工产值与农业产值比实现程度仅为27.5%，贫困发生率高达27.3%，实现程度仅为14.6%，还有社会保障发展水平中的基本养老服务补贴覆盖率仅为2.2%，实现程度只有4.5%。

（二）经济发展基础薄弱，后发赶超压力大

隆回建县时间短，县境都是由周边各县划出的边远、贫瘠、高寒、干旱山区等"边角余地"组成，区位条件较差，经济发展滞后。工业占GDP的比重、对财政的贡献率仍然偏低；重大项目储备不多，投资接续能力不足；就业渠道狭窄，村级集体经济十分薄弱，在县、乡、村和农民共同构建的保障体系中难以发挥作用，城镇的吸纳能力不强，经济的结构性、素质性矛盾比较突出，经济发展和财政收入增长动能不足。

（三）城乡居民增收压力大，扶贫攻坚任务艰巨

2013年，全县农村居民人均可支配收入为5637元，城镇居民人均可支配收入为16727元，与全面小康标准相比，分别相差3363元、11273元。而且全县贫困面广、贫困程度深，要实现脱贫致富奔小康，压力和难度很大。

（四）城乡环境治理还存在短板，生态建设需进一步加大

农村垃圾集中处理率仅为40%，离目标的80%还有一半的距离，农村环境脏、乱、差现象较为突出，城镇环境卫生治理不够持续。绿化水平中的森林覆盖率不是很高，实现程度只有67.1%，隆回作为一个林业大县，绿化造林的范围还需加大。

（五）民生事业有待完善，社会治理需进一步加强

受自然条件和经济基础等制约，全县教育、医疗、住房、养老、最低生活保障等民生事业有待完善，对非公经济从业人员、灵活就业人员、转移劳动力等群体的社会保障不足，特别是基本养老服务和医疗卫生条件还不够完善，人民整体生活质量有待提高。当前正处于社会转型期，信访稳定、安全生产、食品药品安全等方面的不稳定因素需引起高度警觉和重视。

四 进一步推进隆回全面建成小康社会的总体思路及目标

（一）总体思路

全面贯彻落实党的十八大、十八届三中全会精神，以全面建成小康社会为总揽，全力实施"四个突出、五大提升"战略，即突出科学发展这一主题，突出转型升级这一主线，突出开放创新这一动力，突出惠民富民这一根本，着力提升发展质量，着力提升建设质量，着力提升文化质量，着力提升生活质量，着力提升生态质量，建设生产发展、生活安康、生态秀美的幸福新隆回。

提升发展质量，就是要牢固树立"经济转型、质量为上"的理念，坚持新型工业化与新型城镇化互动，以做大主业经济、做强实体经济、做优新型城市经济为重点，加快建设战略性大产业、总部型大平台、集群式大基地和优质化大项目，使产业层次更高、质量效益更好、创新能力更强、内生动力更足。

提升建设质量，就是要牢固树立"城乡统筹、融合为重"的理念，坚持城市化主导与城乡一体化互动，以县与市、城与乡、城乡基础设施"三大融合"为关键，联动建设品质新城区、特色小城镇和美丽新农村，使城市功能更完善、城乡形态更协调、公共服务更均衡、基础设施更完备。

提升文化质量，就是要牢固树立"文化建设、引领为先"的理念，坚持弘扬历史文化与提升现代文明互动，以公共文化、精品文化、文化产业"三大品牌"为依托，使社会风尚更文明、文化活动更丰富、文化特色更鲜明。

提升生活质量，就是要牢固树立"幸福生活、民生为本"的理念，坚持兴县强县与惠民富民互动，以"工作好、生活好、环境好"为目标，完善创业就业体系，优化公共服务和社会保障体系，加强和创新社会管理，深入推进民主法治、社会公平正义建设，使广大群众对发展更认同、生活更幸福、归属感更强烈。

提升生态质量，就是要牢固树立"持续发展、生态为基"的理念，坚持社会经济发展与生态文明互动，以全国生态文明示范工程试点县建设为抓手，深入推进绿色发展，着力改善生态环境，使发展更低碳、生态更优美、资源利用更高效、人与自然更和谐。

（二）工作目标

2014~2020年，保持全面建成小康社会总实现程度年均增长5%以上，到2020年，经济发展、人民生活、社会发展、民主法治、生态文明五大指标全部达到或超过省市对县核定的考评指标目标任务，全面建成小康社会。

五 进一步推进全面建成小康社会的对策措施

在今后一段时期，要把全面建成小康社会作为隆回经济社会发展的首要任

务和重要抓手，以全面建成小康社会统揽经济社会发展全局。重点抓好以下几方面工作。

（一）强化组织实施，推进全面小康建设

在县委、县政府已成立全面建成小康社会领导小组的基础上，各部门、各乡镇也要成立全面建成小康社会工作组。要强化干部队伍建设，县、乡都要指定一名联系挂点的干部具体负责指导相关部门、乡镇的全面小康推进工作，形成各方面协调、上下联动的推进机制和工作格局。县委、县政府要督促各级各部门加快落实小康建设的工作部署，协调解决小康进行中的重大问题。要把小康社会指标具体化、项目化，一项一项地对照，一项一项地落实，一项一项地提高。要加大宣传力度，在全县营造起推进全面建成小康社会的良好氛围，凝聚人心和力量，动员全县人民参与到小康社会建设中来。

（二）明确部门责任，完善小康考评体系

县委、县政府要将湖南省下达的全面建成小康社会指标任务进一步细化分解到部门，部门要对照县统一部署的进度目标，对照与全面建成小康社会考评指标实现程度存在的差距，制定实现的目标方案，围绕重点、难点项目，采取有效措施推进相关工作。各部门重视相关小康指标数据的衔接和审核，确保数据真实可靠，单位一把手要对该部门的全面建成小康社会指标实现程度和数据质量负总责。特别是与全面建成小康社会评价指标直接对应的部门，县级要对其进行重点监测，落实推进措施，解决突出问题，以全面建成小康社会的实现程度和成效来衡量各相关部门的工作，并与年度绩效评估挂钩。

（三）优化产业结构，推进县域经济"三量齐升"

着力改变经济发展这一权重指标"拉后腿"的局面，重点在地区生产总值、财政收入、规模以上企业农产品加工等方面下功夫，加快提升相关指标实现程度。突出项目建设对经济发展的龙头带动作用，充分利用对国家级扶贫开发重点县等的政策支持，抓住武陵山片区扶贫、衡邵干旱走廊治理、娄邵基本农田建设及呼北高速、怀邵衡铁路、邵阳东部城镇群的规划建设等有利政策机

遇，着力推进一批符合本地发展条件、符合产业发展方向、符合环境保护要求的项目，重点突出基础设施项目、产业项目、民生项目建设，激发经济发展活力与动力。推进产业朝规模化、市场化、品牌化方向发展，着力打造产业大县，提升经济发展质量和效益。坚持多轮驱动发展工业，推进科技创新，加强品牌的培育、保护和经营。推进"园中园"发展，创建国家级新能源示范产业园区，立足"招大商、招产业"，承接产业转移、培育本土中小企业、做大做强传统产业等多种途径，提高工业在三次产业中的比重。发展壮大传统产业，加大金银花、烤烟、优质稻、生猪四大支柱产业和"三辣"、百合、中药材、猕猴桃四大特色产业的升级改造力度，发展培育农产品深加工企业，把农业做出规模、做出特色、做出优势、做出精品。加快现代流通业发展，坚持生产性服务和生活性服务业"两条腿走路"，积极发展现代物流、信息服务、健康养老、文化旅游等产业，促进人流、物流、信息流汇集。大力发展楼宇经济、总部经济，结合城南片区开发，建设一批高档次的市场、商场，努力提高产业对隆回经济发展的支撑作用。要着力培植骨干税源，深化财税体制改革，强化税收征管，加快财政收入增长速度。

（四）加强生态文明建设，着力推进城乡一体化

以"宜居、宜业"的理念加快城镇化进程。建设品质县城，按照"北拓南提、东进西展"的总体战略，突出把城南建成景点、城北建成亮点、城东建成产业带、城西建成休闲区。依托县城现有山水脉络等独特风光，融入现代元素，保护和弘扬传统优秀文化，形成生产、生活、生态合理城建结构。推进产业和城镇融合发展，使生产要素和生活要素在本地聚集、成长和壮大。建设特色小镇，继续加大乡镇城建扶持力度，加大乡镇土地出让金的返回和统筹使用力度，结合历史传统、发展基础、区位地利与资源优势，因地制宜，准确定位，加强建制镇的规划建设、环境改善和特色营造。推动建制镇特别是县城周边城镇与县城对接。建设美丽新农村，开展农村清洁行动和环境整治，加强垃圾处理，推广新能源使用范围。创新和完善农村宅基地管理办法，大力整治农村建房秩序，全面推广农民集中成片建房，积极探索村组统一规划、城郊村整体拆迁重建的新路子。加强路边、水边、院落的绿化、美化，把农村庭院建设

成为休闲农庄，建成一批有特色的样板村，打造花门－虎形山绿色景观长廊，以秀美生态串联花瑶、魏源故居、六都寨水库、高洲温泉等人文景观，全面普及荒山植树造林，构建隆回生态屏障。

（五）积极发展社会事业，不断提高人民生活水平

坚持"以人为本"，切实解决人民群众最关心、最直接、最现实的利益问题，认真落实各项为民办实事项目，切实抓好各项民生事业，推进医药卫生事业改革与发展，启动乡镇卫生院的升级改造，提升医疗卫生服务水平。办好人民满意的教育，改善体育、文化、娱乐等便民设施。因地制宜增加城乡居民收入，努力提高人民的种养业收入、经营业性收入、工资性收入和资本性收入，实现农村劳动力快速有序的转移。健全社会保障体系，完善城乡居民养老保险制度，推进城乡居民养老保险全覆盖，完善廉租住房保障制度，抓好保障性住房建设和农村危房改造，落实"零就业"家庭再就业工作，保障低收入群众基本生活。加强和创新社会治理，深化平安隆回、法治隆回建设，以群众工作统揽综治工作，提高信访维稳水平，健全风险评估机制，不断提高突发事件应急处置能力，进一步推进城乡居民依法自治，抓好牵乡守护工程和社区警务工作，构建立体化治安防控体系。健全安全生产隐患排查长效机制，加强对道路交通、消防、食品药品安全等领域的监管力度，预防和遏制重大安全事故发生。努力建设一个"不含水分、群众公认、老百姓得实惠"的高质量、高水准的全面小康。

B.28
洞口县全面建成小康社会进展、问题与对策研究

艾方毅*

按照省市委要求，洞口县组织专门班子对县域经济发展情况进行了专题调研，现将情况报告如下。

一 进展情况

湖南省对122个县（市区）分长株潭经济强县市、城乡复合发展县市、扶贫开发县市区三类，从实现程度、提升幅度、经济发展三个方面进行考评。洞口县所属的"三类县"考评指标体系分经济发展、人民生活、社会发展、民主法治和生态文明五大类指标，共24个大指标、33个小指标。洞口县根据各乡镇资源禀赋、地理人口、发展基础等的差异性，以分类指导和协调推进全面建成小康社会为总抓手，分梯次推进，分类别考核，总体发展趋势较好。

（一）数据分析

1. 指标量化分析

在33个指标中，洞口县2013年已达到目标值的指标有15个，占45%；到2020年可望实现目标的指标有15个，占45%；到2020年难以实现目标的指标有3个，占9%。

（1）已经达到目标值的15个指标

①园区规模工业增加值占规模工业增加值比重达62.3%，超过目标值

---

* 艾方毅，中共洞口县委书记。

12.3个百分点；②城乡居民人均住房使用面积54.2平方米，超过目标值26.2个平方米；③行政村客运班线通达率为94.9%，超过目标值14.9个百分点；④基本医疗保险覆盖率达99.3%，超过目标值9.3个百分点；⑤高中阶段毛入学率为83.3%，超过目标值3.3个百分点；⑥平均受教育年限为10.2年，超过目标值0.2年；⑦5岁以下儿童死亡率为9.0‰，低于目标值2.92个千分点；⑧城镇居委会依法自治达标率达到92%，超过目标值2个百分点；⑨农村村委会依法自治达标率为90.1%，实现了目标值；⑩单位GDP能耗为0.58吨标准煤/万元，低于目标值0.22吨标准煤/万元；⑪城镇污水处理率达85.1%，超过目标值20.1个百分点；⑫空气质量达标率达95.1%，实现目标值；⑬地表水质达标率为100%，实现目标值；⑭森林资源蓄积量增长率为3.0%，超过目标值0.02个百分点；⑮城镇建成区绿化覆盖率达51.2%，超过目标值25.2个百分点。这15个指标中，需继续巩固的指标有全县基本医疗保险覆盖率、高中阶段毛入学率、城镇居委会依法自治达标率和农村村委会依法自治达标率；需努力控制的指标有5岁以下儿童死亡率、单位GDP能耗、城镇污水处理率、空气质量达标率、地表水质达标率、城镇建成区绿化覆盖率；需继续发展的指标有洞口县园区规模工业增加值占规模工业增加值比重、城乡居民人均住房使用面积、森林资源蓄积量增长率。15个指标中可能出现反弹的指标有园区规模工业增加值占规模工业增加值比重、高中阶段毛入学率、5岁以下儿童死亡率、单位GDP能耗、空气质量达标率、地表水质达标率、森林资源蓄积量增长率。

（2）到2020年可望实现目标的15个指标

①人均GDP。2013年洞口县GDP达113.3亿元，按2000年不变价计算，人均GDP为11783元，要如期达到2020年人均GDP 21000元，需年均增长8.6%；②人均财政总收入。2013年洞口县完成财政总收入65096万元，人均财政总收入832元，若要实现2020年人均财政总收入达2500元的目标，必须年均增长18.02%；③税收占财政总收入的比重。2013年，洞口县财政总收入中税收收入为43568万元，税收占财政总收入的比重为66.9%，按税收占财政总收入的比重要达到80%的目标计算，到2020年，洞口县税收收入需达到16.376亿元，年均需增长20.82%，比财政总收入年均增长17.02%要高出

3.8个百分点;④城镇化率。2013年末,洞口县常住人口中城镇人口为27.6万人,实现城镇化率为35.2%,到2020年洞口县城镇化率将达到45%,平均每年需递增1.4个百分点,在常住人口中每年需新增城镇人口1.52万人;⑤2011年末金融机构各项贷款为31.23亿元,2013年末金融机构各项贷款为52.96亿元,增长率为69.6%,以2011年为基数,到2020年实现增长100%,即金融机构各项贷款达到62.46亿元,今后7年只需年均增长2.4%;⑥规模以上企业农产品加工产值占农业产值比。2013年洞口县规模以上企业农产品加工产值占农业产值比为107.9%,到2020年规模以上企业农产品加工产值占农业产值比要达到140%,虽然离目标值相差较大,但随着新型工业化进程的全力推进,实现这一目标问题不大;⑦城镇居民人均可支配收入。2013年,洞口县城镇居民人均可支配收入为17974元,要实现2020年目标值28000元,今后7年只需年均增长6.5%;⑧农村居民人均纯收入。2013年,洞口县农村居民人均纯收入为6178元,要达到2020年目标值9000元,今后7年只需年均增长5.5%,难度不大;⑨人均储蓄存款。2013年末洞口县城乡居民储蓄余额为110.65亿元,人均储蓄存款为14139元,到2020年末常住人口按年均预计6‰计算将达81.77万人,要达到人均储蓄存款24000元,城乡居民储蓄余额将要达到196.2亿元,年均需增长8.5%;⑩居民文教娱乐服务消费支出占消费总支出比重。2013年,居民文教娱乐服务消费支出占消费总支出的比重为12.7%,到2020年实现14%的目标没有难度;⑪农村居民安全饮水比率。到2013年末,洞口县农村居民安全饮水比率为82.8%,按当前为民办实事每年解决农村人口饮水不安全问题3.5万人计算,只需3～5年就能实现目标;⑫基本养老服务补贴覆盖率2013年达到45.5%,距目标值只有4.5个百分点;⑬每千人拥有医疗病床位数。2013年洞口县拥有医疗病床位数1820张,每千人拥有医疗病床位数2.32张,到2020年达到每千人拥有医疗病床位数4张,那么,全县拥有医疗病床位数应达到3640张,比2013年净增1820张,平均每年需增加260张,我们会尽力取得国家、省、市扶持,内引外联,扩大医疗机构数量和规模;⑭社会安全指数,2013年为89%,要达到100%的目标值,我们还要尽全力减少犯罪,确保安全生产,增强全民交通安全意识,减少交通事故死亡人数;⑮农村垃圾集中处理率。2013年已完成263个村农村垃圾集

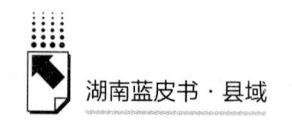

中处理，农村垃圾集中处理率为46.5%，现已规划在5年内实现100%的村达到农村垃圾集中处理。

（3）到2020年难以实现目标的3个指标

①第二、第三产业增加值占GDP比重。2013年洞口县第二、第三产业增加值占GDP比重为63.7%，到2020年要实现第二、第三产业增加值占GDP比重达85%，困难很大。到2020年要实现人均GDP 21000元（2000年不变价），那么到2020年洞口县GDP需达到2356105万元，而2013年第一产业增加值为411261万元，即使未来8年第一产业保持零增长，全力依靠第二、第三产业发展，第二、第三产业占GDP的比重也只能达到82.5%。②贫困发生率。2013年洞口县贫困发生率为16.2%，到2020年要控制贫困发生率在4%以下，对于武陵山片区扶贫开发县的洞口县是不现实的，是不可能实现的。一是边远贫困地区受交通、通信、信息、人员素质等各种因素的影响，产业发展受到局限，很难从根本上解决脱贫路子；二是贫困是相对的，随着国家整体经济发展，人们富裕程度的提高，贫困标准也将相对提高。③人均拥有公共文化体育设施面积。2013年人均拥有公共文化体育设施面积仅为0.39平方米，也就是说包括农村农家书屋、农村活动中心在内，洞口县2013年公共文化体育设施总面积才30.54万平方米。到2020年要实现目标值82万平方米将任重而道远。

2. 指标类比分析

通过对2012年和2013年全面小康进程监测进行对比，结果显示，2013年洞口县全面建成小康社会总体实现程度为76.8%，比2012年提高8.8个百分点，在经济发展、人民生活、社会发展、民主法治、生态文明五个方面均稳步推进，发展势头良好。

（1）经济发展方面

2013年实现程度为65.7%，比2012年提升7.8个百分点。经济发展子指标共9个，其中只有1个指标实现程度达到目标值，即园区规模工业增加值占规模工业增加值比重达62.3%，超过目标值12.3个百分点，实现程度为100%；人均财政收入、贫困发生率的实现程度分别为33.3%、24.7%，严重偏低。总体来说洞口县经济发展是滞后的。

(2) 人民生活方面

2013 年实现程度为 78.7%，比上年提高 5.3 个百分点。其中城乡居民人均住房使用面积为 54.2 平方米，大大超过了人均 28 平方米的全面小康目标值，实现程度为 100%；城镇居民人均可支配收入、农村居民人均可支配收入和人均储蓄存款分别为 17974 元、6178 元和 14139 元，都远远低于目标值，实现程度分别只达到 64.2%、68.8% 和 58.9%。

(3) 社会发展方面

2013 年实现程度为 84.7%，比上年提高 3.7 个百分点。其中基本社会保险覆盖率、高中阶段毛入学率、平均受教育年限、5 岁以下儿童死亡率实现程度均达 100%，但每千人拥有医疗病床位数、人均拥有公共文化体育设施面积与目标值相差较大，实现程度分别只达到 58% 和 38.9%。

(4) 民主法治方面

2013 年实现程度为 93%，比上年提高 1 个百分点。从反映民主法治的两项指标看，城乡居民依法自治实现程度为 100%；社会安全指数实现程度为 89%，社会基本安定。

(5) 生态文明方面

2013 年实现程度为 93.7%，比上年提高 13.7 个百分比。6 个子指标中只有农村垃圾集中处理率不高，实现程度仅为 58.1%，其他 5 个指标均达 100%。

(二) 工作体会

目前洞口县推进全面建成小康社会工作取得了一定成绩，我们的动力和信心主要来源于四个方面。

1. 部门联动是前提

全面建成小康是全社会的责任，县直单位责无旁贷。因此，我们在加强对乡镇小康建设考核的同时，也加强对县直单位小康建设的考核，努力形成全面建成小康社会全县一盘棋格局。

2. 凝心聚力是基础

洞口县作为武陵山集中连片扶贫开发山区县，加快发展要依靠"三力"。

一是靠"拉力",就是要争取上级部门和单位对洞口县全方位的支持和帮扶,积极向上争取项目资金,确保争到应有的份额,甚至是上级更多的支持。近年来,我们依靠争取项目资金得到了一定的实惠。但是,有些方面我们并没有争到应有的份额,还需要我们进一步吃透各方政策,把握先机,争取更大的支持和更多的实惠。二是借"外力",就是要加大招商引资力度,争取更多的项目落户洞口县。三是发"内力",就是要抓全民创业,激发全社会创业的激情,激活民间资本。因此,我们对县直单位突出考核"对上争取项目资金、对外招商引资、对内抓全民创业",就是要增强县直各单位抓发展的意识和责任,促进"三力"齐发,形成加快洞口县发展的强大动力。

3. 项目建设是关键

项目是发展的载体,抓项目就是抓住发展的"牛鼻子"。我们突出考核"重点项目""优化发展环境",就是要强化县直各单位和全县各乡镇抓项目的责任,切实优化环境,确保项目早落地、早生根、早投产,确保小康社会早日建成。

4. 守住底线是保障

社会维稳、安全生产、计划生育和生态文明建设,是我们必须守住的"底线",也是全面小康建设至关重要的内容。把县直单位和各乡镇落实"重大责任"作为考核内容,就是要求各单位守土有责,守住底线,确保建成全面小康洞口县没有后顾之忧。

(三)主要难题

洞口县推进全面建成小康社会工作来势较好,但也存在一些困难和问题,主要表现在"两大两难两弱"。

1. 财税增收压力大

财源基础不实,发展不快,特别是实体经济数量不多、规模不大、产业不优、贡献不大,缺乏主体骨干税源支撑,随着国家结构性减税政策陆续出台,难以实现较大幅度增长。县域内经常性税源严重短缺,过度地依赖一次性税收的补充和支撑。

2. 城镇绿化压力大

洞口县至今没有城市绿化专项规划，对城市绿化、绿地没有规划，绿化随意性大，由于土地财政因素，各指挥部、各机关单位人为挤占绿地，减少绿化现象普遍存在；同时各房地产开发商追求利润最大化，想方设法侵占、挤占绿地，减少绿化投入，个别开发小区甚至无绿地和绿化。

3. 安全隐患整改难

一些重大隐患整改需要大量人力物力，企业安全生产投入过少，多数隐患整改需要政府和相关部门配合支持，短时间难以整改到位。同时，一些乡镇安全隐患整改没落实，有些已经上报了的安全隐患，由于种种原因不能及时整改落实。加之一些乡镇安监队伍力量薄弱，监管、督促整改落实工作难以到位。

4. 农村环境治理难

洞口县总面积达2184.01平方千米，总人口85.8万，其中农业人口52.3万，且多为山区丘陵地带，农村人口比例大且居住分散。要实现垃圾集中处理，每个乡镇还需配备相应的垃圾转运设施设备，集中处理难度大，需要大量资金。

5. 教育基础相对较弱

洞口县教育事业发展不平衡，投入不足，基础能力薄弱，办学机制及人才培养的规模、结构、质量还不能适应经济社会的发展需要。同时，洞口县也是劳动力外输大县，人口流动性较大，导致洞口县户籍人数远大于常住人口，部分外出务工者带着子女在外就读，从而降低了高中阶段毛入学率。

6. 企业创新能力较弱

洞口县工业化水平不高，企业创新能力弱，自主创新能力差，导致企业产品科技含量不高、附加值低、竞争能力不强，难以在激烈的市场竞争中抢占制高点。企业管理水平低，家族式管理在民营企业中普遍存在，发展受到制约，导致一些有潜力、有前景的企业难以做大做强。

二 总体思路

2014年，洞口县的工作目标是，在全面建成小康社会的起跑线上实现

"争先保快"。总体思路是，紧扣目标，坚持"五个第一"，奋力推进县域经济跨越发展。

（一）以项目建设为第一载体，进一步加快全面小康建设速度

重点是抓好四类项目：一是抓好财源项目。加快辣妹子食品、标准化厂房、为百手机视窗、为百水泥、华菱矿业江口采矿、石下江煤矿、兴雄鞋业、鑫兴达精工公司项目工程建设。二是抓好城建项目。加快洞口三桥、城北五星级宾馆、洞口大道二期工程、回龙洲生态森林公园、伏龙洲兰陵民俗文化园、平溪江南岸沿江风光带、平溪江北岸风光带、体育产业园项目工程建设。三是抓好交通项目。加快怀邵衡铁路、洞溆高速公路、隆武公路、邵怀高速洞口互通扩建、G320洞口县城绕城线、洞江（洞口至江口）公路、江大（江口至大马排）公路、罗溪旅游公路项目工程建设。四是抓好民生项目。加快思源实验学校、3万平方米农村学校危房改造、16所义务教育合格学校创建、安全饮水、农田水利、地质灾害环境治理、农村沼气池建设、廉租房及棚户区改造工程建设。

（二）以转型升级为第一动力，进一步提升全面小康建设效益

坚持"做优一产、做强第二产业、做特第三产业"，加快转型升级步伐。一是做强工业支柱。2014年重点抓好"一区两园"，即抓好经济开发区、804工业产业园、茶铺茶场农业产业园建设，做大工业发展平台，提高园区产业承载力。致力发展"总部经济"，全面构建机械制造、建筑建材、制衣制鞋、电子加工、新兴能源、生物制药"六大工业支柱产业"。二是打响农业品牌。全面建成小康社会的短板在农村、重点在农村。洞口县用新农村建设来突破全面建成小康社会农村短板，出台了《关于加快推进社会主义新农村建设的意见》。着力抓好农业产业结构调整，培育产业龙头。在建好230万头生猪、75万亩水稻、50万亩竹木、20万亩柑橘、3万亩茶叶、3万亩金银花、3万亩红薯、50万平方米双孢菇现代农业生产基地的基础上，深入挖掘产业特色，深化农产品精深加工，打响雪峰蜜桔、雪峰贡米、古楼云雾茶、醪田粉丝"四大特色农业名牌"，争创省级著名商标2个，实现特色农业名牌增值。三是做活生态旅游。抢抓洞新高速建成和怀邵衡铁路开工建设机遇，深入挖掘民俗文

化、农耕文化、红色文化、宗祠文化,打造雪峰抗战纪念园、蔡锷公馆、罗溪森林公园等一批精品旅游景点,全面加强生态文明建设,尽快融入西部生态旅游圈。突破农村短板。

(三)以城镇建设为第一抓手,进一步夯实全面小康建设平台

立足洞口小城镇建设有基础、有潜力的优势,切实做好新型城镇化工作。一是做优扩容文章。按照"东接、西联、南改、北拓"的思路,抓紧完善新型城镇化发展规划,加快建设洞口三桥、洞口大道二期工程,打通县城环线G320线,使县城城区面积扩大到15平方千米以上,形成15万以上人口规模的县城。二是做靓特色文章。加快完善城乡一体化体制机制,构建"5+3"大集镇格局,即洞口、高沙、石江、竹市、黄桥五大镇和山门、毓兰、江口等建制镇要突出特色,规划先行,规模适度,布局合理,集约经营,加速发展。三是做好管理文章。大力开展县城综合整治行动,重点抓好市容市貌、交通秩序、环境卫生整治,重点解决好"人进城、建好城、管好城"难题。深入开展城乡环境综合治理,创建省级文明卫生村10个,市级文明卫生村100个,全力打好城乡环境整治翻身仗。

(四)以民生改善为第一追求,进一步增强全面小康建设后劲

改善民生是一切发展的出发点和落脚点。大力发展民生事业。加大教育投入,改善办学条件,加强校安工程建设,加强师资队伍建设,提高教育质量。加快发展卫生事业,全面完成县乡村三级医疗机构、公共卫生机构、卫生监督执法机构的设置和建设任务,认真组织实施医药卫生体制改革,加快中医药服务体系建设,加强公共卫生服务体系建设。加快推进文化事业和文化产业发展,建设文化名县。着力提高保障水平。加大就业力度,重点解决体制转轨遗留的下岗失业人员再就业问题。加快完善社会保障体系,力争2014年全县城镇职工基本养老和基本医疗保险覆盖率分别达到95%以上。

(五)以生态文明为第一保障,进一步提高全面小康建设质量

洞口县素有森林密集、山川秀美的生态优势,这是全县的发展潜力和未来

希望所在。一是促进资源节约。加强水源地保护和用水总量管理，建设节水型社会。严守耕地保护红线，严格土地用途管制。加强矿产资源勘查、保护、合理开发。发展循环经济，促进生产、流通、消费过程的减量化、再利用、资源化。二是加大保护力度。实施重大生态修复工程，增强生态产品生产能力，推进荒漠化、石漠化、水土流失综合治理。加快水利建设，加强防灾减灾体系建设。坚持预防为主、综合治理，以解决损害群众健康突出环境问题为重点，强化水、大气、土壤等污染防治。三是加强制度建设。深化资源性产品价格和税费改革，建立反映市场供求和资源稀缺程度、体现生态价值和代际补偿的资源有偿使用制度和生态补偿制度。加强环境监管，健全生态环境保护责任追究制度和环境损害赔偿制度。

三 对策措施

为进一步加快小康社会建设，洞口县将以抓铁有痕的干劲，重点抓好六项工作。

（一）加强组织领导

县委成立推进全面建成小康社会领导小组，由县委书记任组长，县长为第一副组长，县委专职副书记为常务副组长，县委常委、常务副县长为主管副组长。领导小组下设办公室和3个工作小组。办公室设在县委政研室，办公室主任由政研室主任兼任，设常务副主任1名（兼），负责统筹、协调、指导、服务全面小康创建活动，明确专门办公场所，抽调专门人员办公；县直各有关部门、各乡（镇）研究制定具体实施方案和推进计划，把2013~2020年实现全面小康社会的目标和要求具体化、定量化、项目化，提出实现全面小康的时间表和路线图。

（二）推进相关改革

结合洞口县实际，有针对性地抓好改革，分步推进。通过改革出优势、出保障、出成果、出经验。一是认真准备自上而下的改革。为使市场在资源配置中起决定性作用和更好地发挥政府的作用，主动做好改革准备工作。二是落实到位已出台的改革。要对接国务院取消和下放的行政审批事项，深化行政审批制度改革，统筹抓好政府机构、事业单位和行业系统改革，完善政府绩效评估指标体系和考核评价办法，最大限度地减少和下放政府对微观事物的管理。对接创新国企管理运营机制，完善激励约束分配机制，尽快完成国企改制三年攻坚任务。三是抓紧实施条件成熟的改革。逐步深化财税金融改革，改进预算管理制度，实行专项资金预算绩效管理，全面推进政府部门"三公"经费公开；深化政府采购制度改革，推进电子化政府采购；深化农村综合改革，加大土地流转改革力度，探索土地流转交易市场建设，鼓励承包经营权向专业大户、家庭农场、农民合作社、农业企业流转；深化招商引资管理体制改革，围绕优质资源、优良资产和优势产业，建设好一批园区平台、功能性平台和会展平台，建立重大项目、重点企业的跟踪服务和调度机制。四是用改革的办法解决发展瓶颈。制约洞口县发展的最大瓶颈是土地、人才、资金和市场等问题。看起来都是老生常谈，但如果没有过硬的改革措施，找不到解决问题的正确路径，老问题就会变成"老大难"问题。所以，当务之急是解放思想，更新观念，大胆改革，着力破解发展瓶颈，激发洞口可持续发展的活力。

（三）健全工作制度

主要是五项制度：一是建立定期报告制度。各部门和各乡镇将小康监测数据经单位主要负责人签字并加盖单位公章后，于每季度终了后的12日前上报县全面小康办公室，并将工作开展情况以自查报告的形式同时报送，同一指标由多家单位共同负责的，由牵头单位负责协调完成。县全面小康办公室及时收集整理相关信息，定期和不定期向领导小组组长、副组长等书面报告工作进展情况。二是建立联席会议制度。县全面小康领导小组原则上每半年召开一次联席会议，重点研究解决在全面小康创建活动中出现的重大问题；县全面小康领导小组办公室和各工作小组，可根据工作推进的需要不定期召开联席会议，通报相关情况，落实工作措施，研究解决问题。三是建立考评激励制度。建立洞口县全面小康社会考评指标体系，以年度为单位对各乡镇和县直各部门进行严格的统计监测考评，对未完成目标任务的予以通报批评，对推进全面建成小康社会工作成绩突出的乡镇和县直部门单位给予表彰。四是建立责任追究制度。在创建工作中，若有弄虚作假的，一经发现，对该单位在全县范围内进行通报批评；在工作推进中，因慢作为、不作为或乱作为对直接责任人进行严格问责；本部门不能完成责任指标、严重影响全县小康社会建设进程的，由领导小组组长对其主要负责人进行诫勉谈话，主要指标连续两年不能达标的，对主要负责人进行组织处理。五是建立全面小康社会建设民意调查制度。根据工作需要，适时开展全面小康社会群众认可度调查，针对群众反映的突出问题及时纠正偏差，有序推进全面小康进程。

（四）加强监测考核

围绕县全面建成小康社会统计监测指标体系和统计监测办法，做好与上级相关部门在指标口径计算方法和监测结果等方面的沟通和衔接，指导县直有关部门和乡（镇）开展统计监测工作。

（五）加强政策支持

当前的洞口正处在一个加快发展的关键期，既需要有较强的内生动力，也需要上级政策的大力支持。党的十八届三中全会为基层发展搭建起了加快发展的政策平台，提供了千载难逢的政策机遇。我们必须深入学习领会，制定具体的实施方案，并把上级政策措施与国家武陵山片区扶贫开发等政策有机衔接，加强协调，形成强大的政策合力，并把国家的政策支持尽快转变为又好又快、更好更快发展的成果，转变成全县人民的福祉。同时，持续抓好货币政策贯彻落实，从洞口实际出发，引导金融机构强化信贷管理，进一步调整信贷结构，切实落实有保有压的信贷政策，支持地方经济和"三农"发展，加大对弱势群体的扶持力度。加强与上级部门的沟通，争取上级对金融工作的理解与支持，营造良好的金融生态环境，为全面推进小康社会贡献应有的力量。

（六）加强督查指导

县委县政府督查室、县效能办要将推进全面建成小康社会工作作为督查工作的重要内容，定期与不定期相结合、明察与暗访并举，发现成功经验要及时总结推广，发现问题要限时整改，督促指导各级各部门抓好工作落实。各职能部门和单位要认真履责，在全面小康工作中加强对本系统本行业的统筹和指导，顺利推进各项任务的落实。

B.29 绥宁县全面建成小康社会进展、问题与对策研究

唐 渊[*]

党的十八大发出了全面建成小康社会的动员令，明确了到2020年基本建成全面小康社会的目标。省委十届七次全会做出了分类指导加快推进全面建成小康社会的决定，为全省上下提供了看得见、摸得着的路线图和时间表。作为第三类县市，如何在全面建成小康社会的道路上把步子迈得更快更稳更好，确保与全省、全市同步实现全面小康目标，已成为绥宁县当前发展面临的重大课题。

一 全面建成小康社会的探索与成效

近年来，绥宁县坚持以全面建成小康社会统揽经济社会发展全局，紧紧围绕建设"生态文明示范区、特色县域经济先导区、社会和谐稳定模范区"目标，大力实施"生态立县、特色发展、旅游优先、城镇带动"战略，实现了县域经济社会平稳较快发展，全面小康建设工作取得了阶段性成果。2013年，绥宁县全面建成小康总体实现程度为70.9%，省定5大类33项指标中有7项已达到全面建成小康社会标准，有11项基本达到全面建成小康社会标准。

（一）经济发展迈上新台阶

始终以加快发展来推进全面小康建设，突出抓好项目建设、新型工业、旅游开发和城镇建设，县域经济发展呈现出速度加快、结构调优、质量提升的良好态势。2013年实现GDP 62.27亿元，人均GDP达12882元，小康实现程度

---

[*] 唐渊，中共绥宁县委书记。

为61.3%；实现财政总收入3.78亿元，人均财政总收入增至1070元，小康实现程度为42.8%；税收占财政总收入的比重为55.6%，小康实现程度为69.5%；第二、第三产业增加值分别达到29.54亿元和17.54亿元，第二、第三产业增加值占GDP比重达75.6%，小康实现程度达89%；新型工业化、农业产业化、新型城镇化"三化"进程加快，2013年园区规模工业增加值达到13.25亿元，其占全县规模工业增加值比重增至35%，小康实现程度为70%；规模以上企业农产品加工产值与农业产值比达201.5%，提前达到全面小康标准；城镇化率提高到24.1%，小康实现程度为53.6%。

（二）人民生活幸福指数稳步提升

始终把扶贫富民作为建设全面小康社会的核心要求，坚持在改善群众生产生活条件、帮助困难群众增收脱贫上不遗余力，加大投入，完善机制，落实政策，兴办实事。扶贫济困工作稳步推进，2008~2013年全县累计减少贫困人口9.2万人。城乡居民收入稳步增长，2013年城镇居民人均可支配收入由2007年的8500元提高到16029元，农民人均纯收入由2007年的3808元提高到5860元，人均储蓄存款余额由2007年末的6634元增加至14402元，小康实现程度分别为57.2%、65.1%和60%。住房条件显著改善，人均住房使用面积达33.4平方米，已达到全面小康标准。居民文教娱乐服务消费稳步增长，其占消费总支出的比重增至12.1%，小康实现程度达86.4%。群众生活更加方便安全，行政村客运班线通达率提高到64.7%，农村居民安全饮水比率提高到82.8%，小康实现程度分别为80.8%和82.8%。

（三）社会发展取得长足进步

始终坚持把保障和改善民生作为全面建成小康社会的出发点和落脚点，切实解决好上学、就医、社保、文化等重大民生问题。社会保障体系不断健全，全县基本医疗保险覆盖率提高到91.3%，已达到全面小康标准。教育事业稳步发展，高中阶段毛入学率达到71.72%，平均受教育年限增至7.2年，小康实现程度分别为89.6%和72.2%。医疗卫生水平不断提高，全县每千人拥有床位数增至2.8张，小康实现程度为71%；5岁以下儿童死亡率降至6.9‰，

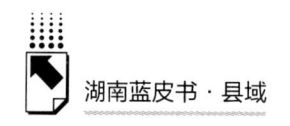

达到全面小康标准。文化惠民扎实推进，每千人拥有公共文化体育设施面积增至 0.64 平方米，小康实现程度为 63.6%。

（四）民主法治更加健全

始终坚持把民主法治建设作为建成小康社会的基础保障来抓，深入持续推进法治绥宁、平安绥宁建设，不断加强基层基础工作，全县社会大局始终保持和谐稳定，连续多年保持了"六无"（无命案、无街头抢夺、无重大群体性事件、无群体进京上访、无重大网络舆情和无重大安全事故）的良好态势，2009 年、2011 年、2013 年先后三次被评为全省社会管理综合治理先进县，综治民调综合排名一直稳定在全省前 80 名、全市第一方阵，社会安全指数提前实现小康目标。基层民主政治建设得到加强，城镇居委会依法自治达标率提高到 85.7%，农村村委会依法自治达标率提高到 78.2%，小康实现程度分别达到 95.2% 和 86.8%。

（五）生态优势得到保持

始终把生态文明作为建成全面小康社会的底线工作来抓，努力保持绥宁"天蓝、水绿、山青、气洁"的良好环境。坚持"少砍多造"，每年造林 5 万亩以上，商品材砍伐量由 2002 年的 34 万方降至目前的 11 万方，2013 年森林资源蓄积量增长率提升至 3%，提前实现小康目标。绿化水平稳步提升，城镇建成区绿化覆盖率增至 18.5%，小康实现程度为 71.1%。节能减排扎实推进，2013 年全县单位 GDP 能耗降至每万元 0.86 吨标煤，小康实现程度达 93%。环境综合整治成效显著，环境质量始终良好，空气质量达标率为 90.3%，地表水质达标率为 94.4%，小康实现程度分别达到 95% 和 94.4%；城镇污水处理率提高至 70%，已达到全面小康标准；农村垃圾集中处理率提高至 70.9%，小康实现程度达 88.6%。

二 全面建成小康社会存在的困难与问题

虽然绥宁县全面小康建设取得了一定成效，但与全面建成小康社会目标相比，与全县人民期盼相比，还有较大差距，任务仍然十分艰巨。主要表现在以下几个方面。

（一）经济总量、质量、均量有待大幅度提高

经济总量小、人均水平低、发展质量不高仍然是当前绥宁经济发展面临的薄弱环节，加快发展、加速转型的任务艰巨。目前全县人均GDP、人均财政总收入、税收占财政总收入比重分别与全面小康的目标值相差8118元、1430元和24.4个百分点。全县人均GDP和税收占财政总收入比重要到2017年实现目标值，年均需增长9.6%和提高4.6个百分点以上；全县人均财政总收入要到2020年实现目标值，年均增幅需达到22.6%以上。但是由于交通区位不便，招商引资较难，财源培植乏力，经济发展主要依赖于投资拉动，在高基数的基础上实现快速增长的动力不足，如期达标的难度较大。

（二）产业结构不够合理，产业层次依然偏低

当前，全县第二、第三产业增加值占GDP比重离全面小康目标值相差近10个百分点，第一产业不强、第二产业不优、第三产业不大的问题仍然十分明显，产业结构调整的任务十分艰巨。绥宁县经济发展主要以林业为支撑，境内企业资源依赖型特征明显，竹木加工业占据县域工业的"半壁江山"。受国家宏观政策调整和世界金融危机影响，工业企业生产经营困难，2013年全县60家规模工业企业全年纳税为零的有14家，年纳税不足万元的有8家。特色农业基地规模小，基础设施薄弱，加工企业还处在培育阶段，带动能力不强，对经济增长和财税增收的贡献微乎其微。第三产业提升难度大，旅游业还处于打基础阶段，对GDP增长的拉动作用不大；房地产和商业地产起步晚，市场培育不够成熟。

（三）新型城镇化步伐有待全面提速

绥宁县城镇建设尽管发展来势较好，但城镇化率仍处于严重滞后的位置。目前城镇化率分别比全市、全省和全国平均水平低12.1个、22.7个和28.7

个百分点，离全面小康的目标值还差20.9个百分点，到2020年实现目标值需每年新增城镇人口1.25万人以上。绥宁是典型的山区县，境内千山万岭，峰峦叠嶂，城镇规模普遍较小，发展空间不足，如县城长铺镇可开发用地还不足800亩。大部分小城镇缺乏有力的产业支撑，就业渠道狭窄，吸纳能力不强，加之现在城镇户口对农民吸引力不足，造成许多农民愿意进城却不愿意变成居民。推进新型城镇化面临"扩容"和"增人"两大瓶颈制约，这成为绥宁建成全面小康最薄弱的环节和最大的"拦路虎"。

（四）贫困面广、贫困人口多、贫困程度深

绥宁是武陵山片区区域发展和扶贫攻坚试点县、省少数民族高寒山区扶贫攻坚重点县和比照省扶贫开发工作重点县，全县目前有6个国贫村、74个省贫村、59个高寒山区村待摘帽脱贫，占全县行政村总数的39.9%；有贫困人口6.3万人需脱贫解困，占全县总人口的17.9%，贫困人口发生率达20.4%。贫困人口主要分布在自然条件恶劣、灾害频发、交通不便、脱贫基础不稳、返贫率高的高寒山区，大多数从事传统农业生产，收入渠道单一，遇到自然灾害或大病及其他家庭变故，极易返贫。根据小康标准，要达到2020年贫困发生率低于4%，需年均减少贫困人口7800人以上，消除绝对贫困现象压力巨大、任务艰巨。

（五）社会发展相对滞后，保障和改善民生任务艰巨

由于区位偏僻，山高峻岭，地广人稀，公共服务和基础设施建设成本较高，再加上县乡两级财政异常困难，尽管在改善民生、发展社会事业方面不遗余力加大投入，但犹如杯水车薪，绥宁社会发展相对滞后、民生问题欠账较多。城乡居民增收渠道不多，全县农村居民人均纯收入、城镇居民人均可支配收入、人均储蓄存款分别与全面小康的目标值相差3140元、11971元、9598元，分别需年均增长12.5%、13.3%和14.5%以上。全县高中阶段毛入学率和平均受教育年限实现程度离小康目标分别相差10.1个和27.8个百分点，人均拥有公共文化体育设施面积离目标值相差0.36平方米，每千人拥有床位数离目标值相差1.16张，指标实现难度较大。

三 加快全面建成小康社会的主要对策

当前,绥宁正处在加快发展、加速转型的关键期、攻坚期。加快推进全面建成小康社会,要始终把发展作为第一要务,坚持加速发展、加快转型、加力跨越不动摇,继续深入实施"生态立县、特色发展、旅游优先、城镇带动"战略,坚持自力更生与争取支持"两条腿"走路,充分调动干部和群众两者的积极性,全力补好城镇化率和贫困发生率两块短板,确保与全省、全市同步实现全面小康。力争2014年开好局、起好步,2015年综合实现程度进入全省三类县的第二方阵,2017年实现"两个85%",即85%以上的指标全面实现小康、综合实现程度达到85%以上,2020年基本消除绝对贫困现象,基本实现全面建成小康社会目标。

(一)大力发展新型工业,全面提升经济综合实力

建成全面小康,经济增长是核心,财源建设是关键。要更加突出工业增长引擎、主体财源地位,大力发展符合产业政策、切合绥宁生态环境和资源条件的新型工业,力争规模工业增加值、工业税收分别年均增长15%和20%以上,力争到2020年规模工业企业达到100家,纳税过千万元的企业增加至10家以上。一是改造升级传统产业。加快推进木材加工、造纸、冶炼、化工等传统产业改造升级,鼓励技改扩改和产品更新,支持现有规模企业释放产能、做大做强。着力引进一批科技含量高、发展前景好、财税贡献大的高新技术企业。二是大力培育替代产业。坚持特色发展、差别化发展,着力培育楠竹加工、新能源和特色农产品加工三大替代产业。楠竹加工以中集、银山、宝鼎、丰源等加工企业为龙头,以竹地板、竹筷、竹工艺品、竹炭为主打产品,不断提高综合利用率和附加值,力争到2020年产值达到20亿元。新能源工业重点发展风力发电、生物质发电,稳定开发小水电和石煤综合利用,力争到2020年产值突破20亿元、装机量达40万千瓦。扶持特色农产品加工企业引进和发展,努力使杂交水稻制种、花猪、油茶、金银花、青钱柳、绞股蓝、玫瑰花等骨干产品基地规模更大、农户收益更高、产业带动能力更强。三是全力推进园区建设。

按照"一园三区"模式，全力打造袁家团楠竹产业园和关峡、瓦屋、坪溪集中区，努力实现工业园区化、园区产业化、产业聚集化。重点抓好关峡工业集中区建设，建好工业孵化场，抓好绿洲惠康、武汉凯迪等首批入园企业建设，新引进一批大项目、好项目入驻，力争5年内实现产值6亿元、税收3000万元。

（二）坚持旅游优先发展，培育新的经济增长点

建成全面小康社会，发展旅游业既是希望所在，也是潜力所在。要不遗余力地推进旅游优先发展，加快建设全省乃至全国旅游强县，力争到2020年实现入境旅游人数突破300万人次，旅游综合收入30亿元以上，成为湘桂黔边陲假日游、自驾游、奇险游的最佳目的地。一是推进"美丽绥宁"建设。坚持资源培育与管护并重、山上造林与身边增绿并进、生态修复与特色绿化并举，大力推进节能减排，扎实推进城乡环境综合整治，持续开展非法采砂、造纸、挖山和占用耕地建房四大专项治理，努力使绥宁天更蓝、地更绿、水更净、气更洁。二是打响特色文化品牌。以巫傩文化、苗侗文化、森林生态文化为载体，打响"苗侗祖乡""世界文化遗产（提名地）"名片，还原民族习俗，整理文化遗存，铸造文化品牌，实现民俗文化商业化、阵地化、商品化，推进文化与旅游融合互长，建设全国文化先进县、世界文化遗产地。重点抓好上堡和大团两个侗寨申遗，全面推进配套设施建设和环境综合整治，力争2016年申报世界文化遗产成功。三是加快重点景区建设。坚持"一区一线三点五块"旅游战略布局，全力筹建乐安－寨市－黄桑旅游经济开发区，重点打造县城至寨市至黄桑的旅游黄金线，加快开发大园苗寨、上堡侗寨、寨市古镇3个旅游精品，统筹开发黄桑、寨市、花园阁、神坡山、神滩公园五大核心旅游板块，力争到2020年全县拥有5A级景区1家、4A级景区2家、3A级景区5家以上。四是完善旅游配套设施。坚持交通先行，尽快完成武靖高速、寨黄公路、黄坪公路、县城－大门洞－乌鸡山公路建设，争取靖永郴铁路过境绥宁并设站，加快主要景区景点间公路建设或改造，着力打通内外通道。加快星级宾馆、特色饮食、农家乐、旅游特色商品等开发建设，大力发展现代物流、金融商贸、文化娱乐等服务业，不断提升旅游综合服务水平。

(三)打好城镇建设攻坚战,切实提高城镇化水平

建成全面小康,城镇建设是必须攻克的难点、补足的短腿。要全力以赴打好城镇建设攻坚战,力争每年新增城镇人口1.25万人以上,到2020年全县城镇化率达到45%以上。一是加快县城扩容提质。坚守"山水园林之城、苗侗风情之都、宜居宜游之地"的县城定位,坚持一体(老城区)两翼(坪溪新区和枫香新城)、组团开发、项目带动,坚持新区建设与旧城改造并重,坚持保留个性和特色,力争到2020年县城建成区面积达到10平方千米、人口超过10万人。大力发展房地产、商业地产。持续开展控违拆违、城区禁炮、私售土地、占道经营、垃圾清运五大专项整治,全力争创省级卫生县城、文明县城。二是加快乡镇小城镇开发。坚持示范带动、以点带面,每年确定2~3个乡镇作为小城镇建设示范乡镇,集中政策、项目和资金搞好开发建设,统筹支持其他乡镇加快小城镇开发建设。加快启动"改乡设镇"工作,力争到2020年全县新增建制镇3个。大力实施乡镇集镇垃圾处理、污水处理、绿化亮化等工程,不断提升小城镇品位。三是加快推进农村人口市民化。启动户籍制度改革,农村户籍人口到城镇买房、建房保留"三个不变"(自留山、自留地保留不变,计划生育政策不变,享有的农村低保、新农合、新农保等待遇不变),实现农村转移人口"愿意来"。加快培育城镇特色产业体系,营造良好就业和生活环境,实现农村转移人口"留得住"。不断完善就业、教育、社保、医疗、住房等民生制度,实现农村转移人口"过得好"。

(四)打好扶贫开发攻坚战,加快贫困群众小康步伐

小康不小康,关键看老乡。建成全面小康,贫困群众是重点,也是难点。一是全面推进精细扶贫、精准扶贫。尽快完成贫困人口识别工作,建立贫困人口数据库,根据脱贫条件和生活现状量身定做脱贫解困方案,做到一家一户一本台账、一个脱贫计划、一套帮扶措施,重点抓好发展生产、健全公共服务和教育三件大事,持续推动水、电、路、气、房和环境整治"六到农家",确保每年减少贫困人口7800人以上。二是加快改善基础设施。继续实施区域开发与扶贫攻坚"整乡推进"工程,力争2020年前覆盖全县所有25个乡镇。启动农村"五小"

水利建设和安全饮水五年计划。按照"远搬近扶"的原则,对特别边远的高寒山区贫困村组和散居农户,积极推行搬迁式扶贫,通过政策引导和项目倾斜,鼓励农民下山集中建房或到集镇建房、购房。对其他贫困村,采取"项目打捆、集中投入、整村推进"的方式,确保到2020年基本实现"六到农家",进一步改善发展的基础条件。三是大力推进产业扶贫。坚持"内外并举",对外发展劳务经济,对内加快培育特色产业。积极整合资源,不断创新方式,有针对性地开展农村劳动力转移培训,鼓励还乡就近就业,增加贫困群众劳务收入。坚持扶贫先扶志,引导贫困群众自力更生,采取"两项制度"衔接、龙头带动、金融支持等方式,大力发展特色产业,增加贫困群众产业收入。

(五)着力保障和改善民生,不断提高群众幸福指数

建成全面小康,惠及民生是归宿。要把惠民生、促和谐作为小康建设的落脚点,切实强化公共服务,不断改善民生问题,积极构建和谐绥宁。一是大力发展文教卫事业。启动实施新一轮教育振兴五年规划,加强农村薄弱学校建设,提升高中教育和职业教育发展水平,确保中小学生都能有学上、上好学。不断改善城乡医疗卫生条件,切实整合县城医疗资源,加强乡村两级卫生院(室)建设,稳步推进医疗卫生体制改革,确保城乡群众看病不再难、不再贵。不断完善城乡公共文体设施,健全完善文教娱乐服务体系,积极开展群众性文体活动,切实提高文化惠民水平。二是完善社会保障体系。坚持创业带动就业、培训促进就业、帮扶援助就业,千方百计扩大就业,促进城乡居民收入持续稳定增长。着力扩大社会保险覆盖面,加大保费征缴力度,努力实现应保尽保。不断提高城镇职工医保、城镇居民医保和新农合的参保率及住院医疗补偿标准,全面落实基本养老服务补贴制度。强化住房保障,加强公租房和廉租房建设,加大棚户区改造力度。三是促进社会和谐稳定。推进"法治绥宁"建设,重点抓好基层民主政治建设,全面提高城乡居民依法自治水平。坚持以群众工作统揽信访维稳工作,坚持适度从严控制社会面,持续开展严打整治斗争,确保社会管理综合治理工作稳定在全省先进行列。严格实行安全生产党政同责、一岗双责,严格加强食品药品、动物疫情和安全生产监管,加强森林火灾和山洪地质灾害防控,确保人民群众生命财产安全。

（六）不断完善体制机制，确保全面建成小康目标如期实现

建成全面小康，机制保障是关键。要充分认识全面建成小康的复杂性和艰巨性，把全面建成小康作为绥宁当前和今后一段时期的头等大事和中心任务，紧紧咬住目标，狠抓各项工作落实，确保全面建成小康目标的如期实现。一是坚持"两条腿"走路。要坚持自力更生、艰苦奋斗，积极引导本地民间资本投资创业和引进外地客商投资兴业，依靠自身努力和主动作为加快发展步伐。同时，要全力向上争取支持，认真研究国省出台的产业、财税、金融、用地、扶贫帮困等差异化的支持政策，主动加强沟通衔接，有针对性地包装项目、对接项目，争取更多的项目进入国省投资计划的笼子。二是坚持调动两个积极性。一方面，要在组织领导、责任落实、考核奖惩等方面加大力度，健全县、乡、村联动推进机制，充分调动各级各部门和广大党员干部的积极性，形成"一切围绕小康转、一切紧扣小康干"的浓厚氛围。另一方面，要通过开展多种形式的宣传发动，引导群众正确理解全面小康，激发广大群众投身全面小康建设的积极性，积极为全面建成小康社会献计献策、贡献力量。三是深化改革创新。认真落实中央和省委统一部署的重大改革，紧密结合绥宁实际，从群众最期盼的领域改起，从制约经济社会发展最突出的问题改起，正确、准确、有序、协调推进各项改革。当前，关键是在财政资金管理、绩效考核、公共服务、转变政府职能、招商引资、市场主体培育等方面不断探索新方法、新思路，切实增强发展活力、动力。

B.30
新宁县全面建成小康社会进展、问题与对策研究

秦立军*

新宁地处湘西南，辖18个乡镇、474个行政村、28个社区居委会，总人口64万，农业人口占87.3%。境内崀山是世界自然遗产、国家重点风景名胜区、国家地质公园、国家4A级景区，舜皇山是国家级自然保护区。新宁是湖南省扶贫工作重点县，纳入武陵山片区扶贫攻坚范围，也是湖南省首批十个特色县域经济重点县之一。

一 新宁县全面建设小康社会进展分析

（一）经济社会发展情况

近年来，新宁县委、县政府以全面建设小康社会为总揽，实施"旅游立县、产业强县、文化兴县、开放活县"发展战略，经济社会持续健康发展，为全面建成小康社会奠定了坚实基础。

1. 三次产业快速发展

围绕旅游办工业、兴农业、扩城镇。近三年，崀山旅游门票收入年均增长32%，旅游总收入年均增长42%；永安省级工业集中区入园规模企业达到20家，园区产值达到27.2亿元，产值过亿元的企业达到12家；"南橙北烟"产业格局基本形成，农业观光旅游每年为农民新增效益近千万元；旅游带动城镇化率年均增长8%以上，第三产业服务业对经济增长的贡献率持续增长。

---

* 秦立军，中共新宁县委书记。

2. 基础设施日益改善

洞新高速通车，境内1条国道、3条省道公路全部改造完毕，农村公路通车里程1056千米，99%的行政村通水泥；完成47座病险水库除险加固，新增有效农田灌溉面积8.2万亩；新能源项目风雨殿风电场基本建成。

3. 生态环境更加优美

生态造林12.2万亩，封山育林68万亩，全县森林覆盖率达到70%；县城垃圾、污水无公害化处理工程建成并投入使用；万元GDP能耗降为0.87吨标煤/万元，大气环境达到优良标准。

4. 民生事业繁荣发展

基本医疗保险覆盖率达到93.8%，高中阶段毛入学率达到88.7%，改造乡镇卫生院8所，每千人拥有医疗床位2.9张；人民生活水平提高，城乡居民可支配收入达到9414元。

（二）全面小康实现程度

新宁县在湖南全面小康建设区域分类指导中划入大湘西板块，列为第三类县市区序列。按照省定考评指标体系统计，2013年，全县全面小康实现程度测算结果为73.4%，五大类监测指标中，经济发展实现程度为60.2%，人民生活实现程度为74.9%，社会发展实现程度为90.2%，民主法治实现程度为90.5%，生态文明实现程度为85.5%。

（三）存在的主要问题

新宁作为欠发达地区，经济总量偏小、农村发展滞后、人民生活水平不高等问题依然十分突出，全面小康建设的任务依然艰巨，集中体现在三大方面。

1. 发展不充分

投资乏力，需求不足，一时难以解决县域经济发展基础差、底子薄、欠账多的问题，区位劣势加剧了融资难题，资源优势难以转化成为发展优势。经济总量、均量和质量与全面小康目标差距较大，人均地区生产总值只有全省平均

水平的23.6%，人均财政总收入只有全省平均水平的23.6%。

2. 发展不平衡

城乡发展差距加大，不同乡镇之间发展差距加大，扶夷江沿岸乡镇的经济发展优于衡邵干旱走廊的西部乡镇，有脐橙、烤烟特色产业种植的乡镇优于无特色产业的乡镇。发展的不均衡，直接影响全面小康的进程，增加了全县同步实现小康的难度。

3. 发展不全面

全县三次产业结构不优，城镇化水平低下，全面小康各类监测指标实现程度不一，差距很大。从2013年各类小康指标完成情况来看，经济发展类指标中的人均GDP、人均财政总收入、税收占财政总收入的比重、贫困发生率，人民生活类指标中的人均储蓄存款，生态文明类指标中的农村垃圾集中处理率实现程度严重滞后，要完成省委提出的到2017年全面小康实现程度达到85%的目标，年均需提高3个百分点，时间紧、任务重。

二 新宁县全面建成小康社会总体思路

（一）把项目作为小康建设的第一支撑

项目是加快县域经济发展的主要载体，也是加快全面建成小康步伐的有力支撑。要结合新宁小康现状，强化项目带动作用，抓好一批事关新宁长远发展的大项目，切实突破县域经济总量不高和人均均量低下的发展瓶颈。

1. 明确项目建设的具体内容

围绕新宁县域经济发展方向，进一步明确项目建设的内容，找准加快发展的着力点。要以做强特色县域经济为切入点，加快建设崀山5A级景区综合工程、八角寨索道、玉泉山文化园、崀山文化旅游产业园等一批重大文化旅游项目。要以"城镇化"为平台，出台县城规划，启动沿江风光带和城市防洪堤工程，规划和建设黄金大道，加快新城区建设。要以构建便捷交通为重点，争取或开工建设新白高速、金狮公路等一批重大交通项目，进一步改善新宁的交通区位条件。

2. 激活项目建设的责任主体

要激促干部抓项目,把项目建设作为干部转变作风的试金石,历练成长的主战场和选拔任用的重要标准,推动干部带头抓项目。要引导企业上项目,发挥企业投资的主导作用,充分利用新一轮沿海产业转移的新机遇,调动一切有利因素,激发社会投资。要鼓励群众帮项目,创新征地拆迁工作思路,建立一整套阳光征拆的程序、方法和监督机制,实现群众利益的公平化、均衡化和最大化,让群众真心拥护上项目、积极参与建项目。

3. 把准项目建设的有效方法

牢牢把握国家政策导向和产业发展趋势,加大力度争取项目,加快项目落地。要着力抓好项目前期,加快推进崀山水库、新白高速、风能发电二期等一批重大项目的前期工作,确保项目储备充分。全力破除资金、土地等要素瓶颈,向上争取重大政策、重大项目和资金,集中财力办大事;积极争取信贷支持,努力扩大直接融资,规范用好融资平台;盘活存量用好增量,提高集约用地水平。严格监管项目资金,打造阳光工程、安全工程、廉洁工程。

(二)把产业作为小康建设的第一抓手

"产业强县"是新宁发展战略的一个具体内容,要紧扣这一战略不动摇,把产业作为推进全县全面小康建设的一个重要抓手,突出抓好旅游产业转型升级、工业突围崛起、农业提质增效。

1. 突出旅游产业转型升级

坚持走产业园区化、旅游城镇化和营销市场化的路径,着力打造崀山文化旅游产业园,建设生态度假新城,推动旅游经济的繁荣发展。一是全面提升旅游产品核心竞争力。突出规划引领,开掘传承文化,包装旅游产品,培育具有核心竞争力的旅游产品体系。加快舜皇山、黄金牧场等原生态旅游产品的开发;大力发展乡村旅游,组织策划旅游精品线路,集中宣传推介。二是全面拓展旅游产业发展空间。把旅游和城镇化有机融合起来,精心组织实施城镇规划,优化城镇功能布局。适度超前规划和建设相应的餐饮住宿、休闲娱乐、购物消费、康体保健等旅游接待设施,不断完善旅游城市接待服务功能。加快推进沿江风光带、舜皇西路、大鱼塘五星级酒店等城镇开发项目,带动旅游城镇

化上新台阶。三是全面放大旅游经济的效益。坚持以市场为导向，做活旅游营销、做广游客市场、做旺旅游人气。加快建立对接市场的全域化旅游经营管理机制，推动崀山景区、舜皇山景区的封闭式运行，不断提升景区保护管理、服务经营水平。

2. 突出工业突围崛起

以县城工业园跻身省级集中工业区为契机，以绿色工业为主导，向白沙扩规推进，发展与文化旅游相融相依的生态工业园区，构建农林加工、旅游商品、生物医药、精密电子四大产业集群。将园区基础设施建设纳入城市建设，统一规划、统一实施，实现园区发展与城市建设功能协同、环境兼容，促进园区发展与城市建设的协调互动。合理规划土地投入方向，使土地资源向优势企业、优势项目集中，存量土地要优先用于工业项目，优先用于产业集群项目。坚持资源利用和技术创新并重。依托优势资源，加快产业集聚，做好农林资源深加工，将农产品转化为旅游商品，提高附加值。坚持发展绿色矿业经济不动摇，以龙口锑矿为突破口，打造绿色矿业基地，实现"限小扶大、整合资源、打击非法、有序开发、规范管理、合理利用"的绿色矿业经济新格局。

3. 突出农业提质增效

调整优化农业产业结构，顺应季节发展高效农业，巩固传统生产，结合旅游大力发展观光农业，提高农业效益。做好土地增效文章，鼓励和引导荒扶、空闲土地流转，提高农村土地利用率。按照"一村一品""一乡一业"的发展模式，构建优势产业区域化布局、专业化生产、规模化经营格局。以脐橙和烤烟为基础，打造湘西南精品农业产业带，以农林资源为依托，做精做实农产品深加工，打造湘桂旅游商品生产加工基地。引导县内各脐橙合作社联姻，实现技术、市场等资源的共享，着力打造脐橙强县；突出科技兴烟，全面提升烟叶质量，推动烤烟产业精细化发展。加大农村基础设施建设力度，重点改善农村水、电、路、气、房，加快中小河域治理、病险水库除险加固、土地集中整理、安全饮水等重点设施建设。

（三）把民生作为小康建设的第一目标

要坚持以人为本、民生优先原则，大力推进以保障和改善民生为重点的社会建设，切实解决人民群众最关心、最直接、最现实的利益问题，推动经济社会全面协调可持续发展。

1. 加大扶贫攻坚缩小贫富差距

扶贫开发既是改善民生的需要，也是全面建成小康社会的关键点。要按照精细化、精准化扶贫的要求，做到一家一户一本台账、一个脱贫计划、一套帮扶措施，确保底子清、目标明、方法对。实施产业扶贫工程，探索旅游扶贫新举措，增强贫困地区造血能力。按照精准识别、动态管理的原则，建好全县扶贫信息网络系统，确保专项扶贫措施与贫困识别结果相衔接，切实做到真扶贫、扶真贫。

2. 加强社会保障提升公共服务水平

要下大力气抓文化教育、医疗卫生、社会保障、就业住房等重点民生工作，增加社会公共产品供给能力。特别要重视城乡差距、贫富差距和各大块民生工作的差距，在注重公共服务均衡化的同时，关注落后地区、弱势群体和热点问题，重点投入、优先解决。

3. 加快推进办实事工程不断改善民生

每年认真对照对省、市为民办实事清单，确定好全县的为民办实事计划，明确好为民办实事的项目布点、资金来源、时间节点、责任分工等具体内容。通过具体的办实事工程，推动一批民生热点问题和难点问题的解决，不断改善民生。

（四）把生态作为小康建设的第一根本

以推进全国生态示范县建设为契机，加强生态建设，坚持科学规划，优化全县生态空间布局。大力实施"三年三边"行动，把邵新公路打造成绿色走廊，把扶夷江沿岸打造成绿色画廊，把崀山景区打造成绿色核心。实行以奖代补，发动全民参与，积极开展绿色乡镇、绿色村庄、绿色庭院创建活动。抓好坡耕地水土流失综合治理、石漠化治理、巩固退耕还林等工程，补齐"绿色天窗"。深入开展城乡环境同治，以城带乡、城乡同治，实现新型城镇化与新农村建设有效衔接，形成良性互动，协同推进，构建县、乡、村生态文明建设一体化格局。建立形成节能减排约束机制，以低碳城市试点工程为契机，大力发展低碳环保产业，探索建立符合新宁县情的生态文明制度。

三 新宁县全面建成小康社会主要措施

(一) 科学规划，功能定位

在省、市全面建成小康实施意见中，新宁县被划分确定为扶贫攻坚区和生态功能区。全面推进小康社会建设，要以此为方向，结合全县区域经济发展、区域功能定位和区域全面小康进程等实际，科学划定分类指导区域，将全县18个乡镇划分为县城核心区、农产品生产重点区和扶贫攻坚区三大板块。县城核心区包括金石镇、崀山镇、白沙镇、黄龙镇、飞仙桥乡，这一区域是以旅游为龙头的复合型区域，实行优先开发，在2017年应率先提前实现小康；农产品生产重点区包括万塘乡、水庙镇、高桥镇、回龙寺镇、马头桥镇、清江桥乡、巡田乡、一渡水镇，实行限制开发，在2020年全面实现小康；扶贫攻坚区包括黄金乡、麻林乡、丰田乡、靖位乡、安山乡，这一区域实行禁止开发，到2020年基本实现小康。

(二) 因情施策，分类指导

根据三大区域板块全面小康建设进程和各自发展特点，加强对全县各乡镇的分类指导，把推动区域经济社会协调发展与全面小康建设统一起来，把实施国家战略与各区域全面小康建设统一起来，把对区域的指导和主动争取大湘西和市全面建成小康指导小组的指导统一起来，使推进全面建成小康社会的各项政策措施和责任更好地对接区域板块、对接各乡镇、村（社区），更好地调动乡镇的积极性，更好地发挥各乡镇所辖村（社区）的行政领导、组织指导作用。按照省、市关于分类指导加快推进全面建成小康社会的要求，分年度制订全面小康社会建设目标任务和工作举措，建立形成乡镇和机关单位考评指标体系，以全面建成小康社会考评，来整合同类考评项目，形成工作合力。把组织领导与具体指导结合起来，全县依据区域分类分别成立三个指导小组，分块指导各区域的全面小康建设。

（三）创新机制，改革推动

牢牢把握中央和省、市全面深化改革之机，不断创新机制体制，深化改革推动，以改革创新激发加快全面小康建设活力。加快推进正在实施或条件成熟的改革事项，创新大胆启动低碳城市、低碳景区试点工作；加快投融资改革，简化审批程序，建立和完善四大融资平台管理运营机制；加快园区管理体制改革，强化工业园管理委员会职能，实行"封闭式管理，开放式运行"。加快社会管理体制改革，有序推进公立医院和国有林场改革。实施人才管理体制改革，建立引进、选拔、培养、聘用专业人才的工作机制，破解旅游、城建、农业、金融等专业领域人才紧缺的问题。要以改革促开放，发挥新宁作为湖南旅游南大门的优势，以旅游开放为重点，加强旅游区域协作。

（四）抓好党建，强化保障

党建工作是开展好一切工作的有力保障，加快推进全面小康建设，要着力抓好基层党建工作。要以深入开群众路线教育实践活动为契机，进一步加强作风建设，主动革除"四风"之弊，为加快推进全面小康建设提供作风保障。要坚持强化基层、重视基层、服务基层，不断推进党的基层组织建设。健全完善"双线"考察法，加强基层班子和队伍建设，把基层领导班子打造成为强有力的战斗堡垒，特别要注意通过村级换届选优配强村级领导班子，为推动农村地区全面小康建设奠定坚实的组织保障。把发展壮大村级集体经济作为一项硬任务来抓，制定出台集体经济发展规划，把经济能人充实到村级基层组织队伍中来，让他们带头群众奔小康。要加大基层工作运转和基层干部待遇保障力度，努力提高村干部待遇，让基层干部安心扎根基层、用心推动发展、真心服务群众。

B.31 城步苗族自治县全面建成小康社会进展、问题与对策研究

罗建南*

为深入贯彻落实党的十八大和十八届三中全会精神，进一步落实中共湖南省委关于分类指导加快全面建成小康社会的战略部署，我们围绕推进全面建成小康社会，结合城步县实际情况开展了专题调研，形成调研报告如下。

一 城步县全面建成小康社会进展分析

城步苗族自治县地处湘西南边陲，全县辖14个乡镇、292个村居、28万人，是全国五个苗族自治县之一，也是国家扶贫开发工作重点县、国家商务部和省发改委定点扶贫县。近年来，在省委省政府、市委市政府的正确领导下，全县上下坚持"一个战略、四个目标"，攻坚克难、开拓进取，全县经济实力显著增强、生态建设成效明显、社会事业全面进步、人民生活水平不断提高，全面小康建设取得了长足进步。

（一）总体估价

对照《湖南省三类县全面建成小康社会监测评价指标体系》，经初步测算，到2013年底，城步县全面小康社会实现程度为73.7%，分别比全省、全市平均水平约低18个和8个百分点。绝大部分指标距离三类指标体系目标值差距很大，与全省一类、二类指标体系目标值相距更远。

---

* 罗建南，中共城步苗族自治县委书记。

从五大类指标来看，实现程度最高的是"生态文明"，已达到100%；其次是"社会发展"，实现程度为97.2%；"民主法治"排第三，实现程度为86.2%；第四为"人民生活"，实现程度为66.5%；实现程度最低的是"经济发展"，仅为60%。

从33项具体指标来看，实现程度达到100%的指标有16项，分别是人均住房使用面积、基本医疗保险覆盖率、高中阶段毛入学率、平均受教育年限、每千人拥有床位数、5岁以下儿童死亡率、人均拥有公共文化体育设施面积、单位GDP能耗、城镇污水处理率、空气质量达标率、地表水质达标率、农村垃圾集中处理率、森林资源蓄积量增长率、城镇建成区绿化率、园区规模工业增加值占规模工业增加值比重、农村村委会依法自治达标率；实现程度为90%~100%的指标有1项，为城镇居委会依法自治达标率；实现程度为60%~90%的指标有8项，分别是税收占财政总收入的比重，第二、第三产业增加值占GDP比重，基本养老服务补贴覆盖率，农村居民安全饮水比率，行政村客运班线通达率，社会安全指数，城镇化率，居民文教娱乐服务消费支出占消费总支出比重；实现程度在60%以下的指标有8项，分别是人均地区生产总值、人均财政总收入、贫困发生率、金融机构各项贷款增长率、规模以上企业农产品加工产值与农业产值比、城镇居民人均可支配收入、农村居民人均纯收入、人均储蓄存款（见表1）。

表1 城步苗族自治县2013年全面建成小康社会统计指标测算表（三类）

指标名称	单位	目标值（2020年）	权重（%）	2013年	实现程度（%）
一、经济发展			45		60.0
1. 人均地区生产总值（按2000年不变价）	元	≥21000	5	7924.98	37.7
2. 人均财政总收入	元	≥2500	7	1178.11	47.1
3. 税收占财政收入的比重	%	≥80	8	65.48	81.8
4. 第二、第三产业增加值占GDP比重	%	≥85	5	69.9	82.2
5. 贫困发生率	%	≤4	4	27.53	14.5
6. 城镇化率	%	≥45	5	29.93	66.5
7. 园区规模工业增加值占规模工业增加值比重	%	≥50	4	76.036	100.0
8. 金融机构各项贷款增长率	%	≥100	4	39.39	39.4
9. 规模以上企业农产品加工产值与农业产值比	%	≥140	3	79.03	56.4

续表

指 标 名 称		单位	目标值 （2020年）	权重 （%）	2013年	实现程度 （%）
二、人民生活				19		66.5
10. 居民收入水平	城镇居民人均可支配收入	元	≥28000	3.5	15544	55.5
	农村居民人均纯收入	元	≥9000	3.5	4140	46.0
11. 人均住房使用面积		平方米	≥28	2	28.2	100.0
12. 人均储蓄存款		元	≥24000	2	11868.73	49.5
13. 居民文教娱乐服务消费支出占消费总支出比重		%	≥14	2	8.53	61.0
14. 农村居民安全饮水比率		%	100	4	78.2	78.2
15. 行政村客运班线通达率		%	≥80	2	70.11	87.6
三、社会发展				15		97.2
16. 社会保障发展水平	基本医疗保险覆盖率	%	≥90	2.5	98.45	100.0
	基本养老服务补贴覆盖率	%	≥50	2.5	41.51	83.0
17. 教育发展水平	高中阶段毛入学率	%	≥80	2	80.24	100.0
	平均受教育年限	年	≥10	2	10.3	100.0
18. 医疗卫生水平	每千人拥有床位数	张	≥4	2	4.03	100.0
	5岁以下儿童死亡率	‰	≤12	2	8.49	100.0
19. 文化发展水平	人均拥有公共文化体育设施面积	平方米	≥1	2	1.39	100.0
四、民主法治				11		86.2
20. 城乡居民依法自治	城镇居委会依法自治达标率	%	≥90	2	86.37	96.0
	农村村委会依法自治达标率	%	≥90	2	94.84	100.0
21. 社会安全指数		%	100	7	79.41	79.4
五、生态文明				10		100.0
22. 单位GDP能耗		吨标煤/万元	≤0.8	4	0.73	100.0
23. 环境质量指数	城镇污水处理率	%	≥65	1	80	100.0
	空气质量达标率	%	≥95	1.5	95.83	100.0
	地表水质达标率	%	100	1	100	100.0
	农村垃圾集中处理率	%	≥80	1.5	84.8	100.0
24. 绿化水平	森林资源蓄积量增长率	%	≥3	0.5	3.3	100.0
	城镇建成区绿化覆盖率	%	≥26	0.5	34	100.0
全面建成小康社会总实现程度		—	—	100	—	73.7

数据来源：根据城步苗族自治县2013年《国民经济和社会发展统计公报》整理。

（二）存在问题

通过深入调查研究，当前，城步县全面建成小康社会主要存在以下问题。

1. 经济发展水平低，核心指标差距大

城步县经济发展相对落后，经济总量、均量都很少。2013年，全县完成国内生产总值27.3亿元，只占到邵阳市12个县市区的2.5%。人均GDP只有7925元，还不到全国平均水平的1/4、全省平均水平的1/3。完成财政总收入3亿元，人均财政总收入只有1178元。按全面小康目标，到2020年，人均GDP要达到21000元，而城步县实现程度仅有37.7%，相差近2/3；人均财政总收入要达到2500元，而城步县实现程度仅有47.1%，相差一半多；税收占财政总收入的比重要达到80%以上，而城步县2013年只达到65.5%，相差14.5个百分点；金融机构各项贷款增长率与目标值差距也很大，实现程度仅为39.4%，相差60.6%。

2. 产业结构不合理，第二、第三产业层次低

2013年，全县三次产业结构比为30.1∶36.8∶33.1，第一产业不优、第二产业不强、第三产业不大的问题非常突出。其中第一产业比重约高于全国24个百分点、全省21个百分点、全市10个百分点；第二产业比重约低于全国10个百分点、全省12个百分点、全市4个百分点；第三产业比重约低于全国14个百分点、全省9个百分点、全市6个百分点。按全面小康标准，2020年第二、第三产业增加值占GDP比重要达到85%以上，而城步县2013年只达到69.9%，相差15.1个百分点。全县第一产业比重过大，基础薄弱。农业种养结构相对单一，缺乏龙头企业带动，土地的规模化、集约化经营困难，市场竞争力弱，对经济增长的贡献率小；第二产业发展差距大，总体规模小。全县22家规模企业，年产值过亿元、税收过千万元的企业只有新鼎盛电子、科源生物、电力公司3家，其他企业年产值多在3000万元左右，对财税的贡献率偏低；第三产业比重低，提升难度大。全县第三产业主要集中在餐饮、商贸、交通运输等传统领域，新兴的物流、信息、研发、工业设计、商务、节能环保等服务业还是空白，经营呈现小、散、弱状况，聚集度不高，没有一家规模以上服务企业，就业渠道狭窄。

3. 扶贫开发任务艰巨，居民增收压力大

城步县历来是"老、少、边、穷"县，贫困面广、贫困程度深。按全面小康目标，2020年贫困发生率不得高于4%，农民人均纯收入至少要达到

9000元，城镇居民人均可支配收入至少要达到21000元。城步县2013年贫困发生率高达27.5%，小康实现程度仅为14.5%，相差85.5%，差距显著；农民人均纯收入4140元，实现程度仅为46%，相差一半多；城镇居民人均可支配收入为15544元，实现程度仅为55.5%，也相差近一半。目前，全县还有8个国贫村、9个省贫村、102个高寒山区村正在全力脱贫解困，相对贫困人口达12.5万人，占全县人口的一半多，绝对农村贫困人口也有6.36万人。要到2020年实现整体脱贫，全县每年至少要减少贫困人口1万以上，任务十分艰巨。

4. 基础设施建设落后，城镇化任务重

城步县城镇发展缓慢，城镇化水平较低，县城和乡镇容纳人口和吸纳劳动力的能力不强。根据全面小康标准，城镇化率2020年要达到45%，城步县2013年还只达到29.93%，相差近一半。要实现全面小康，全县每年需新增城镇人口近8000人。因地势较高、居住条件恶劣，全县农村基础设施建设也比较落后，特别是农村居住、饮水、交通等条件较差。按照全面小康标准，2020年农村居民安全饮水率要达到100%，城步县2013年还只达到78.2%，相差21.8个百分点，安全饮水工程建设任务繁重。

（三）有利条件

城步是少数民族贫困地区，与其他地区相比，要实现全面建成小康社会的目标压力更大，任务更艰巨，但发展机遇和后发优势也十分明显。一是帮扶政策叠加。城步县享有少数民族自治县、新一轮国家扶贫开发工作重点县等优惠政策和"五年一小庆，十年一大庆"的特殊政策。全县纳入了国家特殊贡献县财政转移支付、衡邵干旱走廊治理、石漠化治理和省级生态功能区支持范围。同时，还是国家商务部、省发改委新一轮对口扶贫县、武陵山片区区域发展与扶贫攻坚重点县、湘西地区开发县，全县有30个国贫村、40个省贫村，125个高寒山区村被纳入新一轮国家和省的扶贫范围。随着系列帮扶政策深入实施，必将推动全县经济社会加快发展，推动全面建成小康社会的目标实现。二是自然资源丰富。全县森林资源丰富，森林面积达329万亩，活立木蓄积量达932万立方米，有楠竹35万亩，存楠竹6000万根，有草山154万亩，森林覆盖率达83%，是全省重点林区县。风力、水利资源丰富，风能蕴藏量达100

万千瓦,已开发10万千瓦。水能蕴藏量30万千瓦,已开发20多万千瓦。矿产资源丰富,有金、银、锰等矿产资源达30余种,矿点、矿化点达119处。生态文化旅游资源丰富,境内少数民族文化精彩纷呈,魅力独特。拥有南山国家风景名胜区、两江峡谷国家森林公园、白云湖国家湿地公园、金童山国家自然保护区等4张"国字号"生态名片,是邵阳市旅游资源最丰富的县。随着这些得天独厚的资源优势转化为发展优势,城步后发潜力将得以激发,发展的步伐将不断加快。三是区位条件逐步改善。随着洞新高速建成通车,结束了城步县无高速的历史。随着武靖高速、边南公路、武冈机场的开工建设,城龙高速、靖永郴铁路、南山至通道临口高等级公路引起各级各部门的高度关注和重视,有望立项,城步县区位条件正在发生根本性的变化,制约发展的交通瓶颈逐步破解,承接东部产业转移的基础条件逐步改善,必将助推城步县在未来发展中实现后发赶超。四是发展势头良好。2013年来,全县上下紧紧围绕"一个战略、四个目标",解放思想、攻坚克难,全县各项主要经济指标均呈两位数以上增长,绩效考核排名全市第2,经济社会发展进入历史最好最快时期。产业发展提速增效。全县新增5家规模工业企业,增长比例达30%。新鼎盛电子公司建立了中国工程院院士张尧学的"院士工作站",不断创新发展。经济开发区成功列入省级工业集中区,吸引5家企业入园。南山风电二期工程投产发电,全县风电装机达到10万千瓦。引进民营资本组建了南山牧业有限公司,两条液态奶生产线投产,年产值超亿元,奶业走出低谷。成功举办跨省合作的"中国邵阳城步六·六山歌节暨第二届中国大桂林旅游湘桂原生态风情节",签订了崀山、南山和龙脊梯田景区合作协议,迈出融入大湘西和大桂林旅游圈的稳健步伐。2013年游客总人数达56.5万人次,综合收入达3.84亿元,同比均增长30%以上。商务部正式进驻定点扶贫,全县10个国贫村、15个省贫村、34个高寒山区行政村脱贫解困工作全面推进,6000余人脱贫。教育、医疗、交通、安全饮水、农村电网等基础设施建设快速推进,群众看病难、上学难、饮水难等问题得到有效缓解。全县没有发生重大刑事案件、重大群体性事件、重大安全责任事故、重大舆情事件、重大腐败案件,社会大局和谐稳定,苗乡干群的安全感和幸福感不断增强,加快发展的愿望愈加强烈,为加快推进小康进程打下了坚实基础,积聚了强劲动力。

二 城步县进一步推进全面建成小康社会的总体思路和目标

为加快推进全面建成小康社会,城步县委十一届四次全会通过了《关于进一步加快发展全面建成小康城步的决定》,确定了"一年一小步,三年一大步,五年基本建成小康城步"的工作思路和加快发展"三步走"的发展步骤和目标:第一步,近期目标。着眼于做好每年工作,圆满或超额完成当年各项工作任务,实现经济指标增速高于全市平均增速,主要经济指标综合排名进入全市第一方阵,小康监测指标进入全省三类县的第二方阵的目标。第二步,中期目标。力争2017年基本建成小康城步,确保在2020年全面建成小康城步。第三步,长期目标。坚持"生态立县"战略不动摇,努力实现建成"湖南生态文化旅游强县""湖南风力发电第一县""中国南方乳业第一县""全国民族团结进步模范县"的奋斗目标,谱写城步科学发展新篇章。

根据"三步走"发展战略和目标,城步县进一步推进全面建成小康社会的总体思路是:"拉长腿、补短板、突重点、攻难点"。一是坚持速度与效益并重,着力提升经济发展水平。城步的经济发展十分落后,如期全面建成小康社会,要始终把加快经济发展放在首位,做到不空谈、不动摇、不懈怠、不折腾,每年保持12%~14%的经济增长速度。要通过有带动力的项目来培育龙头企业、打造产业集群,切实增强经济发展后劲。同时,注重发展质量,大力调整产业结构,提升第二、第三产业比重,提高税收占财政总收入的比重,促进三量齐升。二是坚持扬长与补短并重,着力主攻薄弱环节。城步县在全面建成小康社会进程中,薄弱环节主要集中在经济发展和人民生活上,特别是贫困成为全面建成小康社会的最大短板和最大难题,扶贫攻坚的任务繁重。因此要进一步巩固生态文明、民主法治和社会发展方面小康实现程度较高的指标,把主攻方向放在提高经济总量、均量,增加财税收入,提高第二、第三产业增加值,搞好扶贫开发,增加居民收入等薄弱环节上,进一步强化工作措施,将任务分解到责任单位,落实到责任人员,形成全面小康建设齐头并进之势。三是坚持城镇与乡村并重,着力提升统筹水平。全面建成小康社会,重点、难点都在农村。在继续做大做强城镇经济，提高城镇对县域经济贡献率的同时，要着力加强农村基础设施建设，夯实统筹城乡发展的平台。在集中精力抓经济的基础上，按照"五位一体"总体布局，更加重视抓好社会建设、文化建设、生态文明建设，挤出更多的资金来均衡发展教育、文化、科技、医疗等社会事业。要提升同步共进、共同致富的统筹水平，对偏远山区、困难群体、特殊人群适当倾斜，让更广泛的人群共享全面建成小康的实惠。

三 城步县加快推进全面建成小康社会的对策措施

根据全面建成小康社会的评价指标体系，针对城步县在全面建成小康社会中存在的重点、难点问题，着重要在以下五个方面加大工作力度。

（一）以稳增长为重点，不断加快经济发展步伐

坚持把稳增长摆在首位，围绕县庆经济、特色产业、项目建设和城镇化推进等方面，抓好经济发展的各项工作。

一是坚持项目引领。牢固树立"抓项目就是抓发展，抓发展就要抓项目"的理念和意识，大抓项目、抓大项目。全力争取第二轮特色县域经济重点县、国家重点生态功能区、草山开发等政策项目，促进产业发展；争取靖永郴铁路过境、城龙高速、南山至通道临口高等级公路进入国家路网改造计划，并提前开工建设，改善区位条件；围绕国家投资重点，争取一批城镇、农业、水利等民生项目，改变城乡面貌。全面开工建设文化体育活动中心、白云大道、儒林市场改造等投资大、带动力强的县庆重点项目，用"县庆经济"杠杆撬动县域经济取得新突破。同时，按时完成林业棚户区、危房改造、农村通畅工程等民生项目，确保风电、奶业、农业、水电等产业项目投产达能。努力解决制约项目建设的瓶颈，每年至少完成项目土地储备1000亩以上，土地招拍挂400亩以上，确保项目用地。每年完成重点项目投资30亿元以上，确保投资拉动经济增长，推动县域经济社会加快发展。

二是实施产业带动。依托丰富的草山、风力、旅游、生态等资源优势，壮大一批优势产业，以产业大发展助推城步经济大腾飞。在2017年前，培育好

"六个十亿"工程,即乳业年产值超10亿元,风力发电年产值超10亿元,旅游业年产值超10亿元,高新电子年产值超10亿元,林业年产值超10亿元,特色农业年产值超10亿元,进一步做大经济总量,提升人均均量。要按照"种好草、喂好牛、出好奶"的工作思路,抓好奶业发展。加快完成高端奶粉生产线改造工程,建好县城奶粉生产线,高标准建设奶牛标准化养殖小区。力争用5~6年的时间,改良天然草山20万亩,治理退化草山8万亩,形成以南山牧场为中心、以S219沿线为重点,带动周边县近500万亩草山连片开发的奶牛发展格局,奶牛养殖规模达到3万~5万头,实现奶业年产值超20亿元,年税收超亿元,建成中国南方乳业第一县。要按照"旅游强县"的工作思路,抓好旅游发展。加快建好儒林、南山、白云3个四星级酒店,提高旅游接待能力。千方百计争取修建好武靖高速、城龙高速以及边溪-南山、南山-通道临口的高等级公路,打通对外旅游通道,融入大桂林和张家界旅游圈。加大南山国家风景名胜区、两江峡谷国家森林公园、白云湖国家湿地公园、金童山国家自然保护区的保护开发和创建4A景区力度,充分发挥4张"国字号"生态名片旅游效应。加快旅游文化融合步伐,挖掘开发古苗文石刻遗址、杨家将等独特文化资源,打造新的文化旅游品牌。积极推进实施崀山、南山、龙脊梯田景区合作框架协议,建立旅游接待中心,完善旅游线路,开发旅游产品,推动全县生态文化旅游跨越发展。力争通过五年努力,全县有2个4A级和2个3A级旅游景区,年接待游客超300万人次,旅游综合收入30亿元以上,旅游总收入占全县GDP的30%以上,建成湖南省生态文化旅游强县。坚持大企业、大集团领跑风电的开发战略,抓好风电发展。加快完成各风电场研编制、路条批复等前期工作,加大风电能源核准指标争取力度,加快风电建设进程。力争到2014年底,全县风电装机达到25万千瓦,到"十二五"期末,全县风电装机达50万千瓦以上。用5~7年时间,开发风电100万千瓦,年创税收超亿元,建成湖南风力发电第一县。坚持以园区为主基地,抓好新型工业发展。推动工业经济开发区扩容提质,打造国家级新能源示范区,承接产业转移,每年引进产值过亿元的企业1家以上,新增规模企业5家以上。大力支持新鼎盛、科源生物、南山牧业、湘南山矿泉水等现有规模企业做大做强。到2017年,力争全县规模企业达40家以上,其中年产值过10亿元,年税收过亿元的企业

3家以上，产值过亿元，税收过千万元的企业35家以上。

三是加快推进城镇化。不断完善新型城镇化发展规划，切实解决好"人到哪里去、钱从哪里来、土地如何用、城镇如何管"四个难题，走出一条符合城步县情的新型城镇化路子。按照"南建中改北扩"思路，推进县城建设。力争到2016年，实现县城常住人口超10万，城区面积超10平方千米的"双十目标"，把县城建设成为让居民"望得见山、看得见水、记得住乡愁"的湘西南生态民族美丽山城。根据全县各乡镇资源禀赋，积极培育现代农业型、商贸流通型、工业带动型、旅游服务型、特色经济型小城镇，形成有特色的乡镇城镇化体系，增强乡镇所在地的产业承接能力，实现农民就近城镇化，确保全县每年城镇化率提高2.5个百分点以上。

（二）以扶贫攻坚为主战场，全面提升人民群众生活水平

用足、用活、用好国家扶贫政策，抢抓武陵山片区扶贫攻坚和国家商务部定点扶贫机遇，大力实施"脱贫摘帽"工程，推动全县扶贫开发深入开展。每年至少实施3个国贫村、3个省贫村、30个高寒山区村的扶贫开发，完成1万人以上的脱贫任务，确保到2017年，基本实现扶贫对象"两不愁、三保障"任务。整合扶贫资金，抓好整村推进扶贫开发工作，全面改善贫困村的水、电、路、卫等基础设施。用好扶贫资金，支持产业发展。多结构、立体式发展规模种养殖业，鼓励农户利用丰富草山资源发展以牛、羊、鸡等为主的养殖业，形成一村一品或几村一品的产业发展格局。积极培育龙头企业，加大基地建设力度，力争全县红茄、西红柿、萝卜等高山蔬菜每年种植面积稳定在3.5万亩以上，优质水稻制种2.5万亩以上。到2017年，全县种植苗乡梨4万亩以上，发展葛根种植5万亩以上，种植金银花、杜仲等药材5万亩以上，油茶林保持10万亩以上，让农民获得更多稳定收入，农民年人均纯收入提高到7700元以上。

（三）以惠民生为落脚点，持续推动社会事业健康发展

把惠民生、增民利作为全面建成小康社会的出发点和落脚点，推动全县社会事业全面进步，民生福祉不断改善。一是大力提升教育发展水平。全面推进

中小学校标准化建设，完成农村合格学校创建、薄弱学校改造任务，改善办学条件。全面普及义务教育，普及率达100%。优化初高中教育资源，提高初中升学率，提高高中教育全面普及程度，大力开展职业技术教育，确保高中阶段毛入学率不低于80%，平均受教育年限达11年以上。二是大力提升医疗卫生水平。深化卫生医疗体制综合改革，完成乡镇卫生院、村卫生室的标准化建设，保持新型农村合作医疗参合率98%以上。强化儿童卫生保健和公共卫生防疫，抓好重大流行疫病防控，提高卫生保障水平。加大专业人才引进和培训力度，办好县人民医院和中医院，努力提高医疗和人民健康水平，确保每千人拥有医疗床位数4张以上，5岁以下儿童死亡率在12‰以下。三是大力提升社会保障水平。紧抓基本医疗保险和基本养老保险两大重点，兼顾失业、工伤、生育等各项民生保险，不断扩大社会保障覆盖面，基本养老服务补贴覆盖率提高到50%以上。进一步健全城乡低保、农村五保户供养和社会救助制度，切实保障困难群众基本生活。坚持以创业促就业，千方百计增加就业岗位，实现经济发展和扩大就业良性互动。四是大力提升文化体育发展水平。抓住国家重点文化惠民工程实施机遇，大力加强文化设施建设，完善和加强无线广播电视覆盖，提高农村广播电视入户率，同时，加强乡村文化站、农村书屋和全民健身场所建设，实现民族文化体育事业的繁荣进步。

（四）以建设美丽城步为目标，努力加强生态文明建设

始终坚持"生态立县"战略不动摇，不断改善生态环境，把城步建设成为天蓝、地绿、水清，宜居、宜业、宜游的美丽家园。一是坚守生态保护底线。加大植树造林力度，每年完成新造林4万亩以上，楠竹低改4万亩以上。加大森林封禁力度，对全县144万亩生态公益林和国家、省级自然保护区、公路沿线的山脊、四水流域两岸、山塘水库周边实行全面封禁。加大环境保护力度，坚决禁止乱砍滥伐林木，乱挖山沙。努力使全县森林覆盖率达到86%以上，森林蓄积量达到1000万立方米以上，把城步建设成为湘西南生态屏障。二是加强城乡环境综合整治。提高项目准入门槛，严把环保审批关，对不符合国家产业政策、环保法律法规和产业转移项目审批要求的项目，坚决拒之门外。坚决关停一批污染严重的企业，使全县空气质量稳定保持国家一级标准，

地表水质保持国家二类标准。实施城南污水处理厂改扩建和城北污水厂项目，推进工业园区、城南用水企业和居民的排污管网接入工程，实现城镇污水处理率达到100%。积极推广沼气、太阳能等清洁能源技术，促进农村居住环境清洁化、资源利用高效化和农村环境优良化。加快农村"五改工程"和污水、垃圾环保基础设施建设，彻底改变"脏、乱、差"现象。加强城乡日常保洁管理，确保市容市貌整洁、优美、有序。继续开展生态示范乡（镇）、村的创建活动，力争每年新创建2个国家级生态乡（镇）和4个国家级生态村，到2017年，全县生态乡镇和村居达30个以上。三是大力发展生态经济。坚决杜绝红色GDP、黑色GDP、白色GDP，围绕绿色农业、生态旅游、绿色工业等，大力引进环保型、高科技产业，重点发展风力发电、生物制药、楠竹深加工、旅游、乳业等生态产业，努力把生态优势转化为发展优势，力争生态产业生产总值占到全县GDP的90%以上，推动全县经济实现低碳、绿色、可持续发展。

（五）以狠抓落实为保障，强化全面小康逐年推进

紧盯2020年，2017年和2014年三个时间节点，进一步加强领导、细化责任、明确目标，制定好"路线图""时间表"和"任务书"，确保2017年基本建成小康城步，2020年全面建成小康城步。一是明确分工。把全面建成小康社会统计监测的五大方面33大评价指标分解到县级领导和相关部门，严格按测算数据制定切实可行的实施计划，排出实现时间进度表，按分工抓好各项工作。二是强化调度。县委、县政府每年定期召开建成小康社会工作调度会，通报全县工作进展情况，协调解决影响进度的有关问题。各单位紧扣时间节点和目标要求，以目标倒逼时间，以时间倒逼进度，以月保季，以季保年，全面落实每年小康社会建设目标任务。对基础差的指标，要重点监管，实行一个常委负责一个难点，逐一突破。三是严格问责。严格落实"一把手"负责制，实行领导包抓、条块结合的工作机制，确保全面小康建设各项具体工作有人管、有人抓。每年对小康指标完成情况进行考核，严格奖罚兑现。对在推进小康社会建设工作中消极应付、漠然置之、不作为、慢作为或没有达到要求的相关单位及责任人，按照有关规定坚决予以责任追究。

B.32
武冈市全面建成小康社会进展、问题与对策研究

武冈市委办公室

一 武冈市全面建成小康社会进展情况

武冈市位于邵阳市西部,东经110°25′26″~111°01′58″,北纬26°32′42″~27°02′09″,地处隆回、新宁、城步、绥宁、洞口5县中心。武冈建县较早,已有2200多年建城史;1994年2月撤县设市,同年7月被定为革命老区。现辖19个乡镇、2个街道办事处,总面积1539.37平方千米,总人口83.25万。

改革开放特别是党的十六大以来,武冈市委、市政府团结带领全市人民紧扣全面建成小康社会、加快建设湘西南中心城市目标,抢抓机遇,深化改革,扩大开放,加快发展,积极实施"项目兴市、工业强市、旅游活市、商贸旺市"四大发展战略,强力推进新型工业化、新型城镇化和农业现代化,开创了县域经济发展新局面。根据湖南省全面建成小康社会第三类县(市、区)监测评价指标体系测算,武冈市2013年全面建成小康社会总实现程度为74.1%。

一是经济总量不断壮大。随着一批投资过亿元的项目相继启动和建成投产,大大提升了武冈发展水平和整体竞争力,2006年、2007年连续2年成功入选"全国最具投资潜力中小城市百强"。2013年,全市实现GDP 95.42亿元,同比增长7.7%。其中第一产业增加值为34.90亿元,同比增长2.8%,第二产业增加值为20.34亿元,同比增长9.6%,第三产业增加值40.18亿元,同比增长12.1%;完成财政总收入6.5亿元,同比增长3.06%,其中公共财政预算收入5.15亿元,同比增长5.7%;完成固定资产投资91.65亿元,同比增长35.0%;实现社会消费品零售总额39.62亿元,同比增长14.2%。

二是项目建设成绩显著。武冈坚持把项目建设作为加快建成全面小康社会

和县域经济发展的重要抓手。政策争取有进展，武冈顺利进入武陵山片区区域发展与扶贫攻坚政策实施、国家资源型城市可持续发展规划和娄邵盆地基本农田重点建设范围。资金争取有成效，每年都有30多个项目列入了上级投资计划笼子，争取资金5亿元以上。招商引资有新局面，2012年被评为全省招商引资先进单位。特别是世界500强企业——百威英博成功落户武冈，将在2年内投资6亿元建设啤酒生产基地，实现了引进世界500强企业零的突破。项目建设有新气象，特别是洞新高速公路、竹城公路建成通车，武冈机场试验段动工建设，武靖高速公路正在抓紧建设，G241、G356武冈过境公路建设纳入武陵山交通扶贫规划，2014年将动工建设。

三是产业结构不断优化。围绕"做特一产、做大第二产业、做活第三产业"目标，全力促进产业发展，加快产业结构优化升级。特色农业亮点频显。被列为全国商品粮基地、茶叶基地，省瘦肉型猪基地、烤烟基地、辣椒基地后，武冈进一步加大产业化建设力度，优质稻、脐橙、生猪、药材、铜鹅等特色农业正在做大做强。特别是在遭受严重干旱的情况下，粮食生产实现十连增，连续3年被评为"湖南省粮食生产标兵县（市区）"，2007年被评为全国粮食生产先进单位；2013年5月全省农技推广体系建设现场会在武冈召开，武冈被评为"全国基层农技推广示范县（市区）"；农产品加工业来势强劲，已有省级龙头企业2家、邵阳市级龙头企业26家，其中年销售收入过亿元的有3家、过5000万元的有11家，2013年被评为"湖南省农业产业化先进县（市区）"；农业综合开发成绩显著，连续2年被评为全省农业综合开发规模开发先进单位，特别是"五统一模式"经验在全国得到推广；农机装备稳步增长，已推广各类新优农业机械1万台套，全市机械化作业面积达159万亩，走在全国前列。新型工业稳步发展。形成了能源、建材、农产品加工、生物医药、机械制造和电子等六大支柱产业。特别是经历2009年环境污染事故阵痛后，进一步加大传统工业优化升级力度，强力推进新型工业化，已涌现出了14家年产值过亿元的骨干企业，2011年被省委、省政府评为推进新型工业化二等奖。全省最大的饲料加工项目——华西希望特驱集团武冈鑫德生态现代农业有限公司年产30万吨饲料加工项目、银林林业建成投产；循环经济工业园全面开工，已有2家企业建成投产。特别是品牌建设卓有成效，全市已注册特色产业品牌商标38个，其中中国驰名商标1个、中国地理标志证明商标6个、湖南省著名商标11个，为湖南省之最。2013年，全市55家规模工业企业累计完成现价产值58.03亿元，实现利润14788万元，规模工业综合效益指数为232.81%；完成规模工业增加值15.55亿元，增长5.6%。商贸旅游日趋繁荣。目前，商贸流通和建筑业已成为武冈第三产业的主要经济门类。全市已建成集贸市场、专业批发市场36个，日销售额达5000多万元，其中农产品交易市场是全省50个规模最大、效益最佳的市场之一，曾被评为全国文明市场；工业品市场是湘西南最大的工业品批发市场。水果批发、农产品批发、建材批发、电器批发、摩托车批发等已辐射周边县。围绕加快建成湘西南商贸物流中心，成功编制了《城市商业网点规划》和《现代物流网点规划》，引进的皇冠世纪大酒店（五星级）、卷烟物流中转站、创洁物流园、凯德嘉博商贸城等投资上亿元的重大项目进展顺利，农产品批发市场和武冈大酒店（四星级）建成营运。围绕打造国家历史文化名城，加快推进古城旅游开发项目，全面启动《法相岩－云山风景名胜区总体规划》和《云山旅游区修建性详细规划》编制工作。旅游产业发展迅速，2013年旅游总接待人次达89.2万，实现旅游总收入4.55亿元，2007年被评为"中国县域旅游品牌百强县（市区）"，云山景区入选"中国县域旅游品牌景区200强"。

四是城市建设日新月异。按照"历史文化名城、生态旅游城市、商贸流通城市"的定位，武冈坚持扩容提质并举，全力加快城市建设，强化旧城保护，加强城市管理，城区规模急剧膨胀，城市功能日趋完善，城市面貌焕然一新，2012年成功创建省级卫生城市。通过实施"北扩、南延、东伸"战略，湘西南中心城市框架基本形成。截至2013年底，城区面积达16.52平方千米，城市常住人口达26.62万，城镇化水平达35.24%，实现程度为78.4%。加快完善城市功能，投资1亿元的污水处理厂已于2009年12月建成投入使用，2013年全市城镇污水处理率达到68%，超过2020年目标值3个百分点；引资1.3亿元建成了市民广场和王城广场，投资4000多万元建成了王城公园和荷花公园，不断满足群众精神文化需求；大力实施"绿化"工程，编制了《绿地系统专项规划（2010~2030年）》，广泛开展"创建园林式单位、园林式小区"活动，切实加强城区绿地养护管理，2013年全市城镇建成区绿化覆盖率达到31.5%，超过2020年目标值5.5个百分点。此外，每年投资100多万元，加大小城镇建设力度，邓元泰镇、文坪镇分别被列入全省示范镇建设和特色镇建设范围。

五是基础设施明显改善。目前，武冈路、电、水、通信等基础条件得到改善。交通方面，县、乡、村道改造基本完成，全市道路网络日臻完善。电力方面，农网、城网改造基本完成，生产生活用电得到保障。水力方面，已建成一水厂、二水厂，正在建设三水厂，建成后可满足31万人口生活用水需求。通信方面，电讯覆盖率达100%。

六是居民收入大幅增加。2013年，全市农民人均纯收入为6722元，城镇居民人均可支配收入为17337元；消费需求旺盛，农民人均消费支出为4046元、城镇居民人均消费支出为11439元；消费结构发生重大变化，住房、医疗、文化消费有所上升，食品费用比重下降趋势明显；每年农村外出务工人员为13.99万，实现劳务收入10.5亿元。

七是改善民生力度不断加大。社会保障体系初步建立，养老、失业、医疗、工伤和妇女生育覆盖面逐年扩大，低保对象实现了应保尽保。积极扩大就业再就业，鼓励大学生自主创业，大力开展失业人员培训和农村劳动力转移培训，组织专场招聘会、组团参加招聘会，公开招聘公益岗位，激发创业热情，提高就业率。完善就业援助体系，重点帮助零就业家庭、"4050"人员实现就业和再就业。2013年城镇新增就业5124人，失业人员再就业2802人，就业困难人员就业935人，新增农村劳动力转移就业7318人，都超额完成年度目标任务的10%以上。加大民生投入，市财政每年安排民生资金3亿元以上，严格落实各项城乡惠民富民强民政策，及时将各类惠农资金发放到位。大力实施民生工程，为民办实事项目年年超额完成湖南省、邵阳市下达的任务。

八是社会管理有所创新。在加强社会综合治理、全力促进社会和谐稳定的基础上，2009年武冈整合书记市长信箱、各种投诉举报电话、市民意见建议征集箱和网上信访等多种资源，在全省率先开通民情热线，建立了"有事找政府，热线来服务；有事需求助，热线来帮助"的工作机制，有效解决了一些群众反映强烈的突出问题，受到人民群众的广泛好评，在社会上产生强烈的反响。2011年新华社、湖南省委《内参》和湖南卫视《新闻联播》先后对武

冈民情热线进行了全面推介。

九是社会事业协调发展。武冈科、教、文、卫、体等事业较为发达，一直居湘西南领先地位。教育方面，拥有2所省示范高中、1所国家级示范职业中专、3所邵阳市示范高中，每年吸引5000多名外地学生前来就学。特别是民办教育成绩显著，涌现出了云台中学、蓝深职校等一批知名民办学校，武冈发展民办教育的经验在2008年元月召开的全省民办教育工作会议上进行了重点推介；教育质量明显提高，全市义务教育入学率和巩固率走在全省前列，2013年高二学业水平考试合格率和优秀率都居邵阳市第一，排名全省第九。卫生方面，武冈市人民医院是湘西南规模最大、技术力量最为雄厚的综合性医院，属国家二级甲等医院；武冈市中医院烧伤整形科是全省重点中医专科建设项目，病源辐射周边各县和黔、桂等邻近省区。公共卫生服务水平不断提高，在省卫生厅、省财政厅组织的2012年公共卫生服务项目考核和2013年上半年公共卫生工作督导中，武冈综合满意度排名全省第一。特别是2013年5月成功处理了人感染H7N9禽流感病例，被国家卫计委评为防治工作先进单位。卫生应急工作扎实开展，2013年被评为全国卫生应急综合示范县（市区）。计生工作方面，2012年成功创建全国优质服务先进单位，连续9年保持全省先进。文化方面，群众性文体活动丰富，书法、根雕、盆景、奇石、文艺创作等在省内小有名气。特别是加大了"武冈丝弦"传承保护力度，顺利进入国家"十二五"保护规划，被列入文化部非物质文化遗产资金扶持项目，每年得到500万元资金支持；黄埔军校第二分校旧址和武冈城墙成功申报为第七批全国重点文物保护单位，实现了全国重点文物保护单位零的突破；浪石古民居成功申报为"潇湘楹联第一村"、国家历史文化名村和中国古楹联第一村。科技方面，武冈是全国科技先进市。

二 武冈市全面建成小康社会存在的主要问题

武冈被省委、省政府确定为全面建成小康社会第三类县（市、区）。对照第三类县（市、区）监测评价指标体系5大类，武冈最差的是"经济发展"，2013年实现程度仅为62.9%，最好的是"民主法治"，2013年实现程度达

91.6%，"人民生活""社会发展""生态文明"2013年实现程度分别为81.4%、83.4%和74.8%。因此，武冈市全面建成小康社会存在的主要问题就是经济发展滞后。一是经济总量不大、总体实力不强。近年来，武冈虽然加快发展，但经济总量仍远远落后于全国、全省、邵阳市平均水平。2013年武冈GDP、财政总收入、规模工业增加值分别为95.42亿元、6.51亿元、15.55亿元，在邵阳市排名分别是第七、第六、第十位，在全省16个县级市中排名都是倒数第一；武冈人均GDP、人均财政收入分别为（按2000年不变价）9944元、844元，实现程度分别为47.4%、34.7%。二是产业结构不优、发展水平不高。2013年，武冈市三次产业结构为36.6∶21.3∶42.1，第二、第三产业比重明显低于全国、全省、邵阳市平均水平。这说明武冈工业基础薄弱，而且偏重于资源型发展，过分依赖煤炭、建材、冶炼，初加工型企业比重偏高，高科技企业、高成长性企业、高附加值企业很少。第三产业比重偏低，特别是缺乏现代服务业支撑。长期以来，武冈是全国商品粮重要生产基地，第一产业占有很高比重，农业经济特征明显，2013年武冈农业占比仍高达36.6%。由于农业产业内部挖掘潜力不够，产业结构与产业化升级不同步，向第二、第三产业转型速度不快，制约了经济的发展。2013年，规模以上企业农产品加工产值与农业产值比为40.5%，实现程度仅为28.9%，与2020年目标值相差100个百分点。财政收入质量不高，2013年全市税收收入仅完成3.67亿元，占财政总收入的比重仅为56.4%，财政收入质量有待进一步提高。三是资金投入不足，经济外向度低。武冈经济发展内资不足、外资有限，投资能力较弱。2013年，人均投资额为12130元，低于全国、全省、邵阳市平均水平；贷款水平偏低，到2013年底，全市贷款余额总量为49.29亿元，金融机构各项贷款增长率实现程度仅为34.1%；经济外向度低，2013年全市出口总额仅为0.0136亿元，实际利用外资仅为0.0975亿美元，远远低于全国、全省平均水平。

三　武冈市进一步推进全面建成小康社会的总体思路

全面建成小康社会，是中央、省委、邵阳市委的要求，也是武冈人民的强烈期盼。省委、省政府明确表示，武冈作为三类县（市、区）2017年小康实现程度要达到85%以上，2020年基本实现全面小康目标。涉及5大类24项指标，其中人均地区生产总值、城镇居民人均可支配收入、农村居民人均纯收入"三项核心指标"，2017年分别要达到17850元、23800元、7650元，2020年分别达到21000、28000元、9000元。因此，武冈市必须找准薄弱环节，明确主攻方向，举全市之力强力推进全面小康社会建设。总体工作思路是：紧紧围绕省委、省政府"三量齐升，四化两型"和邵阳市委"三个高于、八个建成"的战略要求，把握"稳中求快，又好又快"的总基调，始终坚持"项目兴市、工业强市、旅游活市、商贸旺市、城镇带市"五大战略，着力打造新型工业基地、旅游文化名城、商贸物流中心、现代农业样板，确保与全省、邵阳市同步建成经济全面繁荣、社会文明和谐、人民生活富裕、生态环境良好的全面小康社会。

四 武冈市进一步推进全面建成小康社会的对策措施

今后，武冈市要以加快经济发展为核心，狠抓"五个突出"，扎实推进全面小康社会建设。

（一）要突出"三量齐升"

武冈必须举全市之力，集中精力大幅提升发展水平，促进"三量齐升"。一是补齐工业短板。武冈现有的工业占经济总量的比重不到20%，严重制约了"三量齐升"。要按照"大抓工业、抓大工业"的思路，致力在新型工业化方面取得重大突破。强力推进工业园区建设，不断完善园区基础设施，增强载体服务功能和园区吸引力，推动企业向园区集中、产业向园区集聚；进一步完善园区发展规划，调整优化产业布局，发挥比较优势，实现错位发展，尽快形成功能完备、特色鲜明的园区产业发展体系。当前，尤其要抓好工业园体制理顺和入园企业清理规范，提高入园企业实绩，真正按照经开区的管理体制来运转工业园。大力实施规模企业培育工程，按照"培育一批、提升一批"的要求，主动对接国家、省、邵阳市产业调整规划。充分发挥财政资金、金融资金扶持引导作用，以扶持、培育成长性好、市场竞争力强、发展前景良好的中小微企业为重点，从技术改造、产品销售、人员培训以及用地、用人和资金需求等方面给予大力支持，加大对年销售收入2000万元以上企业的培育工作力度，促成一批企业进入规模企业行列。加快促进工业转型升级，围绕优势产业集群发展，通过战略联盟、股权结盟、企业内部配套等多种形式，推动中小企业与国内大型企业建立协作关系，不断提高产业本地化配套率。尤其要以海螺集团成功控股云峰水泥为契机，进一步发展和壮大水泥产业，确保2014年海螺云峰水泥生产线续建项目建成主体厂房、现有生产线满负荷生产，确保2014年完成税收4000万元。切实加大工业招商力度，动员广大干部群众"跳出部门抓招商，跳出事务抓招商，跳出武冈抓招商"；创新招商方式，提高招商针对性，下功夫研究行业领军企业发展战略，积极与全国行业龙头、世界500强企业、央企搞好对接，开展"登门招商""点对点招商"。特别是要抓好百威英博啤酒生产基地建设，确保2014年建成大部分厂房，完成百威英博啤酒城详规。要大力支持企业推进科技创新，增强自主创新能力和产品的核心竞争力，引导企业进口先进技术和关键设备，争取重大专项，大力发展外向型经济。二是发展现代农业。狠抓粮食生产，以邓元泰镇、湾头桥镇和头堂乡等地势平坦、水利设施好、交通便利的区域为核心，大力推广优质稻、超级稻，确保粮食稳定增产，巩固"全省粮食生产标兵县（市）"地位。突出发展优势特色农业，通过配套补贴、项目扶持、资金补助等措施，扶持农业优势产业集中连片，板块式开发，标准化生产，规模化发展，提升一村一品，形成一乡一业，促进农民增收。积极发展产业化龙头企业，按照"扶优、扶强、扶大"原则，坚持壮大、改造、发展、引进多管齐下，大力发展农产品加工企业，努力形成每个主导产业都有大型龙头企业引领的格局。大力突破卤菜、铜鹅产业化建设，切实加强养殖基地、深加工和龙头企业培育，形成完整的产业链条。搞好专业协会、合作社和家庭农场的示范，紧密结合武冈实际，加大改革探索力度，力争打造在全国全省有一定影响力的示范典型。三是繁荣第三产业。大力发展商贸物流，集中力量把百姓广场打造成现代核心商圈，在广场周边建设几个有支撑力、品牌影响力的大型商业广场，使百姓广场逐步成为武冈城市建设标志性建筑物和主流购物消费中心；抓紧抓好特色餐饮街的设计打造，在古城和新城的结合部专门设计一块地域，结合旅游开发精心打造特色餐饮一条街，弘扬武冈传统美食文化，变饮食资源优势为产业优势；加快星级酒店建设，提高管理水平，高起点、高标准规划皇冠世纪五星级酒店周边环境的配套建设，提高酒店品位和档次；对已经建成运行的酒店按照星级服务标准进行规范管理。大力发展旅游产业，发挥武冈旅游枢纽优势，致力把武冈打造成为全国知名的旅游文化名城、著名的旅游目的地和国家5A级景区。重点做好一城（古城）一山（云山）文章。紧紧围绕"千年古城，山水武冈"和"福寿云山、欢乐仙谷"主题，加快构建古城精品游览环线，启动西线古城墙修复，完成资江与穿城河的治污和引水增流，推进沿江沿河的房屋修缮和古城民居改造示范；注重引进战略投资者开发、经营古城和云山旅游；尽快完善云山旅游区规划，高水平做好"云山欢乐谷"详划。2014年按照4A级景区的要求、标准，抓紧推进景区设施建设。加快发展现代服务业，以建制镇为依托，推动传统服务业向现代服务业延伸，促进服务业升级换代；着重发展直接为第一、第二产业和人民生活服务的行业，完善商业网点布局，大力推行连锁经营、电子商务等组织形式和服务方式，促进新型商业发展；培育发展房地产开发、交易、装饰装修、中介市场产业，重点拓展金融、会计、设计、法律、咨询、劳务、信息等商务服务领域，完善科技、教育、医疗领域的服务功能，积极发展文化产业，全面提升服务功能。

（二）要突出"项目建设"

要围绕发展主题，将所有的项目建设与扩内需、调结构、增财源、惠民生、拓城市、提速度紧密结合起来，用项目建设推动全市工作。要及时掌握和深度研究国家产业发展政策，高水平编制产业发展规划，用规划派生出一批重大产业项目。要发挥企业主体作用，通过政策扶持，鼓励企业在项目谋取上发挥好主观能动性，积极围绕技术创新、扩能技改和集群发展等需要大上项目，进一步壮大企业实力，带动产业发展。精心做好项目前期包装，深度做好项目前期调研，争取有更多的项目挤进国家、省级投资计划笼子。要打破常规，采取提前介入、超前谋划、主动争取、无缝对接等办法，全力争取国家相关部委的支持。要根据国家政策和产业升级的趋势，建立完善项目库，做到谋划一批、储备一批、建设一批、投产一批，滚动实施、按计划推进。要加快项目建设进度，对所有重点项目都明确联系领导、责任单位、工作任务和完成时限，确保资金投入到位、建设进度到位、工程质量到位。要改进项目管理办法，分线成立项目协调指挥部，归口协调本战线项目，不再每个项目都成立指挥部；着力破解项目建设拆迁难题，所有项目的拆迁工作由所在乡镇街道办事处负责，把补偿的经费按标准打包给乡镇街道办事处；按照项目考核情况分线确定奖励标准，实行以奖代补，禁止每个项目都发补贴。

（三）要突出"城市建设"

要抓住国家实施新型城镇化战略机遇，围绕生态宜居城市目标，加快推进新型城市化，尽快建成湘西南中心城市。一要重规划。没有高标准的规划，就没有高水准的城市。要按照城市功能分区，进一步完善城市控制性详细规划和专项规划，牢固树立"规划即法"理念，坚决做到"规划一张图，审批一支笔，建设一盘棋，管理一个法"，任何单位、任何组织、任何个人必须严格执行规划，进一步加强规划执法，从严查处违法用地和违法建设行为，切实维护规划的权威性和严肃性。二要重建设。要树立精品意识，把握好"每一方水域，每一寸岸线，每一座山地，每一块绿地"，打造"记得住乡愁"的生态宜居城市；要按照"三纵三横"近期目标和"九纵九横"远期目标优化城区的交通格局，打造机场、铁路、高速公路立体交通网络；要加快"城镇带村"示范建设，加紧编制小城镇发展规划，因地制宜发展特色产业，减少种地农民，壮大小城镇规模。2014年集中搞好一个建制镇示范点，规划和建设好城镇，把周边的几个村先带动起来，把部分农民吸引到小城镇来居住、来发展。三要重管理。以创建国家卫生城市、国家历史文化名城为契机，实施"垃圾不落地"计划，大力开展"治乱、治脏、治差"专项行动，专项治理城市非法建设、非法交易、非法用地等行为，下大力整治交通秩序、社会治安、城中村，下决心清理占道经营，坚决割断占道经营背后的利益链条。四要重经营。要把城市当作企业来经营，把城镇当作项目来运作。运用市场经济手段，对城市土地等自然资源，道路、桥梁等基础设施，广场、街道冠名权等人文资源，进行整合和市场化运营，实现资源的合理配置和高效利用，保障城市建设的资金需求，促进城市功能完善。

（四）要突出"改革创新"

以落实十八届三中全会精神为契机，重点推进七个方面的改革创新。一是推进行政效能改革。着力提高行政执行力和工作效率，推行网上办结手续和政务大厅集中办理，实行一条龙服务，确定办结时限。建立干部作风与效能调查制度，重点考察干部是不是在真抓实干，有没有违法乱纪行为。二是推进绩效考核改革。对各个乡镇街道办事处实行差别化政策，合理确定考核重点，不再统一设计指标，引导各级各部门提高科学发展的水平与实效。三是推进干部人事改革。抓紧出台《好干部评价和使用制度》，用好干部标准来客观公正地评价和使用干部，树立完全正确的用人导向。制定出台《干部能上能下制度》，健全领导职务退出机制。四是推进市场监管改革。依法加强对市场主体的监管，全面清理重点领域、重点行业的企业经营行为，通过修订制度、日常调查、公开曝光、严肃处理等措施，坚决依法打击各类违法违规行为。正确处理政府和市场的关系，坚决遏制权力渗透市场、扰乱市场秩序的行为。五是推进反腐倡廉改革。建立有报即查制度，对举报属实者坚决查处，对诬告者也严惩不贷，大力营造风清气正的良好氛围。建立重点单位与重点项目例行巡视制度，切实加强监督管理。六是推进融资机制改革。认真防范融资、债务风险，既敢于举债搞建设，又能够合理控制债务规模。整合现有的融资平台，出台科学的融资办法，严格控制融资成本，建立良性偿还机制，确保资金"融得到、用得好、还得了"。七是推进招商引资改革。对现有招商引资政策进行全面梳理、科学论证，结合当前实际重新设置门槛，完善政策，规范程序，注重招大引强，增添加快武冈发展的强大动力。

（五）要突出"构建和谐"

一是切实维护好群众利益。对群众的合法利益、正当权益，要不折不扣地维护到位。坚持以人为本，始终注意维护最广大人民群众的利益，切实解决群众生产生活中的实际困难，特别是要重点解决好在土地征用、城市拆迁、企业改制等工作过程中损害群众利益的问题；带着感情开展群众工作，设身处地地为群众着想，全力赢得群众对我们工作的理解和支持。二是主动化解矛盾。只有主动，才不会被动；只有主动，才能真正有效地控制矛盾和不稳定事件。广大党员干部要经常深入基层、深入群众，主动去倾听人民群众的呼声，及时将矛盾和问题化解在基层，消灭在萌芽状态。三是随时畅通信访渠道。信访的渠道一定要随时畅通。坚决落实信访制度，坚持"大走访大调研"和市团领导分包重点信访案件责任制等做法，建立系统有效的化解信访问题的长效机制；各级各部门要进一步完善开门接访的制度，单位主要负责人要带头接访，让人民群众有问题都能及时找到反映的地方和反映的人。四是坚持依法打击。要依法来治理好武冈、建设好武冈。坚定不移地贯彻"严打"方针，严厉打击各种刑事犯罪活动和有组织犯罪，黑恶势力犯罪，杀人、爆炸等严重暴力犯罪，深入开展"扫黄打非"和禁毒、禁赌工作，严防恐怖势力、境外敌对势力和敌对分子的破坏活动。严格区分群体性上访、群体性事件中的不当行为和违法行为，对以上访为名围堵党政机关、无理缠访、寻衅滋事、影响社会公共秩序的违法行为，必须依法严厉打击，全力维护信访秩序。五是加强社会治理。按照十八大和十八届三中全会精神要求，创新社会治理，提高社会治理能力，促进社会和谐。重点是要理清政府与社会的关系，管好政府该管的事，社会能够治理好的坚决交由社会治理。当前，尤其要利用武冈发达的社会组织优势，规范它们的职责，充分发挥它们在凝聚发展合力方面的积极作用，决不能让它们成为扰乱社会秩序的毒瘤。

B.33 鹤城区全面建成小康社会进展、问题与对策研究

罗国宇*

党的十八大开启了全面建成小康社会的新征程，湖南省委十届七次全会、怀化市委四届五次全会分别做出了分类指导加快推进全面建成小康社会的重大部署，全面建成小康社会已经成为当前和今后一段时期各级党委政府最大的中心任务。鹤城区是目前怀化市唯一的主体城区，是一个具有"市区同城、城乡一体、以城带乡"特点的大湘西城区。对鹤城区全面建成小康社会进程进行分析，找出发展的优势、潜力、差距和问题，探索加快发展的思路和对策措施，对鹤城区实现怀化市委、市政府要求的"争当排头兵、建设首善区"发展目标，率先建成全面小康社会，具有十分重要的意义。

一 鹤城区全面建成小康社会的进展分析

按照国家统计局制定的统一指标体系、统一评价标准和统一计算方法，遵循科学性、可行性和可比性原则，从经济发展、社会和谐、生活质量、民主法治、文化教育、资源环境6大方面进行了统计监测，结果表明，鹤城区近年来综合经济实力显著增强，各项社会事业加快发展，人民生活水平不断提高，生态建设与自然环境保护态势良好，全面建成小康社会进展顺利（见表1）。

---

* 罗国宇，中共怀化市鹤城区委副书记。

表1 2011年、2013年鹤城区全面建设小康社会实现程度

监测指标	单位	权重(%)	标准值(2020年)	2011年 指标值	2011年 实现程度(%)	2013年 指标值	2013年 实现程度(%)
一、经济发展		29			91.0		92.8
1. 人均GDP	元	12	≥31400	30176	96.1	38015	100.0
2. R&D经费支出占GDP比重	%	4	≥2.5	1.17	46.8	1.2	48.0
3. 第三产业增加值占GDP比重	%	4	≥50	66.3	100	66.2	100.0
4. 城镇人口比重	%	5	≥60	89.4	100	92.0	100.0
5. 失业率(城镇)	%	4	≤6	4.1	100	4.1	100.0
二、社会和谐		15			89.0		89.0
6. 基尼系数	—	2	≤0.4	0.35	100	0.35	100.0
7. 城乡居民收入比	以农为1	2	≤2.80	2.90	99.3	2.68	100.0
8. 地区经济发展差异系数	%	2	≤60	—	100	—	100.0
9. 基本社会保险覆盖率	%	6	≥90	65.86	73.2	70.3	78.1
10. 高中阶段毕业生性别差异系数	%	3	100	101.9	99.1	101.9	99.1
三、生活质量		19			92.1		100.0
11. 居民人均可支配收入	元	6	≥15000	11339	75.6	20408	100.0
12. 恩格尔系数	%	3	≤40	36.5	100.0	38.9	100.0
13. 人均住房使用面积	平方米	5	≥27	32.3	100	31.8	100.0
14. 5岁以下儿童死亡率	‰	2	≤12	10.2	100	8.89	100.0
15. 平均预期寿命	岁	3	≥75	74.12	98.8	75.70	100.0
四、民主法治		11			96.0		100.0
16. 公民自身民主权利满意度	%	5	≥90	82	91.1	91.5	100.0
17. 社会安全指数	%	6	≥100	105	100	100	100.0
五、文化教育		14			74.1		80.7
18. 文化产业增加值占GDP比重	%	6	≥5	2.8	56.0	2.9	58.0
19. 居民文教娱乐服务支出占家庭消费支出比重	%	2	≥16	13.54	84.6	14.5	90.6
20. 平均受教育年限	年	6	≥10.5	9.32	88.8	11.7	100.0
六、资源环境		12			96.2		100.0
21. 单位GDP能耗	吨标准煤/万元	4	≤0.84	0.86	97.4	0.785	100.0
22. 耕地面积指数	%	2	≥94	85.69	91.2	95.37	100.0
23. 环境质量指数	%	6	100	97	97.0	100	100.0
全面小康社会实现程度	—	—	—		89.7		93.9

数据来源：根据鹤城区2011、2013年《国民经济和社会发展统计公报》整理。

由表1可以看出，按照国家统一标准，2013年，鹤城区全面建成小康社会总体实现程度为93.9%，比2011年提高4.2个百分点，平均每年提高2.1个百分点。23项指标中有18项已达标，有2项指标实现程度超过90%。近年来鹤城区推进全面建成小康社会有以下几个基本特点。

（一）综合经济实力稳步提升

发展经济是全面建成小康社会的首要任务。2013年，鹤城区全面建成小康社会进程中经济发展领域实现程度达92.8%，比2011年提高1.8个百分点。从经济发展的分项指标看，2013年人均GDP达到38015元，已超出小康标准6615元，实现程度为100%；R&D经费支出占GDP比重为1.2%，实现程度为48%，为23个分项指标中实现程度最低的指标；第三产业增加值占GDP比重为66.2%，实现程度为100%；城镇人口比重达到92%，实现程度为100%；城镇登记失业率为4.1%，控制在合理范围内，实现程度为100%。

（二）社会和谐程度逐步改善

构建和谐社会，促进经济社会协调发展，是全面建成小康社会的重要内容。2013年，鹤城区全面建成小康社会进程中社会和谐领域实现程度达89.0%。该领域的5项中有3项指标实现程度已达到2020年小康目标值，分别是：基尼系数、城乡居民收入比和地区经济发展差异系数。基本社会保险覆盖率实现程度为78.1%，比2011年提高了4.9个百分点；高中阶段毕业生性别差异系数实现程度为99.1%。

（三）人民生活质量不断提高

提高居民生活水平和质量是全面建成小康社会的核心内容。2013年，鹤城区生活质量类5个指标全部达到了全面小康目标，该领域实现程度为100%，比2011年提高7.9个百分点。其中，居民人均可支配收入为20408元，已超出小康标准5408元，实现程度为100%，比2011年提高24.4个百分点。恩格尔系数、人均住房使用面积、5岁以下儿童死亡率和平均预期寿命等4项监测指标也均已达到小康水平。

（四）民主法治建设扎实推进

发展社会主义民主政治，建设社会主义政治文明，是全面建成小康社会的重要目标。据监测，2013年鹤城区在民主法治方面的实现程度为100%，比2011年提高了4.0个百分点。调查结果显示，2013年公民自身民主权利满意度达到91.5%，实现程度为100%，比2011年提高了8.9个百分点；把刑事犯罪人数（被告人判决生效人数）、交通事故死亡人数、火灾事故死亡人数和工矿商贸企业事故死亡人数四个方面综合来计算的社会安全指数，2013年实现程度达100%。

（五）文化教育事业加快发展

全面建成小康社会，必须大力发展社会主义文化，建设社会主义精神文明。2013年，鹤城区全面建成小康社会中文化教育领域实现程度达80.7%，比2011年提高了6.6个百分点。该领域3项监测指标实现程度情况为：文化产业增加值占GDP比重实现程度为58.0%，虽然比2011年提高了2.0个百分点，但依然是23个分项指标中实现程度较低的指标；居民文教娱乐服务支出占家庭消费支出比重实现程度达90.6%，较2011年提高了6个百点；平均受教育年限实现程度达100%，较2011年提高了11.2个百点。总体来看，文化教育领域在全面建成小康社会6大监测子系统中实现程度最低，要实现2020年全面建设小康社会指标值，还任重道远。

（六）资源环境保护态势良好

提高资源利用效率、进一步改善生态环境、增强可持续发展能力、促进人与自然的和谐发展是全面建成小康社会的内在要求。近年来，鹤城区不断加大环境治理和生态保护的力度，大力提倡节能减排，资源环境保护取得了明显成效。2013年鹤城区全面建成小康社会中资源环境领域实现程度达100%，比2011年提高了3.8个百分点。该领域的3项监测指标中，单位GDP能耗由2011年的0.86吨标准煤/万元下降到2013年的0.785吨标准煤/万元，达到了小康目标要求；耕地面积指数和环境质量指数实现程度均达到100%。

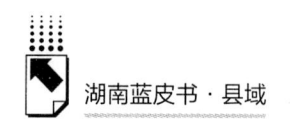

二 鹤城区全面建成小康社会存在的主要问题

鹤城区作为一个"以城带乡、城乡一体"的城市区，与单纯的中心城区和其他县城有较大差别。全区辖7个街道、7个乡镇和1个旅游度假区，总人口近58万，其中户籍人口36.78万人（农业人口12.35万），流动人口21万。近年来，虽然鹤城区在全面建设小康社会的进程中取得了长足进步，但也面临着不少问题和困难，离全面建成小康社会的目标还有较大差距。

（一）指标实现程度不均衡，区域发展不平衡

一方面，全面小康内部各大指标实现程度不均衡，从小康建设的6大方面来看，2013年全区生活质量、民主法治、资源环境3大方面的实现程度达到了100%，而经济发展、社会和谐、文化教育3项中尚有部分指标差距较大，特别是R&D经费支出占GDP比重、基本社会保险覆盖率、文化产业增加值占GDP比重3项指标与目标相差较大。另一方面，区域内各乡镇经济社会发展不平衡，建设全面小康差距明显，如北部偏远乡镇及黄岩旅游度假区较城郊乡在经济总量、发展质量、人均均量等方面差距较大。从乡镇全面建成小康社会重点工作考核指标体系看，2013年各乡镇完成指标进度不一，发展水平有明显差异，有的乡镇完成各项指标达标率在90%以上，有的乡镇完成各项指标达标率仅在60%左右。

（二）经济结构不够合理，产业层次亟待提升

2013年，全区第一、第二、第三产业的比重为3.3∶30.5∶66.2，经济结构不尽合理，第二产业占比偏少。现代农业发展滞后，农业的集约化、规模化、专业化、品牌化程度不高。工业经济短腿现象突出，产业特色不明显，缺少牵动力大、支撑力强的骨干企业和大项目、好项目。商贸物流层次不高，现代服务业亟待转型升级。科技创新能力弱，科技作为第一生产力的作用不明显。2013年，高新技术产业增加值占GDP的比重仅为1.89%。企业自主创新与科技研发能力明显薄弱，R&D经费支出占GDP比重仅为1.2%，小康实现

程度仅为48%。节能减排压力不小，资源综合利用效率不高。生态保护、环境治理任务繁重。文化产业总量偏小，没有形成规模和产业链，文化产业增加值占GDP的比重低，提升难度大。居民文化消费不足，文教娱乐服务支出增长相对缓慢，居民精神文化生活与物质文化生活不匹配、不协调。

（三）城乡基础设施滞后，扶贫开发任务艰巨

"城乡一体"的区情特点，导致鹤城区享受不到部分涉农优惠政策，在新农村建设等方面与其他县相比，发展上存在诸多不利，农村基础设施建设欠账多、难度大，农业抵御自然灾害的能力不强，农村贫困程度较深。按照新的贫困标准测算，2013年全区纯收入在2300元以下的贫困人口有1.85万人，占全区农村人口的14.2%，扶贫攻坚的任务十分艰巨。另外，作为怀化市主体城区，鹤城在城市管理、维护稳定、民生保障、重点项目征拆安置等方面压力极大，在安全生产、地方债务、食品药品安全等方面也存在不少风险。

（四）财政收支矛盾突出，社会保障水平不高

全区可用财力少，但支出盘子大。从收入看，2013年6.88亿元公共财政预算收入中可用财力仅为3.44亿元，即使加上上级财力性转移支付2.62亿元，全年可用性财力仅6.06亿元。从支出看，2013年仅人员支出达3.37亿元，教育支出为2.85亿元，社会保障和就业支出为2.76亿元，大城管经费支出为1亿元。鹤城区财力少，致使许多支出项目及政策性配套无法到位，对失地少地农民、非公经济从业人员、灵活就业人员、转移劳动力等群体的社会保障不足。社会保障资金亏欠严重。截至2013年底，区本级财政已欠缴改制企业养老保险基金等各类基金共4.5亿元。同时，全区尚有7家国有企业未改制，共有职工人数1713人，预计改制总成本达2.3亿元，预计缺口1.4亿元。

（五）综合实力相对较弱，与省标要求差距较大

根据《中共湖南省委关于分类指导加快推进全面建成小康社会的意见》，鹤城区作为怀化市唯一一个被列为湖南省全面建成小康社会监测评价指标体系

(一类)的县(市、区),被要求2017年提前实现全面小康。按此省定标准来测算,2013年鹤城区全面建成小康社会的实现程度仅为75.9%,比按照全国统一标准测算的实现程度93.9%少了18个百分点(见表2)。

表2 基于省标(一类)测度的鹤城区2013年全面小康实现程度

指标名称		单位	目标值(2020年)	权重(%)	2013年指标值	实现程度(%)
一、经济发展				45		65.3
1. 人均地区生产总值(按2000年不变价)		元	≥80000	5	38015	47.5
2. 人均财政总收入		元	≥12000	7	7738	64.5
3. 税收占财政总收入的比重		%	≥85	7	83.08	97.7
4. 经济结构指数	第二、第三产业增加值占GDP比重	%	≥96	12	96.67	100
	高新技术产业增加值占GDP比重	%	≥30		1.89	6.3
	文化产业增加值占GDP比重	%	≥8		2.90	36.3
5. 城镇化率		%	≥65	4	92	100
6. 园区规模工业增加值占规模工业增加值比重		%	≥90	5	39	43.3
7. 金融机构各项贷款增长率		%	≥100	5	16.10	16.1
二、人民生活				19		76.0
8. 居民收入水平	城镇居民人均可支配收入	元	≥50000	7	21782	43.6
	农村居民人均纯收入	元	≥25000		8506	34.0
9. 人均住房使用面积		平方米	≥32	2	31.8	99.4
10. 人均储蓄存款		元	≥32000	3	40283.00	100
11. 居民文教娱乐服务消费支出占消费总支出比重		%	≥18	3	15	83.3
12. 农村居民安全饮水比率		%	=100	2	76.83	76.8
13. 行政村客运班线通达率		%	≥98	2	94.50	96.4
三、社会发展				15		76.1
14. 社会保障发展水平	基本医疗保险覆盖率	%	≥90	4	93	100
	基本养老服务补贴覆盖率	%	≥50		38.40	76.8
15. 教育发展水平	高中阶段毛入学率	%	≥95	4	95.20	100
	平均受教育年限	年	≥11.5		11.70	100
16. 医疗卫生水平	每千人拥有床位数	张	≥4	4	2.80	70
	5岁以下儿童死亡率	‰	≤12		8.89	100
17. 文化发展水平	人均拥有公共文化体育设施面积	平方米	≥3	3	0.48	16
四、民主法治				11		100
18. 城乡居民依法自治	城镇居委会依法自治达标率	%	≥90	4	90	100
	农村村委会依法自治达标率	%	≥90		93	100
19. 社会安全指数		%	=100	7	100	100

续表

指标名称		单位	目标值（2020年）	权重（%）	2013年指标值	实现程度（%）
五、生态文明				10		96.4
20. 单位GDP能耗		吨标煤/万元	0.7	3	0.785	87.9
21. 环境质量指数	城镇污水处理率	%	≥75	5	83	100
	空气质量达标率	%	≥95		98	100
	地表水质达标率	%	=100		100	100
22. 绿化水平	森林资源蓄积量增长率	%	≥3	2	3.80	100
	城镇建成区绿化覆盖率	%	≥26		35.10	100
全面建成小康社会总实现程度		—	—			75.9

数据来源：根据鹤城区2013年《国民经济和社会发展统计公报》整理。

从五大项指标来看，民主法治和生态文明类指标实现程度较高，均达到了90%以上，但经济发展、人民生活和社会发展类指标实现程度都比较低，特别是占分值较大的经济发展类指标实现程度仅为65.3%。从22个小项指标来看，鹤城区人均地区生产总值实现程度仅为47.5%，较国家标准实现程度低了52.5个百分点，单位GDP能耗实现程度为87.9%，大大低于国家标准的实现程度。同时，高新技术产业增加值占GDP比重、人均拥有公共文化体育设施面积、金融机构各项贷款增长率等指标实现程度均偏低，都不及20%，人均财政总收入、人均地区生产总值、文化产业增加值占GDP比重、园区规模工业增加值占规模工业增加值比重、城镇居民人均可支配收入、农村居民人均纯收入等指标实现程度也不高，均低于70%。从经济发展这个核心指标来看，按照湖南省县（市区）全面建成小康社会监测评价指标体系（一类）的要求，到2017年要全面建成小康社会，即便不考虑人口增长，按照当前人口数，鹤城区到2017年要达到一类县（市、区）人均生产总值8万元、人均财政总收入1.2万元的水平，即区内生产总值达464亿元，财政总收入达69.6亿元，经测算，必须保持生产总值年均增速在16.1%以上，财政总收入年均增速在50%以上。如果还考虑人口增长因素，则必须保持生产总值年均增速在22.9%以上，财政总收入年均增速在58.6%以上。而按鹤城区"十二五"规划目标，区内生产总值年均增长12%，财政总收入年均增长22%。要保持如

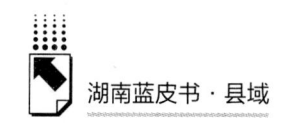

此高的年均增速，这对于地处大湘西地区"以城带乡"的鹤城来说，难度极大。

三 鹤城区进一步推进全面建成小康社会的对策建议

湖南省委、省政府根据党的十八大精神，明确提出全省要率先在中部地区建成全面小康社会的宏伟目标。鹤城区作为怀化市唯一的主体城区，理应瞄准目标、提振信心、奋力拼搏，以饱满的热情、创新的举措、务实的作风，不断加大各项工作推进力度，确保鹤城区在全市率先实现全面建成小康社会目标。

（一）突出产业发展，壮大经济实力

加快推进产业发展，壮大综合经济实力，是建设全面小康社会的关键。必须坚持从鹤城实际出发，把握潜在优势，遵循经济规律，大力推动产业转型发展。一是要加速发展新型工业。工业是一个区域经济发展、财政增收、扩大就业的主要支撑，而工业恰恰是鹤城的短板。今后要围绕"搞好规划、搭好平台、出台政策、优化环境、完善机制"，尽快形成大办工业、办大工业、办好工业的热潮。要快速推进工业园区建设扩容，尽快完成阳塘科技物流产业园区南扩9.2平方千米范围内将有条件建设区调整为允许建设区工作，先期启动4平方千米省级工业集中区建设。按照"工业新城""城园融合"理念，加快园区道路、管网、标准化厂房、公租房等基础设施建设，增强园区承载能力。加快发展产业集群，以项目建设引导产业、企业向园区集聚，重点发展壮大机械、物流加工、食品、建材等产业集群。积极培育规模企业，引导华亚数控、顺天塑业等骨干企业做大做强，扶持五新钢模等有条件的企业上市融资，不断提高市场竞争力。二是要大力升级商贸物流。按照"市场细分、产品齐全、服务集成"的要求，积极推进专业市场和批发市场建设。大力发展大型综合商业体，使商业综合场所集购物休闲、餐饮娱乐、文化旅游等复合型功能，抢占中高端市场份额。大力发展品牌经营、连锁经营、电子商务，努力建成中心城区中央商圈。大力推进仓储物流基地建设，积极鼓励发展第三方物流。三是要积极发展现代农业。更加积极地推动农村土地流转，按照"统一规划、合

理布局、相对集中、连片开发"的原则,促进优势农产品向规模化、标准化生产,创建区域农产品品牌。积极开展特色规模无公害农产品精深加工,提高农产品附加值,让农民更多享受农产品加工带来的收益。加快黄金坳片区和黄岩等区域专业蔬菜基地建设,着力打造城市后勤保障基地。

(二)加大科技投入,增强创新能力

必须把自主创新能力放到一个战略高度,才能推动经济又好又快的发展。政府要持续增加科技经费的投入,形成以财政投入为引导、企业投入为主体、银行贷款为支撑、社会集资和引进外资为补充、优惠政策作扶持的多渠道、多层次科技投入体系,提高 R&D 经费支出占 GDP 的比重。提升企业创新能力。在积极发挥大型企业 R&D 活动主导作用的同时,也要积极推进中小企业技术创新,在全社会营造创新环境。注重农业科技发展。发挥政府在农业科技投入中的主导作用,加大对农业科技的支持力度。加大人才的培养与引进。出台含金量高、操作性强的政策措施,积极引进人才,为各类人才搭建大展宏图的舞台。加强基础创新平台建设。重视科技成果的引进与消化吸收,突破一些产业发展急需的关键技术、核心技术,力争在关键领域和若干科技发展前沿掌握核心技术和拥有一些自主知识产权,并形成一套集研究、开发、推广、产业化应用于一体的科技创新体系,从根本上全面提升鹤城的自主创新能力和产业整体竞争能力。

(三)坚持因地制宜,加强分类指导

加快推进鹤城区全面建成小康社会,必须因地制宜,从实际出发,根据各乡镇、街道发展条件、发展现状和发展趋势,科学提出乡镇、街道全面建成小康社会的工作目标和重点任务,实行分类指导,突出重点,破解难点,补齐"短板"。今后,要继续按照分情况指导、分类别考核、分层次竞赛的思路,着重抓好完善政策措施、整合资金资源、开展考评推动等工作,加强对全面小康建设的指导督促。要对照省、市、区确定的目标任务,认真分析全面小康建设的短板是什么、症结在哪里,拿出管用的工作举措,制定明确的任务书、路线图和时间表,争取得更大的成效。全面建成小康的难点在贫困村,要坚持科

学扶贫、精准扶贫，把整村推进与到户到人结合起来，因地制宜制定到户到人的扶贫计划，做到一家一户一本台账、一个脱贫计划、一套帮扶措施，努力让贫困群众生活好起来。要认真实施扶贫攻坚三年行动计划，突出抓好发展生产、健全公共服务和教育三件大事，持续推动水、电、路、气、房和环境整治"六到户"，促进全区31个贫困村同步实现全面小康。

（四）注重统筹发展，推进城乡一体

统筹城乡发展、推进城乡一体化建设是加快全面建成小康社会的重大举措，也是新时期新阶段解决"三农"问题的根本途径。必须围绕"建设生态文明城市"定位，推进城市生态化、农村城镇化进程，大力改善城乡人居环境，逐步缩小城乡差距。要抓好中心城区提质改造。全面落实怀化市中心城区提质改造"三年行动计划"，积极筹措资金，完成323条背街小巷和城中村道路油化硬化、亮化绿化美化等提质改造任务。加快推进城区农贸市场标准化建设，完善城市配套功能，方便群众生活。加快城市棚户区、城中村、国有资产处置区域等旧城改造步伐，启动城市规划区"村改居、乡镇改街道"工作，积极推进农业转移人口市民化，着力破解城乡之间和城市内部"两个二元结构"，逐步实现城乡同治，稳步提高城镇化水平和质量。要加快小城镇建设。重点抓好黄金坳小城镇的基础设施建设和产业发展。进一步完善镇区总体规划及城镇道路、自来水管网等基础配套规划，加快完成镇区道路、供引水工程、三角坪村民安置区建设，切实增强人口和经济发展承载能力。要把准黄金坳小城镇的产业定位，高起点做好园区产业规划，突出产业发展重点，把黄金坳镇产业园打造成为农产品加工区、仓储物流区、产城融合特色区。要提升城市管理水平。以"五城同创"为抓手，加快理顺城管体制，坚持重心下移，发挥社区和居民在城市管理中的主体作用。要加大社区标准化建设力度，提升社区服务居民的水平。要整合现有城市管理资源，完善城市管理"网格化"体系，着力解决好基层网格工作、运行体制、硬件建设、考核机制等问题，推动城市管理不断实现"数字化、信息化"。要大力整治"两违"建筑，加大城市乱象整治，进一步提升城市形象。要扎实推进新农村建设。主动适应农村人口转移和农村"空心化"趋势，引导散居农村人口适度集中居住，支持村民集中居住点建设。大力加强农村交通、水利、电网等基础设施建设，扎实推进美丽乡村建设和人居环境整治工程，积极开展通乡、通村道路绿化，不断改善农村面貌。

（五）大力改善民生，维护和谐稳定

坚持把改善人民生活作为经济社会发展的目的和归宿，让广大人民群众共享改革发展成果，促进社会和谐稳定。一方面，要切实抓好民生保障。按照守住底线、突出重点、完善制度、引导舆论的思路，抓紧抓好各项民生工作。要突出发展教育事业。积极推进优质教育资源共享，促进教育均衡优质发展；大力实施"安教工程"，加快农村教师周转房建设，全面消除C、D级危房，完成合格学校建设任务；大力实施城区教育第二个五年行动计划，继续推进城区学校改扩建工程；大力加强师德师风建设，全面提高教师队伍素质。要积极落实就业各项扶持政策，推动实现更高质量的就业。切实抓好社会保障工作，按照应保尽保的要求，进一步扩大各类保险覆盖面。完善城乡低保和临时救助制度，确保低收入群体基本生活。进一步改善基层医疗卫生服务条件，抓好乡镇卫生院改扩建项目，加快村卫生室标准化建设。深入开展文化惠民工程，让群众享受更高层次的精神文化生活。另一方面，要切实维护社会稳定。大力推进平安鹤城建设，完善矛盾纠纷排查化解、重大事项社会稳定风险评估和群体性事件预防处置机制，扎实做好信访工作，深入开展领导干部接访下访活动，引导群众依法依规表达诉求。继续强化"警灯闪烁"、巡逻值勤、治安电子卡口和视频侦查系统建设等基础防范工程。大力推进管理创新，加快社会管理信息化平台和指挥中心建设，整合利用现有信息网络管理资源，尽快形成全面覆盖、动态跟踪、资源共享、功能齐全的社会管理网络。进一步抓好安全生产工作，建立健全安全生产责任体系，实行党政同责、一岗双责、齐抓共管，坚决遏制重特大安全事故，切实保障人民群众生命财产安全，进一步提高社会安全指数。

B.34 凝心聚力 攻坚克难 真抓实干 加快推进全面建成小康社会进程

胡忠威[*]

新化作为全省最大的国家级贫困县、全国最大的移民后扶县，全面小康建设的起点低、基础差，任务特别艰巨，压力特别沉重。依据国家6大类23项指标对新化2012年全面小康水平进行测算，实现程度仅为61.3%，在全省排名最低，比长沙市开福区低35.5个百分点；根据湖南省三类县（即48个国贫县、省贫县）24个指标体系进行测算，新化县实现程度低于60%的就有12项。2013年12月4日，中共新化县委召开十一届四次全体扩大会议，吹响了全面建成小康社会进军号角，要求全县上下万众一心、攻坚克难、奋力赶超，加快推进全面建成小康社会进程，确保新化到2019年率先在大湘西深度贫困地区基本实现全面小康。

在新化这样的欠发达县加快推进全面建成小康社会进程，必须把上上下下、方方面面的积极性凝聚起来，以"踏石留印、抓铁有痕"的作风，不折腾、不松劲、不反复，一任接着一任干，坚持不懈、坚定不移，持之以恒、久久为功，在全面小康建设中啃下"难啃的骨头"、攻克"难攻的难点"，补齐"难补的短板"。

一 兴产业，培育持续发展增长点

紧紧围绕经济建设这个中心，按照低碳经济、绿色经济、循环经济的发展模式，千方百计扩大投资规模、调优经济结构，以新型工业化带动农业现代

---

[*] 胡忠威，中共新化县委书记。

化，推进旅游产业化，加快现代服务业发展，努力培育县域经济可持续的增长点，全力实现"三量"同步提升。

（一）打好新型工业化这张"潜力牌"

改造提升煤炭、冶金、建材、特种陶瓷等传统产业，推进集团化大企业组建，加快技术创新、管理创新和产品创新，实现传统产业由小到大、由弱到强、由无品牌到有品牌的转变。以工业园区为平台，充分利用新化县的区位、资源与人力优势，瞄准国家产业政策，积极承接发达地区产业转移，加快引进新能源、精细化工、生物医药、文化创意等高附加值、高资金密度、高技术含量和低污染、低能耗的"三高两低"产业，加速扩张工业经济总量。着力培育传统产业和新兴产业中的主导企业和配套企业，推动企业集聚、产业提升，加快形成2~3个具有强劲支撑能力的产业集群。要坚持扶大与育小相结合，突出核心骨干企业，给以政策优待，打造有优势、有影响的大品牌、大企业；培育发展中小企业，引进培育市场前景好、内生动力强、综合效益佳的成长型企业，形成结构合理的优势企业梯队。

（二）打好农业现代化这张"基础牌"

积极推进土地承包经营权流转，创新农业生产经营体制机制，建立县级领导挂点指导、县直部门牵头明责、整合项目资金加大投入的帮扶机制，加快发展具有比较优势的黑（黑猪、黑米、黑茶）、绿（楠竹、油茶）、金（玉米、中药材）、红（杨梅、红心李）白（模式化稻田养鱼、珍稀动物养殖）五色产业，集中人力、物力、财力，下决心办好一批高起点、高规格、成规模的产业示范基地。重点扶持广益农业、前进食品、东岭田鱼等本土农业加工企业，在资金、土地、信贷、税收等方面给予倾斜和扶持，引导其增加科技投入，加强技术改造，转换经营机制，提高产品核心竞争力，着力培育精品名牌。加快引进一批实力与技术力量雄厚、产品市场占有率高、在全省乃至全国行业排位靠前的重点农业产业化龙头加工企业，加大对优势农产品和地方特色产品的加工力度。通过改进产品包装、增加文化内涵、加大宣传力度，培育一批在市场上叫得响、占有率高的名牌产品，大幅度地提高新化县农产品加工率。

（三）打好旅游产业化这张"特色牌"

紧紧抓住省委、省政府对新化县旅游产业给予重点扶持的难得机遇，迅速做好理顺旅游体制、科学规划景区建设、打造融资平台、培养专业人才等方面的工作，举全县之力、集全民之智，推进旅游立县，带动全民兴旅，大幅度提升旅游知名度和美誉度，进一步打造和提升"蚩尤故里·天下梅山"品牌，把新化建设成为历史文化名城、大梅山旅游协作区的核心，国内著名、国际知名的旅游目的地。特别要在抓好景区标准化建设的基础上，促进旅游业与农业、工业和其他服务产业深度融合，创新旅游业态，将旅游产业打造成经济转型升级的引擎，为建成全面小康社会做出突出贡献。同时，加快发展现代商贸、现代物流、餐饮、金融、中介等生产生活性服务业，不断提高第三产业在GDP中的比重和对经济增长的贡献率。

二 搭平台，找准开放发展对接点

推进开放式发展，充分发挥市场在资源配置中的决定性作用，是新化县破解经济发展等关键难题的必由之路。

（一）着力搭好园区发展平台

紧扣县经济开发区"一区三园"的发展思路，坚定不移地加快工业园区平台建设，全力破解工业园区在人才、资金、环境等方面的瓶颈制约。完善园区基础设施，加快标准化厂房和产业配套体系建设，稳步提升园区承载力和发展力，推动产业、项目、企业向园区集中，提高园区产业集中度，构建特色更加明显、支撑更加强劲、可持续发展的园区经济格局。

（二）着力搭好招商引资平台

进一步转变政府职能，减少审批事项，简化审批环节，加强政务中心建设，优化政务环境，把新化建设成为全市乃至全省审批最快、收费最低、服务最好、效率最高的县城，确保县外资金"引得进、用得活、留得住"。研究出台有针对性的招商引资奖励政策,对引进重大项目、有带动性的龙头企业要给予重奖,充分调动部门的积极性。

(三)着力搭好融资平台

进一步深化银企合作,加快与规范发展小额贷款公司、中小企业信用担保公司等新型金融企业。规范完善现有的城建投、农业发展银行等投融资平台,切实提高资本运作能力和风险管控能力。放宽民资准入门槛,鼓励民间投资,形成多元化投资结构,确保项目建设和企业发展的资金需要。

(四)着力搭好文化平台

以实施"文化强县"战略为依托,充分把握省文化旅游特色县的重大政策利好,深入挖掘文化底蕴,大力倡导"崇文尚武、厚德重义"的新化精神,以"中国蚩尤故里文化之乡""中国梅山文化艺术之乡""中国山歌艺术之乡""全国武术之乡"等重要文化品牌为基础,大力发展文化产业,重点支持本土文化企业发展壮大,以全县文化产业大发展来提升县域影响力,推动县域开放发展。

三 强基础,夯实跨越发展支撑点

要树立强基固本的发展观念,以"功成不必在我任期"的铺路石精神,以"一届接着一届干"的接力赛理念,为实现全面小康多做利大局、益长远的工作,多做强基础、添内力的工作。

(一)优化交通基础,创造新优势

加快推进重大交通项目建设,确保新溆高速及连接线、沪昆高铁及新化南站、资江三桥、湄琅高速、新冷城际快速公路建成通车,争取龙武高速开工建设,扎实推进国省干线公路升级改造,资江河道疏浚和港口码头建设,做好大洋江航电综合枢纽工程、新化机场项目前期工作。加快完善旅游交通,接通主要景区交通环线,加强农村公路 GPS 基础数据采集工作。大力发展公共交通,

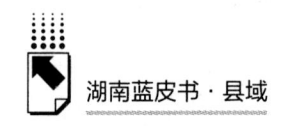

完善农村客运站点和招呼站建设。完善城区公交配套设施，提升城市公交服务水平。认真落实公路管养责任，建立"建、管、养、运"并重的农村公路管理体制。

（二）刷新生态基础，强化新支撑

坚持走建设资源节约型、环境友好型社会发展之路，全面保持与放大新化县山川秀美、水碧天蓝的生态优势，加快建设生态文明。加强环境治理与监管，完成资江水域重金属污染治理工程、柘溪库区生态环境治理工程，加强大气污染防治，完善污水处理站、空气自动监测站、水质监测站和污染源在线监控平台建设；支持低排放产业发展，淘汰落后产能，抓好高能耗产业节能降耗，推进建筑、交通、公共机构等领域节能，严格控制污染物排放总量；高效推进绿化新化四年行动，全面完成面上造林、长防林等任务，重点抓好中心城区街道、小区庭院的绿化，实施单位联村建绿，打造高速公路、铁路、省道、县乡公路和水系的绿色通道，改善人居环境。

（三）打好教育基础，增添新动力

坚持把教育摆在优先发展的位置，办好学前教育，均衡发展九年义务教育，做强做优高中阶段教育，加快发展现代职业教育，积极发展继续教育，完善终身教育体系；加大投入力度，加快新建、改扩建校舍步伐，加强对学校的规模和班额变化情况监控，把好招生入口关、学籍建档关，控制中小学校规模和班额，着力化解城区大班额问题；加强示范性学校创建，创新学校综合管理、教学常规管理和教学质量考评机制，实行校长聘任制、任期目标责任制和教师准入制、聘用制，完善教师队伍末位淘汰和奖惩激励机制，强化竞争，激发潜力。

四 拓城镇，构筑统筹发展结合点

紧紧抓住国家推进新型城镇化的重大机遇，按照"提质扩容、产城互动、完善功能、突出特色"的发展思路，对接新冷一体化，扩张交通区位优势，形成以县城为中心、中心镇为基础的城镇化推进体系，大力实施城镇化带动战略，统筹城乡协调发展。

（一）着力完善相关政策

加快完善进城镇农业人口的户口迁转和民生保障等相关制度，建立健全加快小城镇发展的财税、投融资等配套政策，引导更多的农村人口"洗脚上田"。

（二）着力加快县城扩容

围绕建设娄底次中心城市、梅山文化旅游核心目的地城市等目标，按照"北延、西扩、东进、南拓"的思路，有序推进蚩尤大道、上田路、新园路、梅苑北路、学府北路等道路建设，实施白改黑工程，提质畅通县城进出口道路。大力实施县城美化、绿化、硬化、净化、亮化工程，重点加强融文化景观、滨河景观和城市景观于一体的地标性景观和设施建设，提高市民宜居度。

（三）着力加快小城镇建设

按照特色鲜明、产业兴旺、功能完备、环境优美、活力迸发的要求，着力建设西河、琅塘、温塘等工业带动型城镇，吉庆、田坪、荣华等现代农业型城镇，洋溪、白溪、孟公等商贸流通型城镇，水车、油溪、大熊山等旅游服务型城镇，使建制镇成为吸纳县城辐射的示范区、带动周边农村发展的中心区。

（四）着力加强城镇管理

加强城乡环境综合治理，探索社会化管理与服务方式，强力落实门前"三包"，推行环卫市场化管理，提升卫生保洁水平。推进城市常态化管理，规范店牌、广告和建筑市场、渣土运输管理，强力整治违法建设、交通秩序和经营秩序。纵深推进"双创"工作，严格落实城乡环境整治及建设四年行动方案和考核办法，促进城乡环境净化、序化、绿化、亮化、美化。启动省级园林城市创建，全面提升县城形象。

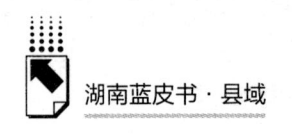

五 惠民生，凸显和谐发展着力点

要倾注更多精力，发展民生事业，提高人民收入，使广大百姓真真切切地感受到全面小康的建设成果。

（一）在减少贫困人口上有突破

以武陵山片区区域发展与扶贫攻坚为契机，进一步健全扶贫机制，强力推进扶贫攻坚，力争成为片区脱贫致富的先行者。把国家新的扶贫标准2300元以下的农村人口作为扶贫工作主要对象，把整村推进贫困村作为扶贫重点范围，加强领导，统筹协调，创新机制，突出重点，深入实施项目争取、整村推进、产业增收、扶贫到户、能力提升等"五大扶贫工程"，分类解决导致贫困的实际问题，大幅度减少贫困人口。

（二）在提高城乡居民收入上下功夫

建立与经济、财政收入、物价水平联动的工资增长机制，引导企业合理提高职工工资。继续对农民工和失业人员加大职业技能培训，重点帮扶和指导困难人员就业。推动就业结构与产业结构同步提升调优，实现经济发展与扩大就业的良性互动，不断提高中等收入人群在全体劳动者中所占比重。增强农技队伍对农业产业建设项目的技术指导和服务，使其介入到农业产业发展的产、供、销行业中，在广大农村形成特色种养、农家乐、农产品加工销售等全面繁荣的就业局面，为农民增收提供保障。大力优化创业环境、降低创业门槛、开设绿色审批通道，形成全民创业的浓厚氛围，以创业带动就业，以就业促进增收。

（三）在提高城乡居民保障水平上求实效

加快建设社会保障体系，按照"保基本、广覆盖、可持续"的总体原则，创新体制机制，推进社会保障城乡统筹，逐步实现各类保险全覆盖。根据经济发展程度，提升社会保障各项待遇水平，逐步提高企事业单位退休人员养老金标准，健全失业保险待遇动态调整机制，合理提高养老、医疗、失业、工伤等保险待遇水平。加大安置区和保障性住房建设，加大农村危房改造力度，推进城乡居民住房保障体系建设。争取和完善配套政策，切实抓好农村救灾救济和社会救助工作。

（四）在提高城乡居民医疗水平上强服务

加大公共卫生的投入，推进公立医院改革和乡村卫生服务一体化管理，实现基本公共卫生服务、基本医疗保障全覆盖。完善县人民医院、乡镇卫生院等医院医疗设施，完成县中医院、县疾控中心搬迁新建、县妇幼保健院和县卫校整体合并，改善人民群众的预防保健和就医条件。加强以全科医生为重点的基层医疗队伍建设，加大人才培训和引进力度，为卫生事业的可持续发展提供人才储备和人才保障。

（五）在提高城乡居民安全感上见真章

进一步健全综治网络，狠抓社会维稳，加大打黑除恶力度，实现社会治安根本好转。坚持以群众工作统揽信访工作，解决好群众合理诉求，坚决查处损害群众利益的行为。完善法律援助制度和司法救助制度，积极公正地化解群众积怨。强化责任落实，建立完善安全生产长效机制，努力提高企业安全水平，持续降低事故总量，有效防范和坚决遏制较大事故，坚决杜绝重大、特大事故，为全面小康社会建设提供安全、稳定、和谐的环境。

B.35
纵深推进"一转三化"战略
加快率先全面建设小康社会进程

刘小龙*

党的十八大提出了"两个百年"的奋斗目标,强调"确保到2020年全面建成小康社会"。2013年7月,湖南省委十届七次全会审议通过了《中共湖南省委关于分类指导加快推进全面建成小康社会的意见》,冷水江市被确定为全面小康建成考核监测的二类县,即城乡复合发展县市区。省委全会后,我们迅速学习贯彻全会精神,召开了市委九届五次全委扩大会议。会议立足冷水江作为全省工业重镇、经济强市的定位,决定以全面建成小康社会统揽经济社会发展大局,确保冷水江市2017年全面建成小康社会,力争小康实现程度在每年的全省同类县市区考评中进入先进县市行列。全市上下按照市委的统一部署,坚定不移地推进总量发展、转型发展、安全发展,走一条具有冷水江特色的全面小康之路。

一 冷水江小康社会建设的做法及成效

冷水江紧紧围绕率先全面建成小康社会目标,纵深推进"一转三化"战略,即深化"转型工程",推进产业规模化、城市生态化、城乡一体化,全力开辟了产业发展、城市建设、城乡统筹三个主战场,经济社会发展驶入快车道。2013年完成生产总值236.4亿元,比2012年增长11.3%;完成固定资产投资135.3亿元,同比增长38.8%;完成财政总收入21亿元、公共财政预算收入11.5亿元。连续9年跻身全省经济十强县市,在全省"三量齐升"县域经济考核中居第6位。

---

* 刘小龙,中共冷水江市委书记。

（一）以新型工业化为龙头，引导产业转型发展

工业是冷水江的支柱产业，近年来，全市的快速发展主要依靠工业，出路也在工业。

1. 壮大传统优势产业

充分利用全市优势企业、优势资源和优势产业，推动钢铁、有色、煤电、煤化、建材五大产业壮大规模、升级发展。几年里，冷水江成功抢抓了一系列好项目和大政策。冷钢300万吨炼钢及配套工程、60万吨高速线材工程、金电第3台60万千瓦机组、天宝20万吨紧固件、三A公司1万吨二氧化硅工程、浪石滩水电站、华新300万吨水泥等重大项目相继竣工投产，金电1号机组脱硫脱硝改造、耀华冷耐异地搬迁等重大项目开工建设。2013年，全市工业增加值达到157.4亿元，其中规模以上工业增加值为95.3亿元，工业增加值占全市GDP比重达66.58%。

2. 做强经济开发区

始终把经开区作为推进"一转三化"战略的重要基地。市委、市政府每年安排1000万专项资金用于开发区基础设施投入，将市本级权限内的政治、经济、文化、社会事务全部下放或委托给开发区，赋予开发区相对独立的经济审批权和行政管理权，同时全力优化经济发展环境，把开发区打造成为"零行政收费区""零距离服务区""零阻工闹事区"。目前，园区产值达到60亿元，投资10亿元的电子科技工业园、投资15亿元的循环经济工业园相继开工建设。力争到"十二五"末，把开发区打造成百亿元园区。

3. 加快产业升级改造

全市煤矿由2005年的146家整合到现在的65家，对保留的煤矿全部进行升级技术改造。开展涉锑企业专项整顿行动，关闭锑品冶炼企业75家，取缔选矿手工小作坊145处，合法锑品冶炼企业由原来的26家减少到9家，国家财政部将锑产业补录入淘汰落后产能目录，新华社、中央电视台等各级各类媒体进行了专题报道。

（二）以城市东扩为重点，建设生态宜居新城

城市是各种经济要素的集中聚集地，也是转变经济发展方式的重要突破

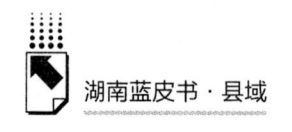

口。冷水江坚持把工业化和城市化作为加快发展的"两翼",着力打造生态宜居新城。

1. 城市扩容

从2010年起,按照"五年再造一座新城"的目标,举全市之力推进城市东扩,着力打造发展第三产业的大平台。城东生态城已完成投资20.5亿元,新行政中心正式启用,投资3.3亿元的资江大道、投资2.8亿元的群丰路、投资5.5亿元的平安大道、投资5000万的荷叶路基本贯通,综合档案馆、公安局业务技术用房、人民医院异地建设、移民安置等重点工程扎实推进,投资6亿元的圣爵菲斯、投资3.5亿元的湘润天下等五星级酒店项目成功签约,10平方千米新城骨架已经拉开。

2. 管理提质

2012年成功创建省级卫生城市,省级文明城市、省级园林城市创建全面启动,在2013年全省111个县市区城乡环境卫生情况评比中,冷水江排名第16位,荣获一类县市区,并在2012~2013年全省城市卫生暗访检查中获甲类县级城市。波月水泥、耀华冷耐等城区高污染企业完成"退城进郊"重大任务,实施异地搬迁改造。金竹东路和江北路改造,滨江公园建设,冷江大桥维修,环城北路配套工程建设,锑都中路、新城路、金竹西路沥青路面改造等项目相继竣工,污水处理厂和第二垃圾填埋场建成运行,金竹汽车站投入使用。同时,全面规范城市秩序,建立环卫保洁制度,开展小区社会管理,城区环境卫生状况及交通秩序得到明显改善,城市面貌焕然一新,市民生活品质大幅提升。

3. 路网升级

积极争取政策,加大投入,交通基础建设步伐大幅加快。娄新高速竣工通车,沪昆高铁进展顺利,沙禾线、S217线、军温公路改造全面完成。S312线冷水江段提质改造工程即将完成,金竹山互通、资江二桥前期工作加快推进,交通大格局初步形成。

(三)以统筹城乡发展为核心,整体推进新农村建设

2010年12月以来,冷水江全面部署统筹城乡发展、整体推进新农村建设工作,积极探索解决农村发展水平滞后、基础设施建设滞后、社会保障和公共服务滞后等问题的新路子,这项工作既得到省、娄底市的高度重视和关注,也得到了农村群众的坚决拥护和热情参与。

1. 全面规划,科学制定城乡发展战略

按照"城乡一体、整体推进"的要求,坚持战略同定、规划同编,做出了"决战农村135"(一年起步、三年见效、五年变样)的战略决策,以打破城乡二元结构为主线,大力推进城乡规划、基础设施、产业发展、生态环境、公共服务、管理体制等六个一体化建设,力争用五年时间实现城乡经济社会统筹发展。目前,全市纳入新农村建设范围行政村的已有106个,约占全部行政村(153个)的70%。其中铎山镇、岩口镇实现了新农村建设全覆盖,率先实现了"三年见效"目标。

2. 加大投入,打造整洁秀美新村庄

每年由市里筹措2亿元资金捆绑用于新农村建设,其中市本级财政预算每年安排8000万,充分发挥财政资金"四两拨千斤"的作用,带动社会资金投入新农村建设,同时实行结对帮扶,挂点单位帮扶每年不少于5万元,结对企业每年支持不少于20万元,三年来,全市新农村建设投入已超过9亿元,其中帮扶资金超过2500万元。规范农村住房建设投资近1.5亿元,完成风貌改造4000多栋、拆除危旧房屋500余栋,同时按照"一户一宅"模式,鼓励引导村民住房集中新建,在不违反国家关于农村土地方面政策法律的基本前提下,由政府提供统一样式的建筑设计图并适当奖励。全市已有10个集中居住点开工建设,受益村民900多户。加快农村基础设施建设,实施"三清四改五化九建二处理"工程,投资近2亿元新建、拓宽通村、通组公路400千米,新修人行道450千米,实现了"公路村村通,水泥路户户通";投资近2亿元疏通治理了8条乡村河道,实现了城乡联网、区域共建、设施共享。

3. 机制创新,突破城乡发展政策壁垒

探索土地流转机制,建立土地流转机构,鼓励开展土地复垦,引导农民以转包、出租、转让、互换、股份合作等形式,因地制宜推进农村土地承包经营权流转。三年来,土地流转共计3.73万亩。深化户籍制度改革,鼓励农民进城和就地城镇化,在经济发展较好的村设立了社区,如岩口镇农科村、金连村和铎山镇眉山村。探索群众自觉参与机制,建立以"村为主"工作机制,完善村规民约，实现农民自我管理。加快城乡社会保障接轨步伐，逐步实行"同城同待遇"政策。从2011年7月1日开始，农村低保月人均补差提高到172元，每月给年满60周岁的农村居民发放养老金60元，高于全国、全省平均水平。

4. 产业带动，促进农民持续增收致富

大力培育壮大龙头企业，积极发展特色农业、生态农业、休闲观光农业，打造庄园经济、庭院经济，努力探索一条符合全市实际、特色鲜明的城乡产业互融互补的新路子。现有省级龙头企业3家，市级龙头企业10家，形成了眉山葡萄、大坪杨梅、响莲葛根、富康油茶林等一批特色种养基地，响莲实业成为全国"航天育种种植基地"。2013年，冷水江农村居民人均可支配收入达15407元，同比增长18%，高于城镇居民人均可支配收入增幅6个百分点。

（四）以保障和改善民生为抓手，促进社会和谐稳定

各项惠民政策全面落实，廉租住房及合格学校建设、农村危房改造等为民办实事工作有序推进；社会保障体系不断健全，养老、医疗、失业、生育、工伤保险全面拓展，新增城镇就业6983人，农村劳动力转移就业5418人。成立了冷水江市慈善总会，设立1000万元重特大疾病医疗救助基金。城镇"零就业家庭"援助行动、农村"五个一"工程顺利实施，公路村村通、广播电视村村通、互联网络乡乡通全面实现。科技、教育、医疗、卫生、文化、体育等各项事业均取得长足进步，化解城区大班额初见成效，公立医院改革试点稳步推进，成功列入全国科技进步先进县市和全省科技成果转化示范县市，档案工作成为全国社会主义新农村档案建设示范县（市），群众体育工作进入全国先进。三条底线稳步推进，冷水江被命名为"全国平安铁路示范市"，民调工作位列全省第26名，位居娄底第1，安全生产没有发生较大以上安全事故，人口计生工作实现保模进位目标。

（五）以提升执政能力为基础，切实加强党的建设

近年来，冷水江始终坚持立党为公、执政为民，切实推进党的建设。

1. 加强思想组织建设

以标准化建设统揽党建工作，形成了月总结、年考评、分级分类督导的动

态管理机制，主要做法得到娄底市委的充分肯定。以"互签一份承诺、结对一名党员、联系一名群众、共过一次组织生活、开展一次主题活动、解决一批实际问题、建立一套长效机制"为内容的"七一工作法"，得到了中组部、省委组织部的高度肯定。严格执行《党政领导干部选拔任用工作条例》，大力倡导"以项目看能力、以项目评业绩、以项目论英雄"的导向，选人用人公信度、透明度不断提高。冷水江市委荣获"全省创先争优先进县市党委"称号，岩口镇农科社区党支部被评为全国创先争优先进基层党组织。

2. 加强和改进群众工作

深入开展以为民务实清廉为主要内容的群众路线教育实践活动，组建群众工作部，下派210个群众工作队，建立健全市、乡、村三级群众工作网络，驻村干部由群众工作部统一管理，每个月的第一个星期进村工作，24小时驻村，与村民同吃同住同劳动，为群众做好事、办实事、解难事。2014年来落实民生帮扶资金154万元，代办服务事项12476件，落实民生项目1500项，化解信访矛盾纠纷1600余件，党群干群关系更加密切。

3. 加强机关作风和反腐倡廉建设

坚决贯彻中央八项规定，相应出台禁止性规定，2013年来，共开展明察暗访120余次，诫勉谈话16人，立案调查18人，通报批评单位25家，干部作风明显改观。深入开展反腐败斗争，严肃查处了一批违法违纪案件，2013年共立案查处各类违纪案件78件，给予党纪政纪处分69人，全市上下风清气正、政通人和的氛围更加浓厚。

二 冷水江小康社会建设的几点体会

近年来冷水江呈现出经济发展、事业进步、政治清明、社会安定的可喜局面，主要有五点体会。

（一）坚持突出发展主题

发展是硬道理，只有加快发展，才能克服一切阻碍，才能战胜一切困难。近年来，冷水江以发展统揽全局，以发展解决问题，以发展凝聚人心，连续9

年进入全省经济十强县市行列，开创了干部心齐、群众气顺、做事劲足的良好局面，为小康社会建设奠定了坚实的经济基础。

（二）坚持"一转三化"方向

冷水江确立的"一转三化"战略，"转"是"一转三化"战略的灵魂和核心，"化"是实现"转"的具体途径和办法。产业规模化要解决的是传统产业转型升级的问题，城市生态化要解决的是建立新的现代化生产平台的问题，城乡一体化要解决的是释放生产力潜能的问题。把"一转三化"作为冷水江的发展战略，符合科学发展观的本质要求，符合中央"四化同步"和省委"四化两型""四个湖南"精神，符合冷水江的市情民情，得到了社会各界的普遍认同和全市上下的大力支持，在实践中已见到明显成效，在发展理念和发展思路上赢得了先机。

（三）坚持项目支撑发展

近年来，冷水江坚持一门心思抓项目，一往无前跑项目，一鼓作气建项目，不仅增强了当前发展活力，更增添了长远发展后劲。

（四）坚持发展为了人民

坚持把改善民生作为小康社会建设的根本目的，坚持新增财力向农村、基层、社会公共事业和困难群众倾斜，着力解决人民群众最关心、最直接、最现实的利益问题，不断提高人民群众的生活水平，让广大人民群众共享改革发展成果。

（五）坚持团结凝聚力量

团结出智慧，团结出向心力，团结出生产力。冷水江四大家班子同心同德、和衷共济，各级各部门围绕中心、服务大局，广大干部群众心往一处想、劲往一处使，团结拼搏，积极主动地推进工作，形成了聚精会神搞建设、一心一意谋发展的强大合力。

三 冷水江小康社会建设后段思路及对策

冷水江将以率先全面建成小康社会总揽全局,按照中央、省市的要求,高扬改革创新主旋律,贯彻"三量齐升"新要求,深化"一转三化"主战略,全力打好"三大决战",全面落实六个"四年行动计划",着力转变发展方式,着力推进城市东扩,着力统筹城乡发展,着力改善生态环境,着力保障改善民生,着力加强党的建设,确保2017年率先全面建成小康社会。

(一)实行"分类考核",着力形成率先全面建成小康社会新格局

科学的考核机制是推动工作的重要手段。冷水江小康社会实现程度总体水平不高,主要是"两个不平衡":一个是全面小康内部各大指标实现程度不平衡,除社会发展实现程度达100%,其余四大指标均低于90%,特别是单位GDP能耗、规模以上企业农产品加工产值与农业产值比、园区规模工业增加值占规模工业增加值比重、社会安全指数、居民收入水平等指标实现程度较低,压力较大。另一个是各乡镇办因资源禀赋、发展基础、地理人口等方面存在差异,实现程度不平衡。对此,冷水江创新工作思路,果断提出分类考核、协调推进,以全面建成小康社会统揽经济社会发展大局,确保全市2017年全面建成小康社会,确保小康实现程度在每年的全省同类县市区考评中进入前十,力争前四。分类考核主要是两个层面,即分类别考核、分梯次推进。分类别考核,主要是把全市划分为市直机关和乡镇办两个大类,其中再将16个乡镇办划分为12个乡镇和4个街道办事处两个小类进行分类考核。分梯次推进,主要是按2015年、2017年两个时间节点,前三年迈大步,后两年抓巩固提高,并确定每年的具体目标,使得各单位党政一把手个个有担子、有任务、有责任,形成你追我赶、真抓实干全面建成小康社会的生动局面。同时严格奖罚,凡是考核指标进入省里同类县市区前十的予以表彰,进入前四的一律重奖;凡是未按要求完成任务的该通报批评的一律通报批评、该诫勉谈话的一律诫勉谈话、该就地免职的一律就地免职。

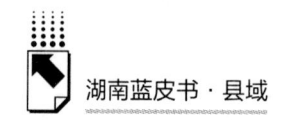

（二）突出"三个发展"，主动顺应率先全面建成小康社会新要求

进一步推进总量发展、转型发展、安全发展，解决发展不充分、不全面、不持续的问题，是确保冷水江率先全面建成小康社会的关键。

1. 坚定不移推进总量发展，解决发展不足、发展不充分的主要矛盾

率先全面建成小康社会，做大蛋糕是前提。无论是增强区域竞争实力，还是加快全面小康进程，都必须保持合理增速，加快做大总量规模。要集中精力投向经济建设主战场，聚精会神搞建设、一心一意谋发展，着力稳增长、调结构、扩内需，全面落实六个"四年行动计划"，力争在科学发展大道上迈稳步、不停步、年年都有新进步，力争全面建成小康社会的目标早日实现。

2. 坚定不移推进转型发展，解决发展质量不高、发展不协调的关键问题

全面小康必须以有质量、有效益、可持续的发展为支撑。当前和今后一个时期，一切发展思路都要围绕推进转型来谋划，一切发展措施都要围绕推进转型来进行，一切发展力量都要围绕推进转型来凝聚。总而言之，要以经济转型为根本，带动社会、城市、生态全面转型，推动产业结构由资源主导向多轮驱动转型，市域经济由单纯的规模扩张向质量、数量和效益并重转型，发展模式由"拼资源、拼能耗、拼环境"到"重创新、重节能、重环保"转型，实现主导产业从地下向地上转，从自给自足向依靠市场转，从粗放型传统经济向高科技集约型经济转，从过去的输出原材料向产业链条延伸转，走出一条具有冷水江特色的转型发展道路。

3. 坚定不移推进安全发展，实现发展可持续、发展更惠民的根本目标

没有安全发展就没有社会和谐，就没有民生幸福，就不是全面小康。要从解决人民群众最直接、最关心、最现实的利益问题入手，不折不扣落实好各项惠民政策，办好人民群众最紧迫的事，尤其是要带着感情、带着责任抓好扶贫帮困工作，特别关注弱势群体，切实帮助老百姓解决教育、就业、医疗、社会保障、住房等生产生活中的实际困难和问题。要创新和改进社会管理，推进领导干部下访、走访和接访制度化，认真解决征地拆迁、环境污染、涉法涉诉等事关群众利益的突出问题，大力推进社会治安防控体系建设，提升人民群众的安全感和满意度。要高度重视安全生产，强化安全生产责任制落实，坚决遏制较大事故，杜绝重特大事故发生，确保人民群众生命财产安全。

（三）打好"三大决战"，走出一条率先全面建成小康社会新路子

全力推进"一转三化"战略，坚决打好"三大决战"是冷水江经济社会发展的战略制高点，是我们应对机遇挑战，加快率先全面建成小康社会的战略抉择。

1. 决战工业600亿，全力推进产业规模化

工业是冷水江的经济支柱。要坚持把新型工业化作为第一推动力，抓住老工业基地转型发展、国家将予以政策支持的大好机遇，以及杜家毫省长明确要求把锡矿山地区建成"两型社会"示范区的重要指示，积极争取国家、省里的支持。同时要加快传统产业改造提升，培育壮大战略性新兴产业和先进制造业，力争到2015年底，全市工业总产值超过600亿元，其中支持冷钢做成300亿的大企业，锑业做成100亿元，煤和煤电、煤化做成100亿元，建材产业做成50亿元，光电科技和循环经济都要达到50亿元产值以上。要坚持把经济开发区作为推进"一转三化"战略的重要行进基地，积极引导企业向工业园区集中，大力发展沿S312线工业经济走廊和沿资江生态经济走廊，形成产业项目向园区集中、生产要素向园区聚集、政策向园区倾斜、基础设施围绕园区配套的态势，打造百亿园区。要大力发展旅游业、生产性服务业、生活性服务业和公共服务业，把10平方千米城东生态城作为发展服务业的大平台，着力推动服务业与工业、农业融合发展，促进服务业发展大提速、比重大提高和水平大提升。

2. 决战城东生态城，全力推进城市生态化

城市是各种经济要素的集中聚集地，也是转变发展方式的重要突破口。实施"扩容"工程，以城市东扩为龙头，加快新区骨干路网建设和公用基础设施配套，鼓励引导大中型企业和民间资本开发建设高档住宅小区、高档酒店以及商贸、餐饮设施，把城东生态城建设得更加繁荣、更加美好。同步实施"提质"工程，着力抓好城市道路改造、大型停车场、管网下地、环卫绿化和水、电、气、通信等基础设施建设，全面实施"省级文明城市"和"省级园

林城市"创建活动,切实提高城市现代化管理水平。大力实施"绿化冷水江"行动,把生态文明建设放在更加突出位置,融入经济、政治、文化、社会建设各方面和全过程,着力解决危害群众健康和影响绿色发展的环境问题,全面实施八大环保工程,大力开展城乡环境整建行动,扎实开展封山育林、荒山造林,建设天蓝地绿水净的美丽家园。

3. 决战农村"135",全力推进城乡一体化

"三农"始终是小康建设重中之重。要加快集镇发展步伐,切实抓好城市与农村的节点建设,促进城镇网络化、智能化、个性化发展,增强小城镇的带动力。合理利用和有效保护农业资源,大力发展生态农业、特色农业、高效农业,大力发展家庭农场,引导资本下乡,拓宽农民增收渠道,实现农业、农村可持续发展。加快整体推进新农村建设,加大户籍制度、土地流转等改革力度,统筹推动城乡规划、基础建设、产业发展、环境治理和公共服务,促进生产要素在城乡间自由流动和均衡配置,形成以工补农、以城带乡、工农互惠、城乡一体的发展格局。

B.36
加快推进古丈县全面小康建设的思考

杨彦芳*

党的十八大确立了到2020年全面建成小康社会的奋斗目标,湖南省第十次党代会提出了在中部地区率先实现全面小康的战略任务。古丈县作为国家扶贫开发工作重点县,全面建成小康社会,时间紧迫,任务繁重。如何加快推进全面建成小康社会进程,逐步缩小古丈与全国、全省平均发展水平的差距,使全县人民逐步过上基本小康和全面小康的生活,笔者就此做了些调查与思考。

一 古丈县全面建设小康社会的进展分析

按照《关于分类指导加快推进全面建成小康社会的意见》(湘发〔2013〕6号),全面建成小康社会考评指标包含经济发展、人民生活、社会发展、民主法治、生态文明5个方面,三类县市共24项二级指标。据2013年统计监测,古丈县全面建成小康社会实现程度为64.8%,5个方面考核指标实现程度不一,具有以下几个特点。

(一)经济保持较快增长,小康进程差距仍然较大

始终坚持发展是硬道理,集中精力面向经济建设主战场,狠抓重点项目、重点产业和重点工作,全县经济保持平稳较快增长。近几年全县生产总值均保持两位数增长,荣获2012年度全省全面小康经济发展快进县,2013年全县GDP增速达13.5%。经济发展质量稳步提升,据2013年统计监测,税收占财

---

* 杨彦芳,中共古丈县委书记。

政总收入比重和第二、第三产业增加值占GDP比重2项二级指标分别为74.4%、79.9%，实现程度均达90%以上。虽然古丈经济发展来势好，但小康进程差距仍然较大，在"经济发展"方面的实现程度仅为56.4%，尤其是人均地区生产总值为7167元（按2000年不变价），实现程度仅为34.1%，远远低于全国、全省水平，经济发展滞后仍是制约古丈全面小康的最突出因素。

（二）民生改善力度加大，扶贫攻坚任务仍然艰巨

坚持财政支出向民生领域倾斜，全年民生支出达5.89亿元，同比增长30.5%，占财政总支出的83.3%。大力发展茶叶、烟叶、柑橘等农业特色产业，加快发展生态文化旅游产业，城乡居民收入不断提高，2013年，城镇居民人均可支配收入达14175元，农民人均纯收入达4127元，同比增长16.1%。加大扶贫开发整村推进和产业后进村扶贫力度，每年投入财政专项扶贫资金3000万元以上，有力地支持了贫困村产业发展和基础设施建设，改善了贫困群众生产生活条件。据2013年统计监测，人均储蓄存款实现程度达100%，行政村客运班线通达率实现程度达92.9%。然而，由于古丈产业基础薄弱，农村自然条件较恶劣，城乡居民收入水平仍然不高，农民因病、因灾返贫现象突出，贫困面依然较大，在"人民生活"方面的实现程度为70.2%，农村居民人均纯收入实现程度仅为45.9%，贫困发生率达37.2%，扶贫攻坚任务十分艰巨。

（三）社会事业加快发展，公共服务设施仍然落后

统筹推进教育、卫生、文化、体育等社会事业发展，薄弱学校改造、山村幼儿园、乡镇卫生院等一批社会事业项目建设有序推进，社会事业发展步伐进一步加快。据2013年统计监测，在"社会发展"方面的实现程度为73.3%，基本医疗保险覆盖率、高中阶段毛入学率、平均受教育年限、5岁以下儿童死亡率等4项二级指标实现程度达90%以上，其中2项指标实现程度达到100%。但由于历史欠账较多，古丈的教育、文化、卫生等公共服务设施仍然落后，特别是人均拥有公共文化体育设施面积不足0.4平方米，实现程度仅为39.2%。

（四）民主法治逐步加强，社会管理水平仍然不高

坚持执政为民，对涉及群众利益的重大事项实行公示、听证等制度，县委、县政府科学民主决策水平不断提高；坚持用群众工作统揽信访工作，畅通群众诉求渠道，大力开展矛盾纠纷排查调处，狠抓安全生产和社会管理综合治理，全县社会大局保持和谐稳定；推行全程代办制和限时办结制，优化办事流程，行政效能和公共服务水平进一步提高；稳步推行村委会、居委会"直选"，基层民主政治建设深入推进，城乡居民依法自治达标率实现程度达80.2%。然而，古丈在民主法治方面仍存在一些薄弱环节，社会管理水平有待进一步提高，保障公共安全的能力还须进一步提升，在"民主法治"方面的实现程度为73.6%，其中，社会安全指数实现程度为69.2%。

（五）生态环境持续改善，生态压力仍然较大

大力实施退耕还林、长江防护林和石漠化治理等生态工程建设，严厉打击乱砍滥伐、无证采矿、乱采滥挖、非法洗矿等违法行为，严格控制高污染、高能耗项目，生态环境保护力度进一步加大；启动实施城乡环境同建同治，城乡人居环境得到明显改善。据2013年统计监测，全县森林覆盖率达71%，城镇污水处理率、空气质量达标率、地表水质达标率等3个指标达到100%的实现程度。生态压力主要体现在单位GDP能耗方面，2013年单位GDP能耗达到2吨标煤/万元，实现程度仅达38.8%，这反映古丈的产业结构不优，仍处于产业链的低端，能源资源的消耗较高，生产性服务业发展亟待加强。

二　加快推进全面小康社会建设总体思路和奋斗目标

全面建成小康社会，对古丈加快发展、科学发展提出了新的更高的要求，不仅要立足当前，更要注重长远；不仅要"金山银山"，更要"绿水青山"；不仅要"生态美"，更要"百姓富"，实现经济发展与环境保护的双赢。因此，古丈县委、县政府在充分征求各方面意见的基础上，确立全县加快推进全面小康社会建设的总体思路是：以党的十八大、十八届三中全会精神为指导，依托

湖南省委"四化两型""三量齐升"和"四个湖南"的发展思路，解放思想、实事求是、与时俱进、求真务实，大力实施"生态文明立县、特色产业富民、发展环境创优"发展战略，着力推进特色产业、重点项目、新型城镇、生态文明、民生事业"五大攻坚"，着力建设生态古丈、活力古丈、精致古丈、幸福古丈，实现绿色崛起，加快推进全面建成小康社会进程。为确保到2020年全面建成小康社会，古丈县既要坚定目标不放松，又要立足县情实际，有步骤、分阶段推进，做到稳中求进，能快则快。第一阶段：从现在到"十二五"末，为全面打基础阶段。扎扎实实抓好基础设施建设、基础产业发展和基层基础工作，为全面建成小康社会打下坚实基础，力争全县人均GDP达到9000元以上，人均财政收入达到2000元以上，城镇化率达到40%以上，固定资产投资达到18亿元以上，城镇居民人均可支配收入达到13000元以上，农村居民人均纯收入达到4100元以上，全面小康实现程度达到80%以上。第二阶段：2016~2017年，为重点跨越阶段。发展壮大一批优势产业，力争实现生产总值、财政总收入、城乡居民收入、固定资产投资四个主要经济指标比2011年翻一番，全县人均GDP达到13000元以上，人均财政收入达到2700元以上，固定资产投资达到26亿元以上，城镇化率达到44%以上，城镇居民人均可支配收入达到18000元以上，农村居民人均纯收入达到5600元以上，全面小康实现程度达到88%以上。第三阶段：2018~2020年，为全面提升阶段。在继续保持经济较快发展的同时，注重加强薄弱环节，推动全面协调发展，力争人均GDP达到21000元以上，固定资产投资达到45亿元以上，人均财政收入达到4100元以上，城镇化率达到50%以上，城镇居民人均可支配收入达到28000元以上，农村居民人均纯收入达到9000元以上，基本实现全面小康目标。

三 加快推进全面小康社会建设的对策措施

全面建成小康社会，根本在发展，关键靠发展。古丈作为国家扶贫开发工作重点县，必须进一步增强责任意识、危机意识、紧迫意识，紧紧围绕发展第一要务，按照"三量齐升"的总要求，抢抓机遇，突出重点，真抓实干，全力推进全面建成小康社会进程。

（一）着力兴产业，为转型发展寻求突破

坚持立足优势资源，把特色产业建设作为壮大经济总量、转变发展方式的主攻方向，推动产业转型升级，努力把资源优势转化为产业优势、经济优势。一是加快农业特色产业开发。以促进农民增收为核心，以加快推进茶叶、烟叶、柑橘等农业特色产业为重点，积极推动传统农业向现代农业转变，着力提高农业产业化水平。突出茶叶提质升级，把打造"中国有机茶叶产业县"作为茶叶产业提质升级的突破口，着力扩基地、提品质、树品牌、拓市场，推动产业加快发展。加大基本烟田土地配套设施项目支持力度，抓好柑橘品改低改、橘园基础设施和柑橘精深加工项目招商，确保产业增效、农民增收。坚持依法、自愿、有偿原则，抓好土地流转工作，积极探索转包、租赁、入股、专业合作社等形式，引导土地向龙头企业、合作社、经营大户有序流转。二是加快旅游产业提质增效。以打造"中国最美地质公园"旅游品牌为目标，突出红石林国家地质公园旅游龙头带动作用，加快坐龙峡、栖凤湖、高望界、天桥山4大重点景区开发，加快四星级宾馆、度假型酒店、景区道路、停车场、游客服务中心等配套设施建设，推动民族文化、茶文化与生态旅游深度融合，打造国内新兴旅游目的地，力争2020年接待游客突破300万人次、旅游收入突破10亿元。三是加快新型工业化进程。坚定不移地把新型工业化作为富民强县的第一推动力，推动工业扩总量、优结构、转方式。突出省级工业集中区建设，大力推进招商引资和项目入园，着力引进战略投资者，尽早形成土地利用高效、资源优势互补、生产要素聚集的工业发展新格局。积极培育发展战略性新兴产业，进一步加大高新技术研发和应用，加快发展钒电池、钒合金等新材料项目，着力打造武陵山片区新材料产业基地，进一步推进经济转型升级。支持生产企业引进新工艺、新技术，加大工业技改项目的申报和实施力度，进一步提高产品附加值，增强企业竞争力。

（二）着力抓项目，为加快发展提供支撑

加快发展实现全面小康，要靠项目支撑，靠项目落实，必须把项目建设作为拉动投资增长、推动经济发展的重要抓手，全力以赴抓项目、促发展。一是

科学谋划重大项目。加快发展既要激活内力，更要善借外力。抢抓武陵山片区区域发展与扶贫攻坚、西部大开发等政策机遇，着力围绕基础设施建设、特色产业发展和民生改善项目，超前谋划和精心包装一批带动力强、发展前景好的大项目、好项目，力争未来6年有更多重大项目进入国家和省市规划。围绕全面建成小康社会，突出抓好县域经济特色产业县、古罗大道、罗凤公路等重大项目前期工作，加大跑项目、争资金力度，将国家投资、银企资金、民间资本引向重点项目、重点产业建设，确保投资年均增长20%以上。二是加大项目推进力度。坚持县级领导联系项目责任制，着力优化项目建设环境，以项目的大投入带动经济社会的大发展。突出抓好基础设施项目建设。重点抓好永吉高速古丈段、罗凤公路、古罗大道等一批重大交通项目建设，加快形成古丈交通大通道格局；加快推进县乡村公路改造、农村通畅工程、网络路和产业路建设，确保140个行政村全部实现村村通硬化路、组组通公路。大力推进古阳河水库项目建设，加快"五小"水利、中小河流治理、四水治理及支干流治理、病险水库治理、水土保持和农村饮水安全等一批重大水利设施项目建设，全面改善全县水利设施条件。着力抓好电力调度中心大楼建设，加快城区11万伏变电站项目申报和建设，继续实施城乡电网改造，改善电力设施条件；着力抓好移动通信、互联网、电信等工程建设，积极发展电子商务、现代物流等信息服务业，打造信息网络平台，实现村村通宽带。三是抓好项目的高效管理。做实项目库，加大项目前期投入，精心包装策划项目，形成"规划一批、储备一批、建设一批"的工作机制；强化重点项目质量和安全监管，加强政府投资项目的审计监督，确保项目质量和资金安全。

（三）着力强城镇，为统筹发展增添活力

坚持把生态文明理念融入城镇化全过程，以城乡规划为引领，以提质扩容为重点，推进城乡一体化发展。一是强化规划引领。坚持立足"山区特点、民族特色、茶乡特质、时代特征"，注重规划的前瞻性，让规划既符合发展实际，又能满足城镇未来发展的需要。重点抓好县城总规修编、县城和中心乡镇小城镇控制性规划，加快古阳河水库库区、栖凤湖等重点区域控制性详规和专项规划编制，确保规划的系统性、科学性和可操作性。强化规划管理，坚持

"规划一张图、建设一盘棋",建立长效机制,加大查非纠违力度,为推进新型城镇化创造良好环境。二是突出提质扩容。突出特色抓提质。以打造"武陵茶都"为目标,加快推进茶文化一条街提质改造、武陵山区茶叶质量检测中心、环城茶叶生态观光园、古阳河风光带等项目建设,努力把县城打造成辐射武陵山片区,集茶叶交易、茶文化交流、茶旅融合、茶产品物流、质量检测、茶叶技术研发于一体的茶叶中心城镇。要拓展思路抓扩容。依托古罗大道建设,通过完善规划、改善环境、布局项目、土地流转,盘活存量土地,发挥辐射带动作用,大幅提升县城承载能力。三是推进城乡统筹。以城乡同建同治为抓手,在城乡规划、产业发展、基础设施、公共服务、社会管理、环境优化等方面实施同建同治。抓住户籍、保障、居住、就业等制约人口集聚的重点难点问题,创新思路,大胆探索,真正构建起人口向城镇集聚的持久动力机制,进一步放宽城镇落户条件,进一步健全社会保障,着力健全住房保障,发挥城镇优势,努力创造更多的就业机会,推动农村人口市民化。

(四)着力抓生态,为绿色发展夯实根基

坚持把生态文明建设放在更加突出的位置,以争创"国家级生态县"为目标,大力推进生态文明建设,加快构建资源节约型、环境友好型社会,推进经济社会健康可持续发展。一是推进生态环境建设。突出抓好生态公益林、退耕还林、长江防护林、石漠化治理、木材战略储备、水生态文明治理等6大生态项目建设,大力开展全民植树造林绿化行动,严厉打击乱砍滥伐等破坏森林资源的违法行为,坚决守住林木保护底线,确保全县森林覆盖率达71%以上,营造绿色、宜居的生态环境。进一步加大环境保护力度。强化矿产资源监督、管理和保护,严厉打击无证采矿、乱采滥挖、非法洗矿等违法行为;严格控制高污染、高能耗项目,抓好节能减排和工矿企业环境整治,大力推进资源综合利用和节能技术推广,坚决守住节能减排底线,确保单位GDP能耗不超过0.8吨标煤/万元,提高可持续发展能力,努力实现绿色发展。二是推进"两型"社会建设。把"两型社会"建设贯穿于新型工业化、农业现代化、新型城镇化等领域。大力发展新型工业,坚持高起点、高水平、高科技开发利用矿产资源,注重延伸产业链条,积极培育新材料、新能源等战略性新兴产业,推动古

丈工业转型发展。大力发展生态农业，推进以特色农业、观光休闲农业为主的生态农业示范园建设，扩大无公害农产品、绿色食品和有机食品生产基地规模。三是推进生态文明制度建设。严格执行投资项目节能评估审查制度，抓好土地、矿产、水资源节约管理；严格执行资源有偿使用制度和生态补偿制度，建立健全生态环境保护管理体制；建立完善企业环境影响评价和环境准入制度，落实矿山环境恢复治理保证金制度，依法加强水土流失防治与矿山生态恢复治理，促进经济社会健康可持续发展。

（五）着力惠民生，为和谐发展强化保障

始终坚持把民生幸福作为一切工作的出发点和落脚点，从解决群众最关心、最直接、最现实的利益问题入手，抓实抓细民生工作，让发展成果更多更公平地惠及全县人民。一是大力推进扶贫开发。按照习总书记"实事求是、因地制宜、分类指导、精准扶贫"的要求，坚持把扶贫开发作为全面建成小康社会的重要任务，进一步加大扶贫工作力度。围绕产业开发抓扶贫，因地制宜发展茶叶、烟叶、养殖等农业特色支柱产业，带动贫困群众加快脱贫、逐步致富。围绕农村公共服务设施建设抓扶贫，加快实施以水、电、路、通信、广播电视为主的"五通"工程，改善农村生产生活条件。围绕民生改善抓扶贫，着力解决中低收入家庭上学难、看病难、居住难等问题，实现扶贫对象"两不愁、三保障"。二是着力强化民生保障。按照"守住底线、突出重点、完善制度、引导舆论"的思路，进一步加强城乡社会保障体系建设，切实抓好稳定就业、城乡低保、五保供养、灾民救助等工作，加大保障性住房建设和农村危房改造力度。要以促进教育公平为目标，加快中小学标准化校园建设，加快推进城乡公办幼儿园和"山村幼儿园计划"项目建设，促进教育均衡发展，办好人民满意的教育。加强卫生基础设施和人才队伍建设，深化医药卫生体制改革，进一步提高医疗保障水平。三是推进社会管理创新。坚持不懈抓好安全生产、信访维稳、社会管理综合治理，推进安全发展、和谐发展。继续抓好重点领域、重点行业安全隐患排查整治，提高保障公共安全的能力，确保人民群众生命财产安全。进一步加强和改进群众工作，深入推行县级领导接访和信访工作联席会议制度，畅通群众诉求渠道，加强基层基础工作，着力把矛盾化解

在基层、化解在萌芽状态，确保全县社会大局稳定。完善城乡社会管理体系，建立健全公共服务保障、社会矛盾化解、重大事项社会稳定风险评估等工作机制，提高应急管理能力，切实提高人民群众的安全感和满意度。

（六）着力优服务，为开放发展创优环境

经济发展环境既是软实力，又是竞争力，更是生产力。坚持把加快发展的意识转化为服务发展的理念，努力用一流的工作品质创造一流的发展环境。一是打造健康文明的人文环境。积极开展优化发展环境宣传教育活动，最大限度争取群众的理解和支持，强化亲商、安商、扶商和保护投资者的开放意识，努力形成人人关心发展环境、人人都是发展环境的浓厚氛围。二是打造优质高效的政务环境。把政务环境建设作为优化发展环境的突破口，以简政放权为抓手，加快转变政府职能，精简审批事项，简化办事流程，分类制定审批"线路图"、办事指南和操作规则；推进政务服务中心标准化、规范化建设，全面推行联审联批、全程代办、限时办结等工作机制，加快电子政务建设，切实提高机关工作效能和服务水平。三是打造和谐稳定的社会环境。深入推进重点项目建设环境、企业发展环境等专项整治，严厉打击各种寻衅滋事、欺行霸市、阻工闹事、黑恶势力干扰等不法行为，着力解决损害经济发展环境的突出问题，切实维护投资者和人民群众的合法权益。四是打造公平有序的市场环境。进一步规范政府投资建设项目招投标、政府采购、土地国有产权出让"招拍挂"，加强市场监管，坚决打击制假售假、不正当竞争行为，维护市场主体和消费者的合法权益；加强信用体系建设，形成良好的信用秩序和信用环境，促进古丈市场繁荣，增强市场活力。五是打造全民参与的创业环境。把创业作为发展之基、富民之本、强县之源，落实各项创业人才优惠政策，充分调动全县人民创业积极性，大力发展民营经济，支持小微企业加快发展，在全社会形成支持创业、崇尚创业的浓厚氛围。

专题篇

Specific Reports

B.37
加快全面建成小康社会的"宁乡现象"
——宁乡县好中求快的发展局面是怎样形成的

省委政研室 长沙市委政研室课题组[*]

宁乡地处长沙西大门,是刘少奇主席的故里,总面积2906平方千米,辖33个乡镇和街道,人口138万。过去的宁乡,交通闭塞,财政薄弱,工业停滞,是一个比较落后的传统农业大县。近年来,宁乡开拓进取,致力后发赶超,一跃成为全省经济强县,县域经济基本竞争力跻身全国第56位。探索宁乡巨变过程,总结宁乡有益做法,全面解读"宁乡现象",对于全省加快全面建成小康社会具有重要意义。

一 彰显"三量齐升"的宁乡变化

宁乡始终坚持科学发展,按照省委提出的"三量齐升"的总要求,紧密

---

[*] 调研组成员:曹炯芳、曾剑光、蒋俊、唐超雄、石曙光、周西南、李志勇。

结合县情实际，着力探索增速与质量双高、规模与效益共增、当前与长远兼顾、强县与富民共进的科学实践，各领域发生了可喜而深刻的巨大变化。特别是2012年以来，克服了宏观经济形势疲软的压力，全县经济社会实现了逆势稳增、好中求快的发展新局面。

（一）速度宁乡势头强劲

2013年，县域生产总值增长14%，财政收入增长18.6%，其中一般预算收入增长24.3%，财政收入中税收收入占比81.8%，固定资产投资增长30%，规模工业产值增长21.5%，城乡居民收入持续增长，体现了经济总量、发展质量和人均均量同步提升。2007~2012年，县域生产总值五年跨越五个百亿台阶，人均生产总值达到5.382万元；财政收入五年翻两番；固定资产投资年均增长27.5%；农民人均纯收入由5735元增至13763元，城镇居民人均可支配收入由12806元增至24020元；规模工业产值年均增长43.2%，增速连续五年居全省县域第一；县域经济基本竞争力五年挺进53位。

（二）活力宁乡全面迸发

2013年，新引进格力电器、洋河酒业、雅居乐等7个投资过10亿元、投产后税收过亿元甚至过十亿元的重大项目。近五年里，宁乡新增产值亿元以上企业150家，上市企业达到15家，高新技术企业达到51家，省级以上企业技术中心和工业设计中心达到15个，2家企业成立院士工作站，银行业金融机构达到14家，累投累放信贷资金570亿元。引进博士、硕士等近千名高端人才，带动了人流、物流、资金流的加速积聚。产业结构由传统农业向复合型经济升级，推进了新型工业化、新型城镇化、农业现代化、旅游品牌化和商贸区域化，形成了宁乡经开区、金洲新区、玉潭、灰汤、沩山、花明楼、流沙河等多点发力、竞相突破的发展态势，县域经济活力全面迸发。

（三）美丽宁乡初露端倪

城镇化率从五年前的35.6%达到47.7%，县城建成区由五年前的23平方千米扩大到40平方千米，人口由22万增至34万，经济形态由县城向中等城市升级。成功创建"国家湿地公园"1个,"国家森林公园"2个,"全国文明镇"1个,国家级生态乡镇9个,国家级生态村5个,省级"生态家园示范村"3个,市级"绿色村庄"6个。2013年全县新增造林5.13万亩,森林覆盖率达到47.5%,城市绿化率达到35.5%,空气质量优良率达到95.2%,成功获批"国家卫生县城",获评"全国绿化先进县",成为全省"两型"建设试点县。

(四)品牌宁乡令人瞩目

宁乡经开区、金洲新区分别获批国家级经开区和省级工业集中区,宁乡成为全省第二个同时拥有国家级和省级工业园区的县域。首批"国家再制造示范基地""中国食品工业示范园区""国家节能环保新材料高新技术产业化示范基地"等品牌花落宁乡,以拥有30多个国字号企业品牌创中部县域之最。玉潭镇跻身中部唯一的"全国百强乡镇",沩山成功创建"国家风景名胜区",花明楼、关山分别荣膺国家5A景区和4A景区,炭河里获批国家考古遗址公园。宁乡跻身全国首批17个"旅游强县"之一,成功获批"国家科技进步先进县"、全省首批"特色县域经济重点县"、全省首批"新型城镇化示范县",成功创建省级金融安全区。教育、医疗、人才建设、人口计生、住房保障、农村危改等工作屡获国家荣誉。宁乡现象被新华社等媒体作为全国县域发展样本进行广泛宣传推介。

二 推进"五个发展"的宁乡实践

近年来,宁乡紧扣省委"四化两型"战略,围绕"打造省会次中心、构建幸福新宁乡"目标,以"转型创新,好中求快"作为发展主基调,坚持激活增长极、培育增长点、确保增长率的"三增原则",抢抓机遇,攻坚克难,奋力加快全面建成小康社会进程。特别是2012年以来,坚持突出"五个发展",立足长沙市委明确宁乡"要在全市'六个走在前列'大竞赛活动中争当先行者、勇做排头兵"和"率先走出一条县域经济转型创新发展的成功之路"的全新定位,以践行"五民五感"的幸福新宁乡建设核心内涵为工作重点,汇聚各方面的要素和力量,推动县域经济形成了"好中求快"的发展新局面。

（一）坚持兴工强县第一战略，着力结构调整和产业升级，强力推进转型发展

坚持打造工业主导、多点支撑、多业并举、多轮驱动的现代产业格局。一是以首选战略推进新型工业化。2013年启动新型工业化三年行动计划，重点实施装备升级工程、平台建设工程、管理升级工程，当年财政专项补贴资金达到5000万元，并明确以后逐年递增，计划撬动企业技改总投入50亿元。连续14年推进兴工强县战略，连续9年召开高规格、大规模工业经济大会，每年安排1000万元以上重奖；工业总产值连续8年保持35%以上的增速，产值过亿元企业由16家增至350家，工业的主导地位凸显。坚持培育优势产业，形成了先进装备制造、食品、新材料三大主导产业，2013年产值分别为463亿元、196亿元和358亿元，对规模工业产值贡献率达69.4%。二是以工业理念推进农业现代化。立足现代都市农业定位，按照产业化经营、标准化生产、高效化发展的要求，着力提升农业规模和质效。不断做大做强粮食、烟叶、花猪三大农业主导产业，引导打造茶叶、水果、蔬菜等特色农业品牌，完善种养、加工、物流、交易"一条龙"的产业链。全县形成了以长沙国家级现代农业示范区、回龙铺国家级现代粮食生产示范园、长沙赤龙岛湖泊水果庄园等为代表的"三区五园两廊一示范"产业基地格局。成立农民专业合作社1100多家，入社农户达5.3万户，土地流转总面积近110万亩，有效推动了农业向基地和园区集中。2013年开始，按照"显山、露水、透绿"的要求，实施全民清整、护水、植树3个"三年行动计划"，启动沩、乌、楚、靳四水流域治理，全部关停县内"五小企业"，提升了生态建设水平。三是以精品意识推进第三产业品牌化。坚持"高端商贸、专业发展"，吸引大润发等一批商贸龙头入驻，建成香港豪德、湘中南钢材物流园等一批专业性商贸集散区，区域商贸中心初具雏形。坚持"文旅结合"，打造"五养之乡·中国宁乡"旅游品牌，推动沩山、灰汤、花明楼等核心景区创星摘牌，加快炭河里国家考古遗址公园、中部华天温泉城等重大旅游项目建设，全县接待游客数、旅游收入增幅稳居全市第一。坚持"抓两头、放中间"，打造"宜居宁乡"房产品牌，加快高档楼盘开发和保障性住房建设，县外购房户比例达到20.06%。

（二）注重改革探索，增强发展动力和内生活力，全力推进创新发展

既依靠投入支撑，更注重改革创新，推动县域发展由"投资拉动型"向创新主导的"双轮驱动型"转变。一是锐意改革增添发展动力。改革行政审批制度，探索"模拟审批"的新模式，突破以往审批环节互为前置、互作条件的老套路，推行多个流程同步进行、并联审批的新形式，大大加快了项目落地。按照"节约集约、生态高效、两型发展"理念，探索创建金玉乡镇工业集中区，既激发了乡镇发展工业的热情，又避免了县域工业无序发展。单独设立并配齐配强县招商合作局，坚持"大招商、招大商"的理念，实行全民招商策略，将招商引资作为"四好班子"一票否决条件，每年500万元重奖有功人员；创新招商方式，变被动招商为主动招商、变机遇性招商为系统性招商，变单一的激励机制为综合型产业扶持机制。2013年以来，大力开展项目建设"三查三比"活动，每月向全县公布"三查三比"英雄榜，树立奖优罚劣导向，掀起项目帮促和建设新高潮。近五年来，累计引进亿元以上项目355个，其中10亿元以上项目58个，到位县外资金1167亿元，三一重工、青岛啤酒、远大住工、中国建材等知名企业相继落户宁乡，形成了投入拉动的"井喷效应"。二是持续创新激发内生活力。大力推进制度创新，加快转变政府职能，规范土地管理、政府投资、财政管理的"三项制度"，完善重大项目、重大活动、重大决策制度管理体系，从浅层次的释放潜在动力向深层次的挖掘内在动力转变。大力推进管理创新，积极探索新型城镇化建设和管理新路子，着力破解"人往哪里去，钱从哪里来，土地怎么用，城镇如何管"等重大问题，建立现代城投集团，组建新型城镇开发公司，探索多元融资途径。优化发展平台的管理和运行机制，实行主体园区与乡镇园区、所在乡镇之间的"以区带园""以区带乡"模式，实现从做"硬件"到做"软件"、从重管理到重服务的转变；大力推进科技创新，引导企业引进新技术、开发新产品，加强产学研合作载体建设，推动科技成果的转化和应用。2013年，全县实现高新技术产业产值400亿元，同比增加33.3%，高新技术产业增加值占县域生产总值比重达到12.4%。

（三）加速东进融城，拓展发展空间和建设平台，大力推进统筹发展

一是加速与长沙全面对接和深度融合。金洲大道拉近了宁乡与长沙的时空距离，宁乡到梅溪湖的快速干道完成规划设计，4条高速、3条铁路和10个互通、4个站场相继建成或启动建设，县到乡镇公路和行政村主干道全部硬化改造，33个乡镇和街道基本实现"半小时上高速，一小时到长沙"，宁乡在湖南"3+5"城市群和省会长沙的区位优势更加凸显；设立金洲新区，城市发展平台向东推进了10千米。成功争取金洲和玉潭组团纳入长沙大河西先导区，沩江两岸11个乡镇被划入长沙城区整体发展规划，全线融入长沙城区呈喷薄之势，实现了从省会卫星城向城市组团的重大转变；积极参与国家级"两型社会"综合配套改革示范区的产业分工，大力推进产城融合，致力将宁乡经开区打造成为新的千亿园区，将金洲大道产业带打造成长沙西线最具活力的制造基地，成为资源节约型、环境友好型的两型示范区。二是打造平台全面激发县城活力。创新理念、集中资源，做优做强宁乡经开区、金洲新区两大主体工业园区。以玉煤大道为轴心，规划建设20平方千米金玉乡镇工业集中区，实施飞地招商政策，以此担当县域转型发展的新探索、两大主体园区的新补充、乡镇工业发展的新平台；以金洲镇为核心，辐射双江口、朱良桥和夏铎铺，突出"五中心一公园"产业布局，高标准规划建设200平方千米的现代农业示范区，致力打造现代农业综合配套改革实验区。三是集约有序推进城镇化。坚持新型城镇化与新型工业化、农业现代化相互协调、同步发展，统筹城乡、区域、产业和经济社会发展。突出产业支撑，基础设施保障，强化规划引领和节约集约，规范开发程序，不搞城镇面积的简单扩张，着力提质扩容。构筑以县城为龙头、中心镇为重点、中心村和社区为补充、交通干线为主轴的县域新型城镇化。近3年来，累计完成城镇基础设施建设投入123亿元，4个乡镇被列为长沙市城乡一体化重点支持对象，初步形成"一主两轴四中心多特色"的新型城镇格局。特别是2013年以来，在沩江以东高起点规划建设沩东新城，致力建设东进融城的前沿载体、工业园区的靓丽客厅、两

型发展的县域示范、幸福宁乡的经济新极,为加快实现"撤县设市"打造新平台。

(四)强化要素保障,打造人才高地和资本洼地,努力推进可持续发展

一是"一个理念"优化经济发展环境。坚持"像呵护自己的母亲一样呵护发展环境",根据项目和企业需求改进和创新服务措施。2012年以来,启动"模拟审批"新模式,项目审批时间最少的缩短到57天。连续十一年开展"三抓两促""两帮两促"经济服务活动,深入企业和项目进行"一看三问"走访,在全省率先成立优化经济环境"一办四中心"、群众工作"一部三中心"等服务机构,定期召开企业和项目的问题调度会,创设了"三集中三到位""项目代理员"等行政审批流程模式,优化了经济发展环境,增强了县域对资本的吸引力。二是"两大工程"夯实人才保障。坚持人才强县战略,既注重高素质人才的引进,又注重干部队伍的教育、培训和使用。召开人才强县"千人大会",安排百万重奖,建立亿元人才发展基金,构筑中部地区县域人才创业中心和集聚中心。组织实施了"5127"高素质人才引进工程,累计引进各类人才934名,其中博士78名,硕士203名,优化了人才队伍结构,形成了以"外才"激活"内才"的"鲶鱼效应"。2013年5月,启动干部素质提升"四五"工程和"清华·宁乡大讲堂",计划用5年时间,投入5000万元,实施5项计划,培训干部5万人次,着力打造适应加快全面建成小康社会新要求的干部人才队伍。三是多元渠道激发金融活力。立足于破解资金瓶颈制约,推进政府性融资平台改革,引导采用发行债券、上市融资、担保贷款等方式,有效地缓解了融资难、融资贵等难题,为县域发展注入了活力。在银根紧缩的情况下,2013年金融机构净增贷款70亿元,与国家开发银行签下了110亿元重点支持宁乡未来三年重点城建项目的合作协议。四是提高节约集约用地水平。以集中推进集约,以集聚促进节约,进一步优化土地利用结构,形成了工业园区用地"腾笼换鸟"、关山用地模式、灰汤新型城镇土地开发等节约集约用地新模式。推进阳光征拆、科学征拆、和谐征拆,有效缓解了土地供需矛盾。

（五）坚持发展惠民，加强社会治理和作风建设，不断推进和谐安全发展

坚持把保障和改善民生作为重点，以做好群众工作为基础，以改进作风为保障，创新和改进社会管理，提高人民群众幸福指数。一是普惠化办好民生实事。着眼于以发展保障民生、以民生保障发展，建立各类社会保障水平与经济发展协调提高的增长机制，推进医疗保障、社会保障、住房保障"三个扩大"，实施养老保险、社会救助、基本药物、村级卫生服务以及基层文化体育等公用服务设施免费开放"四个全覆盖"，文体中心、玉潭公园、农村危改、农村学校提质改造、背街小巷改造等重大民生工程加快建设，基本医疗保障和社会保障体系覆盖城乡，基本药物零差率销售全面实施，"零就业"家庭实现动态清零，国家义务教育发展基本均衡，县、国家公共文化体系示范区通过验收。人民群众共享改革发展成果，民生服务质量不断提升。特别是针对2013年旱涝灾害中暴露出的问题，启动农村田间水利扩容提质工程，将其确定为全县今后两年最大的民生实事强力推进，掀起了近三十年来全县最大水利建设高潮，并成为全省农田水利建设现场会议的观摩现场。二是无缝化加强群众工作。坚持把群众工作作为社会管理基础性、经常性、根本性工作，探索建立以"大沟通"为基础、以"大调解"为主体、以"大整治"为"塔尖"的"宝塔式"群众工作体系。组建县委群工办，在各乡镇成立群众工作部和政务便民服务中心、矛盾纠纷调处中心、援助中心"一部三中心"，完成全县418个村、社区群工站建设，选派2094名优秀中青年干部联点驻村、社区，以"十、百、千、万"工程为载体，以"三上三下"为工作原则，全员性、常态化、联动式推进群众工作。突出加强信访维稳源头处置，不断健全十大安全监管体系，维护公共秩序，确保社会稳定。2012年以来，共走访群众32万余户，为群众捐助帮扶物资680多万元，化解纠纷矛盾1.2万余起，代理服务1.5万余件，人民群众满意度和幸福感大为提升。三是常态化推进作风建设。推进"忠诚履职"主题教育活动，全面实施"三查四评五找"调整不胜任现职领导干部试行办法，推进"不在状态就换人"的制度落实。全面实行行政问责办法，推进"有错无为问责"的制度落实。开展治"奢与玩"、治"懒与庸"、治"浮与散"、治"乱与差"、治"远与冷"等"五项治理",重点实施杜绝大操大办、降四费、优服务、精内刊的专项整治,健全日常协调、问题处理、考核奖惩"三项机制",推进作风建设由表及里、由单一主体向多元主体、由阶段性向常态化转变。

三 坚持"为民务实"的宁乡启示

宁乡经济社会发展实现好中求快的生动实践,诠释了省委"三量齐升"战略抉择的深刻内涵和深远意义,也为全省县域经济发展树立了科学跨越的成功典范,为加快全面建成小康社会提供了可资借鉴的重要启示。

(一)加快全面建成小康社会,必须坚持一张好的蓝图干到底

从"鼎足三湘,进军百强"到"抢擂先导区,决胜大河西,崛起中西部,挺进五十强",再到"五年五十强,十年过百亿",进而升华为现在的"打造省会次中心,建设幸福新宁乡",宁乡历届县委、县政府班子在省委、市委的正确领导下,咬定科学发展不放松,始终高举"富民强县"大旗,力推"兴工强县"战略,坚持一张好的蓝图干到底,一任接着一任干,一茬接着一茬抓,发展思路一脉相承,工作目标一以贯之,战略举措一抓到底。加快全面建成小康社会,必须努力做到不变调、不折腾、不反复,不断巩固心齐、气顺、劲足、实干的良好局面,形成心往一处想、劲往一处使、汗往一处流的整体合力,确保政策的稳定、工作的连续和发展的质效。

(二)加快全面建成小康社会,必须具有审时度势的机遇意识

近些年,正处于国家和湖南省加快发展的黄金机遇期,宁乡发展变化的过程正是顺应了宏观经济的发展大势,坚持与国家和湖南省的快速发展同频共振,敏锐地把握和抓住了国际和沿海产业大转移、湖南省新型工业化、新型城镇化大推进等有利机遇,以交通建设为突破口,大踏步推进交通联城,大手笔加强园区建设,大力度开展招商引资,大规模引进高端人才,大幅度改善发展

环境，迅速提升宁乡的比较优势，实现经济总量、发展质量和人均均量同步大幅提升。加快全面建成小康社会，必须具有审时度势谋跨越的机遇意识，努力做到应时而动、顺势而为、乘势而上，把各种有利的因素和机缘适时转化为推进科学跨越的正能量。

（三）加快全面建成小康社会，必须坚持因地制宜，分类指导

宁乡全县33个乡镇和街道、两大主体园区，资源禀赋各具特色，发展情况千差万别。宁乡始终秉持"不同的土栽不同的菜、施不同的肥"的理念，尊重客观规律，尊重发展实际，尊重群众意愿，不搞发展模式的"一刀切"，不搞工作进度的"齐步走"，不搞政策支持的"平均化"，不搞评价考核"一杆秤"，而是一切从实际出发，坚持因地制宜，加强分类指导，实施差异考核，推动各载体单位有侧重、有目的地发挥优势、做强主业、形成品牌。最大限度地实现项目的科学布局和资源的集约利用，整体形成你追我赶、奋勇争先的发展态势。

（四）加快全面建成小康社会，必须努力营造聚力奋进的创业氛围

宁乡人敢闯敢试，敢打敢拼，忘我投入，忘我付出，干事创业中蕴含着一种浓烈的"狼文化"和"钉子精神"。宁乡人敢于攻坚克难，勒紧裤腰带自筹3亿元资金拉通金洲大道；敢于改革创新，大手笔建设金玉乡镇工业集中区，走出了乡镇工业集中布局、集约发展的新路子；敢于真抓实干，以敢为人先的豪迈气概和永不言弃的"钉子精神"开展招商引资和招才引智，实现金洲新区产值税收"六连翻"。正是靠着勤劳致富的好传统和干事创业的精气神，把自信和自强化为加快发展的激情，把创新和创造化为推动跨越的力量，宁乡才有了今天这样翻天覆地的变化。

（五）加快全面建成小康社会，党员干部必须坚持一心为民

改善民生是全面建成小康社会的重中之重。宁乡县委、县政府始终将改善

民生作为发展主轴,将人民幸福作为发展主题,不断加大民生投入,切实强化民生保障,着力破解民生难题。从住房保障到危房改造,从文体中心到玉潭公园,从教育强县到文化强县,时刻把群众利益放在第一位,处处把群众工作放到心坎上。加快全面建成小康社会,必须扎实搞好以为民务实清廉为主要内容的群众路线教育实践活动,特别是教育广大党员干部必须进一步强化宗旨意识,始终坚持一心为民,真心实意地惠民,不遗余力地富民,把民生实事办好,把民生好事办实,真正实现和谐共进,全面发展,不断提高人民群众的幸福感和满意度。

B.38
大力发展县域经济
加快全面建成小康社会

张伟达 *

党的十八大提出到2020年实现全面建成小康社会的宏伟目标。湖南省第十次党代会提出率先在中部地区实现全面小康,省委十届七次全会进而做出分类指导加快推进全面建成小康社会的重要决策,强调以全面建成小康社会为总抓手,统揽经济社会发展全局。面对新形势新省情,要实现全面建成小康社会百年奋斗目标,必须大力发展县域经济,提升全省经济的整体竞争力,夯实全面小康建设的基础。

一 县域经济在全面建成小康社会中的重要地位

郡县治则天下安,县域强则全省强,县域富则全民富。纵观历史与现实,县域的兴衰关系到一个省甚至一个国家的兴衰。对全面建成小康社会而言,经济起着决定性作用,经济强了,社会就会进步,民生就有保障,生态就能改善。因此,县域经济在全面小康社会建设中,具有基础性、战略性、全局性地位。

(一)县域经济是全省经济的基础,只有强化县域的基础支撑,才能加快建成全面小康

就湖南而言,在全省经济社会发展格局中,县域人口占全省总人口的85%以上,县域面积占全省面积的95%左右,经济总量占全省经济的67%左

---

* 张伟达,湖南省委政策研究室副主任,湖南省全面小康办公室副主任。

右。从县域所占的经济份额和所覆盖的人口，足以表明，县域经济是全省经济的基础，县域经济不强，全省经济就不可能强。按照全面建成小康社会的基本内涵，全面小康是在总体小康基础上更全面、更高水平的小康。所谓更全面，就是要有100%的县市区、90%以上的城乡居民、80%以上的指标达到全面小康指标体系的标准，不能以平均数代替大多数，不能以部分区域、部分人的高水平小康掩盖全民的小康。如果一个省内，有一个县达不到全面小康标准，或者一些县有10%以上的居民离全面小康有较大差距，就不能称是全省实现全面小康。这就要求，必须通过大力发展县域经济，促进县域经济均衡发展和总体实力提升，为加快建成全面小康奠定坚实的经济基础。

（二）县域经济是"三农"的载体，只有破除"三农"发展短板，才能加快建成全面小康

习近平总书记说，小康不小康，关键看老乡。农业还是"四化同步"的短腿，农村还是全面建成小康社会的短板。从湖南来看，农业还不强。基础设施薄弱，农业靠天吃饭的局面没有得到根本改变，农业现代化水平、劳动生产率水平均很低，农产品加工产值与农业产值之比为1.1:1，低于山东、河南等省近1倍，低于发达国家数倍；农业劳动生产率约为世界平均水平的50%，仅为美国和日本的1%；农民还不富。2013年全省农民人均纯收入8372元，城乡居民收入差距仍为2.8:1，相差2.8倍；农村还不美。路、水、电、气、房和生态环境，与发达国家和地区相差很大，与全面小康标准比也有一定差距。深刻分析原因，"三农"的差距，关键是湖南省县域经济不强。沿海的浙江、江苏等省，之所以"三农"发展水平高，得益于县域经济强，城乡统筹发展，形成了"三农"与县域经济、城镇与农村发展的良性互动。显然，如果不做大做强县域经济载体，不突破"三农"发展这个短板，占50%多的农村人口不能达到全面小康，就不可能实现全省的全民小康。

（三）县域经济是民生的保障，只有破解县域事权与财力不等矛盾，才能加快全面建成小康

实现全面小康，其实质就是要让广大人民群众过上更加殷实、更加幸福的

生活。县域内有85%以上的人口，即使城镇化达到70%以上的水平，仍然会有80%左右的人口在县域。从这个意义上讲，县域经济也是民生经济。从发展的现实分析，湖南省县域经济最大的矛盾是事权与财力不对等。一个县除了抓发展、抓基础设施建设外，保障和改善民生的任务更重，特别是提高老百姓公共服务水平，促进城乡公共服务均等化，压力更大。这些都需要厚实的财力作支撑。而县级财政，由于县域经济相对滞后，财力有限。2012年，除中心城区的98个县市区的公共预算财政收入618.6亿元，人均财政收入1101.5元，仅为全省平均水平的40%；公共财政预算支出2062.6亿元，人均财政支出3672.9元，为全省的58.6%。县级财政支出的70%来自中央的转移支付，县级人均一般预算收入只有一般预算支出的30%。而中央财政转移支付是有限的，不增加县级自身财政收入，就难以提升民生保障水平，也难以保证让绝大多数城乡居民达到全面小康标准。因此，必须通过大力发展县域经济，大幅度提升县级财力，改善城乡居民生活质量，加快实现全面建成小康目标。

二　县域经济发展差距对全面建成小康社会的影响

分析湖南省全面小康实现情况发现，省市县三个层面形成梯度差异，市际、县际的区域差距较大，最关键的影响因素就是县域经济的差异。

（一）县域经济的总体水平差距，制约全面建成小康进程

从全省总体来看，2011年省市县三个层面全面小康梯度差异明显，省级层面总体实现程度为84.3%；市州级层面总体上低于全省平均水平，只有占总人口1/6左右的长株潭三市高于全省水平，达到92.7%，其他市州均低于全省水平，洞庭湖三市为81.5%，湘南三市为77.4%，大湘西地区为73%；县级层面更低一些，122个县市区总体上低于市州级，实现程度低于80%的有76个县，低于75%的有42个县，占全部县市区的34%。县一级实现程度之所以低，主要是低在经济发展指标以及与经济指标相关联的生活质量和文化教育指标上，除了长株潭下属的以中心城区为主的20个左右县市区外，其他90多个县市区经济发展实现程度均在70%以下，2/3的县市区经济指标实现程度

在60%以下。由此可见，湖南县域经济发展总体水平滞后，是影响全面建成小康社会进程的一个重要因素。加快全面建成小康社会，必须从总体上推动县域经济又好又快发展。

（二）县域经济发展不均衡，制约全面建成小康进程

湖南省经济社会发展的一个鲜明特点，就是区域差距比较大，区域经济发展差异导致全面小康建设的差距。从2011年的全面小康实现程度分析，区域之间差距明显。14个市州呈自东向西的梯次差异，长沙市最高为96.2%，株洲市为89.8%，湘潭市为87.8%，常德市为83.5%，岳阳市为82.2%，郴州市为78.5%，张家界市为78.4%，益阳市为78.1%，衡阳市为77.4%，永州市为76.6%，邵阳市为74.8%，怀化市为73.8%，娄底市为72%，湘西土家族苗族自治州为69.4%。122个县市区县际间差距更大，大体可分四个层次。第一个层次为90%以上的县市区12个，全部在长株潭中心城区；第二个层次为80%~90%的县市区35个，多数分布在长株潭和环洞庭湖城镇化较高的地区；第三个层次为70%~80%的县市区50个，主要是各区域的农产品主产区；第四个层次为70%以下的25个县市区，全部集中在连片特困地区。实现程度最高的长沙市芙蓉区与最低的新化县相差34.9个百分点。形成的这种全面小康差异，正好与县域经济发展差异相对应。城镇化水平高的中心城区和县域经济强县全面小康实现程度在85%以上；传统的农产品主产区，基本上是县域经济中等发展水平的县市区，小康实现程度为75%~85%，是占全省50%左右的县市区；县域经济相对落后、基础较差的国家级和省级贫困县，小康实现程度在75%以下，全省新一轮扶贫开发的48个贫困县，以约占全省53.1%的国土面积和33.4%的人口，仅实现全省16.8%的经济总量。因此，在县域经济发展上，必须针对这一特点，实行分类指导，注重对农业大县特别是贫困县，加大扶持力度，全面提升县域经济发展水平，缩小县域之间的差距，以县域经济的同步协调发展，带动全面建成小康的协调推进。

（三）县域经济的质量效益差距，制约全面建成小康进程

湖南省县域经济除了总量水平较低外，另一个根本性的薄弱方面，是内部

素质较差。主要体现在经济结构不优，增长质量和经济效益较低，人均均量也较低，越是人口大县人均均量越低。2012 年，人均 GDP，全省为 33480 元，除中心城区外的 98 个县市区为 26320 元，占全省的 78.6%；人均公共预算财政收入，全省为 2693 元，98 个县市区为 1101.5 元，只占全省的 41%。整体素质不仅影响县域经济持续增长和基本竞争力的提升，而且是制约全面小康的关键要素。在湖南省三类县市区全面小康考评监测指标体系中，人均财政收入、税收占财政总收入的比重、经济结构指数、城乡居民人均收入等体现质量效益的指标，权重是最大的，四项指标权重在 30 分以上，单项指标权重均在 7 分以上，一、二类县市区结构指标权重分别为 12 分和 10 分。按照三类县市区指标体系，对 2012 年进行测试分析，结果表明，大多数县市区因为质量效益指标的差距，导致了全面小康的差距，每一类县市区中，凡是全面小康实现程度落后的基本上均是结构效益指标分数较低的。因此，我们抓全面小康建设，抓县域经济发展，必须针对薄弱环节，大力促进"三量齐升"，在提升经济总量的同时，更加注重从优化经济结构、提升经济增长质量和人均均量上下功夫，实现大的突破。

三　大力发展县域经济促进全面建成小康社会的对策

实践表明，加快湖南省全面建成小康社会，基础在县域经济，短板在县域经济，重点在县域经济。必须把发展县域经济作为加快全面建成小康的关键，以分类指导为抓手，以深化改革为动力，以"四化同步"发展为路径，集中力量，强化举措，推动全省县域经济大提升。

（一）加强分类指导，完善县域经济发展的战略定位和差异化政策

针对湖南省县域经济发展水平差距大、特点各异等情况，必须按照科学发展的要求，遵循区域经济规律和主体功能区规划，搞好顶层设计和分类指导，进一步明确各类型县市区的战略定位，完善差异化支持政策。

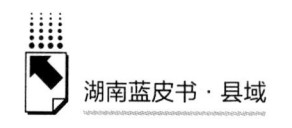

1. 中心城市区应以新型工业化引领，提升新型城镇化水平

这类型区域都是重点开发区，要按照区域城市群和中心城市建设规划，走集约、智能、绿色、低碳之路，优化产业结构和产业布局，推进产业与城镇融合发展，推进集约开发与产业转型升级，实现各中心城区经济实力强、产业结构优、公共服务好、持续发展能力强。在政策上，支持引导现代服务业发展升级，支持"两型社会"建设和配套改革。

2. 城乡复合发展县市区应依托资源优势和产业基础，提高城乡统筹发展水平

这类型县市区是湖南县域经济的主体，也是湖南的缩影，大多是农产品主产区，每个县市区都有各自的特色，必须走差异化特色之路，加快做大做强。要立足自身的资源优势，以工业为主导，大兴以农产品加工为主的加工业，大兴县城和中心镇，大兴招商引资，特别是要大力发展工业园区或者工业集中区，推行工业向园区集中，人口向城镇集中，土地向新型农业经营主体集中，推进工业与农业、城镇与农村融合发展。对这一类县市区，应从产业政策上加大支持力度，重点支持新型工业化、新型城镇化和农业现代化同步发展，支持承接产业转移和招商引资，促进农业大县成为城乡一体化发展的农业强县、经济强县。

3. 贫困地区，特别是武陵山和罗霄山集中连片贫困地区的县市区，应以扶贫攻坚与生态建设为战略定位，加快脱贫致富步伐

这类型县市区是经济比较滞后，基础条件比较薄弱的重点生态功能区。工业很差，生态很好，地域很广，人口很少，区位很偏，人文很厚，必须扬长避短，着力发展旅游文化产业、特色农林业等。对贫困县，要加大扶持力度，创新精准扶贫新机制，一方面增加财政转移支付，保障这些地方办教育，改善公共服务；另一方面支持基础设施和产业建设，加强发达地区对口帮扶协作，提高贫困县的自我发展能力，实现稳定脱贫。同时，要加强生态保护与建设，提高生态补偿标准，促进县域经济与生态文明建设互促共进。

（二）突出产业支撑，发展县域特色经济

每个县经济发展的模式不同，但有一点必须相同，那就是要有产业支撑，并且要有带动财政和居民共同增收的支柱产业。湖南省的县域经济之所以不强，产业雷同也是一个重要原因。一个县什么都有，但哪一个也不大不强，缺乏特色，形不成规模效应，形不成竞争力。新形势下推动县域经济加快发展，必须走特色发展之路。

1. 突出发展特色产业

这是县域经济的主导，也是湖南省一些经济强县的经验所在。比如长沙县的汽车和工程机械，浏阳的烟花和生物医药，汨罗的循环经济，桂阳的烤烟，资兴的火电水电等，都是立足区位、资源等优势形成的特色主导产业。各地应从实际出发，选准县域最有特色、最有优势的产业做大做强，并且注重抓特色项目、特色园区建设，促进特色产业集群发展。

2. 加快建设特色城镇

特色城镇是县域集聚产业、集聚人气、集聚要素的重要平台。一些县市应围绕县城和中心镇提质扩容，依托历史人文和自然生态等独特优势，推进城镇与产业、文化、生态等融合发展。像凤凰、南岳、永定、武陵源、洪江、韶山等一样，建设富有鲜明特色的历史古城、文化名镇、工贸重镇、生态宜居小镇等。同时，推进省际边界城镇建设，打造省际交流合作的示范区，既可振兴边境县域使经济繁荣，也可展示湖南开放的形象。

3. 着力培育特色市场

市场对县域经济的发展也具有独特的带动作用。义乌是浙江中部一个山丘区的小县城，现在建成了全球最大的小商品集散中心，被联合国和世界银行称为世界第一大市场。这就充分表明，县域小市场也可以成为世界性商品市场，关键是要有特色，让世界知名。这方面，湖南省县域还很薄弱，市场建设，无论是硬件建设还是软件建设都比较落后，特色就更谈不上。今后，要立足特色产业发展，以专业市场和商贸流通为基础，加快高标准特色市场建设，放大市场的辐射功能。

4. 注重打造特色品牌

区域经济的竞争，取决于创新和品牌。像湖南省醴陵的瓷器、浏阳的烟花、安化的黑茶、湘潭的湘莲等都是国内外知名的品牌，张家界、崀山是世界自然遗产。这样的特色品牌资源就是取之不尽的资产。还有的县并没有资源优势，也打造了知名的特色品牌，比如南县不产小麦面粉，"克明面条"却成为全国销量第二、年产值过10亿元的品牌；永兴不产银，却被评为"中国的银都"。因此，任何一个县，无论有没有资源，都应依靠科技创新、产品创新，咬住青山不放松，锲而不舍地培育有特色的品牌，提升产业产品的竞争力。

（三）全面深化改革开放，增强县域经济发展的活力

深化改革，扩大开放，是加快县域经济发展的根本动力。浙江、江苏、广东等沿海发达省份，县域经济发展快、实力强，最根本的是这些地方开改革开放之先河，获改革开放的最大红利。湖南省要深入贯彻落实十八届三中全会《决定》的精神，把全面深化改革与发展县域经济紧密结合起来，推动县域经济向民营化、开放型发展转变。

1. 促进全民创业，推动民营经济大发展

改革开放的实践表明，从经济成分看，县域经济就是民营经济。凡是民营经济蓬勃发展的地方，县域经济的活力就强。湖南省应抓住落实三中全会《决定》精神的契机，以改革创新促进民营经济加速发展。要优化放宽市场准入，拆除准入门槛，大力吸引民间资本进入基础产业、基础设施、市政建设、金融电讯、商贸流通等更多领域，参与发展文化、教育、医疗和社会福利等事业；鼓励支持各类人才特别是科技人才和农民工创办个体私营企业和股份合作企业，充分激发全民创业热情。要加大对民营企业的支持，增加中小微企业发展专项资金，降低民营企业税收负担，鼓励各类金融机构创新金融产品和服务，增加信贷投放，要通过支撑发展村镇银行、小额贷款公司、担保机构和支持民营企业上市，帮助民营企业突破融资"瓶颈"。要构建公平竞争平台，在项目筛选、土地供应、技改贴息、成果转化、出口退税、行政事业性收费及招投标等方面，保障民营企业与国有企业享有同等待遇。要优化发展环境，全面推行服务质量公开承诺制和政务公开制度，简化办事程序，实行依法行政，切实维护民营企业的合法权益，着力营造放心投资、安心创业的社会环境，形成尊重纳税人、关爱企业家、扶持创业者的浓厚氛围。

2. 实施开放带动，实现开放型经济新突破

在经济全球化背景下，县域经济决不能是局限在县级行政区划内的封闭型

区域经济，必须走开放之路，在更大范围配置资源、开拓市场。首先，坚持开放带动。任何一个县，随着现代交通网络的形成，区位距离不再是最大的制约因素，关键是理念。一定要有开放的理念、开放的思维，打开县门，主动融入经济全球化，积极参与县域外的产业分工协作，用开放来带动开发，带动产业转型升级。其次，要加大招商引资力度。紧紧抓住沿海产业转移的机遇，盯住国内外的优势大企业、大集团，采取各种有效方式招商，全方位引进投资者和大项目、好项目；把自身最好的家底、最优势的资源拿出来，进行对外合作。最后，要创新开放合作的优势，在用地、税收、用工等方面提供最优惠的条件，在项目审批、基础设施、办事程序等方面提供最好的环境。

3. 扩权强县，发挥市场在县域资源配置中的决定性作用

深化行政审批制度改革，是新时期全面深化改革的一大亮点，这一改革必须向县域延伸。要从两个层面放权：一个是处理省市县三级的关系，给县一级扩权。省市两级要列出"权力清单"，该放到县级的审批权，要坚决下放，该由县级政府做主的，由县级政府做主。要赋予县一级整合资金的权力，改革资金拨付办法，防止上级主管部门干预，让县一级集中资金资源办大事、抓大项目。二是处理好政府与市场的关系，维护市场主体权利。在县域内微观经济活动中，必须尊重市场主体，坚持市场运作，该交给市场的要交给市场，该交给中介组织的交给中介组织，政府不应过多干预，真正让市场在资源配置中发挥决定性作用。

（四）坚持城乡统筹，加快发展城乡一体经济

湖南是农业大省，从县域经济的形态看，县域经济的主体就是农村经济。但是，在"四化同步"发展的新形势下，要提升县域经济，必须转变传统的经济形态，变农村经济为主体、为城乡一体化经济。长沙县、宁乡县、浏阳市、望城区过去都是传统的农业大县，近几年一跃成为全国县域经济百强县，就是走了一条城乡统筹发展之路。今后，全省县域经济都应坚持城乡统筹，推动城乡经济社会一体化发展。

1. 大力推进农业现代化

针对农业这个"短腿"，必须围绕提高农业的劳动生产率、土地产出率和

农民收入水平，按照工业化理念抓农业，大力发展现代农业。一是要以发展农产品加工业为重点提高农业产业化水平。各县应立足农产品资源优势，选准几个主导产业产品，发展农产品精深加工，延长产业链条，重点培育壮大上规模、带动能力强的龙头企业。二是要以创新农业经营体系和土地流转机制为重点，提高农业的规模化水平。按照十八届三中全会《决定》的精神要求，因势利导，大力发展种养大户、家庭农场、农民合作社和农业企业等新型农业经营主体，特别是要支持农民合作社发展。要积极推动农业土地经营权有序流转，切实抓好农村土地承包经营权确权登记颁证，实行土地流转支持奖补政策和规范运作，加快健全农村土地流转市场，促进农村土地向新型经营主体集聚，发展适度规模经营。三是以加强农业科技创新和先进装备为重点，提高农业的集约化和机械化水平。国外的经验表明，农业的技术装备决定农业劳动生产率和土地产出率的高低。随着工业化、城镇化发展，农业人口和农业耕地减少，农业现代化最终要靠科技创新解决。因此，湖南省各地应更加强化科技创新意识，着力抓好农业科技研发推广，完善覆盖全域的技术推广服务体系。着力抓好农产品质量和食品安全，推行从田间到餐桌的全程标准化生产和质量监控。着力发展设施农业和农业机械，研制和推广适应不同地理区域、不同动植物品种、不同生产加工环节的农业机械，全面提升机械化总体装备水平。着力推进农业信息化，广泛运用信息技术和资源，以农业农村的信息化提升农业现代化。着力加强对农民的培训，造就适应农业现代化的新型职业农民。

2. 加快推进新农村建设

湖南省农村基础设施比较薄弱，生态环境还没有得到根本改善。全省4.2万多个村，还有2.2万个村基础条件较差。必须以建设美丽宜居乡村为目标，以改善生产生活条件和人居环境为重点，推进新农村建设。重点应下大力加强农田水利建设，切实解决农田灌溉"最后一千米"问题。抓好占农田总面积近70%的中低产田改造，建设高标准农田，提高农业综合生产能力；加大路、水、电、气、讯、房等基础设施建设，特别是突出帮助解决经济困难乡村基础设施薄弱问题，推进各县域城乡道路、通信、供水、供气等基本对接；围绕清洁家园、清洁田园、清洁水源、清洁能源，系统整治农村生态环境，搞好城乡绿化和森林保护，支持发展生态农业和循环经济，推动县域城乡生态文明协调发展。

3. 注重新型城镇化带动城乡一体化

减少农民，就是致富农民，就是缩小城乡差距。必须坚持以城带乡方针，推动城乡资源配置、城乡要素合理流动。一是加快县城和中心镇提质扩容。通过大力发展第二、第三产业，建设工业园区，集聚要素，做大县城和中心镇经济规模，加强城镇基础设施建设，完善综合功能，增强吸纳人才、资本和农村劳动力的能力。每个县不仅要把县城建设成为县政治、文化、流通的中心，而且要打造成县域经济的核心增长极。二是推进农业转移人口市民化和城乡基本公共服务均等化。要通过加快改革户籍制度，全面放开县域城镇落户限制，落实户籍政策，让有意愿有能力的农村人口向城镇有序转移。稳步推进城镇基本公共服务常住人口全覆盖，切实解决农村进城人员社会保障问题，保障进城落户的农业转移人口享有与当地城镇居民同等的权益。三是推进县域优势资源要素向农村延伸覆盖。按照统筹城乡发展规划，充分利用财政、金融杠杆和支持政策，支持引导资金、人才、技术向农村倾斜，推进基础设施和公共服务事业建设向农村延伸，实现县域城乡一体化发展。

B.39 湖南省第一轮特色县域经济强县工程实施情况调查

欧阳煌*

2013年1月，湖南省人民政府下发了《关于发展特色县域经济强县的意见》（湘政发〔2013〕1号）文件，决定大力发展特色县域经济强县。省发展特色县域经济强县工程每年扶持3个特色产业，每个特色产业每年扶持3个重点县，每个重点县滚动扶持3年，对每个重点县的支持不低于3亿元，扶持政策暂定实施3轮。湖南省人民政府在省县域经济工作领导小组下增设了省特色办，办公室具体负责特色产业的选取、重点县的评选、资金整合和管理、综合考评等工作，协调推进特色县域经济发展。省特色办于2013年组织了第一轮重点县的评选和实施工作。

一 工作开展情况

（一）突出特色，选好产业

根据湖南省县域经济发展的实际，多次征求省直部门、市县政府以及专家意见，并召开了相关专家和主管部门参加论证会，确定第一轮支持的产业为农副产品加工业、特色制造业、文化旅游业。这三个产业体现了现阶段湖南省县域经济发展的特征，有基础，有规模，有竞争力，有持续发展的能力和空间，更具有较明显的特色。

---

* 欧阳煌，湖南省财政厅副厅长。

（二）认真测算，筹措资金

省特色办对2012年中央、省级专项资金以及省级2013年新增各专项预算进行了认真摸底测算，经多次协商，确定了2013年的筹资方案，最后争取到中央资金19800万元，整合省级部门专项资金40950万元，预算专项安排35400万元。对省本级统筹整合的资金在"渠道不乱、用途不变、各记其功"的总体思路下务实创新：一是各部门资金仍列各部门预算，不平调各部门资金。二是专项资金原则上按原有办法申报，但项目实行备案制。三是被筹措资金的单位均参与项目县的评审。

（三）制订方案，组织实施

经省政府主要领导同意，省特色办制定下发了《关于开展第一轮特色县域经济重点县评选工作的通知》（湘特办〔2013〕1号）。文件下发后，特色办召集相关单位多次召开座谈会研究制定评分细则。评分细则构成主要包括三个方面：一是对重点县评选材料所反映的发展基础、发展优势、发展潜力、发展计划进行量化评分（占总分权重的56%，为体现客观公平的原则，量化指标得分采用无量纲化处理，由计算机进行计算）。二是对重点县评选材料所反映的必要性和可行性、产业规划、建设的范围与内容、建设管理、组织保障措施进行专家评分（占总分权重的14%）。三是重点县陈述专家评分（占总分权重的30%），由参选县竞选陈述和专家提问两部分组成。同时，研究制定重点县评选组织方案，成立了重点县评选委员会，组织了第一轮重点县的评选。2013年5月21日，湖南省政府第4次政府常务会研究确定全省第一轮特色县域经济重点县"9+1"方案，在8月的郴州启动会上正式启动了重点县建设工作。

（四）政企合作，齐力推动

特色办及湖南省政府金融办组织驻湘金融机构专题研究了如何发挥金融机构作用，有针对性地支持特色县域经济发展。湖南省财政厅与相关金融机构签订了财银战略合作协议，协调重点县与部分金融机构签订了框架合作协议，

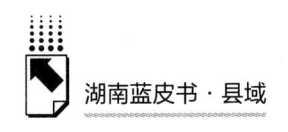

2013年各银行与重点县签订的贷款额度达到192.01亿元，3年意向性贷款额度达到651.3亿元，一定程度缓解了重点县中小企业融资难的问题。

二 取得的主要成效

自2013年8月启动特色县域经济重点县建设以来，在湖南省委、省政府的正确领导下，经各方共同努力，10个重点县的特色产业呈现出良好的发展势头。

（一）产业带动效应初显

特色县域经济强县工程的实施促进了特色产业的快速发展，对经济社会事业发展的辐射带动作用初步显现。一是带动财政增收。重点县2013年平均财政收入增长率为30.9%，高于全省财政收入17个百分点。二是带动就业增加。农副产品加工、特色制造、文化旅游重点县2013年就业贡献率较2012年分别增加2.21个、2.33个、1.27个百分点。三是带动居民增收。重点县2013年城镇居民人均可支配收入达到21642元，增长12.86%，高于全省平均3.06个百分点；农民人均纯收入达到11107元，增长20.85%，高于全省平均8.35个百分点。

（二）产业发展质量提升

10个重点县在做大特色产业规模的同时，坚守内涵式发展理念，产业发展质量稳中有升。一是产业品牌效应逐步释放。10个重点县2013年共新增国际品牌和商标6个、国家级品牌和商标5个、省级品牌和商标83个。二是产业集聚程度逐步提升。2013年，农副产品加工重点县新增产值2000万以上的规模企业16家，其中新增1亿元以上企业19家，全省首批3个国家级现代农业示范园区建设顺利实施；特色制造业重点县工业园区2013年新入驻企业29家，规模工业新增值388.6亿元，增长15.49%。三是产业自主创新能力逐步增强。加大对企业研发的支持力度，特色产业核心竞争力进一步提升。农副产品加工重点县和特色制造业重点县2013年共申请专利181项，新增国家高新技术企业7家，新增省级及以上技术中心或研究机构5家。

（三）产业发展后劲增强

在特色县域经济重点县"金字招牌"的吸引下，资金、项目、人才不断向特色县汇集，特色产业发展势头向好。一是资金渠道更加多元。2013年，10个重点县带动政府增加投入，县级财政筹措10.33亿元专门用于支持县域特色产业发展，主动整合中央、省级资金11.97亿元，各银行与重点县签订的贷款额度达到192.01亿元，企业新增投资184.9亿元。二是项目建设来势喜人。在重点县政策的扶持和带动下，10个重点县掀起了项目建设的热潮。2013年，10个重点县共实施项目292个，其中项目投资额超过1亿元的项目46个，全年共完工项目107个，完成投资92.7亿元。三是专业人才不断汇集。特色产业的发展潜力和投资环境的不断优化，吸引和汇集省内外高层次人才来重点县创业。

（四）产业发展环境改善

特色县域经济重点县工程的实施，给重点县发展带来了宝贵的机遇，同时也倒逼地方政府打造特色、优化环境，10个县市以实施特色县域经济重点县工程为契机，出台特色产业优惠扶持政策，深入开展银企对接、上市融资、项目推进、产销对接等一系列企业帮扶活动，重点县发展思路更加清晰，发展氛围更加浓厚，发展环境更加优化。

三 存在的问题

首轮特色县域经济重点县建设进展顺利，政策实施效果初步显现，由于实际启动时间只有半年，加之是创新之举，在实施中仍还存在一些问题，亟待认真研究加以解决。

（一）机制掣肘有待理顺

一是部门协调仍需加强。在实施特色县域经济强县工程的过程中，各部门、单位仍存在思想认识不一、重视程度不一、行动步调不一等问题，导致在资金整合、项目实施、政策扶持等方面协调难度较大。二是审批流程仍需优化。因整合的专项资金仍按原资金管理办法安排使用，造成重点县项目建设归口管理部门多、审批事项多、审批时限长、审批程序复杂，影响了资金的拨付进度和项目的实施进度。部分项目甚至还需经市州相关部门审批，程序较为烦琐。三是监管机制仍需完善。为加强对专项资金和重点项目的监管，省特色办和各重点县相继出台了相关资金管理办法和绩效管理办法，但具体监管机制政出多门，多头监管的问题较突出。

（二）要素瓶颈有待破解

重点县启动特色县域经济强县工程后，建设热情高涨，投资需求旺盛，生产要素短缺的问题日益凸显。一是土地供应紧张。重点县普遍反映项目建设用地紧张，制约特色产业的发展。如新宁县去年申报的45个文化旅游项目共需建设用地2000多亩，而该县每年可调剂用于该类项目的建设用地仅150余亩。二是专业人才短缺。受地域条件、生活水平等因素制约，特色产业发展所需专业化人才引进难度较大。中小企业普遍缺乏专业技术队伍，产品技术含量低，产品开发能力弱，产品市场拓展难。三是中小企业融资困难。在省特色办的积极协调下，重点县与部分金融机构签订了框架合作协议，一定程度上缓解了企业融资难题。然而，由于银行贷款门槛高、手续繁、时间长等原因，中小企业仍难以获得金融机构的信贷支持。

（三）资金项目管理有待完善

一是部分资金使用偏散。由于2/3的资金来自整合中央和省级专项资金，项目审批和资金监管只局限于本部门资金，整合后的资金仍按原渠道审批，导致县级资金管理与项目管理单位分离，重点县专项资金没有完全聚焦县域特色产业施力，稀释了政策实施效果；部分县市对特色企业的扶持仍采用直接补贴和无偿补助的传统方式，财政资金"四两拨千斤"的政策放大效果欠佳；部分专项资金事先已由主管部门戴帽，增加了市县捆绑使用资金的难度。二是重大项目数量偏少。2013年，10个重点县共启动项目292个，平均每个县近30个项目，其中超过5亿元的9个，超过10亿元的项目只有2个，项目"量多、个小、分散",不利于特色产业的规模化、高端化和品牌化发展。三是部分项目推进偏缓。受首轮重点县启动时间较晚等因素影响,部分专项资金预算执行进度不够理想,项目施工进展较为缓慢。

四 下一步工作打算

实施特色县域经济强县工程是一项创新性的工作,以下工作需进一步完善。

(一)进一步理顺工作机制

为充分发挥相关部门的职能作用,形成齐抓共管的工作合力,需进一步明确产业组长单位和各组成单位的职责;加强部门配合,完善省特色办例会制度,部署和督促重点县相关工作,充分发挥省特色办的组织协调作用;建立省特色办牵头、相关产业组长单位负责的重点县监管机制,根据《湖南省特色县域经济重点县专项资金绩效管理办法》(湘财绩〔2013〕16号),加强对各重点县的考核与绩效评估。

(二)完善重点县的项目审批程序

为解决项目实施推进难等问题,省直相关部门对重点县项目建设在项目审批上实行绿色通道,减少审批层级,精简审批环节,加快审批进度。下放省发展特色县域经济专项资金的审批权限,扩大县级支配使用资金权力,专项资金申报项目由各县根据实际情况确定,直接报省里备案,以加快资金拨付和项目实施进度。

(三)协调解决重点县的土地供应问题

针对项目用地紧张的问题,省县域经济领导小组协调国土、规划等部门对特色县域经济重点县在土地供应上给予充分保障,适当增加用地指标,保障重点工程建设和重点企业项目建设用地,切实破解发展的土地瓶颈,为直接引入项目资金和间接实现收益创造条件。同时,进一步强化重点县责任,

完善项目规划，合理确定用地计划，避免土地使用浪费，杜绝规划用地挪作他用。

（四）完善对重点县的金融扶持政策

在前期出台相关政策鼓励金融机构支持重点县建设的基础上，省特色办尽快会同相关部门制定社会保障基金等财政性资金定存与金融机构信贷投放挂钩机制，引导带动金融机构加大对重点县的信贷投放力度。同时，抓紧出台《有关驻湘金融机构支持重点县建设的考核办法》，对金融机构支持重点县建设的情况进行考核，兑现省财政厅与银行签署的财银战略合作协议。

B.40
创新扶贫开发机制
加快贫困地区县域经济发展

黄绍红[*]

深入推进扶贫开发是党中央、国务院为缓解和消除贫困，构建社会主义和谐社会，如期全面建成小康社会，实现伟大中国梦做出的一项重大战略决策。2011年11月中央召开扶贫开发工作会议，决定以集中连片特困地区为主战场，以"区域发展带动扶贫开发，扶贫开发促进区域发展"为基本思路，举全党全社会之力打好新一轮扶贫攻坚战。近年来，湖南省深入贯彻落实中央会议精神，扶贫开发工作取得了新的成效。一是贫困人口大幅减少。全省贫困人口从2011年的908万下降到2012年底的767万，减少141万人。二是贫困地区经济实力不断增强。2012年底，国家和省扶贫开发重点县的人均GDP、人均地方财政收入、农民人均纯收入分别达到16495元、765元、4367元，比2011年分别增长14.7%、28.2%和15.8%。三是基础设施明显改善。先后启动交通、电力、水利等重点项目2000多个；重点完成了1268个国定和高寒山区贫困村"六到农家"整村推进任务。四是形成新的特色支柱产业。着重扶持了181家扶贫龙头企业和合作社，新增茶叶、油茶等特色优势产业30多万亩。五是社会事业不断完善。农村低保提高到165元/月，基本做到应保尽保；实施了义务教育学生营养改善计划，中职学生免学费达到100%；转移培训贫困地区农民10余万人，组织农民实用技术培训40多万人次；农村医保基本全覆盖，参保参合率连续稳定在95%以上。

在充分肯定成绩的同时，也应清醒地看到，湖南省扶贫开发任重道远。一是贫困人口多贫困面广。全省767万扶贫对象，约占全国相应数的7.7%，只

---

[*] 黄绍红，湖南省扶贫开发办公室副主任。

比云南、贵州少，在全国排第三。51个扶贫重点县（含洪江区）国土面积11.56万平方千米，占全省面积的54.7%；其中有23个是国家认可的革命老区县，24个少数民族县和少数民族人口过半县。二是致贫因素更加复杂。贫困地区大多生态环境脆弱、生存条件恶劣、受教育程度低，经济社会加快发展极易受自然灾害、金融危机、市场变化和食品安全等因素的影响，去年重大旱灾，贫困地区损失尤其严重。加之工程移民、建设用地、生态保护和资源开发等社会性和某些体制、机制性致贫因素，都不断产生新的贫困群体。三是目标任务还很艰巨。离到2020年全面建成小康社会，稳定实现扶贫对象"不愁吃、不愁穿，保障其义务教育、基本医疗和住房"的奋斗目标，只有不到7年时间了；2012年全省贫困地区农民人均纯收入仅占全国和全省相应数的55.2%和58.6%，仅实现全省18.6%的GDP，全面小康实现程度还不到75%。

习近平总书记指出"全面建成小康社会，最艰巨最繁重的任务在农村、特别是在贫困地区"，在中央农村工作会议上和湖南省湘西调研考察扶贫时都特别强调"要坚持不懈推进扶贫开发。国家级扶贫开发重点县就是要把减少扶贫对象作为首要任务，坚定信心，找准路子，加快转变扶贫开发方式，实行精准扶贫。要紧紧扭住农村基本公共服务和基本社会保障的制度建设，编制一张兜住困难群众基本生活的社会安全网。要紧紧扭住教育这个脱贫致富的根本之策，再穷不能穷教育，再穷不能穷孩子"。面对新形势、新任务和新要求，一定要以更加创新的精神，更加有力的措施，更加坚韧的毅力，扎实推进扶贫开发工作，促进区域经济加快发展。

（一）把贫困对象扶起来，补齐县域经济发展短板

首先，要把扶贫对象找准，实施精准扶贫机制。按照县为单位、规模控制、分级负责、精准识别、分批帮扶、动态管理原则，制订工作方案，找准扶贫对象，对每个贫困村、贫困户建档立卡；摸清致贫原因，逐村逐户制定帮扶规划和差别化措施，集中力量予以扶持。当前重点抓好"十二五"国定贫困村和全省少数民族高寒山区村的整村推进工作，以及51个重点县扶贫对象的识别造册和帮扶工作。其次，要加强帮扶指导，完善驻村工作机制。分期分批安排，确保每个实施整村推进的贫困村都有驻村工作

队，每个贫困户都有帮扶责任人。驻村工作队要协助基层组织贯彻落实党在农村的各项政策，积极参与扶贫开发各项工作，把人、钱、项目组织起来，管理好、使用好、落实好，帮助贫困村、贫困户脱贫致富。最后要转变政绩观念，改进贫困县考核机制。以全省分类推进全面小康建设考核体系为基础，按照中央组织部《关于改进地方领导班子和领导干部政绩考核工作的通知》和国务院扶贫开发领导小组《扶贫开发考核办法》等文件要求，进一步完善对贫困地区的考核指标体系，健全考核机制，从主要考核地区生产总值向主要考核扶贫开发工作成效转变，主要指标重点体现在提高贫困人口生活水平和减少贫困人口数量等方面，引导贫困地区党政领导班子把工作重点放在扶贫开发上。

（二）把支柱产业建起来，优化县域经济发展支撑

多年的扶贫开发，使湖南省贫困地区支柱特色产业已初具规模，为农户增收、财政增税做出了突出贡献。但也要看到其"量变"并未形成"质变"，贫困地区"卖难"问题日益突出。要充分发挥市场配置资源的作用，只有将"产品"变为"商品"，才能切实达到稳定增收的目的，做到既富民又强县。一抓传统产业巩固升级。既把握"规模出效益"，更遵循"物以稀为贵"的市场规律，对现有传统产业大力推广先进适用技术，"控面积、调结构、提品质"，实现产业的升级转型，形成"你无我有，你有我优"。帮助完善多层次市场流通体系，健全一批营销网络，扶持一批营销能人，实现"产得出更卖得好"。二抓特色产业扶优扶强。充分发挥贫困地区的资源禀赋，加大对湖南茶叶、油茶、中药材、生猪、黄牛等优势特色产业扶持力度，做到每个贫困村有1~2个特色产业。发展乡村休闲旅游，围绕美丽乡村建设，依托贫困地区优势旅游资源，发挥精品景区的辐射作用，带动农户脱贫致富。大力发展生态农业，切实保护好青山绿水，着力提高贫困地区防灾避灾能力和农业现代化水平。三抓金融扶贫机制创新。把推进贫困地区金融组织创新、产品创新和服务创新作为突破口，进一步加强同金融部门合作，加快信用户、信用村建设，扩大农业保险覆盖面，增加财政扶贫贴息贷款规模，引导金融机构增加贫困地区产业开发的信贷投放。加大对加工龙头企业的扶持力度，"树品牌、深加工、

延服务"，着力推进"公司+基地+合作组织+农户"的产业扶贫模式，健全各方利益风险共享机制，切实保障贫困农户利益。

（三）把公共服务强起来，健全县域经济发展保障

一是改善基础设施条件。加快村级公路畅通，结合村镇行政区划调整和易地扶贫搬迁等工作，加大对贫困地区农村公路建设支持力度。加强安全防护设施建设和中小危桥改造，提高农村公路服务水平和防灾抗灾能力。优先安排贫困地区农村饮水安全工程建设。与易地扶贫搬迁规划相衔接，加大农村电网升级改造工作力度。二是深化基本服务保障。健全贫困地区基层卫生计生服务体系，加强妇幼保健机构能力建设，加大对重大疾病的防控。进一步推进公共卫生服务均等化，完善政府购买服务机制，健全公共卫生服务保障政策。制定贫困地区危房改造计划，提高农村危房改造政府补助标准，实施差异化扶持政策。三是努力发展社会事业。加强贫困地区公共文化服务体系建设，加快推进公共数字文化建设。统筹有线电视、地面数字电视、直播卫星等多种方式，提高电视覆盖率。利用村级组织活动场所等现有设施，大力开展群众性文化活动。推进贫困地区行政村接通符合国家标准的互联网，提高贫困地区行政村的信息化水平，努力消除"数字鸿沟"。

（四）把群众素质提起来，增强县域经济发展动力

第一，不能让孩子输在起跑线上。扶贫的根本在于扶智，要加大教育扶贫力度，增加贫困地区的教育投入，合理配置城乡教育资源，全面改善贫困地区农村办学条件，提高义务教育水平，确保贫困农民的孩子不仅人人上得了学、读得起书，还能享受城市较高的教育质量，做到义务教育均衡发展。第二，要"白领"与"蓝领"并重。深入实施面向贫困地区定向招生专项计划、支援中西部地区招生协作计划等优惠政策，不断增加贫困地区学生接受优质高等教育的机会。同时，要强化职业技能培训，鼓励和支持贫困地区农村青年，特别是贫困农户参加适合农民就业特点的职业技能培训，切实提高农村困难群众的就业能力。第三，要积极推进就地就近转移就业。进一步做大做强湖南贫困地区劳务品牌，全面推行"培训、就业、维权"三位一体的工作模式，实现劳务

输出的组织化、有序化、精品化、规范化。以承接产业转移为契机,建立返乡农民工创业示范街和示范园,引导有技术、有资金、懂经营、会管理的农民工回乡创业,实现创业带就业。大力发展有利于消化农产品、有利于农民进城务工的第二、第三产业,推动县域内产业集聚和企业集群发展,积极发展充分挖掘当地就业潜力,使县域经济成为容纳农村富余劳动力和接纳困难群众就近就业的蓄水池。

B.41 湘南县域承接产业转移与生态保护的对策建议

陈 弘 李清泉*

中国经过30多年的改革开放，区域经济已形成了由东向西、由沿海向内陆、由高到低的产业梯度分布格局。目前产业梯度推进正逐步由东部沿海发达地区向中部欠发达地区转移。从地缘而言，湘南是湖南通粤达海的"南大门"，是典型的梯级过渡地带，毗邻广东、广西、江西三省区。湘南是指湖南南部衡阳、郴州、永州三市，合计34个县（市、区），土地总面积达57153平方千米。早在20世纪80年代，随着广东经济的飞速发展，湖南认识到，必须向广东学习，只有尽快实现由封闭式经济向外向型经济转变，才能加快改革开放步伐，促进经济发展。1988年5月，国务院批准湖南省人民政府《关于加快湘南开发的请示》，将湘南的衡阳、郴州、永州三市作为由沿海向内地改革开放的过渡试验区，又称"弹性地区"，并实行一些过渡政策和灵活措施。近年来，珠三角一直是湖南最重要的内外资来源地，湘南毗邻粤港澳，是承接珠三角产业转移的桥头堡，已初步形成了一批新的产业和企业。2011年10月，湘南获国家发改委批准，成为继安徽皖江城市带、广西桂东、重庆沿江承接产业转移示范区后，第4个国家级承接产业转移示范区。这给湘南县域承接产业转移和发展经济带来了前所未有的新机遇。

根据产品生命周期理论和产业发展规律，产业转移是指高梯度地区的产业向低梯度地区转移，其转移的产业主要是发达地区高能耗、高污染、低技术、依附加值的淘汰产业。而欠发达地区承接这类产业，一方面可以给本地经济带来增长，另一方面也会带来资源、环境的压力。基于此，我们课题组从生态文

---

* 陈弘，湖南科技学院院长、教授；李清泉，湖南科技学院经管系主任、教授。

明建设的角度，调查研究湘南承接产业转移问题，"基于'生态红线'视角的大湘南承接产业转移发展模式及对策研究"于2013年5月底立项，为2013年度湖南省社会科学基金重大委托项目，这时湘南承接产业转移国家级示范区设立已过一年半。示范区建设情况如何？2013年暑期，我们课题组成员深入湘南三市及所辖的18个县区进行调研，并去娄底市及其县区比较考察，形成了湘南县域承接产业转移与建设生态文明协同发展的基本思路与对策。

一 湘南县域承接产业转移与建设生态文明协同发展的意义

新一轮的区域产业转移必须确保生态与经济协调发展。为应对资源约束趋紧、环境污染严重、生态系统退化的严峻形势，党的十八大把"生态文明建设"纳入中国特色社会主义建设"五位一体"总体布局，系统阐述了加强生态文明建设的总体要求、重点任务和正确路径。2013年5月，中央政治局就大力推进生态文明建设进行集体学习，强调要牢固树立生态红线观念，正确处理好经济发展与环境保护的关系。2013年11月党的十八届三中全会进一步明确提出，加快建设生态文明必须建立系统完整的生态文明制度体系，实行最严格的源头保护制度、损害赔偿制度、责任追究制度，完善环境治理和生态修复制度，用制度保护生态环境。改革生态环境保护管理体制，划定生态保护红线，实行资源有偿使用制度和生态补偿制度。

湘南三市总面积和人口分别占全省总量的27%和26%，而GDP仅占全省总量的21%，既属于湖南省经济发展比较落后的地区，又属于典型的从沿海发达地区向内陆地区进行产业转移的梯级过渡地带。随着泛珠三角区域经济合作和中国—东盟区域合作的进一步深化，它在全省区域经济布局中的战略地位逐步凸显。湘南具有丰富的有色金属矿、非金属矿、农林产品、人文和旅游资源，是著名的有色金属之乡、旅游胜地和湖南省煤炭主要生产基地，同时也是湘江的绿色屏障和湘江流域生态安全的重要屏障，国家农产品主产区和重要生态功能保护区，属于生态脆弱地区。在承接产业转移过程中，湘南各县区能否坚守生态红线，确保生态安全，直接影响到湖南"一湖三山四水"的重点生

态功能区建设和以洞庭湖为中心、以湘资沅澧为脉络的生态安全战略格局构建，关系到湖南"打造东方莱茵河"战略、长株潭城市群"两型"试验区和环洞庭湖平原农业区的建设，甚至影响到长江中下游生态安全。

湘南生态环境原本良好，空气和水质优良，森林覆盖率高，衡阳、郴州和永州三市森林覆盖率分别为44.2%、64.75%和68.2%，特别是衡阳衡山，郴州桂东、汝城，永州双牌、江华等县的森林覆盖率达75%以上。分布在湘南各县区共有9个国家级、6个省级生态功能区；5个国家级、7个省级、17个县级自然保护区；3个国家级、7个省级风景名胜区；13个国家级、12个省级森林公园；2个国家级湿地公园、6个省重要湿地。这对湘南生态环境保护提出了更高的要求。

但近年来，由于湘南县域承接的产业大部分是转出地（沿海发达地区）淘汰的落后产业。县区政府为了加快经济发展，不加选择地承接了一些高能耗、高污染的产业，环评只是走形式，领导说了算，环境保护让位于承接产业转移。如衡阳某市原本由于矿产资源过度开发已造成较为严重的重金属污染，但目前还在准备上马陶瓷工业园。郴州位于东江湖流域源头的某县区为了发展经济仍在引进金属冶炼深加工项目。尤其是在早期，湘南在承接产业转移中过度开发矿产资源和水资源，对产业转移来者不拒，加上对环保治理投入不够，已经造成了明显的生态环境破坏。从湘南三市多个纳入湘江流域的重金属污染治理项目可知，正确处理承接产业转移与保护环境的关系、守住生态安全红线，现状并不乐观，丝毫不能懈怠。

二 湘南县域承接产业转移在生态环境保护上存在的问题及原因分析

近年来，湘南三市以承接产业转移带动经济增长成效显著。2013年1~6月，以永州市为例，承接的产业转移项目为永州市提供了40%的GDP贡献率、50%的新增财政收入和80%的新增城镇就业人口。其中为蓝山、宁远、道县提供了60%以上的GDP贡献率、80%的新增财政收入和86%以上的新增城镇就业人口。目前，在承接产业转移过程中，各县区在处理产业发展与环境保护的关系上，生态安全约束意识明显增强。各县区都有明确规定，对产业转移入园企业严格实行环评，凡不符合国家产业发展政策、未通过环评的企业均一票否决。

总体来说，湘南县域承接产业转移呈现出五大特点：一是承接产业转移发展态势良好。2013年1~6月，湘南三市承接产业转移项目601个，占全省的36.5%，其中郴州承接转移项目最多，位居全省第一；二是承接产业转移以工业园区为载体，几乎所有引进项目都进入了各县区的新设园区，湘南三市共有2个国家级、23个省级园区，另有一些分散在乡镇的县级园区；三是承接产业转移的投资来源以沿海、港澳台及本地人返乡创业为主，本地人返乡创业大约占到70%以上；四是承接产业以制造业为主，产业转型明显加快，产业选择由低端（劳动密集型）向高端（技术密集型）转变、产业布局由分散（遍地开花）向集中（专业园区）转变、产业组织从单个企业向产业链转变；五是承接产业政策支持力度加大，服务不断完善，特别是在平台建设、劳动用工、资金以及服务支持等方面成效明显。

但我们调研发现，湘南县域在协调处理承接产业转移和建设生态文明上存在着矛盾，产生了诸多问题，应予以重视。

第一，湘南县域承接产业转移缺乏统一规划与协调，没有形成联动机制。无论是湘南三市之间，还是同一个市的各县区之间，甚至同一层级的政府各部门之间也缺乏必要的协同。这使得全区域整体生态功能区建设、能源综合供应、资源集约利用、环境统一保护、污染共同治理等面临困难。

第二，园区设立过多，布局不合理，产业集群度不高，导致环境保护和污染治理工作难以有效统筹。湘南各县区在园区的规划和布局过程中，以中心城市为主节点，在各县区布局工业园区。截至2012年12月，湘南三市共有各级各类园区多达39个（包括国家级2个、省级23个、市县级14个），这些园区地理位置分散，分工定位不明，因此在产业集聚与产业分工等长远发展、战略布局方面缺乏内在联系，难以形成必要的合作。承接的项目大多小而分散，缺乏大型龙头企业，即使是国际知名企业、国内百强企业，也因为投资力度不大，对产业的规模集聚和产业链的延伸影响较小，导致环境保护与污染治理配套设施难以建设，即使建了也难以有效运转，有的甚至成为摆设。

第三，环保政策执行不到位。由于对部分引进项目的性质认识不够清、绩效考核驱动等原因，对某些企业的环评把关不严，走过场，导致一些工业园区引进了污染较为严重的项目；在环境监测方面，一些工业园区（特别是县级工业园区）在环境保护方面执法不严，对园区内企业污染防治管控不到位，不少园区基本上没有建设污水处理设施，少数园区建了污水处理设施，但基本没投入使用。

深入分析上述问题的根由，主要有以下几点。

第一，加快经济发展与保护生态环境的矛盾。湘南各县区普遍反映本地环境容量不大，排污总量逐年递减，排污成本上升。特别是郴州某县环境容量已饱和。而湘南是欠发达地区，县域工业基础相对薄弱，经济发展水平不高，加快工业、经济发展，加快承接产业转移意愿迫切。承接项目和环境保护之间必然存在一些冲突。

第二，产业结构与生态安全的矛盾。湘南县域传统工业以矿冶、化工、建材、电子、五金、轻纺为主，而这些工业大多是高污染、高能耗产业，如某县矿冶、化工、建材三类企业污染物排放占到50%以上。有色金属及冶炼是湘南县域的重点产业之一，按照产业转移指导目录（2012版），湘南县域应优先承接以有色金属产业为基础的产业链相关企业。但是，这类企业对污染物总量控制需求空间大，而环境容量有限，高污染的产业结构增加了生态环境保护的难度。

第三，承接淘汰产业与产业转换升级的矛盾。湘南县域承接转移来的产业大多是沿海发达地区淘汰的落后产业。沿海发达地区特别是珠三角正在进行产业结构的转换与升级，大量能耗高、污染重、技术低、劳动密集型产业向内地转移。调查显示，电子信息业、纺织服装业、有色金属加工业等基本上都是各县区大力发展和优先承接的产业，而这些都是有较大污染的产业。

三 湘南县域承接产业转移与建设生态文明协同发展的对策建议

湘南县域承接产业转移必须立足本地生态环境和资源优势及产业发展基

础，坚持以两型社会建设为基本方向，以经济发展为动力，以生态制度为保障，以建立绿色企业为基础，以高新技术为支撑，以县域产业结构优化升级来构建现代产业体系为核心，产业发展与环境保护相协调，最终促进湘南县域经济可持续发展。

（一）切实增强环保意识，牢固树立生态红线理念

湘南绝大部分县区生态环境相对较好。目前，承接产业转移还没有走向高峰，环境污染问题尚不十分突出，随着县域工业化和城市化的快速发展、承接产业转移的进一步推进，环境保护问题将会越来越突出，生态影响的范围也将日益扩大。我们必须始终坚决贯彻中央精神，牢固树立生态红线理念，坚持节约优先、保护优先、自然恢复为主的方针，着力推进绿色发展、循环发展、低碳发展，形成节约资源和保护环境的空间格局、产业结构、生产方式，确保环境保护与产业发展相协调。

（二）建立健全示范区建设的生态制度保障

建设生态文明，必须建立系统完整的生态文明制度体系，用制度保护生态环境。一方面，除生态补偿制度、《湘江保护条例》等外，还需有源头地区保护制度、生态环境损害赔偿和责任追究制度、生态修复制度、干部离任自然资源资产审计制度、生态环境侵害举报制度及湖南省生态红线条例等。另一方面，要健全自然资源资产产权制度和用途管制制度。坚定不移实施主体功能区制度，建立国土空间开发保护制度，严格按照主体功能区定位推动发展，建立国家、省公园体制。建立资源环境承载能力监测预警机制，对水土资源、环境容量超载区域实行限制性措施。

（三）选取符合县域实际的承接产业转移发展最佳模式

课题组经过几个月的深入调查研究，认为生态融合型产业承接模式比较适合湘南县域。生态融合型产业承接模式是环境保护与产业发展并举、产业承接与环保能力并重的模式。这种模式须将现有分散众多的园区进行整合，重构新型差异化承接园区，建立以主干道串并若干类别的分园区或主题园区，形成园

区群的葡萄式园区。这种园区可以避免恶性竞争的承接，同时还可以克服现有园区远离城区，生活设施不配套，企业运行成本高，园区分散带来生产、生活垃圾不便集中处理，污染处理设施不好安排等弊端，将众多关联企业通过副产品和废物交换的方式耦合在一起，形成优劣势互补，组成利益共同体，形成上下游企业联合构建连续的"生态链网"结构，达到物质高效循环和能量梯级利用。葡萄式园区的特征是生产区、生活区、商业区等功能区分开，适应承接多种产业，分别集聚分园区或主题园区，把相关企业编组到由多种实现形式组成的企业集团，延伸产业链，使相关企业紧密地联系，形成产业链内的协调发展、循环发展、废物终端排放和专业化处理。这是最节能减排，最大限度地照顾原有生态环境，能把承接园区建成田园化、生态化的新型城区，从而促进产城一体化发展的模式。

（四）建立统筹管理体制，创新政绩考评及其指标体系

调查情况表明，要实现产业同步、生态同建和环境同治，湘南县域承接产业转移示范区亟待加强统筹管理。建议省政府进一步优化湘南县域产业转移顶层设计，成立类似长株潭"两型办"的机构，建立整体统筹机制，进一步明确示范区总体目标、区域产业布局、生态环境保护、各园区产业方向，制定统一的基本政策，明确三市及各县区产业发展类型（如资源开发主导型、旅游业主导型、先进制造主导型、电子信息主导型、第三产业主导型等）和环保目标与要求。从体制上、政策上保证有序承接，项目分流，整体推进。

建议创新政绩考评及其指标体系。在确定生态功能区定位后，不宜一刀切地以 GDP、项目引进数量等经济指标作为考核县区政府政绩的主要指标，应加大绿色 GDP 指标、产出与能耗比、生态效益等方面的权重；承接产业转移绩效宜从单纯评价引进企业个数及资金额，改为看龙头企业或大企业产销情况、产业培育进展、产业链的贡献等。对限制开发区域和生态脆弱的国家扶贫开发工作重点县区取消地区生产总值考核。

（五）加强环保执法力度，确保生态红线

建立和完善严格监管所有污染物排放的环境保护管理制度，独立进行环境

监管和行政执法。建立水陆统筹的生态系统保护修复和污染防治区域联动机制。针对目前承接产业转移存在的园区过多且分散、产业结构不优、企业规模不大、竞争力不强、产品附加值不高、科技含量低等具体情况，建议县区级政府加强环保执法力度，克服环评走过场、监测走形式、污水处理设施成摆设的现象，防止以牺牲能源和环境为代价承接产业转移。我们要科学界定生态红线，并严格按生态红线承接产业转移，加强生态保护工作督查，发现问题及时纠偏，确保不突破生态红线。

（六）承接产业转移应与产业升级、新型工业化及新型城市化协同推进

产业转移的过程是一个经济发展的动态过程。承接产业转移不单单是将承接转移的企业安置好，更重要的是在某种程度上考虑到将来本地优势产业发展过程中的价值链环节，为产业的集聚、集群做好铺垫规划，改造原有的产业模式，提高产业结构水平。在承接制造业的同时，应当鼓励承接和发展物流、金融、信息等现代服务业，促进产业结构转换与升级。有序承接产业转移，优化产业布局，稳定扩大就业，能促进新型工业化、新型城市化建设，同时新型城市化建设也需要产业发展来支撑。因此，产业转移与新型工业化、新型城市化协同发展是生产力社会化和地区分工协作发展的必然结果。湘南各县区应当把承接产业转移与区域产业结构升级，新型工业化、新型城市化建设结合起来，以承接产业转移为契机，以产业结构升级为核心，以新型工业化为引领，以新型城市化为载体，使县域真正成为湖南新的经济增长极。

（七）切实加大对生态功能区的生态补偿力度

要真正贯彻落实资源有偿使用制度和生态补偿制度。加快自然资源及其产品价格改革，全面反映市场供求、资源稀缺程度、生态环境损害成本和修复效益。坚持使用资源付费和谁污染环境、谁破坏生态谁付费原则，逐步将资源税扩展到占用各种自然生态空间中。湘南各县区按功能分区后，将按照不同类别定位并进行建设。对于生态功能区，应从政策上鼓励环境保护，而不是过度开发。这就要求针对这类县区建立科学完整、操作性强的生态补偿机制，明确生

态补偿的对象、补偿内容和标准、生态补偿资金的来源及补偿方式等，加大生态补偿力度，以实现县域经济社会的均衡发展。据调查了解，现有一些县区政府放弃生态补偿资金。原因是量少，没有工业项目实惠，而且要得到还很难，手续复杂之外，还要自己拿资金配套。因此，必须提高补偿资金量并直接划入补偿地财政，划入搞生态产品的地方，应不去发展工业或减少工业，但使财政收入不受明显影响。生态项目配套作另外的增量系列，形成激励机制。如生态补偿制度名存实亡，就必然都去竞相搞工业了。

（八）加快技术创新，发展低碳经济

目前，环境污染已成为全球所面临的共同问题，治理的速度还原不了原生态。我们不能走西方国家工业化的老路，应在发展工业化的进程上与环境保护的"博弈"中引入技术进步因素，这样，不再需要进行"权衡取舍"，就可以改变西方国家在相当一段时间的对污染"无为"而治的局面。湘南县域承接产业转移必须要有选择，特别是要承接高新技术产业。同时，对于转移过来的一般制造业也要进行技术改造和革新。只有把科技的力量、环境监控和降低消耗同时纳入到可持续发展战略体系中去，积极发展清洁及可再生能源产业，大力发展低碳经济，将现有的高消耗、低产出、高污染的粗放型经济发展方式转换成集约型的经济发展方式，才能建设好生态湘南、绿色湘南、和谐湘南。

B.42
以农业产业化为重点推进湖南县域小康社会建设

唐 瑾*

党的十八大提出了全面建成小康社会的目标。实现这一宏伟目标，重点、难点和关键在于县域小康社会建设。在农业基础仍然薄弱、农村发展仍然滞后、农民增收仍然困难的情况下，农业产业化是全面建成县域小康社会的必然选择，没有农业产业化就没有农业现代化，就没有农村繁荣稳定和农民的富裕安康，也就不可能有全面的小康社会建设。

一 发展县域经济是湖南全面建成小康社会的重点与难点

（一）县域经济发展是湖南全面建成小康社会关键

县域经济是一种以县辖行政区域为单元的区域经济，一般以县城为中心，以乡镇为纽带，以农村为基础，属于国家最基础的财政单元。从湖南省的情况来看，截至2012年底，全省87个县（市）的面积占全省的90%以上，人口占全省总人口的80.6%，国内生产总值（GDP）达11852.60亿元，占全省GDP总量的53.5%。由此可见，县域经济是国民经济发展中最具活力、最有潜力、最重要的组成部分，是国民经济的基础。

全面建成小康社会，基础在农业，难点在农村，关键在农民。从一定意义上讲，小康不小康，关键在"老乡"。湖南是个农业大省，绝大部分人口在县

---

* 唐瑾，湖南外贸职业学院院长。

域，县域中的农业、农村、农民问题事关湖南全省经济发展的大局。农业是基础，农业兴才能百业兴；农民是最大的群体，农民富才能全省富；农村是最大的市场，农村活才能全省活。全面建成小康社会，县域是重点，也是关键。可以说，没有农民的小康，就没有湖南全体人民的小康；没有县域的小康，就不可能有湖南的全面小康。

（二）湖南全面建成小康社会的难点也在县域

当前湖南县域经济发展显现出的一些新情况、新问题在很大程度上制约了农村经济与社会的发展，也阻碍了湖南全面小康社会的建设。

1. 县域经济仍然是国民经济的薄弱环节

截至2012年底，湖南县域的人均GDP为20479元，湖南全省的人均GDP为33480元，全国的人均GDP为38354元。湖南全省的人均GDP比全国的低4874元，湖南县域的人均GDP比湖南全省的低13001元，比全国的低17875元，远远低于全国的平均水平。按照十八大报告中指出的，到2020年全面建成小康社会，且实现国内生产总值比2010年翻一番的目标。2010年国内生产总值（GDP）为401202亿元，则到2020年应该达到802404亿元，预计到时的人均GDP应该会达到55338元，而湖南县域2012年的人均GDP与之相差34859元，要想达到全国2020年的人均目标，则在今后的8年，每年必须增长约13.2%，然而2012年湖南全省GDP的增长率为11.3%。由此可见，县域经济仍然是湖南经济发展的薄弱环节，湖南与发达省份经济发展的差距主要体现在县域经济发展的差距，湖南经济要加快发展，必须要加快县经济的发展。湖南县域小康的建设与国家的小康目标差距还很大，要想实现全面建成小康的目标就必须GDP平均每年增长13%以上，这在全国整体经济下行的宏观背景下来看，将是困难重重，压力相当大。

2. 县域居民收入增长缓慢，影响全省居民收入的整体水平

2012年，全国城镇居民人均可支配收入为24565元，湖南城镇居民人均可支配收入为21319元，湖南整体水平低于全国平均水平3246元。而湖南县域城镇居民人均可支配收入有75个县低于全省平均水平，其中最低的古丈县只有11954元，低于全省平均水平9365元，低于全国平均水平12611元，相差很远。2012年全国农民人均纯收入为7917元，湖南全省农民人均纯收入为7440元，湖南县域中有47个县低于全省平均水平，最低的新田县只有2895元，远低于全省的和全国的平均水平。按照十八大报告中指出的，到2020年建成小康社会，城乡居民人均收入比2010年翻一番的目标，到时城镇居民人均可支配收入应该达到38218元，农民人均纯收入应该达到11838元。湖南县域居民收入要达到此目标，难度也相当大。

3. 城乡居民收入差距拉大

一是全省不同地区的居民人均收入的差距很大。湖南城镇居民人均可支配收入最高的是位于湖南东部的浏阳市，达27345元，最低的是位于湘西的古丈县，仅为11954元，两者之比为2.29∶1。县域农民人均纯收入最高的是位于湖南东部的长沙县，达17070元，最低的是湘西南的新田县，仅为2895元，两者之比为5.90∶1。二是湖南城乡经济发展很不平衡，收入水平还存在较大差距。2012年，湖南城镇居民人均可支配收入与农民人均纯收入之间的比值为2.75∶1。

4. 县域城镇化水平偏低，城乡一体化程度不高

2012年湖南县域城镇化水平为36.9%，低于全省46.7%的城镇化平均水平，远低于全国52.6%的平均水平。

二 农业产业化是湖南全面建成县域小康社会的必然选择

农业产业化就是一种以涉农的龙头企业为依托，以市场需要为导向，把农产品的生产、加工以及销售等诸多环节结合起来，以提高农产品的附加值，增加农业整体效益的新型经营方式。这种经营方式是我国农业生产与经营体制的创新，既可以解决农产品的出路问题，又可以就地解决农民的转移，并把农产品的市场需求信息、农产品的生产与加工等技术带给农民，从而提高农民的素质，增加农民的收入。

统筹城乡经济社会发展，建设现代农业，发展农村经济，增加农民收入，是全面建成小康社会的重大任务。实践证明，实施农业产业化对推进湖南全省农业整体发展十分重要。农业产业化可以促进农业生产的布局区域化和生产专业化，有利于农业资源的优化配置；农业产业化能将分散经营的农户组织起来，既降低交易费用又避免因盲目生产造成的资源浪费；农业产业化可促进农业科技的创新与推广，在不扩大对自然资源损害的前提下创新与推广，在不扩大对自然资源损害的前提下提高资源的利用效率；农业产业化有利于战略性地调整湖南农业的产品结构，提高农业的核心竞争力；农业产业化能使农民通过某种方式分享到农产品的加工、销售环节所增值的利润，可有效提高农村城镇居民的收入和生活水平；农业产业化有利于推动县域工业化与城镇化水平，能为农民创造更多的就业机会，有利于农村社会的长治久安；农业产业化是适合湖南省情的一种规模经营形式，是快速推进湖南农业现代化的正确选择。综上所述，农业产业化是县域经济发展的核心与关键所在，是统筹城乡经济社会发展、建设现代农业、发展农村经济、增加农民收入的重要途径与措施，因此，推进农业产业化也是实现县域全面建成小康社会的重要举措，县域要全面建成小康社会则必须大力推动农业产业化进程，这是现实的需要、时代的要求，也是与时俱进的战略选择。

三 采取有效的政策措施大力推进湖南农业产业化进程

（一）大力培育与扶持带动力强的龙头企业

发展农业产业化，龙头企业是关键。龙头企业办得好不好，其成败兴衰关系到大批农民的生产和收入。从这个意义上可以说，扶持产业化就是扶持农业，扶持龙头企业就是扶持农民。一是要实行优化重组，培育龙头。应支持龙头企业通过兼并、重组、收购、控股等方式组建大型企业集团。创建农业产业化示范基地，促进龙头企业集群发展。应打破地区、行业和所有制界限，积聚优质资产，实行强强联合，扶持龙头企业向规模化、集团化发展，支持龙头企业进行改制、改组和改善经营管理，通过组建大型龙头企业集团来应对跨国公司的竞争。二是要实施品牌战略，做大龙头企业。在农业产业化发展中，湖南已涌现出了一大批名牌,"金键米"、"油中王"、"唐人神"、南山乳品、君山毛尖等均已享誉省内外、国内外。政府要从战略上重视抓名牌,要围绕地方经济发展,把发展名牌产品、培育农业名牌企业放在重要位置,形成有竞争力的支柱产业和龙头产品。通过资金支持、税收优惠等措施,使资源向名牌企业集中;通过兼并、联合等手段,让名牌企业快速发展。对这些名牌产品,要进一步扩大生产规模,将品牌进一步做强做大。要增加扶持农业产业化资金,支持龙头企业建设原料基地、节能减排、培育品牌。三是要努力提高企业经营管理水平。要建立现代企业制度,搞活经营机制;要创造企业文化;要培养高素质的企业家和职工队伍。推动龙头企业与农户建立紧密型利益联结机制,采取保底收购、股份分红、利润返还等方式,让农户更多地分享加工销售收益。

(二)建立和完善农业产业化的经营机制

农业产业化的重点在于要构建高效的、形式多样的经营机制。这种机制建立的关键在两个方面:一是强化农民在农业产业化中的主体地位,提高农民的组织化程度。农业产业化的全过程中必须以农民为出发点与落着点,没有农民的参与就不可能有农业的产业化。但农业产业化是在共同利益和自愿互利的原则下,将农民规范地组织起来,把农民带入市场,并让农民能分享到农产品生产、加工及流通环节的利益,这才是农业产业化经营机制最需要关注和解决的问题之一。当然,强调农业产业化中农民的主体作用,不仅仅是指单个农民,更重要的是要通过各种利益链条培育组织化程度很高的农民。二是要公平合理地建立起企业与农户"利益共享,风险共担,优势互补,相互促进"的利益联结机制。这是顺利实施农业产业化的关键。农业产业化能否稳定持续发展,重要的一条,是从事加工、流通的企业与农户的关系。农户和企业功能不同,优势各异,谁也离不开谁。要做到有机结合,由各自分散的优势联合为产业化经营的整体优势,就需要使他们结成经济利益共同体,建立公平合理的利益联结机制。农户是基础,公司是核心,双方互惠互利。同时,鼓励发展混合所有制农业产业化龙头企业,推动集群发展,密切与农户、农民合作社的利益联结关系。

（三）构筑强大的农业产业化支撑体系

1. 健全农产品流通和市场营销体系

农产品的市场问题，反映了随着农村商品经济的发展，农民分散的小生产与社会化的大市场越来越不相适应，农产品的产、加、销依然衔接不好。如何开拓农村市场是农业产业化的重点和难点。从宏观上来看，重点是要大力培育和发展农产品及其加工制品的营销组织和市场体系。在这方面，省内外都有许多成功经验：一是培育和扶持专业协会组织，即以某种农产品生产者组成的专业协会，通过专业协会来沟通农户和市场，提高分散的农户适应大市场的能力。二是培育和扶持农产品的产销中介。一种产销中介是公司，主要是以社会服务为纽带，外联市场和企业，内联基地和农户，形成"公司+农户"的经营模式。另一种中介是农产品销售的经纪人和运销大户。三是培育和扶持具有较强市场开拓能力的龙头企业。四是努力建设好各类农产品的市场网络与体系。一方面，要着力构建与完善现有的农产品交易市场。要全面规划，支持这些市场发展，进一步在全国各地开设销售、信息窗口，扩大辐射范围。同时要完善市场管理制度，改善市场交易手段，建好市场信息设施，提高市场交易水平。另一方面，要积极利用期货市场等高层次市场形式，开拓新的市场。此外，随着信息化发展，信息网络在促进商品交易方面的作用日渐重要，各种网上交易、网上市场正在出现。

2. 健全农业科技创新与推广体系

首先，应推动农业技术研究与推广的产业化。最直接和重要的途径，是引导和促进现有研究推广机构和生产流通企业利用各自优势走向相互融通和结合。其次，要依靠科技进步，提高农业产业化的科技含量。重点是提高农产品基地和加工企业的科技水平，提高农产品及加工品的科技含量，提高其市场竞争力。再次，要增加农业科技投入，发展农业高新技术产业。湖南已在长沙市马坡岭以湖南省农业科学院、湖南农业大学、中科院长沙农业现代化研究所、长沙农业学校等科研院校为基础建立了马坡岭农业高科技园。加之隆平高科、亚华种业等股份公司的上市，对加快全省农业高科技产业和农业产业化的发展起到了重要作用。最后，要努力构建全省多元化的农业科技推广体系，促进科技成果的转化和应用，强化农业高新技术产业与市场的结合，依据技术创新成果，形成规模开发，通过引进、消化吸收国际和国内先进农业技术设备设施，综合组装最新科研成果，办好一批设施农业示范基地，加快湖南农业产业化进程。

3. 构筑多元化的农业产业化的投融资体系

构筑政策性、商业性、民营性、民间性的多元化农业产业化发展的投融资新体系，是提高农业产业化抵御自然风险和市场风险能力，推动农业产业化健康稳定协调发展的迫切需要。一是要构筑多元化的农业产业化的投融资主体。湖南农业产业化发展资金的投入，除了由政府财政部门投入外，还应加大各金融部门、企业、集体经济组织和农业生产者个人的投入等，要加大商业性、民营性以及民间性的资金投入，要加大城市资金、区域外资金对湖南农业产业化的投入，努力构筑市场化的投融资机制。二是要通过资本运作手段争取资金。通过组建与扶持龙头企业成为企业集团，通过股份制、股份合作制和上市公司等多种形式到资本市场上融资。如湖南的隆平高科、亚华种业、金健米业上市公司等。同时可以建立农业产业化投资基金，利用基金方式大规模融资，为农业产业化注入新的更强大的活力。三是要加大对农业保险的支持力度。提高省级财政对主要粮食作物保险的保费补贴比例，逐步减少或取消产粮大县县级保费补贴，不断提高稻谷、小麦、玉米三大粮食品种保险的覆盖面和风险保障水平。鼓励保险机构开展特色优势农产品保险，鼓励开展多种形式的互助合作保险，加快建立财政支持的农业保险大灾风险分散机制。

4. 构建涉农信息体系

随着近几年来湖南全省"四化两型"的推进，农业与农村的信息化建设取得了长足的发展，但仍然是全省信息化建设的薄弱环节与重点，还有许多方面需要改进和提高。一是信息化的基础设施与平台的建设。尤其是一些贫困县、一些偏僻落后的农村，无线信号与有线网络还没有覆盖，信息无法及时准确地到达农户，从而严重影响了信息化的进程。二是涉农信息资源的提供。有了信息输送的渠道，是否有有效信息的传送，传送的信息是否丰富而有用，这就需要对信息进行收集、整理、分类、加工、上载。这项工作主要依靠政府相关部门与涉农相关企业完成。三是构建由政府、企业、乡镇、村、农户等多元

主体所组成的纵横交错的多维的农业产业化信息网络体系。四是政府相关部门加强对信息网络体系的监管与服务，开放信息资源，力求信息资源共享，提高资源使用效率，真正实现农业产业化与信息化的相互促进。

5. 健全农业社会化服务体系

稳定农业公共服务机构，健全经费保障、绩效考核激励机制。采取财政扶持、税费优惠、信贷支持等措施，大力发展主体多元、形式多样、竞争充分的社会化服务，推行合作式、订单式、托管式等服务模式，扩大农业生产全程社会化服务试点范围。通过政府购买服务等方式，支持具有资质的经营性服务组织从事农业公益性服务。扶持发展农民用水合作组织、防汛抗旱专业队、专业技术协会、农民经纪人队伍。完善农村基层气象防灾减灾组织体系，开展面向新型农业经营主体的直通式气象服务。

（四）实施区域化布局，确定有资源特色的县域主导产业和产品

在市场经济条件下，农业产业化必须按照市场经济的要求，突破"一村一品、一乡一品"的界限，合理配置资源，确立主导产业，重点发展市场容量大、单位产出高、经济效益好的区域优势产品，并围绕主导产业，加大资金和技术等方面的扶持力度，实行规模化、系统化生产经营，特别要重视农产品加工业的发展，把区域资源优势转化为产业优势和经济优势。根据建设农业强省的要求，全省应重点扶持发展粮食、棉麻、油料、畜禽、水产、林果、茶叶、蔬菜、烟草、药材十大系列农产品，并进行合理布局，相对集中，逐步发展成为全省的主导产业。特别是粮棉油生产，是湖南农业产业化的重要基础，也是农业大省的责任，必须始终抓住不能放，确保稳步发展，并逐步走上产业化经营的路子。如在湘西及湘南可以重点发展水果、烤烟、茶叶、药材等；在湘北重点发展粮食、棉花、蔬菜等；在湘东及城郊地区重点发展蔬菜、时鲜水果、花卉等；在郴州、永州及湘西传统烤烟区重点发展优质烤烟；在洞庭湖区及大型库区发展大规模名特水产、水禽养殖；等等。同时要把这些主导产品与调整农业品种品质结构结合起来，抓好种子工程建设，大力开发各地的名、特、优、新产品，并要注重产品质量，如宁乡、益阳的烤乳猪，江永的"香柚"，祁东的黄花菜、香芋、席草，临武的鸭，汉寿的甲鱼等，在搞好有形资产

投入的同时，注重无形资产的投入和积累，加大产品的宣传推介力度，提高产品的知名度，扩大产品的市场占有率，培育一批具有国际竞争力的名牌产品。

（五）以农业工业化为重点推进县域农业产业化

农业工业化就是指用工业化的思路谋划农业发展，从而促进"三农"裂变：农民变工人，农业变工业，农村变城镇。农业工业化与农业产业化既有区别，又有联系。农业产业化的突破口与重点在于农业工业化，农业工业化是农业产业化的必然选择，是农业现代化的必由之路。农业产业化中对农产品加工过程就是农业的工业化过程，因此，农业产业化发展可以有效推进农业工业化进程。从当前农业工业化的发展进程来看，农业工业化主要包括三个层面的内涵：一是农产品粗加工与精加工等相关工业的发展。这也是农业产业化的中心环节与重点。二是把工业的技术与装备应用到农业生产过程中，用工业的手段改造农业，逐步改变以人的体力为主的农业耕作方式，实现农业的机械化生产与工厂化种植、养殖。三是用工业企业的经营与管理方式来经营管理农业生产，打破小农式的经营束缚，实现农业的企业化生产经营管理。由此可见，推进农业产业化必须以推进农业工业化为重点，通过农产品加工业的发展、农业生产手段的改造以及农业生产经营管理模式的改变来有效地推动湖南农业产业化的进程。

（六）着力优化政府行为，营造好农业产业化发展的外部环境

农业产业化是一项综合性很强的工作，涉及方方面面，实践证明，农业产业化的发展离不开政府的作用，政府的态度是否积极、引导是否得力、行为是否优化是农业产业化发展的关键因素。党的十八届三中全会报告指出，要切实转变政府职能，深化行政体制改革，创新行政管理方式。为此，全省应该以十八届三中全会为指导，着力优化各级政府的行为，为农业产业化的健康有序持续快速发展营造一个良好的外部环境。

1. 要进一步简政放权，深化行政审批制度改革，简化办事程序

要正确处理好政府与市场的关系，充分发挥市场在资源配置中的决定性作用，能够通过市场来调节的经济活动，一律取消审批；直接面向基层、量大面

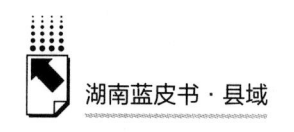

广、由地方管理更方便有效的经济社会事项，一律下放给地方和基层管理。

2. 加强战略规划与市场监管

第一，完善粮食等重要农产品价格形成机制。继续坚持市场定价原则，探索推进农产品价格形成机制与政府补贴脱钩的改革，逐步建立农产品目标价格制度，在市场价格过高时补贴低收入消费者，在市场价格低于目标价格时按差价补贴生产者，切实保证农民收益。第二，健全农产品市场调控制度。综合运用储备吞吐、进出口调节等手段，合理确定不同农产品价格波动调控区间，保障重要农产品市场基本稳定。科学确定重要农产品储备功能和规模，强化地方的储备责任，优化区域布局和品种结构。第三，抓紧制定重要农产品国际贸易战略，加强进口农产品规划指导，优化进口来源地布局，建立稳定可靠的贸易关系。加快实施农业走出去战略，培育具有国际竞争力的粮棉油等大型企业。鼓励金融机构积极创新农产品国际贸易的金融品种和方式，探索建立农产品国际贸易基金和海外农业发展基金。第四，强化农产品质量和食品安全监管。建立最严格的覆盖全过程的食品安全监管制度，完善法律法规和标准体系，落实地方政府属地管理和生产经营主体责任。支持标准化生产、重点产品风险监测预警、食品追溯体系建设，加大批发市场质量安全检验检测费用补助力度。加快推进县乡食品、农产品质量安全检测体系和监管能力建设。进一步完善农产品质量和食品安全工作考核评价制度。

3. 加强对农业产业化的支持与保护

一是健全"三农"投入稳定增长机制。各级政府都要进一步完善财政支农政策，逐步增加"三农"支出。同时，要进一步拓宽"三农"投入资金渠道，充分发挥财政资金引导作用，通过贴息、奖励、风险补偿、税费减免等措施，带动金融和社会资金更多地投入农业农村。二是要完善农业补贴政策。应该按照稳定存量、增加总量、完善方法、逐步调整的要求，积极开展改进农业补贴办法。要继续实行种粮农民直接补贴、良种补贴、农资综合补贴等政策，新增补贴向粮食等重要农产品、新型农业经营主体、主产区倾斜。三是加快建立利益补偿机制。加大对粮食主产区的财政转移支付力度，增加对农业产业化大县的奖励补助，鼓励企业通过多种方式向主产区投资开展农业产业化经营。四是着力加强促进农产品公平交易和提高流通效率的制度建设，加快制定全省农产品市场发展规划，落实部门协调机制，加强以大型农产品批发市场为骨干、覆盖全省的市场流通网络建设，开展公益性农产品批发市场建设。

4. 为农业产业化发展做好服务

一是政府要鼓励有条件的农户流转承包土地的经营权，加快健全土地经营权流转市场，完善县乡村三级服务和管理网络，同时，建立工商企业流转农业用地风险保障金制度，严禁农用地非农化。二是政府要重点扶持农业产业化的经营主体。鼓励发展专业合作、股份合作等多种形式的农民合作社，引导规范运行。财政项目资金可以直接投向符合条件的合作社。可推进财政支持农民合作社创新，引导发展农民专业合作社联合社。地方政府可以和民间资本共同设立融资性担保公司，为农业产业化经营主体提供贷款担保服务。政府应该加大对新型职业农民和农业产业化经营主体的教育培训力度。三是要转变政府职能，努力构建服务型政府。县级政府要为农业产业化经营在投融资、技术支持、土地流转、产品生产与销售、标准制定、法律保护以及矛盾调处等多方面给予必要的、经常性的服务，从而为农业产业化营造一个良好的外部环境。

B.43 湖南武陵山区农民收入的时空演变
——基于县域数据的分析

冷志明 李 峰*

一 引言

农村居民的收入问题一直以来都是我们国家和政府重点关注的问题，农民收入的多少、城乡居民收入的差距，不仅会影响到农民自身生活水平的高低和农业再生产发展，也会影响到整个社会的消费需求，影响到宏观经济的持续健康发展，同样也会影响到我国全面建设小康社会和构建和谐社会目标的实现。为此，农民收入问题也得到了众多经济学者的关注，Rozelle（1994）以我国部分省份的农户调查数据，分析了我国省内和省际的农户收入差距，并从农户收入来源上分析了决定农户收入差异的决定因素；Gustafsson 和 Li（2002）基于住户调查数据发现我国农村收入的地区差距在扩大；陈英乾（2004）按东中西部三大区域划分对农民收入进行了对比分析；张车伟和王德文（2004）对收入结构差异进行了初步研究；王洪亮等（2006）利用省级数据对我国各省农民收入的变动情况和省际农民收入差距进行了分析；杨灿明、郭慧芳（2006）从农民收入的来源构成分析我国农民收入增加的主要方式和途径；刘慧（2008）通过对1993~2005年中国农村居民区域收入差异进行实证研究发现工资性收入是影响农村收入差距的最重要因素，但对农村收入差距变化的影响并不明显；孟德友和陆玉麒（2012）利用县域数据对江苏省农民收入的区域格局及时空演变进行了分析，万广华（2004）、唐平（2006）、祝伟（2010）、

---

* 冷志明，吉首大学教务处长，教授，博士生导师，南开大学应用经济学博士后，研究方向为区域经济；李峰，博士，吉首大学商学院讲师，研究方向为经济增长和收入分配。

陈冲（2010）等采用对数线性回归模型、基尼系数、泰尔指数分析了不同时间段我国农村地区收入差异程度变动趋势及影响因素等，还有更多的文献从影响农民收入因素的角度实证分析和检验了各因素对农民收入的影响。

已有研究大多利用国家及省级的数据对地区间农民收入的区域差异及结构差异进行探讨，但很少从空间统计分析的视角对农民收入空间格局及演变态势进行分析，对中西部落后省区、国家级贫困区及其内部县市单元间农民收入问题的关注更是少之又少。武陵山片区地处渝鄂湘黔四省市交界区，片区总面积17.18万平方千米，涵盖湖北、湖南、重庆、贵州四省市交界地区的71个县（市、区），集革命老区、民族地区、贫困地区于一体，是跨省交界面积大、少数民族聚集多、贫困人口分布广的连片特困地区。片区内居民收入长期处于很低的水平，以农村居民为例，2003年片区内农民人均纯收入为1690.81元，低于全国水平2622.2元，为全国水平的64.5%；2011年片区内农民人均纯收入为4067.4元，远低于全国水平6977.3元，为全国水平的58.3%，收入差距呈现扩大趋势。[①] 为解决片区内居民长期低水平收入及片区贫困问题，中央决定在武陵山片区率先开展区域发展与扶贫攻坚试点，2011年，国务院批复了《武陵山片区区域发展与扶贫攻坚规划（2011~2020年）》，标志着武陵山连片特困地区发展与扶贫攻坚试点正式开始实施。本文以湖南武陵山地区农民收入的时空演变作为考察对象，旨在了解该地区农民收入在时序和空间上的变化，这不仅有助于探寻湖南武陵山区农民收入变化的规律，也有利于政府和相关部门为提升武陵山区农民收入制定出具有针对性的政策。

二 研究方法与数据来源

（一）研究方法

1. 变异系数

变异系数是反映样本数据离散程度的主要测度指标，可以用来衡量地区农

[①] 数据来源于《武陵山片区多维减贫与自我发展能力构建》，《中国连片特困区发展报告（2013）》，社会科学文献出版社，2013。

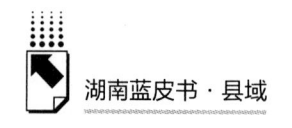

民收入水平的离散程度，从而在整体上把握区域空间差异大小。变异系数采用样本的标准差与均值之比来表示，计算公式为：

$$V_T = \frac{1}{\bar{x}} \sqrt{\frac{\sum (x_i - \bar{x})^2}{n}}$$

其中，x_i 为第 i 个县的农民收入水平，$\bar{x}$ 为整个地区农民收入水平的平均值，n 为县个数。

2. 空间关联分析

空间关联分析是从空间角度考察潜在的区域经济发展总体空间关联的性质以及各区域单元之间潜在的局部空间经济关联，可分为全局空间自相关和局部空间自相关。

（1）全局空间自相关。用以反映观测变量在整个研究区域内空间相关性的总体趋势，常用的测度指标为 Global Moran's I 统计量，指数 I 统计量取值介于 -1 和 1 之间。在给定的显著性水平下，若 Moran's I 统计量为正值，则表示观测变量在整个研究区域的空间分布上具有正相关性，即观测变量值较高（或较低）的区域在空间上显著集聚。值越趋近于 1，表明空间集聚性越强。相反，Moran's I 显著为负，则表示观测变量在整个研究区域的空间分布上具有负相关性，即观测值的空间差异较大，值越趋近于 -1，总体空间差异越大。当 Moran's I 为 0 时则表示空间不相关，观测值呈独立随机分布。其计算公式为：

$$I = \frac{n}{\sum_{i=1}^{n}\sum_{j=1}^{n} c_{ij}} \frac{\sum_{i=1}^{n}\sum_{j=1}^{n} c_{ij}(x_i - \bar{x})(x_j - \bar{x})}{\sum_{j=1}^{n} (x_i - \bar{x})^2}$$

其中，n 为研究的空间单元个数；x_i 为观测变量；$\bar{x}$ 为 x_i 的均值；c_{ij} 为空间单元 i 和 j 的邻接空间权重矩阵。空间相邻则为 1，不相邻则为 0。

（2）局部空间自相关。局部空间自相关指数可以揭示局部区域内单元在相邻空间之间的关系，采用局部 Moran's I 指标 I_i 来测度区域单元之间空间要素的异质性，其计算公式为：

$$I_i = Z_i \sum_{j \neq i}^{n} c_{ij} Z_j$$

其中，Z_i，Z_j 分别为区域单元 i 和 j 的观测变量的标准化值，表示各区域观测变量与均值的偏差程度。$\sum_{j \neq i}^{n} c_{ij} Z_j$ 为相邻区域观测变量的加权平均值。

（二）数据来源

本文以湖南武陵山区农民人均纯收入作为分析指标，选取 2003～2012 年为分析时序谱，考虑到怀化洪江区与洪江市的数据于 2004 年以后进行了分开统计，为保证数据的一致性，我们将这两个区县的数据进行合并处理，整个研究的样本区域单元包括湖南武陵山区的 37 个区县，文中所采用的数据均来自于 1998～2013 年《中国统计年鉴》、《湖南省统计年鉴》和相关区县的统计公报。

三 武陵山区农民收入的时序演变

（一）农民收入时序变化的总体特征

1. 总体水平的变化趋势

随着湖南省经济的增长，武陵山区农民的收入水平得到了逐步提高。图 1 反映了 2003～2012 年湖南武陵山区农民人均纯收入的变化趋势以及与省平均水平和国家平均水平之间的比较。

从图 1 我们可以首先看见，湖南武陵山区农民的人均纯收入总体上呈现上升的趋势。2003 年，湖南武陵山区农民人均纯收入为 1639.97 元，到 2012 年，收入达到了 4451.99 元，为 2003 年的 2.71 倍，年均增幅达到 27.1%，表明地区经济发展水平不断提高，农民的人均收入不断增加；但同时我们也发现，湖南武陵山地区农民的人均纯收入远远低于湖南省和全国的平均水平，而且差距呈现逐年扩大的趋势，2003 年，湖南武陵山区农民的人均纯收入分别为湖南省平均水平和全国平均水平的 64.7% 和 62.5%，到 2012 年，湖南武陵山区农

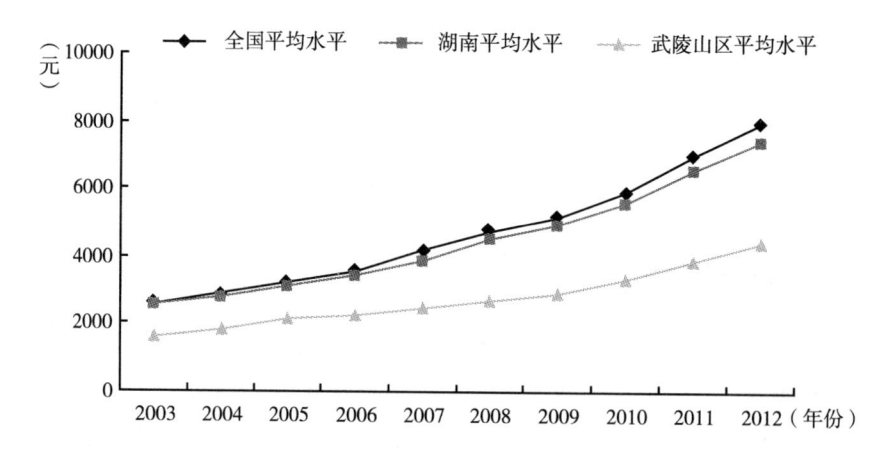

图 1　2003～2012 年湖南武陵山区农民人均纯收入

数据来源：来源于《中国统计年鉴》、《湖南省统计年鉴》，其中湖南武陵山区的数据通过笔者计算得出。

民的人均纯收入分别只占到了湖南省平均水平和全国平均水平 59.8% 和 56.2%，收入差距逐步扩大。

2. 收入结构的变动趋势

随着经济结构的调整，湖南武陵山区农民收入的结构也随之发生变化。其中，家庭经营性收入虽然从 2003 年的 954.30 元增至 2012 年的 2028.53 元，但占收入构成的比重却由 2003 年的 58.2% 逐步下降至 2012 年的 45.6%，依然占据着农民人均纯收入的主要部分；工资性收入水平和比重则迅速增加，其绝对值由 2003 年的 578.12 元增至 2012 年的 1943.78 元，占农民人均纯收入的份额从 2003 年的 35.3% 增至 2012 年的 43.7%，表明随着城镇化进程的推进，农村劳动力不断向第二和第三产业转移，农民的工资性收入已逐步成为农民收入中的重要来源，其变化趋势与家庭经营性收入比重的不断下降呈现出一种对称性的变化；转移性支付由 2003 年的 97.28 元上升到 2012 年的 439.17 元，其增幅达 351.4%，但总量依然偏小，在收入结构中的份额由 2003 年的 5.9% 增至 2012 年的 9.9%；财产性收入一直处于很低的水平，在收入结构中一直保持在 1% 左右的份额。图 2 显示了 2003～2012 年湖南武陵山区农民人均纯收入的来源结构变化。

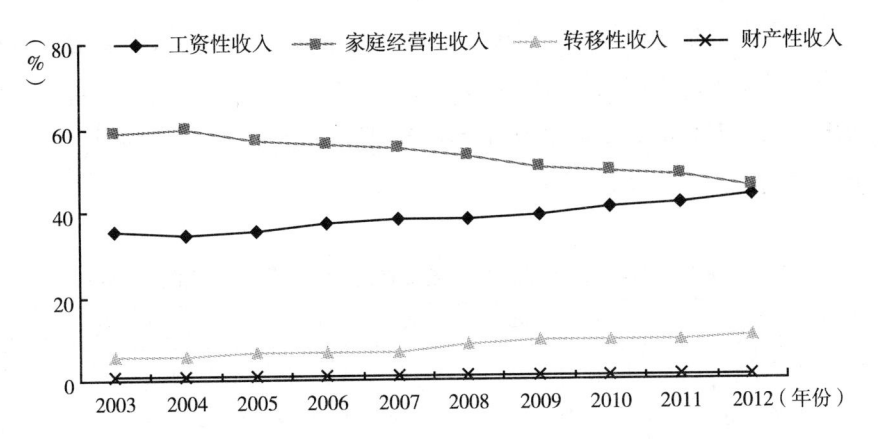

图 2 2003～2012 年湖南武陵山区农民人均纯收入的来源结构

数据来源：来源于《中国统计年鉴》、《湖南省统计年鉴》，其中湖南武陵山区的数据通过笔者计算得出。

（二）农民收入时序变化的县域特征

虽然湖南武陵山区农民平均收入水平在 2003～2012 年呈现出稳步的增长，但与湖南省以及全国的平均水平之间的差距也在逐步地扩大，同时区域内县域之间的农民收入差距也呈现扩大的态势。我们以县级行政为单位，对各县域间农民收入差距进行了考察。表 1 显示了 2003～2012 年湖南武陵山区县域农民人均纯收入的一些描述性统计量。

从表 1 中可以看见：①湖南武陵山区县域间农民收入的绝对差距呈现出扩大的趋势。2003 年，湖南武陵山区农民人均收入最高为 2750.42 元（怀化鹤城区），最低为 1160.29 元（邵阳新宁县），不足最高收入的 1/2，极差为 1590.13 元；到 2012 年，农民人均收入最高的达到了 10440.65 元（娄底冷水江市），最低的则不足其 1/3，仅为 3177.60 元（怀化隆回县），极差扩大至 7263.05 元。②县域农民收入低于地区平均水平的区县占大多数，而且数量呈现上升的趋势。湖南武陵山地区共有 37 各县（市、区），2003 年农民收入低于地区平均水平的区县有 21 个，占地区县域总数的 56.8%；到 2012 年，农民收入低于地区平均水平的区县上升到了 23 个，占地区县域总数的 62.2%，这说明湖南武陵山区各区县农民收入水平还是偏低，低于全区平均水平的区县占大多数，而且数量在增加。③从衡量县域农民收入水平的离散程度指标来看，武陵山区县域农民人均纯收入的标准差逐年增加，从2003年的513.05上升到了2012年的1412.02；变异系数自2003年开始缓慢下降，到2008年后又快速回升，但总体波动不大。

表1 2003~2012年湖南武陵山区县域农民人均纯收入水平的统计分析

年份	平均值	标准差	最大值	最小值	极差	低于均值区县数	变异系数
2003	1728.02	513.05	2750.42	1160.29	1590.13	21(56.8%)	0.297
2004	1983.71	591.70	3106.80	1337.00	1769.80	20(54.1%)	0.298
2005	2206.70	638.89	3514.96	1429.31	2085.65	21(56.8%)	0.290
2006	2332.45	661.28	3837.61	1482.90	2354.71	22(59.5%)	0.284
2007	2565.54	724.24	4376.45	1566.82	2809.62	22(59.5%)	0.282
2008	2806.41	788.83	5172.62	1754.06	3418.56	23(62.2%)	0.281
2009	3061.77	889.21	6131.17	1898.39	4232.79	22(59.5%)	0.290
2010	3463.51	1048.49	7278.46	2280.18	4998.27	23(62.2%)	0.303
2011	4065.61	1170.67	8516.00	2675.00	5841.00	24(64.9%)	0.288
2012	4732.94	1412.02	10440.65	3177.60	7263.05	23(62.2%)	0.298

数据来源：来源于2003~2012年《湖南省统计年鉴》及各区县的统计公报，并经计算得出。

四 湖南武陵山区农民收入水平的空间演变

（一）武陵山区农民收入水平空间演变的总体特征

为深入了解湖南武陵山区农民收入的空间演变特征，我们以县级行政单元为单位，选取了2003年、2007年和2012年三个时间截面，对其空间演变的特征进行分析。我们按照每年武陵山区农民人均纯收入平均值的0.75、1.0、1.25、1.5倍将农民收入水平划分为5个等级，绘制出县域农民收入水平的空间分布图（见图3），从而得到湖南武陵山区县域农民收入水平的空间变化特征。

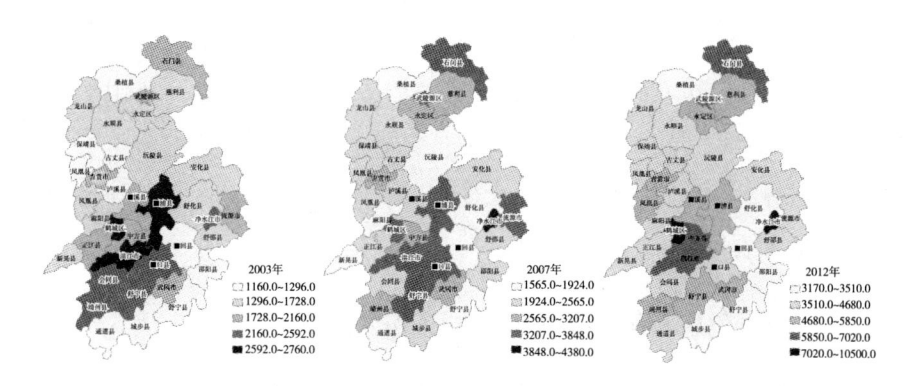

图3 湖南武陵山区县域农民收入水平的空间演化

从图3可以发现湖南武陵山区县域农民收入在空间上的分布具有以下一些明显特征。

1. 农民收入水平较高的地区逐年扩散

2003年，县域农民收入水平比较高的区县主要集中在交通便利、人口密集、经济发展基础比较好的怀化及其周边区域，其中超过武陵山区平均水平1.25倍以上的8个区县中有7个就集中在这里，包括会同、靖州、绥宁、洞口以及超过地区平均水平1.5倍以上的鹤城区、洪江市和溆浦县等，另外，地区农民收入水平比较高的还包括工业水平较高的娄底冷水江市。2007年，超过武陵山区平均水平1.25倍以上的区县共有9个，分布在怀化及周边区域的减少到只有5个，怀化的会同和靖州两个县退出了这一收入等级，新增了张家界市及周边的武陵源区和石门县，以及娄底的涟源市，农民收入水平较高的地区逐步地扩散，基本形成了怀化及周边、张家界及周边和涟源及周边三大极点的格局。2012年，超过武陵山区平均水平1.25倍以上的区县只有6个，怀化及周边地区的高收入区县继续减少，仅剩鹤城区、中方县和洪江市3个区县，张家界及周边的武陵源区和石门县以及娄底的涟源市依然位列其中，基本保持了2007年所形成的三大极点的格局。

2. 低收入水平的县域相对比较集中，农民收入常年低于地区平均水平

从2003年、2007年和2012年三个时间截面来看，农民收入水平比较低的县域基本上集中在湘西土家族苗族自治州及周边地区和邵阳及周边地区。湘西土家族苗族自治州及周边包括湘西土家族苗族自治州的龙山县、古丈县、永顺县、保靖县、花垣县、泸溪县等县域，以及张家界的桑植县、怀化的沅陵县与麻阳县、益阳的安化县等。邵阳及周边则包括邵阳的隆回县、邵阳县、新宁县、城步县等县域，以及怀化的通道县和娄底的新化县。这些县域由于自身经济发展基础比较薄弱，交通条件不太便利，农民的收入始终处于较低的水平，常年低于地区农民收入的平均水平。

（二）武陵山区农民收入的空间关联性分析

区域经济发展不是独立存在的，往往具有空间上的相互联系，一个区域的发展不仅会受到相邻地区经济发展的影响，而且还会影响到其他区域的经济发展，而区域经济发展的水平又决定着区域内居民的收入水平，因此，各区域居民收入之间在空间上也会呈现出某种关联，考察这种关联性，不仅可以让我们了解区域间农民收入的相互作用关系，而且也可在制定提高农民收入政策时为我们提供理论依据。为此，我们对武陵山区农民收入的全局相关性和局部相关性进行了检验，以期得到一些有益的结果。

1. 全局相关性分析

我们利用 GeoDa 软件对 2003 年、2007 年和 2012 年湖南武陵山区县域农民收入水平的全局相关系数（Global moran's I）进行了计算，具体结果如图4所示。

从计算结果可以看出，2003 年湖南武陵山区农民收入的全局 Moran's I 系数为 0.1862，运用 z 值法对其进行检验得到的概率 P 值为 0.02，说明在 5% 的显著性水平下，2003 年湖南武陵山区县域农民收入在空间上存在着正相关性，即农民收入水平相当的县域在空间上具有一定的集聚性，但系数显示这种集聚性并不是很强。从 2003 年的散点图中还可以发现，落在第一象限和第三象限的个数相对比较多，这说明高收入水平和低收入水平的县域各自集中在一起。

2007 年和 2012 年武陵山区农民收入的全局 Moran's I 系数均为负，分别为 -0.0168 和 -0.0184，对应的 P 值分别为 0.59 和 0.53，没有通过显著性检验，这说明 2007 年和 2012 年湖南武陵山区农民收入在空间上并不具有关联性，而是表现出较强的随机性。

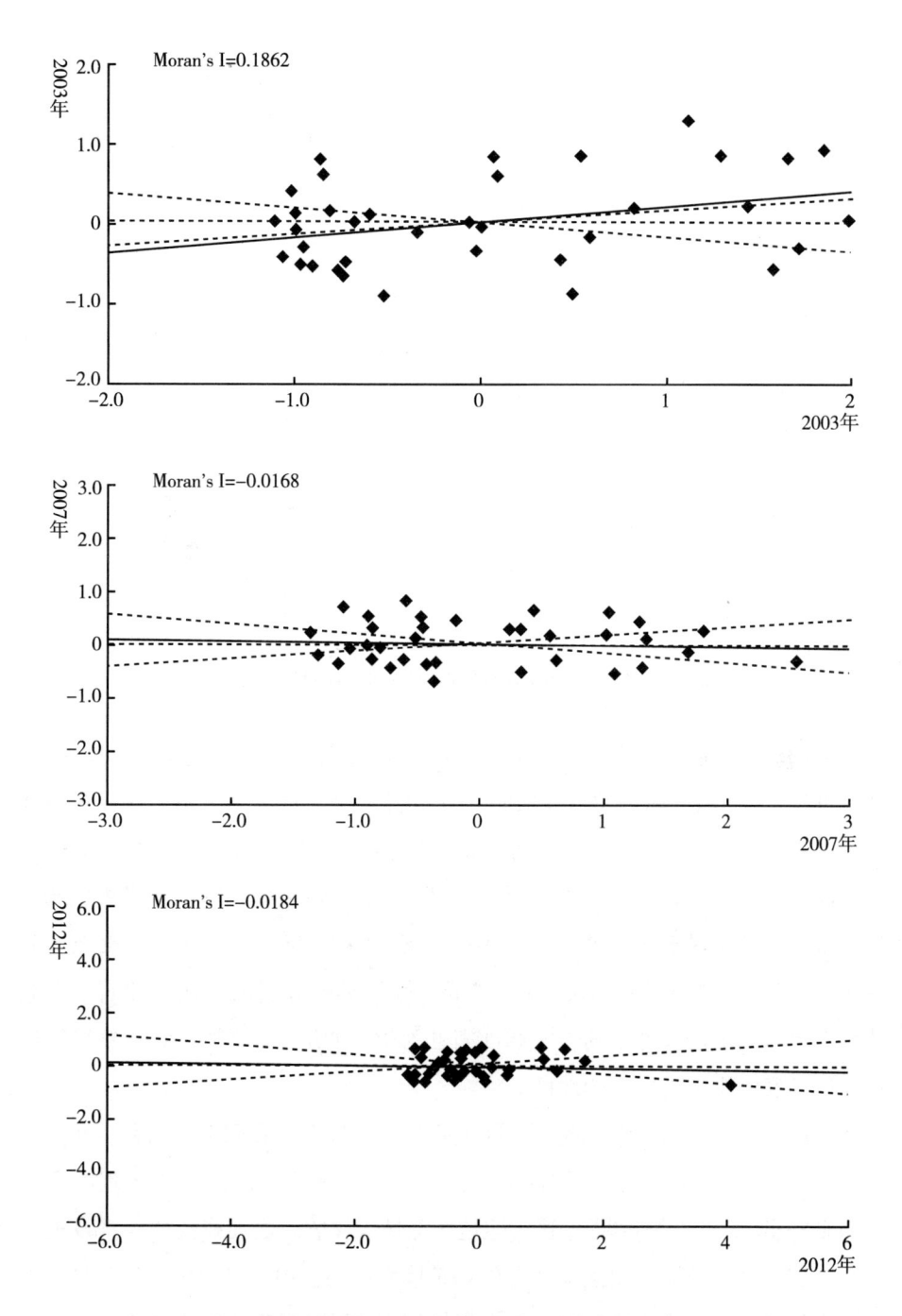

图4 湖南武陵山区县域农民收入的全局自相关分析

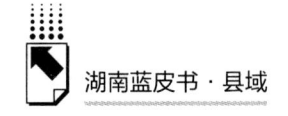

2. 局部相关性分析

为深入了解湖南武陵山区县域之间农民收入的相互影响，我们对2003年、2007年和2012年湖南武陵山区县域之间农民收入的局部相关性进行了考察，其局部集聚性结果如图5所示。

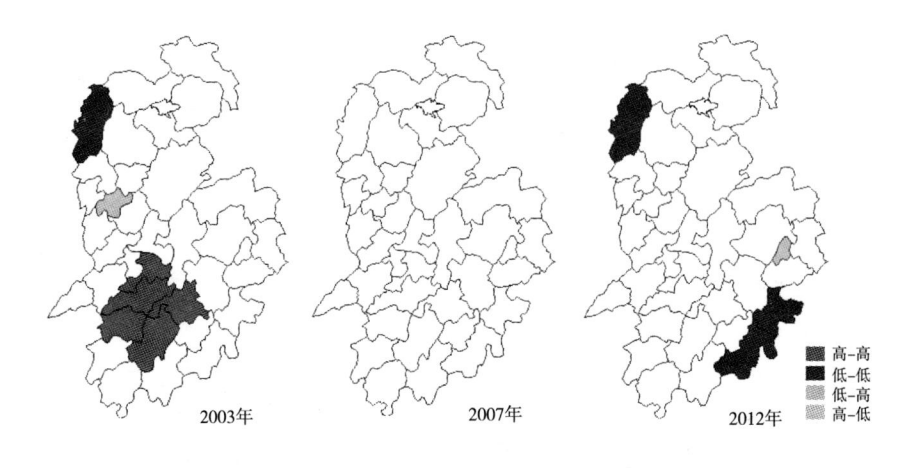

图5 湖南武陵山区县域农民收入的局部自相关分析

从图5中我们可以看出，2003年湖南武陵山区农民收入呈现出明显的局部集聚特征，"高—高"集聚主要以怀化和邵阳交界地区为中心，核心包括怀化的中方县、洪江市、会同县和邵阳的绥宁县、洞口县等，"高—低"集聚主要以湘西的州府吉首市为中心，"低—低"集聚主要集中在龙山县周围；2007年则未出现任何局部集聚的特征；2012年出现了两个"低—低"集聚地区和一个"高—低"集聚的地区，两个"低—低"集聚分别出现在以湘西土家族苗族自治州龙山县、邵阳的新宁和邵阳县为中心的地区，"高—低"集聚则出现在以娄底涟源市为中心的地区。

从以上对武陵山区农民收入空间关联性分析来看，我们发现这种空间关联性正逐步减弱，2007年竟未体现出任何的局部集聚效应，2012年体现的主要是"低—低"和"高—低"，这说明地区县域农民收入之间或县域经济发展之间缺乏相互带动效应，缺乏地区合作和整体发展的意识，呈现出一种各自为政的无序发展状态。其主要原因可能在于地区山地地势所造成的交通不便利以及各县域行政壁垒的效应过大等方面，阻碍了地区经济的协同发展。

五 武陵山区农民收入格局的影响因素分析

区域经济发展理论指出,地区社会经济发展水平、经济地理区位环境、资源要素禀赋、政策因素及环境等都会给地区的农民收入带来影响,武陵山区农民的收入同样会受到这些因素的制约和影响。

1. 地区社会经济发展水平

湖南武陵山区的经济一直处于十分落后的水平,2003年地区人均生产总值为3971.5元,同期湖南省的人均生产总值为7554元,而全国的达到了9073元;2012年湖南武陵山区的人均生产总值上涨到17523.8元,和2003年相比上涨了4.41倍,但同期湖南省和全国的人均生产总值分别达到了33480元和38420元,分别上涨4.43倍和4.23倍。社会经济发展水平的低下直接制约着地区农民收入的快速增长。

2. 经济地理区位环境

湖南武陵山区地处武陵山脉腹地,地形地貌复杂,多山少平地,地理位置劣势明显,片区内相当大的地域范围内不宜耕种,开发利用难度较大。以湖南湘西土家族苗族自治州为例,全州总面积15486平方千米,域内耕地零星分散,其中山地山原12628.7平方千米,约占全州总面积的81.5%;丘陵1599.6平方千米,占全州总面积的10.3%;平原仅为635.2平方千米,占全州总面积的4.1%;水域247.2平方千米,占1.59%;岗地379.4平方千米,占2.5%。这种复杂的地形不仅给农民的农业生产带来了很多的不便,也造成了地区交通不便、区内区外经济要素流动不畅,严重制约着农民的增产创收。

3. 资源要素禀赋

湖南武陵山区蕴藏着丰富的矿产资源,品种多样,锰、锑、汞、石膏等矿产储量位居全国前列。其中花垣民乐锰矿、凤凰茶田汞矿探明资源量全国排行第二,居湖南省首位;花垣渔塘铅锌矿带是湖南省最具资源潜力的铅锌矿带之一;此外还有我国特有的大型黑色岩系钒矿带、石煤矿带、磷矿带等。另外,湖南武陵山区境内旅游资源异常丰富,包括武陵源、莨山等世界级自然遗产以及天门山近数十处国家级资源区。然而,由于自然条件制约,交通不便,科技

落后，人才缺乏等诸多因素，区内的资源优势并未有效地转化为市场优势，未能给境内农民带来实质性的收益。

4. 政策因素及环境

湖南武陵山区分属于常德、益阳、张家界、湘西土家族苗族自治州、怀化、邵阳和娄底七个不同的地级市和自治州，县域之间存在众多不同等级的行政边界，而且区内各县域在地理区位、资源条件以及经济发展等方面又具有明显的同质性，因此，各县区在发展过程中往往各自为政，缺乏整体和区域协助的观念，有时为了自身发展还会人为地设置行政障碍，使生产要素在区内的自由流动受到进一步限制，严重影响了区域资源的优化组合，使区内农民收入增长缓慢。

六 结论与建议

我们采用数理统计分析和空间统计分析方法，对湖南武陵山区县域农民收入水平的时序和空间格局演变的特征进行了分析，得到了以下一些结论：①随着经济的发展，湖南武陵山区农民人均收入逐年上升，但与湖南省及全国的平均水平的差距呈现出扩大的趋势；农民收入结构中工资性收入的比重逐年增加，已逐步成为农民收入中重要来源，财产性收入依然只占到农民收入的1%左右。②武陵山区县域农民收入低于地区平均水平的区县占大多数，而且数量呈现上升的趋势；县域农民收入的绝对差异呈增大态势，相对差异的波动却不大。③区内农民收入水平较高的地区逐年扩散，基本形成了以怀化鹤城区、张家界的武陵源、娄底的涟源市为中心的高收入区；农民低收入水平的县域相对比较集中，主要集中在湘西土家族苗族自治州及周边地区和邵阳及周边地区。④无论是从空间的全局相关性还是局部相关性来看，武陵山区县域农民收入的空间关联性正逐步地减弱，说明县域经济发展之间缺乏相互带动效应，缺乏地区合作和整体发展的意识，呈现出一种各自为政的无序发展状态。⑤地区经济发展水平、不利的经济地理区位以及过多的行政边界已成为武陵山区农民收入增加的主要制约因素。

结合以上结论，我们认为要切实提高武陵山区农民的收入水平，必须从以下几个方面入手：第一，推行区域合作的有效机制，打破行政界线，统筹区域分工与合作，提高区域经济的整体性，实现区域经济的协调与可持续发展，为区域内农民收入的改善奠定坚实的基础；第二，着力培养和建设具有辐射带动作用的区域增长极，加快工业化和城镇化进程，为区域农民提供更多就业机会，增加农民的工资性收入；第三，加大区域内交通等基础设施的建设，改善区域内的交通条件，方便县域间经济要素的合理流动，并通过构建多层次、多形式、多渠道的商品流通网络，为农民的增产创收创造良好的外部环境；第四，依托区域内丰富的矿产资源和旅游资源优势，发展现代矿产加工业和旅游业，培育各类经济增长点，这样不仅有利于带动农村富余劳动力就业，也有利于增加农民的非农经营及财产性收入。

B.44
湖南县域经济"三量齐升"评估研究报告

张友良*

坚持湖南县域的"三量齐升"是践行科学发展观的内在要求，是对湖南省"四化两型"发展路径的具体化。湖南县域经济的"三量齐升"体现了"发展是硬道理，是解决问题的关键"的原则。为贯彻落实党的十八大精神及省委提出的"促进经济总量、人均均量和运行质量的同步提升"即"三量齐升"的战略思想，实现富民强省的目标，根据《中共湖南省委湖南省人民政府关于进一步加快县域经济发展的决定》的要求，按照县域经济以小康为总揽、两型为路径、园区为平台、项目为拉动、特色产业为支撑、民营经济为中心的发展思路，湖南省县域经济研究会对湖南县域经济的"三量齐升"进行了总体评价分析，一方面，为省委、省政府发展县域经济的决策提供了重要的参考依据。另一方面，为各个县市对自身发展状况有更深层次的了解、搞清自己县市在湖南所处的发展水平及分析自己县市的优劣势提供了现实、可靠的依据。

一 湖南县域经济"三量齐升"评估的指标体系

（一）评估指标体系

评估指标体系包括19个指标，分为经济总量、运行质量和人均均量三方面。经济总量包括地区生产总值、地区生产总值增长率、地区财政预算收入、

---

* 张友良，中共湖南省委党校教授，湖南省县域经济研究会副会长。

地区财政预算收入增长率、全社会固定资产投资额、社会商品零售总额、地区财政总支出七个指标。运行质量包括第一产业占GDP比重、财政自给率、城镇化率、万人农业机械拥有量、从业人口占总人口比重、规模工业增加值能耗降低率、消费率、财政收入占GDP比重八个指标。人均均量包括人均GDP、人均财政总收入、城镇居民可支配收入、农民人均纯收入、人均社会消费品零售额五个指标（见表1）。

表1 评估指标体系

类别	序号	指标名称	权重(%)
经济总量	1	地区生产总值	8
	2	地区生产总值增长率	5
	3	地区财政预算收入增长率	6
	4	全社会固定资产投资额	6
	5	社会商品零售总额	5
	6	地区财政总支出	3
运行质量	7	第一产业占GDP比重	5
	8	财政自给率	8
	9	万人农业机械拥有量	2
	10	从业人口占总人口比重	2
	11	城镇化率	5
	12	规模工业增加值能耗降低率	5
	13	消费率	3
	14	财政收入占GDP比重	3
人均均量	15	人均GDP	8
	16	人均财政收入	8
	17	城镇居民可支配收入	5
	18	农民人均纯收入	8
	19	人均社会消费品零售额	5

（二）评估方法

运用上述的评价指标体系，以公开出版的统计资料为基础，经过资料对比、核实、甄别、抽样实地考察，通过计算机运行，完成了2012年湖南省县域经济"三量齐升"评价工作。

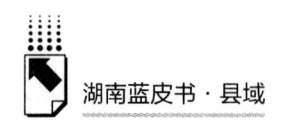

二 湖南县域经济"三量齐升"评估结果

2012年湖南省县域经济"三量齐升"评价结果总排名见表2,经济总量、运行质量和人均均量分项得分见表3。

表2 2012年湖南县域"三量齐升"评价结果及排名

单位:分,位

市县名称	最终得分	名次
长沙县	81.81	1
浏阳市	60.58	2
宁乡县	59.05	3
醴陵市	51.72	4
资兴市	51.18	5
冷水江市	46.79	6
攸县	45.10	7
韶山市	41.91	8
桂阳县	39.00	9
永兴县	38.46	10
汨罗市	38.37	11
湘潭县	35.75	12
耒阳市	35.44	13
邵东县	34.61	14
湘乡市	33.68	15
津市市	32.96	16
吉首市	32.60	17
株洲县	31.50	18
常宁市	31.31	19
澧县	30.83	20
临湘市	30.16	21
石门县	29.99	22
衡南县	29.85	23
沅江市	29.83	24
桃源县	29.56	25
湘阴县	29.24	26
宜章县	28.82	27

续表

市县名称	最终得分	名次
衡东县	28.54	28
岳阳县	28.33	29
衡阳县	28.30	30
衡山县	27.61	31
临澧县	27.48	32
华容县	27.17	33
嘉禾县	27.02	34
炎陵县	26.93	35
茶陵县	26.60	36
东安县	25.74	37
汉寿县	25.57	38
祁阳县	25.52	39
南县	25.23	40
蓝山县	25.06	41
洪江市	25.04	42
临武县	24.97	43
涟源市	24.91	44
桃江县	24.73	45
祁东县	24.73	46
道县	24.41	47
中方县	23.32	48
宁远县	23.27	49
凤凰县	22.87	50
辰溪县	22.32	51
沅陵县	22.12	52
溆浦县	22.01	53
双峰县	21.86	54
武冈市	21.79	55
洞口县	21.04	56
安仁县	20.81	57
江华县	20.69	58
江永县	20.68	59
芷江县	20.67	60
双牌县	20.59	61
新化县	20.44	62
慈利县	20.41	63

续表

市县名称	最终得分	名次
新田县	19.78	64
安乡县	19.65	65
汝城县	19.46	66
会同县	19.33	67
安化县	19.19	68
新邵县	18.76	69
平江县	18.49	70
邵阳县	17.99	71
永顺县	17.87	72
绥宁县	17.81	73
新宁县	17.79	74
靖州县	17.47	75
麻阳县	17.41	76
花垣县	16.96	77
桑植县	16.45	78
城步县	16.13	79
通道县	15.33	80
隆回县	15.18	81
新晃县	14.62	82
保靖县	14.06	83
龙山县	13.57	84
桂东县	12.97	85
古丈县	12.21	86
泸溪县	12.08	87

数据来源：2013年《湖南省统计年鉴》。

表3 2012年湖南县域"三量齐升"分项排名及得分表

市县名称	经济总量得分（共33分）	人均均量得分（共33分）	运行质量得分（共34分）	总得分（共100分）	名次（位）
长沙县	30.05	33.00	17.76	80.81	1
浏阳市	23.42	22.73	14.44	60.58	2
宁乡县	23.23	20.81	15.02	59.05	3
醴陵市	15.04	19.25	17.42	51.72	4
资兴市	9.73	23.01	18.44	51.18	5
冷水江市	8.28	21.63	16.89	46.79	6
攸县	10.64	17.10	17.36	45.10	7

续表

市县名称	经济总量得分（共33分）	人均均量得分（共33分）	运行质量得分（共34分）	总得分（共100分）	名次(位)
韶山市	4.12	22.26	15.53	41.91	8
桂阳县	9.79	13.40	15.81	39.00	9
永兴县	9.10	14.09	15.27	38.46	10
汨罗市	9.85	14.15	14.37	38.37	11
湘潭县	9.09	11.53	15.12	35.75	12
耒阳市	9.61	11.13	14.70	35.44	13
邵东县	9.30	10.31	15.00	34.61	14
湘乡市	8.93	11.72	13.03	33.68	15
津市市	4.38	12.85	15.74	32.96	16
吉首市	5.21	11.17	16.23	32.60	17
株洲县	4.82	13.37	13.31	31.50	18
常宁市	7.61	10.17	13.53	31.31	19
澧县	8.80	9.29	12.74	30.83	20
临湘市	9.14	11.13	9.88	30.16	21
石门县	7.32	9.05	13.62	29.99	22
衡南县	8.08	9.13	12.64	29.85	23
沅江市	7.25	10.55	12.02	29.83	24
桃源县	8.18	8.48	12.91	29.56	25
湘阴县	9.22	10.09	9.94	29.24	26
宜章县	6.89	6.83	15.11	28.82	27
衡东县	6.88	11.13	10.53	28.54	28
岳阳县	7.72	11.06	9.55	28.33	29
衡阳县	8.13	7.68	12.49	28.30	30
衡山县	4.78	9.72	13.11	27.61	31
临澧县	5.05	9.16	13.27	27.48	32
华容县	6.56	11.36	9.25	27.17	33
嘉禾县	4.58	9.46	12.98	27.02	34
炎陵县	4.50	7.40	15.03	26.93	35
茶陵县	5.88	6.76	13.96	26.60	36
东安县	5.47	8.96	11.32	25.74	37
汉寿县	6.48	7.53	11.56	25.57	38
祁阳县	7.24	7.98	10.30	25.52	39
南县	5.54	7.51	12.17	25.23	40
蓝山县	3.98	8.71	12.37	25.06	41
洪江市	5.18	6.03	13.83	25.04	42
临武县	4.82	8.43	11.73	24.97	43
涟源市	8.31	5.58	11.03	24.91	44

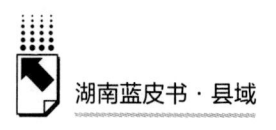

续表

市县名称	经济总量得分（共33分）	人均均量得分（共33分）	运行质量得分（共34分）	总得分（共100分）	名次(位)
桃江县	6.63	7.94	10.17	24.73	45
祁东县	6.55	7.58	10.60	24.73	46
道　县	5.40	7.04	11.97	24.41	47
中方县	4.60	8.22	10.50	23.32	48
宁远县	5.62	4.75	12.90	23.27	49
凤凰县	3.69	4.79	14.39	22.87	50
辰溪县	4.97	4.63	12.72	22.32	51
沅陵县	6.02	5.39	10.71	22.12	52
溆浦县	5.62	4.45	11.94	22.01	53
双峰县	6.60	4.41	10.84	21.86	54
武冈市	5.55	3.54	12.70	21.79	55
洞口县	5.64	2.74	12.66	21.04	56
安仁县	4.31	3.25	13.25	20.81	57
江华县	4.38	3.77	12.54	20.69	58
江永县	3.06	4.03	13.59	20.68	59
芷江县	3.81	4.73	12.14	20.67	60
双牌县	2.74	6.16	11.69	20.59	61
新化县	7.24	2.30	10.90	20.44	62
慈利县	5.35	4.84	10.22	20.41	63
新田县	3.40	3.26	13.11	19.78	64
安乡县	3.15	7.17	9.34	19.65	65
汝城县	3.60	1.99	13.87	19.46	66
会同县	3.66	3.38	12.29	19.33	67
安化县	6.52	2.31	10.35	19.19	68
新邵县	5.56	2.16	11.04	18.76	69
平江县	7.03	2.84	8.62	18.49	70
邵阳县	5.44	1.61	10.93	17.99	71
永顺县	3.03	1.89	12.96	17.87	72
绥宁县	3.69	4.03	10.09	17.81	73
新宁县	4.35	1.39	12.05	17.79	74
靖州县	3.09	4.90	9.49	17.47	75
麻阳县	3.36	3.13	10.92	17.41	76
花垣县	2.75	4.70	9.51	16.96	77
桑植县	4.11	2.39	9.94	16.45	78
城步县	2.45	1.50	12.18	16.13	79

续表

市县名称	经济总量得分（共33分）	人均均量得分（共33分）	运行质量得分（共34分）	总得分（共100分）	名次(位)
通道县	2.60	2.06	10.67	15.33	80
隆回县	5.78	0.41	8.98	15.18	81
新晃县	3.26	2.37	8.98	14.62	82
保靖县	2.19	2.46	9.41	14.06	83
龙山县	3.56	1.88	8.13	13.57	84
桂东县	2.71	0.39	9.87	12.97	85
古丈县	2.66	1.59	7.95	12.21	86
泸溪县	0.89	2.71	8.48	12.08	87

数据来源：2013年《湖南省统计年鉴》。

三　湖南县域经济"三量齐升"评估分析

（一）"三量齐升"基本情况分析

湖南省包括87个县市（县级市），截至2012年底总人口达5110.29万人，占全省总人口的71%。相比2011年底而言，2012年底湖南87个县包括GDP、财政总收入、固定资产投资额、社会商品零售总额等在内的各项指标都有所增长，但也存在一些问题。

从经济总量方面来说，2012年底湖南县域经济生产总值达12764.72亿元，占全省比重的58%，比上年度增长11.7%，而全国与全省的生产总值的增长率分别为7.8%和10.7%。2012年湖南县域经济财政总收入为546.21亿元，占全省财政总收入的31%。固定资产投资额湖南县域为7602.37亿元，湖南省为14576.61亿元，全国为374676亿元，湖南县域占全省固定资产投资额的比重为52%。社会商品零售总额湖南县域为3608.74亿元，湖南省为7921.89亿元，全国为210307亿元，湖南县域占全省的比重为46%。也就是说，湖南县域区划内的87个县市，要用31%的财政收入支撑全省71%的人口，固定资产投资额占全省的52%，创造了全省58%的GDP，但社会商品的消费总额只占到了全省的46%（见表4）。

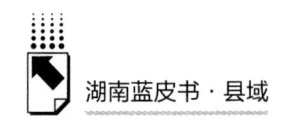

表4 2012年湖南县域经济总量情况分析

单位：亿元，%

指标名称	湖南县域	县域占省比重	湖南省	全国
地区生产总值	12764.72	58	—	519322
地区生产总值增长率	11.70	—	10.7	7.8
地区财政总收入（预算）	546.21	31	1782.16	117210
地区财政总收入增长率	0.28	—	17.5	12.8
全社会固定资产投资额	7602.37	52	14576.61	374676
社会商品零售总额	3608.74	46	7921.89	210307

数据来源：2013年《湖南省统计年鉴》。

从经济运行质量方面来看，2012年底湖南县域的第一产业占GDP比重为28%，湖南省和全国的这一数值分别是22%和17%。县域财政自给率为29%，相对全省43%和全国93.24%的自给率而言还有较大的差距。县域范围内的城镇化率为39%，湖南省为47%，全国为52.6%，即湖南县域的城镇化水平还比较低。城乡收入比方面县域为2.51，湖南省为2.87，全国为3.10，湖南县域的城乡收入差距相比省和全国还比较小（见表5）。

表5 2012年湖南县域经济运行质量情况

单位：%

指标名称	湖南县域	湖南省	全国
第一产业占GDP比重	28	22	17
财政自给率	29	43	93.24
城镇化率	39	47	52.6
城乡收入比	2.51	2.87	3.10

数据来源：2013年《湖南省统计年鉴》。

从人均均量方面来看，截至2012年底，湖南县域经济的人均GDP为24978元，湖南省和全国的这一数据分别为33480元和38353元。人均财政总收入县域、湖南省、全国分别为1069元、2482元和8656元。湖南县域的城镇居民可支配收入为17568元，农民人均纯收入为6987元，这两个数据相比湖南省和全国的21319元、7440元与24565元、7917元还存在一定的差距。

湖南县域的人均社会消费品零售额为7062元，比全国和湖南的这一数据的平均水平都要低（见表6）。

表6 2012年湖南县域人均均量情况

单位：元

指标名称	湖南县域	湖南省	全国
人均GDP	24978	33480	38353
人均财政总收入	1069	2482	8656
城镇居民可支配收入	17568	21319	24565
农民人均纯收入	6987	7440	7917
人均社会消费品零售额	7062	11033	15531

数据来源：2013年《湖南省统计年鉴》。

（二）"三量齐升"的发展成就

1. 主要经济指标增长较快

表7的统计数据显示，2012年与2011年相比，主要经济指标都有所上升，且涨幅都比较大，基本都在10%以上，全社会固定资产投资额的涨幅达34.13%之多。GDP由2011年的11221.37亿元增长到2012年的12764.72亿元，增长了13.75%。财政自给率2012年比2011年增长4%，达到29%，虽然4%的增长率比起其他项目幅度不大，但依然说明财政的创收能力在不断增强。

表7 2011年与2012年湖南县域人均均量比较

指标名称	2011年	2012年	增长率（%）
GDP（亿元）	11221.37	12764.72	13.75
人均GDP（元）	22100	24978	13.02
地区财政总收入（亿元）	427.05	546.21	27.90
人均财政总收入（元）	841	1069	27.11
城镇居民可支配收入（元）	15493	17568	13.39
农民人均纯收入（元）	5934	6987	17.75
社会商品零售总额（亿元）	2975.62	3608.74	21.28
全社会固定资产投资额（亿元）	5667.85	7602.37	34.13
财政自给率（%）	25	29	4

数据来源：2013年《湖南省统计年鉴》。

2. 湖南县域经济的"三量齐升"稳中有进

一是财政收入状况有所改善。湖南县域的财政收入从 2005 年的 178.28 亿元到 2008 年的 217.6 亿元，再到 2010 年的 311.15 亿元，最后到 2012 年的 546.21 亿元，地区财政总收入一直处于稳步上升的状态。二是生产总值逐年上升，农民生活水平继续得到提高。从 2005~2012 年统计的数据来看，除财政总收入外，县域的 GDP、农民人均纯收入等指标也都是在逐年增加。如 GDP 由 2005 年的 3872.8 亿元增长到 2012 年的 12764.72 亿元，农民人均收入由 2005 年的 2943 元增长到 2008 年的 3992 元，再到 2012 年的 6987 元。

3. 湖南推进县域经济"三量齐升"措施有力

如加强现代农业示范园区、示范带和示范基地的建设，培养与强化产业龙头和品牌，更加注重突破融资渠道，增加投资，大力发展民营经济，加强工业园区和产业项目建设等。各地采取的这一整套措施，使得近年湖南县域在经济总量和人均均量上不断增加，而同时又保证了经济发展的质量，极大地促进了湖南县域"三量齐升"的提升。

（三）"三量齐升"存在的问题

1. 产业结构不合理

湖南省县域的产业结构层次低，产业结构调整的步子不快。具体表现在：第一产业比重大，第二、第三产业比重小。从 2012 年的数据来看，湖南县域第一产业占 GDP 的比重为 28%，高出湖南省 6 个百分点，高出全国 11 个百分点。湖南省县域经济处于区域经济的末端，资本、技术、人力等要素资源缺乏，第二、第三产业的发展受到了极大的限制。

2. 区域间发展不平衡

如表 8 统计数据显示，2012 年，全省 87 个县市中，长沙县 GDP 总量最大，为 880.09 亿元，古丈县总量最小，为 14.90 亿元，两相差 59.1 倍；2012 年长沙县人均 GDP 最高，为 88656 元，桂东县最低，仅有 8497 元，相差 10.4 倍；长沙县地方财政收入最高，为 53.50 亿元，古丈县最低，仅有 1.08 亿元，全省县域的平均水平也仅为 6.28 亿元；城镇居民可支配收入最高的浏阳市为 27345 元，最低的古丈县仅有 11954 元，全省县域平均水平为 17568 元。大部分县（市）缺乏自我积累和自我发展的能力。总体上看，湖南省县市的综合实力不高，且各县市间发展差距十分大。县域经济是否平衡发展，事关湖南省经济发展大局。亟须从县域层面缩小经济差距，加快实现区域共同繁荣，最终实现社会主义新农村建设目标。

表8　2012年湖南县域经济强弱县差距比较

	GDP（亿元）	地方财政收入（亿元）	人均GDP（元）	农民人均纯收入（元）	城镇居民可支配收入（元）
最高县	880.09	53.50	88656	17070	27345
	长沙县	长沙县	长沙县	长沙县	浏阳市
最低县	14.90	1.08	8497	2895	11954
	古丈县	古丈县	桂东县	新田县	古丈县
县平均水平	146.72	6.28	24978.47	6987	17568

数据来源：2013年《湖南省统计年鉴》。

3. 县域经济特色不突出

近年来通过各级政府的努力，湖南省县域经济开始着力挖掘技术和资源优势，根据市场化的取向形成了一批优势产业和特色经济，如金健粮油制品、亚华杂交种子、唐人神肉制品、旺旺食品等名优品牌。但类似的优势产业和特色经济一方面太少，带动县域经济发展的作用十分有限，而且有些品牌虽然在省内的名气很大，可在国内、世界范围内的知名度就十分低，没能走出湖南省、走出中国。另一方面，这些特色经济由于资金、基础设施、市场、技术、政策等多方面的原因没能成为县的主导产业，这也限制了这些优势产业和特色经济对提升县域"三量齐升"的作用。

4. 财政问题比较突出

2012年，全省县域地方财政收入仅占GDP的4.28%，低于全省平均水平3.76个百分点，低于全国平均水平18.29个百分点。人均财政收入为1068元，仅全省平均水平的一半不到，与全国的8656元相比更是差距甚大。湖南县域的财政自给率为29%，全省为43%，全国则为93.24%，也就是说，县域的财政收入和支出存在严重的不协调，自身所得收入仅能满足支出的1/3不到，财政缺口较大，县级财政正常运转经费保障不足见表9。许多县市财政困难，连最基本的支出都难以保障。财政支出包袱重，导致没有足够资金搞建设，使得这些县市基础设施落后，第一产业做不出规模，第二、第三产业又发展不起来。

表9 2012年湖南县域财政收入差距分析

单位：%，元

地　区	财政收入占GDP比重	财政自给率	人均财政收入
湖南县域	4.28	29	1068
湖南省	8.04	43	2482
全　国	22.57	93.24	8656

数据来源：2013年《湖南省统计年鉴》。

四 促进湖南县域经济"三量齐升"的建议

（一）转变发展观念

认真贯彻十八届三中全会精神，深入改革开放，给湖南县域经济三量齐升注入强大发展动力。三中全会的决定许多都是改革开放的，都可以为三量齐升提供源源不断的巨大动力。例如，关于发挥市场决定作用、关于大力发展民营经济、发挥农村集体土地作用、关于增加农民收入的途径等决定，都完全符合农村实际，是发展县域经济的行之有效的举措，谁先贯彻执行谁就会先得益处，这是一次很难得到的极佳机会。县域一定要抓住这一机会，乘势而上，开创"三量齐升"的大好局面。

（二）转换经济发展方式，调整产业结构

从统计的87个县市来看，除前十强外，县域工业基础还比较薄弱。要解决这一问题，我们应积极转换经济发展方式，调整产业结构，提升第二产业所占比重，带动第三产业发展，提升县域经济发展的整体水平。转换经济发展方式就是要加快湖南县域的"四化两型"建设，以农业作为基础，以新型工业

化作为第一推动力，提高工业在县域经济中的比重。鼓励和促进湖南县域经济产业结构调整要做好以下工作：一是通过产业选择进行县域产业结构调整。在现有产业基础上，对已有的或正在形成中的产业进行分析，确定新兴产业、成熟产业、夕阳产业，大力发展比较有前途的产业，退出没有吸引力的产业。二是进行县域经济中产业内的结构调整。在某个产业内通过企业重组、组织转型和流程再造，优化配置现有的产业资源，实现提高产业市场占有率的目标。调整的实质是以产品、价格等因素去寻求自己的最佳地位，有利于提高县域经济的竞争力。这种结构调整是投资能力比较弱县市的现实选择。三是通过产业创新进行产业结构调整。根据未来科学技术、社会需求、生活方式和市场竞争走向，确定产业新的增长点，尽快形成新的产业，成为发展的领头羊。县域领导和企业家敏锐的产业预见能力是实现这种产业创新的关键。

（三）进一步发挥产业园区的支撑作用

产业园区是资源集中、企业集聚、产业集群的重要平台，是县域经济发展新的支撑点和增长点。政府要因地制宜，加快园区经济的发展，促进园区产业聚集。一是合理规划，优化布局。规划是龙头，要统筹好整体与局部、近期与长期的关系。要合理规划县域工业园区，实现县域资源的有效集约利用，形成合理的县域经济布局。园区布局要紧密结合经济、市场、区位、社会、资源等条件来确定功能和特点。园区建设要与城镇建设形成良性互动。二是突出园区的特色，整合各种要素。充分发挥市场机制配置资源的决定性作用，政府引导和形成多元化投资主体，促进县域特色工业要素集聚，形成优势产业链。建立区域产业合作推进机制，完善宏观调控体系，引导形成结构合理、功能优化、层次多样、产业分工合理和各具特色的园区经济结构。三是强化硬件，优化环境。加大园区基础设施的规划建设力度，降低入园企业的投资门槛，采取政府引导推动、招商引资促动、民间投资滚动、大企业大项目带动等多种模式做大做强园区经济。

（四）加大发展湖南县域的特色产业

湖南各县域经济发展的区位条件千差万别，资源禀赋贫富不均，政府对县域经济发展的支持要从政策指导、发展规划、分类支持等方面区别对待。要挖掘全省各区域自身特有的优势。"特色就是生命力，特色就是竞争力"，县域经济要充分利用自己的比较优势，创造自己的特色，营造自身的竞争优势。湖南省县域经济发展程涌现了不少把特色经济和资源优势结合起来，使县域经济不断壮大的成功例子。如浏阳鞭炮销往世界100多个国家和地区，出口量占全国的60%，被称为"世界烟花王国"，鞭炮产业几乎撑起了浏阳经济的"半壁江山"。可见，湖南各县域要利用自身资源，大力培养特色品牌，大力培育特色经济。

（五）进一步整合各部门资金

2012年，湖南县域的地区财政收入为546.21亿元，财政自给率仅为29%，这表明湖南县域的财政收入较低，各级政府要加大整合各部门资金的力度，把钱用在刀刃上。一要壮大县级财力。政府要加快省以下财税体制改革，优化省、市、县的财权、事权分配格局，合理增加划给县域的增值税、所得税比例，适当扩大县级的税收规模，增强县级财力；完善转移支付制度，逐步建立以纵向转移支付为主，横向转移支付作为补充的转移支付模式，清理整合专项转移支付项目，减少专项转移支付使用限制；进一步调整县级财政专项配套政策，降低或取消县级配套任务，减轻县市财政政策性配套压力。二是扩大、做实县级融资平台。县域要转变观念，在继续争取银行扩大信贷规模的同时，积极走市场化融资道路。充分利用资本市场，争取企业上市融资，积极拓展债券、信托、股权和保险等融资渠道，要积极利用国外的贷款。三要引导金融机构加大对县域经济发展的金融支持力度。加强政策性金融、商业性金融、民间金融的协调配合；积极引进股份制商业银行、区域性商业银行、外资银行等到县域设立分支机构，扩大对"三农"的信贷投资规模；依托国家的金融政策，积极推出新业务和新产品，创造性地做好金融服务工作，扶持发展潜力大但风险也大的中小企业和高新技术企业。四要加强社会信用体系建设，营造良好的金融生态环境。建立和完善企业信用担保体系，建立各种类型的中小企业贷款担保基金，采取市场化的运作方式，分散政策性风险。

B.45
促进湖南城乡一体化对策研究[*]

管冲 刘晓烨[**]

湖南是我国典型的农业大省和粮食主产区。积极统筹城乡发展，逐步提升城乡一体化水平，是解决全省"三农"问题的根本途径和促进城乡共同繁荣、全面建成小康社会的重要内容。本文全面分析当前湖南城乡发展格局特征和水平，深入剖析湖南城乡一体化发展中存在的深层次问题，进一步明确适宜的城乡融合发展战略，并提出政策建议。

一 当前湖南城乡一体化发展的总体水平和格局分析

（一）城乡一体化的指标评价体系

城乡一体化是指在生产力、城市化水平发展到一定阶段，城市与乡村逐步融为一体，最终实现城乡经济、社会、文化、生态协调发展的一种状态。它是消除城乡二元结构和解决"三农"问题的治本之策，对于实现全面建成小康社会宏伟目标具有重要的战略意义。为了全面客观地评价湖南城乡一体化发展的现状和水平，本文选取城镇化率、二元对比系数、城乡居民收入差异系数、城乡居民恩格尔系数差异度等指标初步测算，再根据各指标所含的信息量多少进行客观赋值，计算出城乡一体化发展水平的综合指数。

（1）城镇化率：城镇人口规模和发展水平以及对区域人口和经济发展的

---

[*] 本报告为湖南省科学技术厅科技计划一般项目"促进湖南城乡一体化的对策研究"（编号：2013FJ6012）的阶段性研究成果。

[**] 管冲，湖南省科技厅发展战略室主任科员；刘晓烨，湖南大学经贸学院应用经济学专业研究生。

影响程度，通常用市人口和镇驻地聚集区人口占全部人口（人口数据均用常住人口而非户籍人口）的百分比来表示，用于反映人口向城市聚集的程度。城镇化率与城乡一体化水平正相关。

（2）二元对比系数：是反映农业和非农业两大部门劳动生产率差异情况的常用指标，参考值为发达国家0.52~0.86，发展中国家0.31~0.45。

（3）城乡居民收入差异系数：农村居民人均纯收入占城镇居民可支配收入的比重。小于0.5，表明存在明显的城乡二元对立；0.5~0.8，表明处于城乡二元结构和城乡一体的过渡阶段；大于0.8，表明基本实现城乡一体化。

（4）城乡居民恩格尔系数差异度：城乡居民恩格尔系数的差值。差值越大，说明城乡居民生活质量差距越大，指标值低于0.025，则可认为城乡居民生活质量基本处在同等水平。该指标为逆向指标，计算时对其进行（1 - X）处理，调整为正向指标。

（二）湖南的总体水平与格局

1. 纵向来看，湖南城乡一体化水平逐年上升

2012年湖南城乡一体化指数比2003年上升7.72个百分点，增长幅度比较明显。一方面，同期城乡居民恩格尔系数差异度快速下降了9.5个百分点，另一方面，受湖南城镇化步伐不断加快的带动，十年间城镇化率提高了13.2个百分点。城乡居民收入差异系数先降后升，2003~2007年逐年下降，此后5年逐步提高，2012年比2007年提高了3.14个百分点，反映出近年来湖南加快推进劳动力转移就业、多渠道促进农民增收成效明显。二元对比系数呈现前升后降的走势，2007年达到峰值，此后逐年下降，但十年间仍提高了1.34个百分点，这充分证明湖南城乡二元经济矛盾趋于缓和，但也说明近年来湖南第一产业发展逐渐滞后于第二、第三产业，需要重点关注（见表1）。

2. 横向来看，湖南城乡一体化水平仍然较低

2012年湖南城乡一体化指数仅略高于山西和河南，在中部地区居第四位，也低于全国平均水平2.73个百分点，与上海、浙江、江苏、广东等省份比较，也存在明显差距。与全国平均水平相比，城镇化水平偏低、城乡居民生活质量差距明显，是制约我省城乡一体化发展水平的突出因素（见表2）。

表1 2003～2012年湖南城乡一体化指数[①]

单位：%

年份	城镇化率	二元对比系数	城乡居民收入差异系数	城乡居民恩格尔系数差异度	城乡一体化指数
2003	33.5	20.75	33.01	16.10	35.58
2004	35.5	21.86	32.93	18.10	36.56
2005	37.0	21.20	32.74	16.20	37.24
2006	38.71	22.72	32.27	13.70	38.68
2007	40.45	25.55	31.76	13.50	40.22
2008	42.15	24.93	32.65	11.30	41.20
2009	43.2	23.52	32.55	10.30	41.38
2010	43.3	23.01	33.94	11.90	41.29
2011	45.1	22.67	34.85	8.30	42.56
2012	46.7	22.09	34.90	6.60	43.30

注：数据来源于全国、湖南及相关省份历年统计年鉴，表2、表3同。

表2 2012年湖南与部分省份城乡一体化指数比较

单位：%

省份	城镇化率	二元对比系数	城乡居民收入差异系数	城乡居民恩格尔系数差异度	城乡一体化指数
上海	89.30	14.92	44.30	3.20	62.36
浙江	63.20	30.69	42.12	2.60	54.78
江苏	63.00	25.70	41.12	2.00	53.18
广东	67.40	16.84	34.88	12.15	50.58
山西	51.26	10.26	24.68	1.80	41.08
河南	42.43	20.32	36.81	0.27	41.88
湖北	53.50	18.35	37.68	-2.66	46.81
江西	47.51	24.10	39.42	3.80	45.24
安徽	46.50	22.86	34.06	0.60	44.02
湖南	46.65	22.09	34.90	6.60	43.30
全国	52.57	22.18	32.23	3.10	46.03

① 城乡一体化综合指数采用客观赋权，先计算每个无量纲化指标的标准差，再对所有指标的标准差求和，最后用每个指标的标准差除以标准差之和，得到每个指标的权数。本文中四个指标的权重分别为0.454、0.286、0.145和0.115。

3. 省内来看，不同地区的城乡一体化水平差距明显

根据2012年湖南14个市州的城乡一体化发展指数，可以分为以下四类区域：一类区域包括长沙，城乡一体化指数高出全省11.05个百分点，接近于江苏、浙江等发达省份水平；二类区域包括株洲、湘潭、衡阳、岳阳，这些地市的城乡一体化指数值显著高于全省平均水平；三类区域包括益阳、郴州、永州、常德、邵阳，城乡一体化水平接近于全省平均水平；四类区域包括张家界、怀化、娄底、湘西土家族苗族自治州，四个市州的城乡一体化指数远低于全省平均数值，仍处在40%以下。其中，城乡一体化水平最低的湘西土家族苗族自治州比最高的长沙市低19.04个百分点。湖南省内城乡一体化水平的巨大差距体现了城乡地域发展严重失衡，这就决定了湖南不同地区城乡一体化发展进程必然存在着较大的梯度差异（见表3）。

表3　2012年全省各市州城乡一体化指数比较

单位：%

市/州	城镇化率	二元对比系数	城乡居民收入差异系数	城乡居民恩格尔系数差异度	城乡一体化指数
全省	46.65	22.09	34.90	6.60	43.30
长沙市	69.38	13.78	52.04	1.16	54.35
株洲市	59.10	16.26	42.34	4.60	48.59
湘潭市	54.02	11.38	48.05	5.69	45.59
衡阳市	47.90	23.76	49.64	8.22	46.29
邵阳市	36.06	31.82	33.22	8.72	40.79
岳阳市	49.30	22.68	37.66	0.74	45.74
常德市	42.95	18.44	40.40	4.62	41.60
张家界市	41.10	9.70	29.25	15.15	35.43
益阳市	42.15	26.34	40.26	5.35	43.39
郴州市	45.28	21.11	37.02	2.36	43.19
永州市	39.87	32.99	35.96	7.51	43.39
怀化市	39.01	16.48	32.07	17.69	36.54
娄底市	39.23	18.59	24.81	11.92	36.85
湘西土家族苗族自治州	37.60	16.82	28.12	18.64	35.31

二 湖南城乡一体化发展存在的主要问题

统筹城乡经济社会发展，推进城乡一体化，是湖南经济社会发展的重点和难点。2012年湖南省人均GDP达到33480元，超过5000美元，城镇化率为46.7%。根据国际经验，湖南当前正处于发展进程加快的阶段，也是推动城乡融合的最佳时期和关键阶段。近年来，湖南在全面推进工业化、城镇化进程中，省委、省政府高度重视城乡统筹协调发展，注重缩小城乡收入差距，加快推动基础设施向农村延伸，不断提高公共产品供给均衡化水平，城乡一体化发展取得显著成效。但作为一个农业大省，长期受国家城乡二元分治体制影响，仍存在一些深层次问题，严重制约着湖南城乡一体化的发展步伐。

（一）农村基本公共服务短缺，城乡供给不均衡

基础设施建设方面，城乡资金投入差距明显。2012年湖南农、林、牧、渔业固定资产投资规模468.09亿元，虽然比上年提高了46.1%，但仅占全省固定投资总额的3.2%。农村道路、水利等基础设施建设，中央和省级财政通常只拨付部分资金，主要依靠县区财政配套和农民自行解决。公共教育方面，2012年湖南农村小学公用经费生均500元、中学700元，而同期全省事业性经费支出中，公用部分生均标准小学1657.5元、中学3008.7元。城乡教育资源配置也不均衡，优质教师资源向城镇集中，农村教师整体素质偏低、人员不足。2012年湖南城镇平均每所普通中学拥有专任教师89.3人，而农村仅为42.5人；小学则分别为41.83人和15.74人，差距更加明显。医疗卫生方面，乡镇卫生院及村卫生室普遍存在缺人才、缺技术、缺资金、缺设备的现象。2012年，湖南城市每千人口有医疗卫生机构床位7.28张，而农村只有2.75人。社会保障方面，城乡保障水平存在显著差异，2012年全省城市医疗救助每人次支出875.8元，农村医疗救助每人次支出538.2元。此外，农村文化基础设施建设滞后、信息化程度低等问题也亟待解决。

（二）城乡要素市场分割，分配差距大

劳动力市场方面，城乡统一的劳动力市场尚未建立，户籍制度对农村劳动力享有同等就业机会、均等公共服务形成了制约。目前，全省城镇劳动力供求缺口达30余万人，但农村还有近300万剩余劳动力处在隐性失业或不稳定转移就业状态。土地市场方面，城乡统一的土地市场未形成，农村土地只有被征收后才能转为城市建设用地，农村居民无法享受土地增值带来的收益。金融市场方面，农村金融发展薄弱，金融机构网点覆盖率低，农村信贷资金流失严重，贷存比低。农村金融改革相对滞后，金融产品极少，基本上只有传统的存贷业务，农民难以分享金融改革和金融发展的成果。受上述因素影响，湖南城乡居民收入差距仍处高位。2012年城乡居民收入比为2.87∶1，绝对差距为13878.59元，比2007年扩大了65.4%。

（三）城乡产业发展二元分割，以工促农能力不强

一是发展不平衡。随着湖南城镇化步伐的加快，广大城镇化地区第二、第三产业发展迅速，工业为主导的现代产业体系逐步形成，但广大农村仍以传统种植、养殖业为主，非农产业发展严重滞后，目前湖南农产品加工转化率仍低于全国平均水平。农业生产以农户小规模分散生产经营为主，规模小、链条短、服务缺、效益低，专业化、规模化、集约化程度较低，农业经济增长乏力。二是产业联结能力不足。当前湖南注重重工业发展，而与农业关联度较高的工业发展相对缓慢。产业结构以第二产业为主，以大项目、大企业为主，产业发展对农村富余劳动力吸纳不足。三是城乡市场对接不畅。当前湖南农村市场体系不健全，城乡产品流通渠道不畅。农产品多在产地附近依托路边摊、集市、上门收购等方式销售，流通半径太小，常造成产地过剩、城市消费短缺的局面。

（四）城乡规划二元分割，村镇建设自发无序

城乡一体的规划制度还处于起步阶段，乡村规划基本空白，属于盲区。农村住房建设缺乏统筹规划，基本处于自发无序状态，房屋空置、用地超标现象严重，浪费了大量的资金、人力和土地。

三 促进湖南城乡一体化发展的政策建议

湖南提高城乡一体化水平,应以科学发展观为指导,以"两型"社会建设为导向,遵循城乡发展规律,注重统筹规划,坚持分类指导,立足于各地经济基础、区位条件、资源禀赋和城乡发展现状,多种模式并行。要坚持以县域城乡一体化为主抓手,促进城乡产业深度融合,建立城乡一体的要素市场,完善城乡一体的统筹管理机制,促进湖南城乡经济社会发展互融共进。

(一)完善财税体制,推动城乡基本公共服务均等化

一是加快建立以基本公共服务均等化为导向的公共财政制度。各级政府及相关职能部门要转变观念,加快自身向公共服务型政府转变。要以城乡公共服务均等化为重点,加快建立以基本公共服务均等化为导向的公共财政制度。一方面,要继续加大财政对农村的转移支付力度,另一方面,要调整和优化财政转移支付的结构,使财政投入的重点由基础设施建设转向公共服务,实现财政由经济建设型向公共服务型转变;同时,完善转移支付制度,加强对县乡基层财政的转移支付力度,明确县、乡两级的财权、事权,着力增强县乡基层政府基本公共服务供给的能力。二是建立财政支农资金稳定增长机制,逐步加大对农村基础设施、社会事业和村镇建设的投入。三是积极推进农村基本公共服务平台建设。以项目建设带动投入增长,以基础设施完善、服务能力增强为标准,逐步提高农村义务教育、医疗卫生、社会保障等服务水平,推动实现城乡基本公共服务均等化。

(二)构建新型土地制度,盘活农村资源要素市场

一是规范和鼓励农村土地流转。鼓励农民以转包、出租、互换、转让、股权合作等多种形式流转土地承包经营权,积极发展转移大户、家庭农场、农民转移合作社等规模经营主体。按照集中开发、集约使用的原则,稳妥推进农村宅基地、集体建设用地流转,逐步实现农村集体建设用地与国有土地"同地、同权"。二是改革农地征收补偿制度。以法律的形式明确界定"公共利益"范

围，禁止地方政府滥用土地征收权。商业开发等用途的城市建设用地应主要依靠城乡土地市场解决。探索试行农村集体建设用地直接入市、城乡建设用地增减挂钩等政策。通过股份化等方式，在土地开发中为农民保留一部分权益，建立土地后续开发与促进农民增收相挂钩的长效机制。严格规范土地征用过程中的法定程序，保证"程序正义"，为农民提供制度化保障。三是建立高效农村金融市场。坚持商业化运转原则，取消影响农村经济发展的城市倾斜政策，建立多种金融机构形式并存、功能互补、有序竞争的新型农村金融体系。细分农村金融需求主体，实施差别化的金融支持政策，解决"资金外流"和"信贷歧视"问题。加快农村担保和征信体系建设，扩大有效抵押品范围，探索开展土地使用权抵押。

（三）推动传统农业转型升级，带动城乡产业一体化发展

一是发展区域特色农业。按照全省农产品区域布局规划，湘东、湘中村镇应重点发展时鲜瓜果、花卉苗木、畜禽产品和水产品的生产和加工，湘北重点发展稻米、优质棉花、油菜、特种水产、水禽养殖，湘南重点发展时鲜瓜果、油茶、烤烟、养殖等名特优农产品生产和加工，湘西重点发展草食畜禽产品、优质水果、优质名茶、药材等。二是培育和完善农业产业链。注重打破传统的"农村负责生产、城市工业负责加工、城市商业负责流通"的狭窄、单一、割裂的产业链模式，增加产业链长度、宽度和厚度。鼓励城市工商企业主动投资农村农产品加工和销售，培植、支持发展一批起点较高、各具特色、较强较大的龙头企业和企业集团。着力抓好农产品精深加工业，对农产品主产区和产能集中区，加大支持力度，在加工资源分配和政策扶持上给予适当倾斜。三是发展特色产业。对有一定资源优势和工业基础的村镇，要发挥集聚规模效应，加大技术、资金扶持力度，努力打造独具产业特色的专业镇。要尽可能创造条件，让农民自己组建建筑、运输队伍，鼓励发展各种生产、生活服务业，发展各种形式的农家乐、休闲农业，实现部分农业人口就地向非农领域转移。四是培育农业合作组织。各地要及时加强引导和扶持，变自发性合作为专业性合作社，变分散的一家一户经营为产业化、规模化经营，把农业与农产品加工龙头企业和市场连接起来，逐步形成"风险共担、利益均沾、共同发展"的利益共同体。

（四）加强统筹规划，推进村镇环境改善

一要完善城乡一体的规划制度体系。各级各部门要坚持把城乡一同纳入规划范畴，重点加强乡镇一级的规划编制，要立足各地实际，合理界定功能分区，尤其是将农房建设纳入城乡规划一体化管理。二要推进农户集中居住。积极引导农村居民向中心镇功能区、中心村和条件较好的居民点集中，有效降低农村基础设施、医疗卫生等设施的建设成本。三要完善村镇设施环境。继续加强农村路网建设，按照集镇—中心村—村村通梯度推进，并逐步实现百分之百的中心村通公共汽车。积极推进农村改水、改电、改厕，对新建的村镇，要重点配置好电力线、电话线、有线电视线、自来水管、污水管、雨水管等"六大管线"，管线的能量和容量尽可能适当超前。同步建设好集文化活动、医疗卫生、广播电视、农村图书馆、政务服务等功能于一体的公共服务平台。

附 录
Appendix

B.46
2013年湖南县域经济发展大事记

1月9日 湘西土家族苗族自治州全国优秀旅游供应商合作交流会在凤凰县举行。来自全国各地72家旅游客商与湘西土家族苗族自治州旅游协会签订了国内业务合作协议。

1月29日 住房城乡建设部公布首批90个国家智慧城市（镇）试点名单，株洲市、韶山市、株洲市云龙示范区、浏阳市柏加镇、长沙市梅溪湖国际服务区位列其中。

1月31日 湖南省人民政府下发了《关于发展特色县域经济强县的意见》。未来5年内，省财政将筹措81亿元，分3轮扶持27个县（市、区）发展特色县域经济。每年重点扶持3个特色产业，每个特色产业每年扶持3个特色县域经济重点县，对每个重点县滚动扶持3年；省财政每年对每个重点县的资金支持不低于1亿元，3年累计支持不低于3亿元。永州祁阳县、湘潭湘潭县、长沙宁乡县、株洲醴陵市、郴州永兴县、岳阳汨罗市、娄底新化县、湘西凤凰县、邵阳新宁县被评选为第一轮重点县。

2月17日 建设部、文化部、财政部公布第一批中国传统村落名录村落名单，衡阳市常宁市庙前镇中田村等30座村庄入围"首批中国传统村落名录"。

2月26日 "龙山文化产业网"（http：//www.lswhcyw.com）正式上线，这标志着湖南省首家县级文化产业专题网站正式诞生。

2月27日 世界银行贷款湖南森林恢复和发展项目在醴陵市启动。

3月18日 中西部规模最大的物流商贸基地金桥国际商贸城今天在长沙市望城区开工建设，项目总占地11000亩、总建筑面积1500万平方米，将建成中西部业态最全的现代商贸物流综合体。

3月18日 韶山风景名胜区旅游综合服务中心项目获批。

3月22日 长沙县首届乡村茶文化节暨旅游新产品推介会在金井镇召开。

4月6日 代省长杜家毫深入湘西土家族苗族自治州调研。杜家豪强调，没有湘西的全面小康，就没有全省的全面小康。省委省政府将一如既往把自治州作为扶贫攻坚的主战场，希望自治州将积极争取中央、省里的支持与自力更生结合起来，不断增强造血功能和内生动力，做好"四篇文章"。一是充分发挥生物、矿产等资源丰富的优势，加快发展食品、矿产品加工和生物制药等特色产业。二是维护良好生态环境，促进旅游产业与文化深度融合，打造世界级旅游品牌。三是发扬自力更生、艰苦奋斗的优良传统，积极营造加快发展的良好环境。四是坚持"尽力而为、量力而行"，持续改善民生。

4月12日 中煤地质工程总公司相关负责人赴湖南省桑植县考察页岩气勘探开发工作，标志着桑植县页岩气勘探开发工作进入实质性实施阶段。

4月15日 湖南省水稻育插秧机械化暨新型插秧机演示现场会在双峰县举行。

4月25日 新邵县与湖南湾田集团就九头岩半岛综合开发签订框架协议，标志着该县新型城镇化建设开启新的篇章。

4月25日 2013宁乡重大投资项目发布会举行，加加饮品及休闲食品、青铜文化创意产业园等35个重大项目成功签约，签约总金额达165亿元。

5月6日 长沙首家"粮食银行"在宁乡县挂牌成立。

5月7日 湖南省首家大宗农产品网上交易平台——沁坤电子商城在长沙隆平高科技园正式上线，它将把农产品的生产、加工、销售三大环节联通于一体，打造农产品行业的"阿里巴巴"。

5月8日 中联重科湘阴工业园在举行奠基仪式。省人大常委会副主任蒋作斌出席。

5月11日 全国政协副主席、国家民委主任王正伟在湘考察时强调，要抢抓机遇，推动武陵山片区与全国、全省同步全面建成小康社会。

5月19日 由科技部等11部委和湖南省人民政府联合举办的"振兴武陵服务三农——科技列车湘西行"暨2013年湖南科技活动周启动。

5月21日 代省长杜家毫主持召开省政府常务会议，研究部署特色县域经济发展等工作。

6月7日 副省长韩永文率省直有关部门前往溆浦县开展为期两天的城镇化建设调研。他要求各地要坚持以人为本，实现产业发展与城市发展相融合，全面推进新型城镇化进程。

6月7日 长沙县举行"六个走在前列"大竞赛活动推进会。长沙县表示：将在3年内奋力挺进县域经济基本竞争力全国前十强。

6月13日 湖南省乡镇企业局表示，湖南省今年正式启动柑橘贮藏保鲜设施补助，鼓励兴建柑橘贮藏保鲜通风库、简易冷藏库、组装式冷藏库等，以减少产后损失率，延长鲜果销售期，帮助橘农"错峰"增收。

6月15日 湖南·沅陵辰州碣滩茶业产业园奠基仪式正式举行。

6月16日 张家界市在深圳召开张家界旅游投资推介会暨重大项目签约仪式，包括总投资3.5亿美元的七星山原生态旅游度假区项目和投资50亿元人民币的张家界国际旅游商品特色街项目等18个项目签约，总投资达127亿元人民币。

7月11日 人民银行长沙中心支行发布了2013年湖南金融生态评估报告。市（州）综合排名前4位的分别是长沙、湘潭、株洲、常德；县（市）综合排名中韶山市、长沙县、浏阳市、炎陵县居于前列。

7月15~18日 中共湖南省委十届七次全体（扩大）会议在长沙举行。会议审议通过《中共湖南省委关于分类指导加快推进全面建成小康社会的意见》。会议指出促进"三量齐升"，推动"四化两型"、"四个湖南"建设，实现"两个加快"、"两个率先"，是湖南加快全面建成小康社会并逐步迈向现代化的总体思路和完整蓝图。要坚持以分类指导、协调推进全面建成小康社会为总抓手，统揽和推动全省经济社会持续健康、又好又快发展。要按照分区域布局、分类别考核、分梯次推进三个层面，正视县情市情区情差异，突出不同的目标要求，实行不同的政策支持，使得各级领导个个工作上有抓手、精神上有动力、肩膀上有担子、业绩上可比较，努力形成全省你追我赶、真抓实干全面建成小康社会的生动局面。要突出推进"五个发展"，奋力走出一条全面建成小康社会新路子。

7月18日 省县域经济工作领导小组办公室、省统计局联合发布了湖南2012年度县域经济考核结果。2012年度湖南省县域经济十强县（市）依次为长沙县、浏阳市、宁乡县、醴陵市、资兴市、冷水江市、攸县、汨罗市、桂阳县、永兴县与湘潭县（并列）。

8月3日 临武县首届紫薇节拉开序幕。

8月5日 住房和城乡建设部对外公布了2013年度国家智慧城市试点名单，共确定103个城市（区、县、镇）为2013年度国家智慧城市试点。湖南进入本轮试点的县、镇有长沙县、岳阳市岳阳楼区、郴州永兴县、嘉禾县、常德市桃源县漳江镇。

8月10日 由中国水电顾问集团总投资3.3亿元、装机容量达30mw的桂阳来溪风电场二期正式启动。

8月14日 全省统一战线助推洞庭湖生态经济区建设"南县·大通湖片区行"启动。

8月15日 国家级长沙经济技术开发区汨罗产业园项目签约仪式在汨罗举行。这是长沙经开区在省内首次设立"飞地工业园"。

8月16日 湘西自治州农贸市场标准化改造工作现场会在保靖召开，专题研究部署今后全州农贸市场建设。

8月29日 湖南省县域经济工作会议在郴州市召开。杜家毫省长强调，要按照分类指导加快推进全面建成小康社会的要求，努力探索切合实际、各具特色的县域经济发展路子。各地要绘好产业发展规划、城乡基础设施建设规划、县城和中心镇发展规划等"三张蓝图"；大力促进新型工业化、农业现代化、现代服务业"三业并举"；积极引导工业向园区集中，推动农业向适度规模经营集中，居民向县城、中心镇和中心村集中等"三个集中"，切实加强县城城区、工业园区和农业科技园等"三区建设",着力促进经济总量、运行质量和人均均量"三量齐升"。主要措施,一要从实际出发,宜农则农、宜工则工、宜游则游,大力发展特色产业。二要加强载体建设,推进集约化发展。三要把县域经济发展与新农村建设结合起来,促进城乡统筹发展。四要把改善民生作为发展县域经济的落脚点,让人民群众真正得到实惠。五要进一步深化改革开放。要以改革推动县域发展,坚持精兵简政、加快推进扩权强县试点。要坚持"既要金山银山,更要绿水青山;若毁绿水青山,宁弃金山银山"的原则抓招商引资,严格把好环保关。

8月30日 全省发展特色县域经济重点县启动会在郴州召开。省委副书记孙金龙要求,大力发展特色县域经济,通过"特色"这个抓手,把县域经济这块发展"短板"拉长,为促进"三量齐升"和在中部率先实现全面建成小康奠定更坚实基础。

9月4日 为期两天的2011~2012年度全国百佳茶馆颁奖典礼暨"安化黑茶"杯第五届全国茶馆经理人高峰论坛在安化县隆重举行。

9月5日 省知识产权局表示,国家知识产权强县工程首批示范县名单已确定为22个县(区),湖南长沙县排名第二,邵东县排名21位。

9月11日 资兴市与法国莫雷市在资兴市举行缔结友好城市仪式,双方将在文化、艺术、经济等方面加强合作与交流。

9月23日 湖南食品产业产销合作对接会在深圳举行。60多家客商与湖南企业签署了49个食品代理、经销协议,合同金额达20亿元。

9月26日 由"华星通航"主办、长沙县开慧镇人民政府协办的华星通航首飞仪式取得圆满成功,这标志着"华星通航"正式在长沙县安家落户。

9月26日 石门县柑橘协会与上海市果品商业行业协会共同主办的常德石门柑橘推介会在沪举行,当场达成6万吨石门柑橘进入上海市场的协议。

10月11日 湘西地区开发第四轮省规划产业项目名单正式确定,共有189个项目入选,总投资达289亿元。

10月15日 科技部近日正式下文批准第五批国家农业科技园区。湖南省申报的衡阳、岳阳和湘潭3个农业科技园区被批准为国家农业科技园。至此,加上望城和永州,湖南省国家农业科技园数量达到5家。

10月17日 浏阳市政府与中国安防技术有限公司（CSST）智慧中国集团就"浏阳河智慧低碳产城融合示范区"项目达成合作意向并签约。该项目由CSST智慧中国集团投资建设，总投资120亿元。

10月25日 张家界市政府和湖南省畜牧水产局在长沙举行张家界大鲵保护与产业发展记者会。到2017年，张家界将建成全国大鲵资源保护示范基地、全国大鲵种质资源中心、大鲵产品研发中心、大鲵市场交易中心和大鲵生态旅游文化中心。

10月21日 2013年中国中小城市综合实力百强县名单在北京公布，长沙县首次挺进全国十强，列第8位，连续6年稳居中西部第一。

10月28日 江华正海五矿新材料公司年产2000吨高性能钕铁硼合金薄片项目在江华经济开发区正式开工。

11月3~5日 中共中央总书记习近平在湖南省委书记徐守盛和省长杜家毫陪同下，来到湘西、长沙等地，深入农村、企业、高校考察经济社会发展情况，就扶贫工作做出重要指示。他指出，全面建成小康社会，难点在农村特别是贫困地区，湘西是国家扶贫开发重点区域，党委和政府要更加重视这项工作，发挥自身优势，制定好目标，通过优化生产力布局、统筹城乡发展、加强对口帮扶等措施加快发展。扶贫开发要同做好农业农村农民工作结合起来，同发展基本公共服务结合起来，同保护生态环境结合起来，向增强农业综合生产能力和整体素质要效益。加快民族地区发展，核心是加快民族地区全面建成小康社会步伐。发展是甩掉贫困帽子的总办法，贫困地区要从实际出发，帮助乡亲们寻找脱贫致富的好路子。要切实办好农村义务教育，让农村下一代掌握更多知识和技能。抓扶贫开发，既要整体联动、有共性的要求和措施，又要突出重点、加强对特困村和特困户的帮扶。脱贫致富贵在立志，只要有志气、有信心，就没有迈不过去的坎。

11月13日 国家工商总局核准"龙山萝卜"为国家地理标志证明商标。目前龙山县已拥有"龙山百合鲜果"、"龙山百合干片"、"龙山萝卜"3个国家地理标志证明商标。

11月14日 茶陵县洣水河水利治理防洪建设一期工程正式破土动工。

11月16日 全省养殖业环保工作现场会在长沙县召开。长沙县率先在全省最早划分养殖功能区、实行生态补偿和转产扶助政策,并从 2009 年起在全省首开治理养殖污染先河。

11 月 19 日 湖南省第四届农业机械、矿山机械、电子陶瓷产品博览会(简称"湘博会")在娄底市体育中心举行。

11 月 26 日 邵阳市江北经济开发区的湖南九盛食品有限公司果蔬加工项目正式投产。这是湖南省目前建成的规模最大的果蔬加工项目。该项目计划总投资 5.8 亿元,将年产 10 万吨果蔬加工产品。

11 月 28 日 首届湘南承接产业转移投资贸易洽谈会在郴州举行。大会现场签约 49 个项目,总投资 614.8 亿元。

11 月 30 日 首届隆平国际论坛在长沙市芙蓉区举行,推出了以打造全球"种业硅谷"为总体定位的 18 个优质招商项目。

11 月 30 日 湖南望城经济开发区产业项目集中签约仪式在望城举行。高端进口汽车主题文化科技产业园、联东 U 谷·望城产业综合体、湘商总部基地、恒飞特种电线和电缆二期等 10 个优质产业项目成功签约,总投资额达 116.26 亿元。

12 月 4 日 炎陵县入选"美丽中国·首届全国特色生态旅游城市"榜单,成为全国唯一荣获"全国最美生态旅游示范县"、"全国最具投资潜力旅游名县"、"美丽中国示范县"三项称号的县市区。

12 月 8 日 湖南省最大的食用油脂产业园湖南鸿冠集团产业园在娄底正式开园。

12 月 9 日 国家民委、国家开发银行在长沙召开支持武陵山片区区域发展与扶贫攻坚试点工作会议。

权威报告 热点资讯 海量资源
当代中国与世界发展的高端智库平台

皮书数据库　www.pishu.com.cn

皮书数据库是专业的人文社会科学综合学术资源总库，以大型连续性图书——皮书系列为基础，整合国内外相关资讯构建而成。该数据库包含七大子库，涵盖两百多个主题，囊括了近十几年间中国与世界经济社会发展报告，覆盖经济、社会、政治、文化、教育、国际问题等多个领域。

皮书数据库以篇章为基本单位，方便用户对皮书内容的阅读需求。用户可进行全文检索，也可对文献题目、内容提要、作者名称、作者单位、关键字等基本信息进行检索，还可对检索到的篇章再作二次筛选，进行在线阅读或下载阅读。智能多维度导航，可使用户根据自己熟知的分类标准进行分类导航筛选，使查找和检索更高效、便捷。

权威的研究报告、独特的调研数据、前沿的热点资讯，皮书数据库已发展成为国内最具影响力的关于中国与世界现实问题研究的成果库和资讯库。

皮书俱乐部会员服务指南

1. 谁能成为皮书俱乐部成员？
- 皮书作者自动成为俱乐部会员
- 购买了皮书产品（纸质皮书、电子书）的个人用户

2. 会员可以享受的增值服务
- 加入皮书俱乐部，免费获赠该纸质图书的电子书
- 免费获赠皮书数据库100元充值卡
- 免费定期获赠皮书电子期刊
- 优先参与各类皮书学术活动
- 优先享受皮书产品的最新优惠

卡号：4333572435646111
密码：

3. 如何享受增值服务？

（1）加入皮书俱乐部，获赠该书的电子书

第1步 登录我社官网（www.ssap.com.cn），注册账号；

第2步 登录并进入"会员中心"—"皮书俱乐部"，提交加入皮书俱乐部申请；

第3步 审核通过后，自动进入俱乐部服务环节，填写相关购书信息即可自动兑换相应电子书。

（2）**免费获赠皮书数据库100元充值卡**

100元充值卡只能在皮书数据库中充值和使用

第1步 刮开附赠充值的涂层（左下）；

第2步 登录皮书数据库网站（www.pishu.com.cn），注册账号；

第3步 登录并进入"会员中心"—"在线充值"—"充值卡充值"，充值成功后即可使用。

4. 声明

解释权归社会科学文献出版社所有

皮书俱乐部会员可享受社会科学文献出版社其他相关免费增值服务，有任何疑问，均可与我们联系
联系电话：010-59367227　企业QQ：800045692　邮箱：pishuclub@ssap.cn
欢迎登录社会科学文献出版社官网（www.ssap.com.cn）和中国皮书网（www.pishu.cn）了解更多信息

法律声明

"皮书系列"(含蓝皮书、绿皮书、黄皮书)由社会科学文献出版社最早使用并对外推广,现已成为中国图书市场上流行的品牌,是社会科学文献出版社的品牌图书。社会科学文献出版社拥有该系列图书的专有出版权和网络传播权,其LOGO( )与"经济蓝皮书"、"社会蓝皮书"等皮书名称已在中华人民共和国工商行政管理总局商标局登记注册,社会科学文献出版社合法拥有其商标专用权。

未经社会科学文献出版社的授权和许可,任何复制、模仿或以其他方式侵害"皮书系列"和LOGO( )、"经济蓝皮书"、"社会蓝皮书"等皮书名称商标专用权的行为均属于侵权行为,社会科学文献出版社将采取法律手段追究其法律责任,维护合法权益。

欢迎社会各界人士对侵犯社会科学文献出版社上述权利的违法行为进行举报。电话:010-59367121,电子邮箱:fawubu@ssap.cn。

社会科学文献出版社